VERDUN

DU MÊME AUTEUR

Yalta ou le Partage du Monde, Prix Historia, Prix Plaisir de lire, Robert Laffont.

L'Après Yalta, Plon.

L'Aventure européenne, 2 vol., Plon.

Bandoung, carrefour de l'histoire, Robert Laffont.

Les oiseaux n'y savent pas chanter, essai sur l'Afrique noire, Préface de Vincent Auriol, Julliard.

Les Etonnements de Mister Newborn, roman, Prix Georges Courteline, Julliard.

La Vigne sous le rempart, Julliard, Prix Sully. Olivier de Serre, roman.

La Légende de Pablo Casals, Editions Proa.

La Succession, essai, Julliard.

Sire, ils ont voté la mort, essai sur le procès de Louis XVI, Robert Laffont.

Sans de Gaulle, essai, Plon.

Lénine et Staline, Plon.

L'Épopée mondiale d'un siècle, 5 vol., Hachette.

Un Prince cherche un royaume, Hachette.

Les Hommes libres, essai sur l'O.R.T.F., Plon.

Et les coyotes hurleront, roman western, Julliard.

Les Frères Burns, roman policier, Julliard.

Karl Marx et son époque, Nathan.

La Côte-d'Ivoire ou les Racines de la Sagesse, Jeune Afrique.

Les Dictateurs du xxe siècle, Robert Laffont.

La Libération de Paris, Carrère-Lafon.

Le Premier Janvier 1900 ; le Premier Janvier 1920 ; le Premier Janvier 1940 ; le Premier Janvier 1960 ; le Premier Janvier 1980 ; le Premier Janvier 1983, Plon.

Les Présidents de la Ve République, Le Pré-aux-Clercs.

Les Premiers ministres de la Ve République, Le Pré-aux-Clercs.

Arthur CONTE

VERDUN

24 octobre 1916

Olivier Orban

Ouvrage publié
sous la direction de
Gilles Hertzog

ISBN 2.85565.376.2

En souvenir de mon père
Pierre Conte
sergent-chef au 253e régiment d'infanterie,
sur le front du premier au dernier jour
de la Grande Guerre

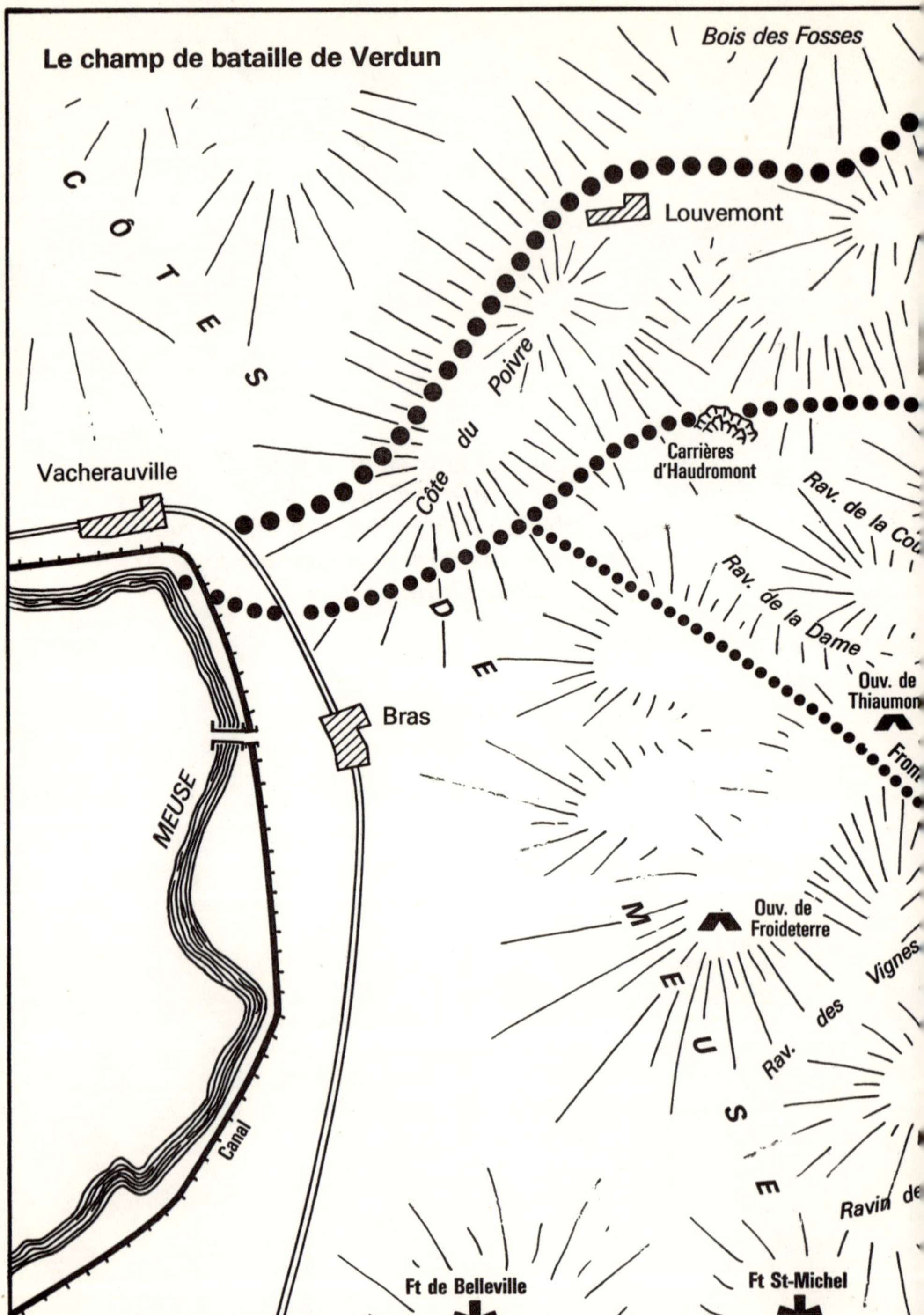
Le champ de bataille de Verdun
Bois des Fosses
CÔTES DE MEUSE
Louvemont
Côte du Poivre
Carrières d'Haudromont
Vacherauville
Rav. de la Cou
Rav. de la Dame
Ouv. de Thiaumon
Fron
Bras
MEUSE
Ouv. de Froideterre
Rav. des Vignes
Canal
Ravin de
Ft de Belleville
Ft St-Michel
vers Verdun

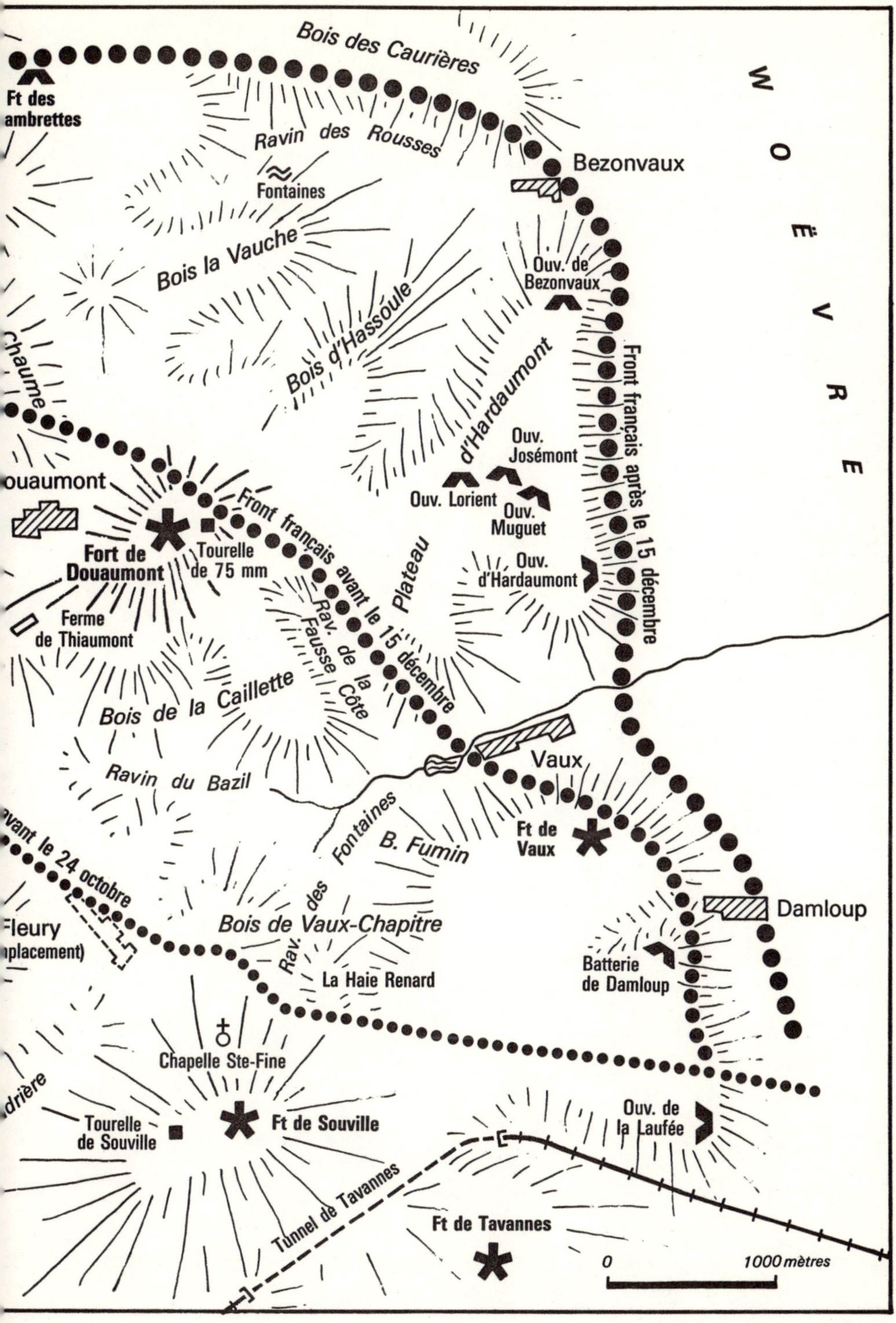

Bois des Caurières
Ft des
ambrettes
Ravin des Rousses
Fontaines
Bezonvaux
WOËVRE
Bois la Vauche
Ouv. de
Bezonvaux
Bois d'Hassoule
Chaume
d'Hardaumont
Front français après le 15 décembre
Ouv.
Josémont
ouaumont
Ouv. Lorient
Ouv.
Muguet
Front français avant le 15 décembre
Fort de
Douaumont
Tourelle
de 75 mm
Plateau
Ouv.
d'Hardaumont
Ferme
de Thiaumont
Rav.
de la
Fausse
Côte
Bois de la Caillette
Vaux
Ravin du Bazil
vant le 24 octobre
Fontaines
B. Fumin
Ft de
Vaux
Rav. des
Damloup
Fleury
nplacement)
Bois de Vaux-Chapitre
La Haie Renard
Batterie
de Damloup
Chapelle Ste-Fine
drière
Tourelle
de Souville
Ft de Souville
Ouv. de
la Laufée
Tunnel de Tavannes
Ft de Tavannes
0
1000 mètres

Chapitre Premier

Mardi 24 octobre 1916 - 0 heure - Front de Verdun

Il y a soudain une accalmie dans le vacarme des canons.

Les monstres reprennent leur souffle.

Depuis quatre jours, à un rythme quasiment ininterrompu, l'artillerie française pilonne les lignes allemandes et leur principal poste d'observation et de défense, le fort de Douaumont, que la Ve armée du Kronprinz (prince héritier de la couronne allemande, fils aîné du Kaiser) nous prit en février.

Un étrange silence s'installe sur le champ de bataille qui, depuis huit mois, fixe l'attention ou la passion du monde entier.

« Verdun... L'enfer de Verdun... Les héros de Verdun... Les abattoirs de Verdun... » auront fait les principaux titres de tous les journaux de la planète...

Ce silence n'en est que plus saisissant. Les hommes en sentinelles restent vigilants — tels, en première ligne, le sergent Lampier et le caporal Damoiseau, de la 4e section de la 1re Compagnie du 10e colonial, un régiment d'élite, qui s'est déjà couvert de gloire à Fleury et à Dixmude. Il tombe une pluie très fine. Leurs capotes, trempées comme des éponges, s'égouttent sur le sol. Leurs bottes sont couvertes d'une terre jaune et glacée. Autant imaginer deux statues de boue, qui se parlent.

— Quel boche de temps ! grogne Damoiseau, surnommé Damoiselle pour son visage imberbe et son teint délicat.

— M'est avis que ça va barder, répond Lampier, visage

dur, muscles saillants, poil roux mal rasé, casque barbouillé de gadoue, œil d'intraitable.

Toute la tranchée, n'est qu'un lit de fange. Les terres à demi éboulées et mal retenues par les claies ont resserré les parois et il faut se mettre de champ pour passer : pas étonnant si, dans un couloir aussi étroit, la gadoue toute gluante s'entasse, et vous monte jusqu'aux genoux.

— Et dire, grommelle Lampier, qu'il y a des veinards, tout là-bas, là-bas, qui sont dans un lit, qui ronflent ou qui baisent...

A travers la pluie et une brume légère, il est en train de regarder le passage, sur dix mètres de tranchée, qu'un projectile a totalement bouleversé et où on se trouve durant quelques secondes totalement à découvert.

— Saloperie de saloperie ! fait-il encore, et il envoie son crachat à cinq mètres.

Plus loin, des morceaux de claie pendent. Un soldat y accroche son fusil, tire trop violemment sur la bretelle, perd l'équilibre, s'affale, s'englue dans la boue et ne peut s'empêcher de jurer.

— Silence, bande de cons, avertit le sergent, rappelez-vous donc qu'ils ne sont pas loin, les autres...

Il y a à peine une heure que les « coloniaux » — en majorité des Marocains et des Sénégalais — viennent de prendre position, postés aux créneaux, debout sur la banquette de tir, le canon du fusil glissé dans la meurtrière, l'œil et l'oreille aux aguets, attentifs à tout ce qui peut venir du réseau de barbelés les séparant des tranchées allemandes.

— A ton avis ? demande Damoiseau, c'est pour quand, l'attaque ?

— Ta gueule ! répond Lampier.

— Ils auraient pu tout de même, pour l'occase, insiste Damoiseau, nous servir de la soupe chaude.

— Silence, crénom ! s'emporte Lampier.

Damoiseau se trouve flanc-à-flanc avec ce caporal, tout jeunot, tout pâlot, aussi fragile qu'une fillette.

— Sergent, demande le caporal, qu'étais-tu dans le civil ? Moi, j'étais étudiant.

— Menuisier, répond Lampier, une femme et trois gosses.

Le silence des canons persévère. Simplement, de temps en temps, une grenade claque ou des fusées éclairantes déchirent la brume. Parfois, un coup de fusil part. Quelques fusils répliquent. Un mitrailleur qui s'énerve, s'en mêle. Tac tac tac. Tac tac tac. Puis, le silence retombe.

— J'ai peur, avoue l'étudiant, qui fait partie d'éléments de renfort et n'a jamais vu le feu.

— Tu t'y feras, dit le sergent.

Ils sont des milliers, à parler à mi-voix de la sorte, installés aux créneaux, dans cette même boue, tandis que, à travers les boyaux qui font la liaison avec la seconde ligne, des poilus cheminent vers le parallèle d'attaque.

A l'évidence, il s'agit d'une importante relève — commencée dès hier matin. D'après ce que de simples fantassins peuvent savoir, par les cuistots de la roulante, on aurait prévu pas moins de trois divisions, pour « la grande explication ».

Les deux divisions qui avaient à charge de préparer le terrain « descendent » vers leurs cantonnements de l'arrière. Durant vingt jours, sous la menace perpétuelle des obus, les gars auront pioché et pelleté dur, rafistolant les tranchées abîmées par les grandes batailles de l'été, créant des boyaux, consolidant les positions de tir, bâtissant des abris pour les renforts, les postes de commandement (PC), les postes de secours (PS), les batteries et les dépôts de munitions. Avec un sobre héroïsme, ils auront accompli leur œuvre de cantonniers et de terrassiers, terminant dans les délais prescrits, c'est-à-dire le 20 octobre. Maintenant, c'est aux divisions d'attaque d'intervenir.

Ainsi tout se met en place pour une très grande offensive, depuis le bois d'Haudromont jusqu'au fond de Beaupré. Les régiments des 38ᵉ, 74ᵉ et 133ᵉ divisions, qui, en vingt jours, viennent d'assimiler entre Bar-le-Duc et Saint-Dizier, dans le calme de l'arrière, les dernières techniques du combat rapproché (notamment la pratique du fusil-mitrailleur), gagnent leurs emplacements de combat.

Rassemblement lent, mais sûr.

Autour de minuit, arrivent les soldats des dernières unités, circulant de boyau en boyau, à moitié courbés, ployant sous un énorme fardeau. Outre l'équipement proprement dit et des cartouchières bourrées à craquer, chacun porte deux masques anti-gaz, une musette à biscuits, une musette à chocolat et à corned-beef (le fameux « singe »), une musette à grenades, un bidon de vin, un bidon d'eau (il y a de la boue, mais plus de puits ni de fontaines), une couverture roulée dans la toile de tente, un outil pelle-bêche, et deux sacs à terre. Robert Laulom, du 321e RI (régiment d'infanterie), peut estimer que « chacun de nous est large comme un demi-muid ». La fatigue est telle — et il faut à chaque pas arracher ses godillots à cette maudite boue — qu'aucun ne parle.

Parfois, dans la lueur d'un obus ou d'une fusée, la large croupe de Douaumont jaillit de la nuit. C'est le moment de penser à tous les jeunes hommes qui y auront perdu la vie. « Oui, dit Robert Laulom, chacun se demande s'il sera de ceux qui resteront ou de ceux qui reviendront ; la hantise de la mort est bien la plus grande souffrance morale qu'aient enduré les poilus... »

Mais le grand silence ne dure que quelques minutes.

Le bombardement reprend vite avec une brutalité renouvelée. Cela commence par une série de « seaux à charbon ». Lugubre feu d'artifice.

On voit les projectiles lumineux suivre lentement leur trajectoire en tournant sur eux-mêmes avec un bruit de locomotive. Tch... tch... tch...

— Pas pour nous, ceux-là..., dit le sergent Lampier pour rassurer l'étudiant qui, à ses côtés, s'est mis à claquer des dents.

Un projectile s'enfonce même dans la boue sans éclater.

Puis intervient une série de sifflements, suivis immédiatement d'une salve d'explosions, simplement d'un ton plus aigu et d'un rythme plus rapide. Damoiseau a d'instinct baissé la tête.

— T'en fais pas, petit..., lui souffle Lampier en lui donnant une tape amicale sur l'épaule, c'est notre 75, ça. Les *minenwerfer* n'en ont pas pour longtemps à nous enquiquiner.

Puis les pièces lourdes se mettent de la partie. Tout le feu du monde semble se déchaîner sur les positions allemandes. Le vacarme est à nouveau écrasant. La terre tremble. Il n'y a plus de ciel. Les monstres se déchaînent à nouveau de toute leur fureur...

D'immenses flammes montent du fort, qui est décidément la cible la plus visée par l'artillerie française...

— Pétain et Mangin, paraît qu'ils l'ont promis, dit encore Lampier... Douaumont, on nous l'a pris. Mais nous allons le reprendre. C'est sans doute ça qu'ils calculent. Et c'est nous qui allons être en première ligne de l'assaut...

Il tend son bidon à Damoiseau.

— Tiens, avale, petit, je me suis débrouillé, c'est de la gnôle...

Ironie des ironies : ce que Lampier ne sait pas, ni Damoiseau, ni aucun des milliers de soldats français qui vont monter à l'attaque, c'est qu'à ce même moment, autour de minuit, les Allemands, sur ordre, évacuent le fort !

En quatre jours, la position était devenue intenable.

Depuis vingt-quatre heures, elle était réellement infernale. Le haut commandement français avait fait intervenir un 400, à projectiles énormes — avec d'ailleurs un autre pour matraquer, lui, le fort de Vaux, tout proche.

Le premier obus de 400 est tombé la veille, exactement à 12 heures 30. Pour Werner Beumelburg, « pendant une seconde, le roulement énorme et confus de la bataille d'artillerie fut dominé par un bruit gigantesque et effroyable ; quelque chose s'enfonça dans le Douaumont et répandit dans les profondeurs de ses entrailles un coup de tonnerre rugissant, qui étouffa brutalement cris et effroi. » Le ciel était tombé sur la terre, dans une puanteur de soufre, parmi une vaste gerbe de lueurs sauvages. Une bombe aussi lourde, ça n'existait pas encore. La fatalité l'avait réservée pour Douaumont. Le pire, cependant, est qu'elle était tombée en pleine infirmerie. Une cinquantaine d'alités furent tués, avec tout le personnel sanitaire. Un incendie se déclara, si violent que personne ne pouvait s'approcher du local. En vain gémissaient les mourants. Au vrai « tout ce qui était en vie dans le fort, comme paralysé, attendait le second coup et comptait les minutes. Une... deux... trois... quatre... Avec une lenteur terrible, les secondes s'écoulaient. Le bruit du dehors se déversait, maintes fois amplifié, par le trou béant et fumant que l'obus avait ouvert dans la voûte... »

Le second coup rugit dix minutes plus tard. Ce fut « à nouveau le même hurlement venant d'en haut... et s'abattant presque verticalement avec un enrouement effrayant et une ardeur gloutonne ». On entendit ensuite comme un petit claquement, suivi d'un roulement sourd. Une fraction de seconde après, éclatait le même coup de tonnerre effroyable, semblant par sa seule violence faire exploser tous les couloirs. Terreur. La casemate 8 s'effondrait sur ses occupants.

Durant l'après-midi, les coups se succédèrent toutes les dix minutes. « Avec une précision sinistre. » A se demander comment la garnison évita la panique.

Le cinquième coup brisa la voûte du couloir de combat principal, devant la casemate 10, rendant le passage supérieur impraticable et ensevelissant une escouade entière sous les décombres. Autant casser la colonne vertébrale de la bâtisse.

Deux autres coups détruisirent les casemates 11 et 17, rendant le séjour impossible à l'étage supérieur du bâtiment.

Le sixième coup fut mortel. « Passant par la voûte crevée du couloir de combat supérieur, raconte Beumelburg, l'obus se força un chemin comme en se jouant, et explosa tout en bas, dans le dépôt principal du génie, avec un fracas énorme. » Cinquante sapeurs environ, qui étaient en train de transporter le matériel du dépôt dans un local de l'infirmerie, furent ensevelis sous les braises et les pierres. Aucun n'en réchappa.

Aussitôt, les couloirs voisins prenaient feu. Plusieurs hommes se faisaient happer par la fournaise. Dans le dépôt du génie, des masses énormes de munitions pour mitrailleurs sautaient. La réserve des fusées s'enflammait à son tour. C'était une sorte d'apocalypse, tandis que le redoutable gaz des explosions rampait de couloir en couloir.

On ne pouvait plus s'entendre. Non seulement l'artillerie continuait de donner à fond sur tout le front, mais, ici, ce n'était que claquements, éclatements et crépitements. Autant s'imaginer au cœur d'un volcan en éruption, parmi les mêmes lueurs écarlates, jaunes, violettes. « Les fusées éclairantes s'allumaient par paquets, sarcastiques feux de Bengale. »

Une fumée étouffante jaillissait des coins et recoins, menaçant de tout envahir, remplissant les poumons... piquant les yeux... bouchant la vue. Force fut à la garnison de se précipiter dans les étages supérieurs.

Avec ce 400, aussi précis, aussi diabolique, les Français auront disposé d'une arme décisive.

Le commandant du fort, le chef de bataillon Rosenthal, chef de service, du 90e régiment d'infanterie de réserve, ne put faire autrement que de consulter le commandant du régiment, d'autant plus qu'on venait de découvrir que les deux issues subsistantes étaient interdites, en raison de bombardement par obus à gaz.

Dès 17 heures, la garnison était informée que le fort serait évacué par tous les hommes non indispensables. Avec approbation du commandement de division, décision était prise que ne resterait à l'intérieur du fort qu'un petit détachement qui essayerait d'éteindre l'incendie du dépôt du génie.

— Nous reviendrons aussitôt que ce damné 400 aura été neutralisé ou aura épuisé ses stocks, promit Rosenthal.

A partir de 18 heures, le principal des troupes quittait la forteresse.

Seuls quelque cent hommes, sous les ordres du capitaine Soltan du 84e régiment d'infanterie, s'entêtaient à se maintenir dans le couloir de combat supérieur, « pour la moitié à demi morts d'avoir respiré des gaz, de toute manière tous à bout de forces ». Encore restaient-ils là parce que la liaison n'avait pu être établie avec la division, qui, dès lors, ne répondait pas à la demande d'évacuation d'urgence : tous les porteurs envoyés avaient été tués.

A 19 heures, la retraite ne s'effectuait plus qu'au prix d'extrêmes dangers, sous une tornade d'acier et de feu. Car, même si le 400 avait un peu ralenti son tir, l'ouragan des autres calibres jusqu'au 220 continuait à se déchaîner sur le fort.

La plupart des souterrains étaient devenus irrespirables. Le dépôt du génie flambait toujours. Il n'y avait même plus d'eau pour s'attaquer aux flammes, les sapeurs en étaient réduits à utiliser de dérisoires bouteilles d'eau de Seltz !

C'est sur un défi insensé qu'à 23 heures le capitaine Soltan voulut mettre une mitrailleuse en position sur la porte nord-est de la forteresse. Les mitrailleurs ne purent tenir que quelques secondes. Les obus toxiques pleuvaient. Asphyxiés, les hommes vomissaient. Trois équipes durent renoncer, l'une après l'autre.

Pour autant, il n'y avait pas que Douaumont en proie aux flammes. Vaux flambait aussi. « Des remparts, à l'avant, on ne pouvait plus rien distinguer. On ne voyait même pas s'élever des fusées éclairantes. » Autres enfers. « Le feu des deux artilleries tourbillonnait devant Fleury et Thiaumont et dans le bois du Chapitre », provoquant des gerbes d'étincelles aveuglantes, avec un fracas de ferraille.

A Douaumont, de surcroît, les rescapés allemands avaient le sentiment d'être totalement isolés : dès 23 heures, ils n'avaient plus la moindre liaison ni avec l'avant, ni avec l'arrière, ni avec l'escarpement voisin.

Victoire totale de l'artillerie.

Vient ce terrible minuit, où contraints et forcés, les survivants doivent s'en aller à leur tour.

Le tir à gaz a été vraiment trop intense. Démantelé, blessé à mort, Douaumont n'est plus qu'une proie offerte. Il est devenu impensable pour les dernières unités d'assurer la moindre défense sérieuse. Gazés, vomissant sans arrêt, les cent hommes qui sont restés dans le couloir de combat supérieur, gisent au sol, en proie à des convulsions. Les tentatives suprêmes pour éteindre l'incendie du dépôt doivent être à leur tour interrompues.

Les Allemands vont connaître cette humiliation et cette dérision : abandonner Douaumont avant même l'assaut.

Spectacle indicible, sanglote Werner Beumelburg.

Ainsi s'organisent les derniers départs, parmi un vacarme de plus en plus assourdissant, après une trop brève accalmie.

Les 75 et les 220 français y vont de toute leur rage.

Sur les pas du capitaine Soltan, vient le dernier défilé. Les hommes titubent, vomissent, tombent, se relèvent, trébuchent, retombent. A un sifflement plus aigu, tous se couchent, puis reprennent leur marche hallucinante à travers un véritable chaos. On croirait voir passer des fantômes, s'il n'y avait les cris et les gémissements de douleur ou de désespoir. Des brancardiers masqués portent les plus grands blessés sur des civières. Deux sapeurs, avec des pansements sanglants en guise de casque, soutiennent un camarade aveugle.

— Nous n'aurons même pas abandonné les moribonds, dit fièrement Soltan.

Scènes d'outre-monde.

Les lueurs sauvages succèdent aux lueurs sauvages. Les explosions aux explosions. Tout tremble, même Dieu. Le fort semble s'écrouler, casemate après casemate, parmi des vapeurs de soufre et de poison. Chaque pierre qui jaillit de chaque point d'impact peut elle-même être mortelle.

Deux brancardiers s'écroulent, frappés à mort : le blessé,

qui n'a plus de mains, se met à ramper sur les coudes pour n'être pas abandonné. A défaut d'autres brancardiers, deux fantassins ramassent la civière.

A quoi songent-ils, au nom de quel espoir ces hommes se traînent-ils, harrassés, hébêtés, pour la plupart sanglants, de trou en trou, de ruine en ruine ? A quelle verte prairie ? A quel coin de cheminée ? A quel visage de femme, ou d'enfant ?

A rien, sans doute. Dans un tel cauchemar, tout cerveau est vide. Il n'y a qu'une chose à faire : supplier que le hasard ne guide pas la mort sur vous, ou ne vous prépare un excès de souffrance. Ce sont des escouades d'infirmes que Soltan entraîne à sa suite.

On ne laisse, en « fiction de garnison », qu'un petit groupe de combattants, sous la responsabilité du capitaine Prollius.

Il n'a avec lui que le sous-lieutenant Noak (jusqu'alors adjoint à l'officier d'artillerie du fort), le sous-lieutenant Mohring, et quelques coureurs de la 5e batterie du 108e régiment d'artillerie de campagne. On ne sait au juste comment les rejoignent ensuite quelques isolés, qui sortent hagards des souterrains, sapeurs, fantassins, artilleurs (sans canon) ou signaleurs.

Ne restent sur place, en tout, qu'une vingtaine d'hommes.

— *Gott mit uns !* (Dieu avec nous !), soupire Prollius.

Chapitre II

Verdun, ville martyre

Avant cette guerre, c'était un paysage tranquille, sans sublime, sans prétention ; l'un des paysages les plus modestes de France. « Sans charme » indiquaient les guides allemands.

On traversait des villages repliés sur soi, peuplés de paysans au visage méfiant, à l'œil précautionneux. On rencontrait des collines à forêts basses, des champs à pauvres récoltes, des ravins courant en tous sens sur des pentes habillées d'arbres sans orgueil, le plus souvent rabougris. Le passant pouvait aussitôt penser : un paysage qui veut se cacher, échapper aux curiosités indécentes du monde moderne.

Discrétion, modestie et mélancolie.

La seule fortune et la seule splendeur venaient de la Meuse, large et féconde.

Rien de plus paisible et discret que la ville de Verdun elle-même, frileusement blottie entre plusieurs bras de la Meuse, bâtie sur des collines au dos rond, habitée par vingt mille âmes à peine. Elle n'affichait que les monuments typiques de toute ville, une cathédrale Notre-Dame et un imposant évêché. C'était tout bonnement le chef-lieu d'arrondissement de la Meuse, au calme miroir de la Meuse, à l'ouest des côtes de la Meuse. Aux élections législatives de mai 1914, elle avait élu un radical nommé Noël, évidemment radical modéré, qui l'avait aisément emporté par quelque 8 000 voix contre 6 700 au candidat de droite, le général Maitrot et quelques centaines au socialiste Chenay.

On pouvait se demander comment un paysage aussi humble et débonnaire et une ville aussi pacifique avaient tenu à se doter d'une ceinture de forts aussi extraordinaire. Car une ronde d'ouvrages couronnait de sommet en sommet les deux rives de la Meuse. Les forts de Bois-Bourrus et de Marre dominaient à gauche la dépression de la rivière. Au nord-est, Belleville, Saint-Michel, Souville, Tavannes, Moulainville, protégeaient les côtes de Lorraine. On comptait bien une douzaine de forts sur le sud, tandis qu'au nord deux bastions géants hérissaient les collines : Vaux et Douaumont. De plus, entre les forteresses, on avait prévu une série d'ouvrages intermédiaires et d'abris bétonnés.

Seuls cependant ceux qui ignoraient l'histoire pouvaient s'étonner. Car Verdun — *Verdoune,* disent les Allemands —, possède un incomparable album de cité guerrière. Dès le fond des âges, le site, à hauts rochers, fascina les hommes, qui lui demandèrent protection. Le nom lui-même, à l'origine *Virodunum,* de source celtique, est guerrier : le *dunum* est la forteresse qui surveille le passage entre deux montagnes ou le gué sur une rivière.

Les Gaulois en firent un camp de guerre. Jules César y guerroya, lorsqu'il entreprit de repousser au-delà du Rhin les troupes d'Arioviste, aidées par les gens du cru. Il en fit rapidement un *oppidum,* solidement fortifié, dès lors qu'il eût jugé inestimable une telle position stratégique, au carrefour de la voie romaine Reims-Metz et de l'axe fluvial Méditerranée-mer du Nord.

C'est parmi des tempêtes que saint Clément y apporta le cnristianisme, vers 280.

A partir de 406, les invasions y déferlèrent, avec leur cortège de pillages, de destructions et d'abominations. De devenir évêché ne lui épargna pas les horreurs. Attila y campa.

Les premiers évêques ne s'y illustrèrent que dans l'héroïsme ou le martyre, saint Maur, saint Salvin, saint Arateur, saint Pulchrone, saint Possesseur, saint Firmin, saint Vanne, saint Désiré, saint Airy : peu de villes auront eu un saint livre aussi illuminé et sanglant.

Un temps *emporium,* entrepôt de toutes sortes de produits, la ville s'enrichissait par le trafic des esclaves entre les pays slaves et l'Europe du Sud musulmane : contre des produits exotiques, elle achetait des prisonniers de guerre raflés aux limites du monde slave et les revendait en Espagne musulmane après les avoir transformés en eunuques.

C'est là que Charlemagne, lui-même partagé entre le destin français et le destin allemand, choisissait l'aigle à deux têtes comme signe de sa puissance, il y a onze siècles.

Certes, en signe de grande paix, le traité de partage de l'Empire carolingien y était signé en août 843 entre l'empereur Lothaire et ses frères Louis le Germanique et Charles le Chauve. Verdun dépendait de l'empire de Lothaire. Mais, de fait, la ville se retrouvait à la frontière de deux États, sur la principale ligne des périls. La date, qui devait n'engendrer que bienfaits, se révélait grosse des pires malheurs.

Verdun ne cessait plus d'être ballottée d'un royaume à l'autre.

Ce n'est qu'après bien des drames et d'âpres disputes, qu'occupée en 1552 par Henri II, Verdun était enfin rattachée officiellement à la France, en 1648, par le traité de Westphalie, sauf à dépendre sur le plan ecclésiastique de la métropole de Trèves.

Vauban la fortifiait à sa manière, installant en pleine ville une monumentale citadelle.

Les Prussiens l'assiégeaient en 1792 (son plus honteux souvenir : le siège commença le 29 août ; la ville capitula le 2 septembre). Les Prussiens l'assiégeaient encore en 1870, mais, cette fois, magnifiquement défendue par le général Guérin de Waltersbach, ancien officier d'Afrique, elle ne capitulait qu'au bout de trois mois et avec les honneurs de la guerre.

Elle n'était libérée que le 13 septembre 1873, dernière ville française occupée à être évacuée. Après une ultime parade sur la place de la Roche, les troupes allemandes laissèrent la ville au 94e régiment de ligne, accueilli dans l'allégresse.

Dès 1873, le général Séré de Rivière — réalisant que la défaite de 1870 ouvrait sur notre frontière Est un trou béant à un moment où la France, son dispositif militaire désorganisé, n'était plus capable pour de longues années de répondre à la menace allemande — posait le principe d'une double ligne fortifiée, l'une de Verdun à Toul, appuyée sur les Hauts-de-Meuse, l'autre, d'Épinal à Belfort, appuyée sur la haute Moselle. Ces rideaux fortifiés devaient être articulés sur des forts d'arrêt, contrôlant les voies d'invasion, et sur des môles, vastes places servant d'abri aux unités mobiles chargées de veiller sur les intervalles.

Un premier décret, de juillet 1874, sous la présidence du maréchal de Mac-Mahon, prévit de défendre Verdun, « nœud important de communications », par six grands forts et sept ouvrages secondaires.

On édifia dès 1875 sept redoutes d'artillerie : Belleville, Saint-Michel, Belrupt, Dugny, Regret, La Chaume et Marre, sous désignation de « forts de la panique », car ne protégeant pas encore la ville d'une attaque brusquée.

En 1885 furent achevés Tavannes et Souville qui observent la Woëvre, le Rozellier et Haudainville, sentinelles de la route de Metz.

Ainsi se mit-on à bâtir sept autres forts, Vaux, les Sartelles, les Bois-Bourrus, Landrecourt, Choisel, Douaumont et Chana, sur une ligne dessinant un cercle complet autour de la place de Verdun, elle-même consolidée.

Dès août 1914, de la sorte, Verdun disposait de dix-neuf forts — dont quatorze bétonnés avec cuirassements — et de dix-neuf ouvrages d'infanterie importants, sans compter un réseau logistique massif, routes, voies de 0,60 mètre, magasins, poudrières.

Hormis l'artillerie de fortifications — six tourelles de 155 et quatorze de 75 — on comptait cinq cent onze pièces d'artillerie active : une belle force.

L'ensemble s'étalait sur quatre lignes concentriques. La première recevait un rôle retardateur. La seconde, avec Vaux, Thiaumont, Douaumont et Froideterre, prenait le rôle principal. La troisième, celle des « forts de la panique », était vouée à couvrir la quatrième, réduit ultime, la citadelle de Vauban, creusée de quatre kilomètres de galeries sous seize mètres de roc et où deux mille hommes pouvaient s'entasser, avec magasins, fours, moulins et usine élévatrice d'eau.

Autant dire que, une grande guerre éclatant, une grande bataille y était inévitable.

Au reste, la place sut jouer son plein rôle dans le redressement prodigieux de la Marne. Sa force mobile, la 72ᵉ division, intervenant avec vigueur du 6 au 9 septembre 1914 en direction de la Cousances, constitua une menace constante pour les communications allemandes entre la Meuse et la Moselle — action combinée sous la responsabilité du Grand

Quartier général, et qui démontrait l'intervention possible d'une garnison de forteresse en rase campagne.

C'est dire si l'histoire aura toujours démenti la paix du paysage. Rarement Verdun aura connu de longues périodes de tranquillité. Précisément, voici que le pire recommence.

— La guerre, grand malheur, aiment dire les soldats allemands aux civils français dont ils occupent les villages.

Pour Verdun plus que pour toute autre ville de France. Bombardée. Abîmée. Vidée de ses habitants. (Elle n'en compte plus que quelques milliers.) La hantise des bombardements y est permanente. (Le premier date du 4 juin 1915.) « A portée de l'artillerie lourde ennemie », voilà une formule qui a beaucoup de sens tragique en peu de mots. Non que la ville soit ville morte. Pas du tout. Elle jouit même d'une grande activité — les militaires y grouillent littéralement. Il y a force embouteillages, tant on y rencontre de ces curieuses automobiles hautes sur pattes, à pneus très étroits. Certes, l'ensemble est plutôt poignant : les rares femmes croisées, hors les pensionnaires des bordels, n'y jouent pas les coquettes ; fichu sur le chignon, elles semblent vouloir elles-mêmes se perdre dans la grisaille générale ; elles ont « des visages de défuntes », trouve un jeune sous-lieutenant. Mais la ville est réellement animée.

Au demeurant, le ravitaillement ne manquant pas, tous les commerces se pratiquent, parfois dans les conditions les plus pittoresques, tant de soldats constituant une clientèle idéale. Un luthier propose en vitrine des jambons et des boîtes de sardines. Un boulanger a fait aligner dans sa boutique des barriques du meilleur vin du Midi. Un cinéma offre des fromages et des oranges. Un grand café est réputé pour ses lapins de garenne. Il y a bien des lieux clandestins où les soldats s'amusent, à commencer par les Marocains, stationnant en longues files d'attente aux portes des prostituées.

Mieux encore : l'an dernier, notre haut commandement se mit à se persuader que jamais le sommet des batailles ne se fixerait là. Voyant tomber « comme des fruits », dans les premiers temps de la guerre, les forteresses de Liège, Namur, Anvers et Maubeuge, il en acquit la conviction que toutes étaient désormais trop vulnérables et fragiles pour assurer une défense sérieuse. La consigne vint de désarmer et démanteler les forts de Verdun. Le 9 août 1915, la place forte de

Verdun fut même administrativement supprimée, au profit d'une « région fortifiée de Verdun ». Cent kilomètres de front sous les ordres du général Herr, lui-même sous les ordres du général Dubail, commandant du groupe d'armées de l'Est. Oui, un temps, on put imaginer « la Grande Guerre sans Verdun ». Consignes du haut commandement : « Article premier : La défense du territoire dépend exclusivement des armées en campagne. Article 2 : Le désarmement des places, dont le rôle passif n'est plus acceptable, peut seul nous procurer sans délai l'artillerie lourde indispensable à nos armées. »

Dès le 15 octobre 1915, quarante-trois batteries lourdes étaient prélevées sur la place-forte de Verdun, avec même des batteries de 75, et la garnison était réduite à sa plus simple expression. Bien vite, on dut déchanter, et réarmer les forts dare-dare — excepté la Citadelle même de Verdun, réduite à une manière de citadelle-dortoir, sans un seul canon, avec galeries transformées en chambrées pour les centaines de troufions sur paillasses, mêlés aux civils qui y viennent se protéger des plus violents bombardements ou aux réfugiés et évacués des villages voisins, « en transit dans le souterrain ».

Mais, quoi qu'il en soit, voici à nouveau Verdun cité de guerre. L'évidence en est encore plus frappante cette nuit où la logistique d'une grande bataille se met en place. Les convois se succèdent ou se croisent interminablement.

A la lueur des lanternes ou des fanaux (il n'y a pas à redouter de bombardement de l'aviation, qui n'intervient encore que de jour), c'est une circulation permanente d'automobiles, de camions à haut chassis et de transports hippomobiles.

Ça hennit, ça s'ébroue et ça jure à travers toutes les rues. Sur fond de rumeurs du duel d'artillerie au large de la ville, ce ne sont que grognements de muletiers, crissements des essieux, grondements des roues sur les pavés, coups de fouet, coups de gueule, disputes entre charretiers.

Une compagnie passe, l'arme à la bretelle, puis une autre, puis une autre encore. Des gendarmes à cheval donnent les directions.

On aura vu peu souvent pareille cohue. Le haut commandement doit vraiment être décidé à mettre le paquet. Plus personne ne saurait s'y tromper : là-bas, en première ligne, de grandes explications se préparent. Des vieux de la territoriale circulent dans tous les sens, servants de l'intendance ou de casemates, les moustaches grises, le pas traînant.

Mais, plus encore, voici, dans la nuit, à des milliers d'exemplaires, le poilu, le vrai héros de cette guerre, déjà auréolé de légende, avec le « nouveau casque Adrian », un casque relativement léger, environ six cents grammes, qui a remplacé le képi il y a à peine dix mois (il aura fallu un an pour que l'on s'avisât en haut lieu du nombre effrayant de blessures à la tête), la fière moustache, volontiers retroussée (rarissimes, les poilus sans moustaches), le *barda* (qu'on appelle aussi bazar ou bordel), le sac dit Azor (par référence au temps où les sacs de soldat étaient en peau de chien), la godasse (illustrissime *godillot*), l'inénarrable bande molletière (qui fait penser aux époques mérovingiennes), le fusil Lebel (absolument inséparable du biffin), et le couteau de nettoyeur de tranchée (cousin de la *miséricorde* du XVIe siècle).

« Ça va barder. » Le mot est sur toutes les bouches.

Chapitre III

Pourquoi ?

Comment en sommes-nous arrivés là ?

Pourquoi toutes ces terribles batailles pour la possession de Verdun, de Vaux, de Douaumont ? Pourquoi ces immondes tueries, où s'anéantissent les plus beaux jeunes hommes de deux pays qui, avec un orgueil infini, ont l'audace de se camper avant-garde de la civilisation universelle, le pays de Beethoven, de Koch, de Goethe, celui de Claude Monet, de Pasteur, de Hugo ?

Quel fatal itinéraire a conduit à pareil massacre ?

Il n'est pas un seul de ces hommes montant en ligne qui ne se le demande. On ne saurait connaître question plus lancinante : pourquoi Verdun ? Pourquoi ? Pourquoi ?

Mais, d'abord, pourquoi la guerre ? La colère des rois aurait pu se limiter à faire exécuter l'assassin de l'archiduc Ferdinand à Sarajevo le 28 juin 1914. Trois premiers ministres de sang-froid, à la tête des cabinets de Saint-Pétersbourg, Vienne et Berlin, auraient pu le 1er juillet 1914 conjurer l'orage, si forts que fussent les militaires les plus va-t-en-guerre d'Europe — exactement comme cela s'était fait trente ans, et encore cinq ans auparavant, lors de la crise des Balkans. Des ministres de qualité comme Witte, Tisza et Bülow auraient su bloquer tout risque de guerre. Par malheur, prévalurent des ambitions imbéciles. Le Russe, Iswolsky, voulait se venger par-dessus tout de la défaite de Buchlan, où il avait dû abandonner la Bosnie à l'Autriche. L'Autrichien, Berchtold, rêvait d'une opération brillante et facile contre la Serbie : l'attentat de Sarajevo lui donnait l'occasion inespérée d'infliger une leçon à Belgrade. Le chancelier allemand, Theobald von Bethmann-Hollweg, se laissa trop facilement abandonner à la folie impérialiste. De surcroît, tous les trois se trouvaient être des médiocres, pauvres jouets des hasards.

A Londres, Herbert Henry Asquith, comte d'Oxford et d'Asquith, ne pouvait faire valoir que des moyens personnels très limités. A Paris, la présidence du Conseil était confiée à un velléitaire, René Viviani, sans regard ample, ni la moindre maîtrise des événements.

Les chefs d'État étaient du même acabit. L'Europe de 1914 affichait un tsar trop faible, un Kaiser trop excité, un François-Joseph trop vieux, un George V — si digne fût-il — inexistant face aux grands chemins de l'histoire. Seul, le président de la République française, Raymond Poincaré, était d'une incontestable valeur. Mais, lorrain, d'un intraitable patriotisme, s'il ne fit sans doute jamais rien pour pousser à la guerre, il ne fit pas davantage pour s'y opposer. Il était trop manifestement pénétré de l'esprit de revanche.

En tout cas, trois empereurs, au départ absolument hostiles à la guerre, se laissèrent facilement entraîner, par orgueil, désir de vengeance ou maladresse, dans une guerre dont ils pressentaient pourtant les dangers pour leur trône.

Aussi, un vent de folie souffla-t-il soudain sur l'Europe. Vainement, Anatole France aura prédit en 1900 l'entente universelle et perpétuelle. Non moins vainement, les savants, écrivains et philosophes du XIXe siècle auront annoncé que le règne de la science coïnciderait avec le règne du bonheur. C'est même d'une foi invincible en la science, universelle et bienfaitrice, que Karl Marx inventait le socialisme scientifique. Friedrich Nietzsche, de tout le XIXe siècle, aura été le seul à prévoir que le suivant serait le siècle classique de la guerre. En plein été 1914 — un été d'un temps universellement magnifique — le typhon de la haine et du nationalisme se déchaîna tout à coup et rien ne put lui résister.

Même les socialistes, qui, durant des décennies, avaient animé la croisade de la guerre contre la guerre, se rallièrent à la guerre nationale. En août 1914, le groupe social-démocrate allemand, unanime, y compris l'ardent doctrinaire Karl Liebknecht, approuvait au Reichstag les crédits de guerre. (Lorsque l'on apporta à Lénine le numéro du quotidien socialiste, *Vorwärts*, relatant la nouvelle, il crut à un faux, fabriqué par l'état-major allemand.)

Le grand théoricien marxiste russe Gheorghi Valentinovitch Plekhanov, qui prêcha si souvent la fin de toutes les guerres, au besoin par la grève générale, devint le porte-drapeau du nationalisme russe contre la « barbarie prussienne ».

A Vienne, Victor Adler, grand aigle des socialistes et pacifistes autrichiens, proclama que « pendant une guerre patriotique, seul le silence convient au socialisme ».

A Paris, Jules Guesde, premier semeur du marxisme en France, ancien communard, ancien proscrit de la Commune, tenu pour l'un des plus durs doctrinaires du marxisme européen, rallia sans hésitation les cohortes patriotes, jusqu'à accepter d'être ministre d'État dans le gouvernement de l'« Union sacrée », disant témoigner et intervenir « au nom du devoir de justice... pour faire face aux criminels qui ont osé violer la neutralité belge ».

Même le doux et lyrique Émile Vandervelde, dans la plénitude de ses cinquante ans, pape des socialistes belges, président de la IIe Internationale, honnête homme scrupuleux et consciencieux, réclama un rôle dans l'ouragan « contre le militariste agressif », acceptant d'être ministre d'État dans le gouvernement d'Union nationale, prônant tous horizons la « guerre du droit » et proclamant tous les jours la nécessité de « tenir jusqu'au bout » contre le « pangermanisme maudit ».

Allez donc deviner ce qu'aurait fait Jean Jaurès ; la farouche Rosa Luxemburg n'en aura pas moins été la seule socialiste de renom à crier au socialisme trahi. Les plus grands chefs de la IIe Internationale auront, eux, répondu à l'appel de leur nation.

Karl Liebknecht, fils du fondateur de la social-démocratie allemande, monta au front comme « soldat du travail ». (Il n'est revenu que récemment aux thèses du pacifisme, fondant en mars 1916 le *Spartakusbund*, la Ligue de Spartacus, qui prêche la résistance active à toute forme de militarisme et refuse de s'associer à toute suspension de la lutte des classes.)

Anatole France, pourtant si socialisant, pensa lui-même à

s'engager. Jusqu'au féroce libertaire Gustave Hervé — l'homme qui programmait de jeter tous les « drapeaux dans le fumier » — qui proclamait désormais le devoir de « suivre la France ».

Par ailleurs, à travers les pays d'Europe, depuis la Belle Époque, les progrès du socialisme et du syndicalisme étaient trop spectaculaires. La bourgeoisie était décidée à y mettre un frein. Précisément, après Sarajevo, l'occasion était trop belle de déchaîner à travers les nations européennes une irrésistible vague de patriotisme, où l'Europe se désintoxiquerait du socialisme.

Enfin, il y a eu l'action profonde des écoles. Les instituteurs et les professeurs, des années durant, ont préparé à l'esprit de guerre, appuyé par des manuels conçus dans le culte le plus belliciste. De décennie en décennie, depuis 1870, la jeunesse allemande a été formée dans la religion du « peuple le plus méritant du monde », dans la conviction de l'invincibilité de l'armée allemande puisque le soldat allemand est de loin le meilleur soldat de l'univers. La modestie n'est pas davantage le point fort du peuple britannique. Chez les Russes, il y a le souci de renouer avec les triomphes de la plus grande Russie. Quant à la France, elle n'a jamais cessé de vivre dans l'obsession douloureuse de la défaite de 1870. Elle n'aura jamais renoncé aux provinces perdues. Le thème de la « revanche », enseigné à tous les écoliers finit par s'imposer à la majorité des esprits. Peu de périodes auront été aussi « cocorico » que la Belle Époque, éprise de harnais, de drapeaux, d'uniformes et de revues de Longchamp. C'est en apprenant par cœur Péguy, Bazin et Déroulède, en applaudissant les tirades d'Olympio et de l'*Aiglon*, en rêvant d'Austerlitz ou de « la prise de la Smalah d'Abd-el-Kader », que les jeunes hommes qui meurent à la cote 304 et à Douaumont ont appris à vivre. Laïque intransigeant, Jules Ferry forgea ses écoles dans un patriotisme intransigeant : le message n'a plus cessé de se perpétuer.

Ces jeunes hommes, statues de boue dans les tranchées, ont, enfants, couru derrière des défilés à l'honneur du drapeau français, au rythme des fanfares, à travers les rues des villes et des villages. Beaucoup, dans leur prière du soir, ont imploré Dieu pour le retour de l'Alsace et de la Lorraine. Les instituteurs les plus francs-maçons ont enseigné la sainteté héroïque de Jeanne d'Arc. Enfants, ces soldats d'aujourd'hui ont appris à rougir de la trahison du connétable de Bourbon, des défaites de François Ier ou de la veulerie de Bazaine, à être fiers du petit héros de Crécy : « Père, gardez-vous à droite ; père, gardez-vous à gauche », du panache blanc d'Henri IV ou de la cocarde tricolore brandie à Valmy aux cris de « Vive la Nation ! » Voici les blés récoltés — et coupés.

Après Sarajevo, l'enchaînement de la fatalité était irrésistible. Un seul homme d'État peut-être aurait su endiguer le cours fatal : Joseph Caillaux. Mais le grand leader radical était hors jeu, à la suite du scandale provoqué quelques semaines avant la guerre, quand sa femme avait assassiné le directeur du *Figaro*, qui publiait des lettres intimes déshonorantes pour le couple.

Le 3 août 1914, l'Allemagne, alliée à l'Autriche-Hongrie, se déclarait en état d'hostilité avec la France, alliée de la Russie et de la Grande-Bretagne.

Le 4, ses troupes, sans la moindre déclaration de guerre, violaient la neutralité belge et envahissaient la Belgique, provoquant du même coup l'entrée en guerre de la Grande-Bretagne. Une grande guerre civile européenne commençait, menaçant de faire basculer toute une civilisation.

Quant à la bataille même de Verdun, elle est essentiellement d'initiative allemande. Dès novembre 1914, après la première ruée des troupes prussiennes, la victoire de Joffre sur la Marne, une terrible course à la mer et une sanglante bataille des Flandres, le front se stabilisait d'Ypres à la frontière suisse. Nos tentatives de percée en Champagne et en Artois, en mai-septembre 1915, n'y changeaient rien.

Le général von Falkenhayn, chef d'état-major général des armées en campagne, nommé en remplacement du général von Moltke, disgrâcié, jugea qu'il fallait au plus tôt frapper un grand coup. Il choisit de le porter sur le secteur de Verdun. Il en fit proposition devant l'Empereur à la Noël 1915.

Exposé des motifs : « Derrière les limites du front français occidental, il y a, à peu de distance, des points d'appui dont la conservation par la France constitue pour elle une question vitale. Si elle consent à sacrifier jusqu'à son dernier homme dans la défense de ces places, il n'y a plus aucun intérêt ni aucune nécessité pour nous à vouloir atteindre ces points mêmes ; si, par contre, elle recule et nous les abandonne, l'effet moral d'une telle victoire sera immense dans le monde entier. Pour entreprendre cette opération, l'Allemagne ne sera aucunement obligée de dégarnir ses autres fronts dans des proportions inquiétantes, et il lui sera loisible de concentrer à l'endroit voulu, dont l'étendue est d'ailleurs plutôt restreinte, des troupes en quantités suffisantes pour mener à bien l'attaque et pour parer aux contre-attaques françaises avec lesquelles nous devons nécessairement compter. *Ergo,* il faut prendre sans délai l'offensive sur ces points. »

Ergo, sus à Verdun !

D'autres motivations intervenaient.

Falkenhayn pensait à offrir un triomphe, « sur un plateau », au prince héritier, le Kronprinz, qui commandait en titre (et ce 24 octobre 1916, commande toujours) la Ve Armée chargée du secteur de Verdun, depuis son Quartier-Général de Stenay.

L'Allemagne qui semblait peu à peu douter d'une issue heureuse du conflit, avait besoin d'une importante victoire afin de disposer de solides éléments de négociation.

Il est probable qu'à la base de la décision, il y avait pour une bonne part le désir de prévenir une attaque française inattendue sur des points faibles ou une portion exposée du dispositif allemand. Les Anglais, sur la Somme, commençaient à relever efficacement les Français usés et surmenés. Les Franco-Anglais disposaient sur l'ensemble du front Ouest d'une supériorité numérique de plus d'un million de combattants : 2 350 000 Allemands seulement face à 3 470 000 soldats de l'Entente, selon les estimations mêmes de Falkenhayn. En France, l'économie de guerre marchait à plein et améliorait, mois après mois, ses rendements. Elle ne pouvait tarder à se forger une artillerie supérieure à l'artillerie allemande. Avant de se laisser surprendre, mieux valait donc prendre l'initiative, en comptant sur l'effet de surprise et la concentration de forces massives sur un secteur déterminé.

Pour une action de grand retentissement, Verdun offrait de multiples motivations historiques et psychologiques. Ville chargée d'histoire, vieille citée d'Empire, prise glorieusement deux fois, en 1792 et en 1870, nul objectif ne pouvait être plus digne du Kronprinz.

Enfin et surtout, il importait à Falkenhayn de prévenir les offensives alliées prévues pour le printemps et l'été 1916, de fixer les forces françaises sur Verdun, de les forcer à défendre la place, le dos à la Meuse et, une fois attirées dans ce « hachoir », les « saigner à blanc ».

De surcroît, les Allemands avaient conscience d'attaquer une citadelle très affaiblie et vulnérable. Par leurs espions, ils avaient connaissance des rapports du général Herr protestant contre le désarmement des forts. Ils ne pouvaient ignorer le décret du 5 août 1915 supprimant la place forte de Verdun au profit d'une « région fortifiée de Verdun », rattachée au groupe des armées du centre que commandait alors le général de Langle de Cary. Sa mission, précisait l'instruction du 9 août 1915 (que les Allemands avaient pu ainsi facilement connaître), devenait « essentiellement défensive ». Elle ne devait « en aucun cas être défendue pour elle-même » et le général qui la commandait ne devait « à aucun prix s'y laisser investir ».

La place, réduite à une maigre garnison de territoriaux et à un simple armement de sûreté, sous commandement de l'ancien gouverneur, le général Coutanceau, était devenue une vulgaire place-magasin. Les forts eux-mêmes étaient désarmés, ne gardant que les pièces sous tourelles. Leurs garnisons étaient supprimées. Même Douaumont et Vaux étaient confiés à de simples territoriaux, tous « gars de la vieille ».

— Tout devrait s'accomplir selon nos vues, et très rapidement, dit Falkenhayn au Kronprinz.

Le 21 février, par un beau matin de gel dur et tranchant, et une température très froide, à 7 heures 15 précises, douze cents canons allemands de tous calibres déclenchaient un infernal bombardement sur une zone de onze kilomètres entre Brabant et Ornes, sur la rive droite de la Meuse. Herr lui-même n'avait pas prévu un tel déluge de fer et de feu sur ses lignes. Ainsi commençait l'une des plus grandes, des plus longues et des plus sanglantes batailles de cette grande guerre. De 7 heures 15 à 16 heures, un million d'obus s'abattaient sur Brabant, le bois d'Haumont, le village d'Haumont, le bois des Caures et la Wavrille. C'était le formidable *Trommelfeuer* ou « feu en roulement de tambour » imaginé par Falkenhayn en personne. On en percevait l'écho à plus de vingt kilomètres de Verdun. Le Kronprinz (Frédéric-Guillaume) était sur place.

— A voir ce bombardement effrayant, prononça-t-il, il ne restera plus dans les tranchées françaises un seul homme vivant.

Les abris de terre et de rondins étaient pulvérisés. Toutes les communications avec l'arrière étaient coupées. Les troupes françaises étaient décimées : il s'agissait des 51e et 72e divisions ; elles n'étaient plus, en dix heures, que des débris, face aux trois corps d'armées frais et intacts qui allaient donner l'assaut.

A 16 heures, tandis que la neige commençait à tomber, les fantassins allemands s'élançaient.

Durant trois jours, rien ne paraissait pouvoir tenir face à une si fantastique ruée. Le haut commandement français était totalement surpris. Les préparatifs avaient été remarquablement camouflés.

Le 22, le bois des Caures était pris.

Le 23, Brabant.

Le 25, Douaumont, cueilli sans combat.

Les Français se battaient à un contre dix. La chute de Verdun paraissait inévitable. Mais — prodige qui stupéfiait le commandement allemand — les survivants n'abdiquaient pas. Ils se battaient avec un extraordinaire esprit d'abnégation et une rare science du combat rapproché. Le poilu s'obstinait et faisait front, multipliant les exploits sublimes. Le général Pétain, alors en réserve avec l'état-major de la IIe armée, recevait la responsabilité du secteur de la bataille. Aussitôt installé à la mairie de Souilly, devenu son PC, il rassurait et organisait.

Non seulement, côté français, il n'y avait pas panique, mais des régiments conduisaient d'audacieuses contre-attaques sur des points névralgiques.

La « Voie Sacrée » de Verdun à Bar-le-Duc était hâtivement et efficacement aménagée pour acheminer sans interruption les renforts indispensables — au rythme prodigieux de quatre-vingt-dix mille hommes et de cinquante mille tonnes de matériel par semaine.

Le général Joffre — qui, pour sa part, dans les mêmes heures, ne pensait essentiellement qu'à bloquer le maximum de moyens sur le front de la Somme, confié au général Foch, pour y attaquer dès le printemps — consentait tout de même à détacher sur Verdun quelques unités d'élite et l'artillerie qui s'imposait.

Dès le 9 avril, Pétain pouvait publier son inoubliable ordre du jour : « Courage, on les aura ! »

Les succès allemands des trois premiers jours ne se répétaient pas. L'optimisme de Falkenhayn était démenti de la manière la plus sanglante. Le Kronprinz ne dissimulait pas sa déception.

En dépit d'efforts gigantesques, ce n'est que le 7 juin que les Allemands parvenaient à s'emparer du fort de Vaux, isolé, aveugle, démuni d'artillerie, martelé d'un incessant bombardement, magnifiquement défendu par les hommes du commandant Raynal, principalement vaincus par la soif et l'épuisement, après plus de cent heures de combats ininterrompus dans des galeries et des casemates empoisonnées par les gaz et les fumées, encombrées de blessés et d'agonisants.

Le 23 juin, Falkenhayn lançait son suprême assaut, faisant tirer deux cent mille obus à gaz, engageant dix-neuf régiments dans la tourmente, réussissant à submerger Thiaumont, faisant par avance organiser la cérémonie où le Kronprinz célébrerait, à la face du monde, la prise de Verdun, avec défilé de tous les drapeaux pris à l'ennemi. Mais Froideterre et Souville tenaient. Les soldats de Pétain opposaient une résistance de granit. Dès le lendemain, le Kaiser ne cachait pas ses appréhensions au Kronprinz et Falkenhayn devait envisager dans un télégramme de « limiter désormais strictement la dépense en hommes, en matériel et en munitions ».

Loin d'avoir « saigné à blanc » l'armée française, c'est l'armée allemande elle-même qui avait saigné à mort. Elle s'était prise à son propre piège du « hachoir », Falkenhayn n'avait principalement abouti qu'à user ses propres troupes, alors que par le système du *tourniquet*, de la *noria*, organisé par Pétain, le commandement français avait veillé à relever régulièrement les unités les plus exposées, au rythme d'une division par quarante-huit heures.

De son côté, Joffre avait réussi à maintenir un maximum d'unités sur la Somme et déclenchait une offensive qui obligeait Falkenhayn, au profit des unités en péril, à dégarnir ses positions de Verdun. Pour les Allemands, c'était la déception sur toute la ligne.

Dès juillet, on pouvait observer les plus graves signes d'usure dans l'armée du Kronprinz.

Falkenhayn devait démissionner en août, remplacé par Hindenburg. « Le moulin de la Meuse — dira le Kronprinz — n'aura pas seulement broyé les os ; il aura aussi haché le moral de la troupe. »

Dès le 2 septembre, Hindenburg donnait l'ordre à la Ve armée de « suspendre l'offensive de Verdun ». Dorénavant, l'initiative passait du côté français.

Déjà, en juin, le général Mangin, téméraire entre tous, tentait de reprendre Douaumont : il n'échouait — hélas au prix de trop cruelles pertes — que par précipitation et par manque de préparation d'artillerie. « La leçon portera », dit Pétain.

Aussitôt connue la décision de renoncement d'Hindenburg, Joffre décidait de préparer une puissante contre-offensive, pour au moins reconquérir les terrains et les glorieux forts perdus. D'ailleurs, pour mieux illustrer sa volonté, il avait dès juillet nommé le général Nivelle, un autre téméraire, au commandement direct des troupes du secteur. Ce n'était pas, en quoi que ce fût, disgrâcier le général Pétain, nommé au commandement du groupe d'armées du Centre, avec la haute responsabilité sur Verdun. On lui devait trop. Il continuerait de veiller à une préparation rationnelle de la logistique. Il viendrait souvent au quartier général de Souilly se rendre compte sur place du suivi des programmes. Simplement, il paraissait plus doué pour la défensive que pour l'offensive. Le général Nivelle, un attaquant-né, maintenant flanqué de Mangin, semblait mieux désigné en l'occurrence.

Dès les premiers jours de septembre, on engageait du côté français un formidable effort de préparation. On programmait d'amener plus de cinquante mille tonnes de projectiles et de matériel de génie.

En attendant de pouvoir se battre mieux qu'en juin, Mangin recevait pour premières consignes d'aménager les gares et les dépendances de Baleycourt et de Landrecourt et d'établir des liaisons téléphoniques avec les premières lignes, par des câbles enterrés, énorme travail réquisitionnant plusieurs compagnies du génie et de nombreuses équipes de télégraphistes. Il avait aussi tenu à faire reconstruire la piste empierrée reliant le ravin du Pied-du-Gravier à la région de Thiaumont. Le 10 octobre, il était encore à remettre en état la route conduisant du Faubourg-Pavé à la chapelle Sainte-Fine, ainsi que les chemins du fort de Souville et du bois des Essarts.

Sur les préparatifs de l'ensemble, l'esprit d'organisation de Pétain continuait de faire merveille.

Dès le 16 septembre, un fantastique ensemble de moyens était déjà constitué. On arrivait à faire circuler sur la voie la plus menacée quatre à cinq trains par jour. On citait déjà les sapeurs du génie comme des virtuoses de la guerre de mines et de la technique de la sape : les voilà sacrés as de la pelle et de la pioche à ciel ouvert, remettant quasiment à neuf les parages de Froideterre et de Thiaumont, ressuscitant des blockhaus en ruines, piochant dans une fange gorgée de cadavres français et allemands, s'activant jusque dans les tranchées les plus exposées.

Outre des postes de commandement, postes de secours et abris à munitions, on construisait des MF « maisons fortifiées » en ciment armé, dont l'extérieur servait de plateforme pour les canons.

On mobilisait sur Verdun nos meilleurs aviateurs. Pour l'observation et le réglage des tirs, jamais nous n'aurons requis autant de ballons, les fameuses « saucisses », en tout cas vite plus nombreuses que leurs homologues allemandes, les célèbres « *Dracken* ».

Pour reprendre la zone Thiaumont-Douaumont-Vaux, Mangin allait disposer d'une extraordinaire concentration d'artillerie, pas moins de huit cent cinquante bouches à feu, depuis le 65 de montagne jusqu'au 400 d'ALVF.

Nous étions vraiment loin des premiers temps de la guerre, où on sacrifiait allégrement par dizaines des milliers nos pauvres pioupious en pantalon rouge : enfin, selon la leçon de Pétain, on s'imposait avant l'offensive une préparation minutieuse ; l'attaque de l'infanterie ne devait plus être déclenchée qu'après destruction quasi scientifique des défenses de l'ennemi. La nouvelle technique n'allait pas de soi : le front de Verdun est long de sept kilomètres pour une profondeur de trois. Le terrain à bombarder devait être découpé en fuseaux précis. La répartition des rôles était délicate : il fallait bien connaître les besoins de l'infanterie, la disposition des adversaires, les points forts à ne pas épargner. Il fallait étudier par avance comment écraser les réseaux de fil de fer barbelé, les nids de mitrailleuses, les principaux observatoires rapprochés. C'était un travail qui exigeait une extrême minutie. Du moins la consigne était-elle respectée et suivie. On parle traditionnellement des prodiges de la « méthode allemande ». Comment, en la circonstance, ne pas s'émerveiller aussi de la « méthode française » ?

Quoi qu'il en soit, les choses n'auront guère traîné. Le 9 octobre, Joffre pouvait venir sur place vérifier l'avancée des travaux. « Préparation parfaite », lui disait Nivelle. Le 12, c'était Georges Clemenceau, président de la commission de la Défense au Sénat, avec son chapeau bosselé, son cache-nez, son pardessus élimé, ses jambières, sa moustache bourrue, qui venait se rendre compte du bon moral des troupes. Il voyait longuement Nivelle. Il poussait jusqu'à une tranchée très exposée, en avant de la tourelle de Souville.

Dès le 15, les principaux préparatifs étaient achevés. Dans un ordre du jour flamboyant adressé à la IIe armée, chargée de l'ensemble de l'opération, Nivelle pouvait proclamer : « Une artillerie d'une puissance exceptionnelle maîtrisera l'artillerie ennemie et ouvrira la voie aux troupes d'attaque. »

Le 21, l'artillerie française entrait en jeu, avec tous ses démons. Un ensemble de six cent cinquante-quatre pièces — dont vingt de calibre entre 270 et 400, trois cents de calibre entre 120 et 220, et trois cent trente-quatre de calibre entre 65 et 105 — se mettait à écraser tout le terrain ennemi de première ligne, les plus gros canons bombardant en tir direct Vaux et Douaumont.

Le 22, le haut commandement français simulait une attaque de grand style pour mieux localiser les batteries à neutraliser le lendemain et le surlendemain — les batteries allemandes tombant dans le piège.

Le 23, Pétain, Nivelle et Mangin se réunissaient pour décider du jour J et de l'heure H. Ce serait pour le 24, à 11 heures 40.

Chapitre IV

La guerre des deux pieuvres

— Saloperie de saloperie, répète le sergent Lampier, tout en lançant un nouveau crachat.

Puis il profite d'une accalmie des tirs pour rouler une cigarette. Damoiseau, qui l'observe, se dit qu'il ne verra jamais mains aux ongles si noirs. Lampier tire son petit carnet de papier Job, détache un feuillet, le plie en deux pour obtenir un sillon tenu par l'index droit. Ensuite avec la même délicatesse, il extrait une bonne pincée de tabac gris (du nom du papier terne qui l'enveloppe), de sa blague où il le tient au frais, l'aligne et le serre sur le sillon, entreprend de le rouler sur les deux index. Un petit coup de langue, tout le long, naturellement avec le même tact, pour que le papier colle, et Lampier a obtenu une superbe sèche, bien ronde, impeccable.

— Pas plus difficile que de s'enrouler les molletières, explique-t-il en riant. J't'en fais une ?

Mais Damoiseau ne fume, ni ne chique. Ce qu'il aime, et qui provoque une rigolade dans l'escouade, ce sont les pastilles Valda ou les berlingots de Carpentras.

Déjà Lampier s'accroupit pour allumer son chef-d'œuvre, avec un briquet de poilu, à longue mèche jaune, qui donne une braise au lieu d'une flamme et que l'ennemi le plus attentif ne saurait donc voir.

— Sale nuit..., fait-il encore.

Il regarde cependant sur sa droite et sur sa gauche si tout son monde est bien là.

Oui, ils sont bien là, tapis comme lui contre le parapet :

Larmicotte, un géant barbu et doux, puant le fumier, qui met tous ses malheurs sur le dos du Kronprinz, y compris les infidélités de sa femme ; Taupin, de corvée cette nuit pour aller chercher la soupe ; Chopeau, qui jure qu'il ne sortira pas quand il faudra monter à l'assaut, alors qu'il sera, bien sûr, le premier, comme chaque fois, à prendre son élan ; le caporal qui cache mal sa trouille bleue ; le soldat de deuxième classe Ruchart, arrive juste de permission, le teint luisant et le cheveu bien coupé ; Parisien malin comme un ouistiti, forte tête, grognard en diable, il n'a pas son pareil pour raconter des histoires à Larmicotte sur l'habitude des Boches de faire cuire leurs prisonniers dans une gigantesque lèche-frite... comme quoi, « Saleté de Kronprinz ! »...

— Quelle heure est-il ? demande Taupin.

Le sergent consulte sa grosse montre, qu'il porte au bout d'une longue chaîne dorée.

— Deux heures moins dix...

Dans dix minutes, ils cèderont le poste à une autre escouade, pour aller dormir quelques heures dans la cagna. Ils reviendront pour six ou sept heures, sans doute alors pour le bon motif. Mais, à nouveau, le duel d'artillerie se déchaîne, faisant baisser les têtes, interrompant les conversations.

— Tu peux faire une prière, p'tit, murmure Lampier.

Il pense peut-être à un mot qui se retrouve dans quasiment toutes les parlotes des poilus : « Entre nous, les gars, celui qu'a inventé les tranchées, fallait ben être vicieux tout de même... »

Car ils n'auront connu que quelques semaines la guerre à l'ancienne, avec galops de uhlans et pioupious en « tenue d'la revue », charges à l'arme blanche et avalanches de cavalerie. La guerre de mouvement prit fin dès octobre 1914. D'un même instinct, deux immenses armées, face à face, s'enterraient. Un vaste réseau de boyaux entrelacés se creusait, sur des centaines de kilomètres, de la trouée de Belfort aux écluses de Nieuport, de la Moselle à la Somme.

Dieu, de là-haut, doit contempler deux gigantesques pieuvres qui, leurs ignobles tentacules entremêlés, mènent un long combat sadique. Elles se disputent, avec un acharnement de créatures stupides et sordides, le moindre bosquet, la moindre colline, le moindre hameau.

La victoire n'appartiendra pas au meilleur stratège, mais à l'armée la moins usée, disposant des plus riches réserves. La bataille consiste à gagner quelques hectomètres. Il y a triomphe quand on peut gagner quelques kilomètres. A peine a-t-on fait céder la prise d'un tentacule, qu'il faut se garder de se faire happer par un autre, juste à côté, ou à l'autre bout de la France. On peut mettre des mois à se libérer d'une ventouse. On a soi-même les plus pénibles difficultés à placer ses propres prises, à sucer une bonne dose de sang.

Comme le notait dans son journal le capitaine Anatole Castex, qui commandait une compagnie de Mitrailleurs, tué le 6 septembre au bois de Vaux-Chapitre : « Cette guerre n'est plus une guerre honnête ; c'est une guerre d'apache, une guerre à l'affût... C'est loin de tout ce que l'on pouvait imaginer... Oui, parle-moi de la guerre à la Napoléon, de la guerre en rase campagne où l'on manœuvre, où l'on change de place, comme au commencement. Mais maintenant, c'est écœurant de voir cela. On se guette, comme on guette un lapin à l'affût. On se fait sauter, on se tue, sans se voir. On se lance des bombes, des torpilles. On est à quarante mètres et on ne se voit pas. Nous sommes devenus des bandits... »

Pour autant, si obscurs que soient les combats, ils coûtent cher. Du 21 au 25 février, les trois divisions qui soutinrent le premier choc de l'offensive Falkenhayn, les 37e, 51e et 72e, perdirent respectivement 4 654, 6 256 et 9 636 hommes, jusqu'à pour ainsi dire ne plus exister.

Dans le seul secteur de Verdun, du 21 février au 30 septembre, du côté français, nous aurons compté 52 365 tués, 183 655 blessés, 95 927 disparus. En juin, une seule journée de combat fit plus de dix mille gazés. Les 1 300 chasseurs du bois des Caures étaient réduits à 98 en deux jours.

Le 12 juin, étaient totalement anéantis les deux bataillons du 137e régiment qui occupaient le saillant de notre ligne. Ainsi entra dans la légende la tranchée des Baïonnettes, restées dressées comme en défi dans les mains des sacrifiés. « Les hommes qui dorment là de leur farouche sommeil, aura pu écrire le commandant Bouvard, étaient des Vendéens, soldats admirables animés d'une grande foi religieuse. Beaucoup moururent en égrenant leur chapelet, décidés tout naturellement à ne pas céder un pouce du terrain qui leur était confié. »

Du 13 au 28 juillet, le 155e RI perdait à lui seul 24 officiers. Le spectacle des revenants, yeux hagards, faisait dire à Jean Vergne, du 24e RI : « C'est plus une armée, c'est des cadavres. »

Voilà ce que donne, en vérité, le froid « coûte que coûte » des communiqués du Grand Quartier général et des ordres du jour : des pugilats implacables, des charniers innommables, des spectacles d'une horreur indescriptible.

Encore un témoignage : « Un cadavre de fantassin émerge à demi du mélange de terre, de pierres et de débris innombrables. Mais quelques heures après, ce n'est plus le même, il a disparu et fait place à un tirailleur en kaki. Et successivement défilent d'autres cadavres et d'autres uniformes. L'obus qui enterre le précédent en fait apparaître un autre. »

On peut en venir à engager des milliers d'hommes pour la possession d'une seule tranchée. Exemple : le 11 juillet, où les Allemands attaquèrent une nouvelle fois, massivement. Le coup du bélier. Ou un coup de désespoir. Un peu avant l'aube, après un bombardement concentré, sur un front d'environ quatre kilomètres, des troupes d'élite, celles du corps alpin appuyées par trois divisions d'infanterie, foncèrent sur Verdun. Consigne : percer à tout prix. Puis on en vint à ne plus attaquer que sur un kilomètre, en vue de la ligne Souville-Fleury. Enfin, l'assaut porta sur le seul fort de Souville, sauvé par une poignée d'hommes aux ordres du lieutenant Dupuy et du sous-lieutenant d'Orgemont.

On ne cesse de prendre et de reprendre, de perdre et de reperdre, les terrains contestés.

Il n'en reste pas moins que tel est bien l'aspect de cette guerre : une guerre par coups de tentacules et une guerre de retranchements. *Tranchée* devient sans doute le mot le plus prononcé à travers le monde entier. En langage militaire, avant 14, les « tranchées » étaient synonymes de « fortifications », plus précisément qualifiées de « travaux de terrassement permettant à l'assiégeant de s'aventurer à couvert et, pour ce faire, comportant tout un système de sapes simples, sapes debout, sapes doubles, boyaux de communication parallèles et gradins de fonctionnement. »

La Grande Encyclopédie définit la tranchée-abri comme un « retranchement de campagne construit par les hommes de l'infanterie pour pouvoir tirer à couvert ». L'instruction française du 15 novembre 1892 sur les travaux de campagne des troupes d'infanterie distingue trois sortes de « tranchées pour tirailleurs » : la normale, l'ébauchée et la renforcée.

Le règlement allemand du 6 avril 1893 sur les fortifications de campagne en prévoit six : tranchée pour tireur couché ; tranchée pour tireur à genoux ; tranchée pour tireur debout ; tranchée-abri renforcée ; et deux types de tranchée-abri très renforcée obtenue en approfondissant le fossé jusqu'à 1,20 mètre dans le premier cas et 1,60 mètre dans le second.

Personne, en dépit de tels règlements, ne prévoyait que nous aurions la guerre des tranchées. Force est pourtant de se rendre à l'évidence : la guerre, ce n'est plus que ça. La tranchée commande.

Elle prend la forme d'un simple sillon tracé à un demi-mètre jusqu'à des excavations profondes de plus de deux mètres, aux parois rigoureusement verticales, au fond recouvert d'un caillebotis, pouvant même se recouvrir d'une sorte de toit.

L'« abri » lui-même, qui est inséparable de toute tranchée, peut aller d'une niche minuscule aménagée dans la paroi du boyau, à une solide salle souterraine, fortement charpentée. Ainsi les Allemands disposent-ils de leurs fameux *Stollen*, véritables casernes souterraines creusées jusqu'à quinze mètres de profondeur, à l'épreuve des projectiles les plus lourds, avec des escaliers bétonnés conduisant aux tranchées de départ. Le *Stollen* du bois de Consenvoye peut par exemple contenir jusqu'à douze cents hommes, en général mis là en réserve pour assurer la relève de la première vague d'attaque.

Mais surtout, la tranchée est devenue synonyme du système d'équipements qui se constitue autour d'elle et à son service. Elle n'est jamais isolée. Elle a un *parapet*, parfois constitué de cadavres. Tout un réseau de barbelés, entrecroisés et attachés à des piquets, la protège en avant. On l'installe par temps de brouillard, ou de nuit. Du reste, la pose des réseaux est la pire des corvées nocturnes : le danger est si permanent que, pour éviter de faire le moindre bruit, on enveloppe dans des chiffons les maillets de bois pour enfoncer les piquets.

Quand les tranchées opposées sont trop voisines, on lance par-dessus bord, de part et d'autre, des *chevaux de frise*, barres de bois terminées par des X et entourées de fil de fer barbelé. Ou alors on utilise *le réseau Brun*, rouleau souple hérissé de pointes qu'on lance sur le terrain à neutraliser, où il se déplie en accordéon : le tout, en se rejoignant, forme un obstacle épais à peu près infranchissable.

Le *no man's land* n'excède jamais le kilomètre : quand il se réduit à quelques mètres, il est recommandé de recouvrir la tranchée d'un *treillage anti-grenade*. Un réseau de boyaux — *boyaux de communication* — relie la tranchée à l'arrière.

Un vocabulaire militaire intervient pour désigner les différents éléments du système : les sommets ou collines deviennent des *cotes*, toutes numérotées, telle l'illustre cote 304, la plus ensanglantée, ou des *crêtes* ou des *contre-crêtes* ; les ravins deviennent des *cheminements* ; les bois, des *couverts* ; les champs de blé, des *champs de tir* ; les incidents du site, observatoires ou clochers, ou cheminées, des *données de repérage*.

La troupe, elle, préfère un tout autre vocabulaire. On a ainsi le « boyau de l'escargot » (par lequel les hommes de soupe doivent cheminer trop lentement) ; la « tranchée des sables » (sans doute dénommée de la sorte par quelque méhariste exilé du Sahara) ; la « tranchée des zouaves » (ils sont spécialistes de la première ligne) ; le « boyau Barca » (surnom d'un héroïque colonel) ; ou, mieux encore, la « tranchée de la misère », la « tranchée de la poisse », la « tranchée de la guigne », le « boyau des déserteurs », la « tranchée des mécomptes » ou « de la disgrâce », ou « des cocus ». Il existe même quelque part un bois « du satyre » et une « tranchée Zigomas ». Bien entendu, il n'en va pas autrement en face : si beaucoup de tranchées allemandes portent des noms historiques ou géographiques — Bismarck, Bayreuth, Würtemberg, Bavière, Nietzsche, Schopenhauer, Leibniz —, il y a aussi le « boyau Gretchen » la « tranchée des vandales » et la « sape de la choucroute ».

— Bon Diou d'bon Diou ! dirait le sergent Lampier, que de choses à savoir, pour bien nous connaître !

Rien que pour l'habillement, il y aurait tout un livre à écrire. « Le poilu de pied en cap, ça aussi, c'est kékchose... ! » Le casque est tout bonnement l'ancienne bourguignotte, réinventé par l'intendant général Adrian, réinventeur aussi des baraques « préfabriquées ».

Depuis 1915, on ne s'habille plus de couleurs vives : tenue bleu horizon pour l'ensemble de la troupe, ou kaki pour les coloniaux. A ceci près que le drap bleu horizon vire vite au gris, une couleur très voisine du *feldgrau*, gris de campagne, des soldats du Kaiser, et qu'il n'est imperméable ni à la pluie ni à l'humidité qui suinte des parois des tranchées ou des abris, pas plus qu'aux sueurs de l'effort ou de la peur. Le tricot, marron ou beige, tricoté « à la maison », est recommandé, mais on a droit aussi à bien d'autres trucs pour se protéger du froid, vestes sans manches en peau de mouton, journaux, peaux de lapins (plus ou moins braconnés), cadeaux des « marraines de guerre », passe-montagnes de laine, ou chiffons entortillés autour des pieds (qu'on appelle chaussettes russes).

Les bandes molletières sont de rigueur. On regrette les guêtres de cuir, si faciles à chausser ; certaines unités, elles, enfilent des bottes en toile huilée à semelles de bois.

Le bidon à pinard ou à flotte est revêtu du même drap que l'uniforme.

On boit dans un *quart*, petit gobelet en aluminium à anse qui contient un quart de litre et dont le fond prend vite une drôle de couleur vinasse. On mange dans une *gamelle*, c'est-à-dire une écuelle, elle aussi métallique.

La baïonnette, dague à triple arête, la fameuse Rosalie des chansonniers optimistes du début de la guerre (Lucien Boyer et Théodore Botrel), est de fait beaucoup plus utile, comme outil, pour les utilisations quotidiennes, que comme arme blanche, de moins en moins utilisée en tant que telle (les corps-à-corps sont de plus en plus rares). Le « couteau de tranchée » fait impression (les Allemands ont des couteaux-scies), mais lui aussi est d'un emploi plus domestique que guerrier.

Mais, de la vie du poilu dans la tranchée, il y a encore bien des choses à savoir. Il y a la *cagna*, nom de l'abri. Il y a le *secteur*, à tenir d'une relève à l'autre : c'est un réseau de lignes fortifiées, couvrant une certaine zone du front, précisée arbitrairement sur la carte ou par des limites géographiques. Un ensemble de tranchées, en principe « parallèles », y forment la première position. Il y a dans chaque tranchée la *banquette de tir*, pour guetteurs ou tireurs. Il y a le *pare-éclats*. Il y a les *chicanes*, passages rétrécis voués à arrêter d'éventuelles infiltrations ennemies. Il y a les *gabions*, ou *claies*, ou *fascines*, qui viennent renforcer les parois sur des terrains trop mouillés. Il y a les piles de sacs de terre servant de remparts — où on introduit des boîtes creuses en bois en forme de triangle, à la pointe ouverte vers l'adversaire : les *créneaux*. Il y a les *sapes*, dont le nom ne sert plus à désigner l'entrée des boyaux, mais constituées d'impasses creusées en avant de la tranchée de tir, de *petits postes* ou *postes d'écoute*, qu'on protège au maximum, avec des sacs de terre et des arbres abattus, au besoin avec des boucliers d'acier.

Côté Verdun, il y a ces villages détruits, ces arpents de terre bouleversés et ces quelques bois déchiquetés, qui sont devenus inséparables de la vie quotidienne, Vaux-Chapitre, la Caillette, Douaumont, Fleury, Souville, célèbres dans le monde entier, Mort-Homme, cote 304, Thiaumont, infernale et sublime litanie, chemin de croix de l'inconcevable courage des soldats français et allemands, phares de l'héroïsme et de l'horreur.

Front, autre mot qui surgit dans l'histoire. Il est trop vrai que, durant des millénaires, la guerre ne fut que mêlée et que pour la première fois en rase campagne, la ligne des combattants prend cette rigidité, cette immuabilité.

Le front — le front officiel, le front des communiqués — commence sur la frontière suisse, pour s'étirer sur les crêtes de l'Alsace et des Vosges. Puis il coupe la plaine de Woëvre aux lourdes terres épaisses, gluantes et collantes, étendues entre de vastes étangs aux rives sinueuses, parcourues par un lacis de ruisseaux, marquées de redoutables fondrières où l'on s'enlise quand les insistantes brumes de ce pays lacustre se mettent à voiler l'horizon — dominées par les pentes raides des côtes ou hauts de Meuse, qui développent de Dun-sur-Meuse à Toul leurs lignes géométriques. Là se trouvent les fortes positions de Verdun et de Saint-Mihiel. Ensuite, viennent l'Argonne, toute mélancolique, et les parties les plus mornes de la Champagne pouilleuse, cette région que Dumouriez désignait comme les Thermopyles de la France, où il s'appuyait à la veille de Valmy et où cette fois ont surgi les Allemands, sans casque à pointe, du Kaiser. Puis c'est la Champagne rémoise, pays soit de collines très accidentées, parsemées de bosquets de pins, soit de vastes plaines aux amples horizons, où se multiplient jusqu'aux abords de

Reims des pinèdes jalonnées de rares villages. On se sera disputé avec un acharnement de loups les hauteurs de Craonne et la route de Laon. De là, sur une étroite arête d'une singulière horizontalité, la ligne du front, d'un côté domine l'Ailette, de l'autre s'étend vers l'Aisne en tentacules qui séparent les multiples vallons du Soissonnais, coupés de carrières, dont les Allemands auront fait en quelques semaines des barricades infranchissables. Cette arête de Craonne est d'ailleurs si régulière, plane et tentante, que le chemin qui la parcourt en vue des larges espaces du Laonnois a pris le nom de Chemin des Dames ; au vrai, la chaussée joue le rôle vigilant d'un chemin de ronde de fortification naturelle, haute de mille mètres, dont l'Ailette est le fossé. Puis, dès Soissons, la ligne traverse la pénéplaine du Soissonnais, pour atteindre l'Oise au-dessous de Noyon. On se dispute avec un féroce entêtement le vaste prolongement de la forêt de Compiègne. Enfin, à Albert, débute une autre ligne de front, qui s'étend à travers de riches campagnes jusqu'au gros bourg de Combles, près de Peronne, et prolongée jusqu'à la mer.

Tel est le paysage qui, depuis deux ans, sert de toile de fond à la vie du monde entier. La guerre aura eu beau se déchaîner sur d'autres grands théâtres, en Prusse orientale, dans les Balkans, aux Dardanelles, sur la Piave, en Afrique, sur mer, avec batailles importantes et chefs aux noms prestigieux — la vraie guerre, la grande, se situe pourtant dans ces seuls paysages de France. Le seul front, c'est le front de France.

Le front, c'est cela, rien que cela. L'univers aura vite su reconnaître les noms, tracés avec du sang et de la boue, qui marquent le prodigieux jalonnement : Vosges, Verdun, Douaumont, Craonne, Laon, Chemin des Dames, Somme, Ypres, monuments de l'aventure humaine en plein délire.

Mais, pour le poilu, le vrai front, le front non officiel, le seul qui ait pleine signification, c'est son front, son front à lui, son propre front de feu, où il se bat, lui, où il souffre, lui, où il peut rêver ses rêves connus de lui seul, où il peut mourir à tout instant, sorte de terrible chez-soi, de *home* tragique, qu'entre attaques et bombardements il s'emploie à améliorer de son mieux, disposant solidement les sacs de sable, écopant les eaux d'infiltration, creusant des boyaux de raccordement, ajustant avec soin créneaux et banquettes de tir, tout en luttant contre le froid, la boue, les poux, les morpions et les maudits « gaspards », les rats, créatures de cauchemar, qui hantent les cagnas.

Autre fait d'histoire : pour la première fois, une taupe reçoit un éclairage d'épopée. Le combattant des tranchées sera entré, dès les premières semaines de la « guerre immobile », dans une phénoménale légende.

Nos « poilus », disent les Français, avec l'affection bourrue inséparable de ces personnages eux-mêmes.

Nos « petits Fritz », disent les Allemands.

Nos « tommies », disent les Anglais.

Il est trop exact que poilu, fritz, tommy auront fini par désigner le même homme, non seulement la même silhouette, casquée et boueuse, à l'occasion emmitouflée dans des découpures de toile cirée, des morceaux d'étoffe de tout genre, des chandails de laine aux coquetteries les plus variées, mais encore la même âme, avec la même combinaison trouble d'héroïsme et d'épouvante, de sublime et de dégoût.

Indiscutablement, le poilu, ou ses semblables qui parlent une autre langue, c'est grand, très grand. Rarement des états-majors auront été suivis par des troupes d'une telle abnégation et d'une si longue patience. Le poilu en arriverait à surpasser le grognard des guerres napoléoniennes. On pourra dire : un saint Sébastien avec le franc héroïsme de Bayard.

Mieux encore : par sa profonde humanité, par ce mélange rare de fierté et d'humilité, par cette conviction d'être à la fois le plus vaillant et le plus douloureux des hommes, par toutes les peines qu'il doit subir en pleine innocence, il en vient à donner à cette hideuse guerre de pieuvres sa propre dimension.

Son sceau est le seul qui vaille au sens le plus haut.

« Nous ne savons pas si nous serons heureux, mais nous savons que nous ne serons pas petits », répèterait Charles Péguy s'il était encore là, s'il n'était tombé, lieutenant d'infanterie, dès les premiers jours de la guerre, tué d'une balle en plein front.

Chapitre V

Le plan

On sait les Allemands prêts aux derniers sacrifices pour tenir les positions qu'ils ont pu nous arracher ces derniers mois. Pour s'en convaincre, il suffit de lire, en date du 18 septembre, les consignes du général von Lochow, qui commanda le groupe d'attaque Est :

La ligne atteinte à présent doit être tenue et renforcée par une défense acharnée... Le développement des travaux visera à établir plusieurs positions comprenant chacune plusieurs lignes... Il importe tout d'abord — notamment dans le secteur Thiaumont-Bergwald (Vaux-Chapitre) — de renforcer si bien la première ligne qu'elle puisse résister même à de fortes attaques et de diminuer les pertes des relèves en construisant des boyaux et des tranchées d'approche. Les principes exposés ici même donnent une idée de la progression et du détail des travaux pour leur continuation. Le temps qui nous sépare de la mauvaise saison, et les forces importantes qui peuvent être mises encore en première ligne doivent être utilisés avec la dernière énergie en vue d'activer les travaux, de façon à ce que les difficultés ne surgissent pas en hiver, ou en cas de diminution des effectifs...

La continuation des attaques ennemies doit, aux termes d'un ordre capturé par nous, être attendue avec certitude sur la rive droite de la Meuse. Tous les PC doivent donc mettre au point l'attitude à tenir au cas où l'adversaire déboucherait sur un point de nos positions, et au cas où des attaques généralisées de sa part réussiraient. Ce calcul doit prévoir minutieusement toutes les éventualités concevables et préparer dans les moindres détails les contre-mesures les plus pratiques. Il faut à ce sujet faire connaître ses intentions aux unités voisines, afin que ces dernières puissent, le cas échéant, collaborer aux contre-attaques...

La situation exige qu'on ménage des forces disponibles constamment prêtes à un nouveau coup de collier et acharnées au travail et cela partout. La relève des divisions qui, jusqu'ici avait lieu fréquemment, il n'y faut plus compter.

Ou bien l'ordre du jour du général von Zwehl, commandant le VIIe CR, en date d'hier :

25e DR — 83e RR — 23 octobre 1916. D'après les renseignements d'agents, il faut s'attendre à une attaque française à Verdun. La position de combat est à tenir à tout prix. L'infanterie et les mitrailleuses doivent être prêtes à n'importe quel moment à repousser une attaque française...

Transporter le plus grand nombre possible de grenades à l'avant. Les réserves et les compagnies de mitrailleuses en réserve au Thiaumont-Hang (abris Krupp et Brody), au Ablain-Schlucht (ravin de la Couleuvre) et au Minzenschlucht (ravin du Helly, partie ouest) doivent être prêtes pour une entrée en ligne immédiate.

Les Allemands ne sont pas à bout de ressources, ni de résolution, loin de là. Ils disposent toujours d'une troupe d'exceptionnelle valeur, commandée par des chefs qui savent penser et vouloir, constituée de combattants que bien peu, ailleurs, peuvent égaler.

Le haut commandement français ne va pas avoir la partie facile.

De plus, à supposer que les Allemands, avec Douaumont, perdent le principal de leurs observatoires, il leur en restera d'autres, très précieux, sur les hauteurs environnantes, de la côte du Poivre aux ouvrages d'Hardaumont. A partir de la cote 239, de la cote 342 et surtout de la cote 378, qui n'est inférieure que de dix mètres, à Douaumont, ils conserveront sur les ravins, sur les cheminements, sur les accès des forts, un réseau de vues des plus gênants. Nos communications resteront épiées de tous côtés. Force sera d'aller fermer toutes ces fenêtres, d'arracher tous ces yeux.

N'oublions pas davantage les difficultés naturelles, propres au terrain à conquérir. Ces divers chaînons des hauts de Meuse que constituent les massifs de Froideterre, de Louvemont et d'Herbebois s'emboîtent l'un dans l'autre à la manière de vertèbres, dont chacune pousse des côtes de droite à gauche. Ces côtes, au lieu d'être des arêtes linéaires, s'évasent en spatules, en larges écrasements, comme le commande la nature du sol. Mais, ce squelette est presque partout recouvert d'une couche d'argile, sorte d'enveloppe grasse qui empâte le dessin et ôte au relief sa rigueur de forme et de contour. Cette argile retient des sources, nourrit des bois qui de toutes parts couronnent les hauteurs, tels les bois de la Laufée, de la Caillette, des Caurières, mais qui appellent, condensent brumes et vapeurs et entretiennent une telle humidité perpétuelle que le paysage en aboutit à ce paradoxe : des marécages sur des hauteurs. Que l'on imagine, en un mot, une ossature très accidentée couverte d'une matière molle et gluante, et habillée de bois désordonnés.

Le secteur de Douaumont même n'est pas moins redoutable. Il se constitue de ravins boisés, secrets, dissimulés, qui sont autant de compartiments remarquablement propres à la défense. Chaque fond recèle sa batterie, et plus d'un défilé son boyau ou son chemin de fer de campagne. Ce n'est partout que camps fortifiés, cavernes profondes, étages de casernes creusés à flanc de ravin, « comme le long d'une muraille évidée en dedans, placés à angle mort et défiant à peu près les coups les plus puissants ». Dans ces camps que les artilleurs français ont baptisé à leur fantaisie — Brême, Cologne, Ems, Hambourg, Coblence — vivent en réserve des régiments entiers.

Paysage de hargne. Un général qui a parcouru les champs de bataille sur tous les fronts assure qu'il n'y en a pas, même sur les marais russes de Pinsk, de comparables à celui-là. Pas étonnant qu'on le désigne comme un « paysage de cratères ». Ce qui en donnerait l'idée la plus exacte, dit un autre témoin, « ce sont les abords fangeux d'un abreuvoir piétiné par des milliers de bêtes — sauf à se figurer, au lieu d'empreintes de sabots, de vastes entonnoirs où des cadavres de chevaux flottent comme des mouches dans un bol ». Car avec la manie qu'ont les sources de ce pays convexe de se percher sur les hauteurs, chaque trou se remplit d'un dépôt visqueux de vase et d'eau croupie. « Il y a eu là des drames, précise le même témoin, des sinistres, des engloutissements d'hommes happés par ces trous. Tel part en corvée de nuit, tel coureur emporte un message, qui ne revient jamais et dont on n'a plus de nouvelles. L'eau est sur ces plateaux une ennemie plus traîtresse et plus enveloppante, plus redoutable que le feu. A certains endroits, autour du fort de Douaumont, cette argile détrempée, suante comme du beurre, a été tellement brassée, fouettée par les obus qu'elle a pris tout entière une boursouflure d'écume, la consistance d'une mousse de savon, l'apparence de ces grands bouillonnements de lait qui est celle des mers en furie. »

C'est là-dessus qu'il a fallu disposer l'artillerie, creuser des pistes, refaire des routes désossées. C'est sur sol pareil que, depuis des semaines, s'est accompli un labeur aussi obscur que gigantesque, assuré par deux divisions secondées par des régiments de « pépères » territoriaux et des équipes de cantonniers, creusant les parallèles, aménageant les places d'armes, fixant les emplacements des réserves comme les PC de régiments et de chefs de bataillon. On a bâti tout un réseau de pistes et de layons. On a rétabli d'anciennes chaussées, ajusté des voies pour le transport du matériel et du ravitaillement, construit une route carrossable faite de madriers et de traverses jointives pour le passage de l'artillerie. « Une route de bois, y'a bon » dirent les tirailleurs sénégalais la première fois qu'ils l'empruntèrent. En bref, il a fallu rendre praticable un chaos — jusqu'à construire vingt-cinq kilomètres de routes et dix kilomètres de chemin de fer de Decauville, sans oublier dépôts du génie, dépôts de vivres, dépôts de munitions, puits et conduites d'eau.

Au reste, les villages en ruines attestent à eux seuls de l'âpreté des combats que leur possession exige. A Fleury-devant-Douaumont qui était un petit village de cinq cents âmes, on ne reconnaît plus de la localité, ni les maisons ni les rues ; à peine peut-on désigner l'emplacement de ce qui fût l'église, la mairie et l'auberge : un village rayé de la carte. Ceux de Vaux et de Damloup ne sont plus qu'amoncellements de ruines, celui de Douaumont un amas de pierres.

Il y a de quoi tenir le fort de Douaumont pour un épouvantail. La redoutable terrasse qui termine face au sud le plateau, arête de la région, ne sert pas seulement à espionner nos positions. Comme notre tranchée de première ligne passe au bas même du fort, dont les fils de fer fixes nous servent de défenses accessoires, et qu'elle englobe face à la pointe sud-est ces petits dépôts bétonnés, nombreux et précieux, qui ont pu abriter durant des mois les éléments d'une éventuelle contre-attaque, les Allemands ont hissé sur les hauts du fort quelques Minenwerfer qui, durant tout ce délai, réguliers, implacables, auront vidé leur torpilles — leurs « marmites », disent les poilus — sur les positions françaises, retournant, ensevelissant, abrutissant les unités en place.

C'est dire, comme le dirait le sergent Lampier que « ça sera pas de la tarte ». Mais nous ne manquons pas d'atouts. Nous allons engager des troupes de première force. Nous sommes quasiment sûrs que nos tirs d'artillerie, durant ces quatre jours, ont eu plein effet. Notre fausse attaque d'avant-hier a permis de localiser et de compter avec précision les batteries allemandes : plus de cent trente.

Nous venons à l'instant de capturer un pigeon voyageur, lancé par les Allemands de Douaumont, porteur d'un message qui donne des renseignements précieux sur les moyens et le moral des troupes d'en face.

Nous devons au général Pétain une superbe préparation du terrain. Au début de la bataille de Verdun, le 26 février, le jour où il prit le commandement de la région fortifiée et de nos forces disponibles sur la rive gauche de la Meuse, sa mission exclusive était d'enrayer les calculs de Falkenhayn : devant la puissance et le développement d'une attaque qui, de la rive droite, gagnait la rive gauche et s'étendait d'Avocourt aux Éparges, tantôt simultanément et tantôt successivement, la première urgence était d'organiser la résistance de telle sorte que la rupture du front fût rendue impossible. Par la suite, il importa aussi de retenir devant Verdun le plus grand nombre de forces adverses, afin de mieux aider à la réussite de l'opération Joffre-Foch sur la Somme. Pétain s'acquitta parfaitement de sa double besogne et Joffre a tenu à l'en féliciter personnellement. Cependant, il a fait plus. Promoteur de la logistique mise en place pour soutenir notre prochaine offensive, c'est lui qui a obtenu du Grand Quartier général l'artillerie nécessaire pour le succès des opérations envisagées. C'est lui qui a exigé la livraison de deux pièces de

400, dans son esprit seules capables de venir à bout des forts de Vaux et de Douaumont, « sans combat d'infanterie ».

Notre Deuxième Bureau connaît le dispositif d'ensemble de l'armée du Kronprinz. Si les forces allemandes sont supérieures en nombre, elles ont été échelonnées en profondeur d'une manière excessive, avec, en première ligne, vingt-deux bataillons dont trop manquent manifestement d'esprit combattif.

Avec le général Nivelle à la tête des unités d'assaut, notre haut commandement peut être rassuré quant à la totale agressivité requise dans la bataille. N'oublions pas que, déjà le 22 mai, avec la 5e DI du général Mangin, il réussissait, par un coup d'audace, à s'emparer du fort de Douaumont, hélas aussitôt perdu.

Enfin, le plan arrêté par Pétain, Nivelle et Mangin, est de la plus solide et claire rationalité. L'objectif précis, sur un front de sept kilomètres, est de conquérir un terrain d'une profondeur moyenne de trois kilomètres, depuis les carrières d'Haudromont à l'ouest jusqu'à la batterie de Damloup à l'est, en y comprenant le fort de Douaumont. Il s'agit de rétablir intégralement la barrière protégeant Verdun.

Deux phases sont prévues. La première consiste à s'emparer d'une ligne qui joint les carrières d'Haudromont, la ligne à contre-pente sur la croupe nord du ravin de la Dame, le retranchement au nord de la ferme Thiaumont, la batterie de la Fausse-Côte, l'éperon nord-est du bois de Vaux-Chapitre, et, devant le fort de Vaux, la tranchée Viala au bois Fumin, le petit dépôt à la droite de la route du fort, la tranchée Steinmetz et la tranchée Werder, laquelle fait face à la batterie de Damloup. La consigne pour les troupes d'attaque, une fois maîtresses de cette ligne, est de la consolider sans délai, en la reliant aux organisations de départ et en en faisant assurer l'occupation par des unités spécialement prévues. On se contentera, pour toute activité, de pousser quelques reconnaissances.

La deuxième phase vise une ligne qui joint la contre-pente sur la croupe nord du ravin de la Couleuvre, le village de Douaumont, le fort de Douaumont, les pentes nord et est du ravin de la Fausse-Côte, la digue de l'étang de Vaux, la tranchée Siegen face au ravin de Fumin, enfin la batterie de Damloup. Entre ces deux phases, un arrêt doit simplement permettre aux troupes de s'organiser, reprendre souffle et réadapter le dispositif de combat.

La liaison artillerie-infanterie, toujours si délicate, est minutieusement réglée selon un horaire fixé : tout est prévu pour qu'il n'y ait pas confusion de signaux. On a même envisagé l'éventualité du brouillard : les tirs des canons s'allongeront selon le rythme fixé à la marche des fantassins, et cette marche s'effectuera collée aux barrages successifs.

L'installation sur les positions est réglée de façon à éviter le désordre qui souvent suit l'assaut, ou la crise de détente et d'incertitude qui peut fournir à l'ennemi l'occasion de contre-attaquer et de réoccuper le terrain perdu. Chaque chef de section est muni d'un plan à grande échelle et sait où il doit se porter et ce qu'il doit faire. Les compagnies de mitrailleurs connaissent d'avance avec exactitude l'emplacement de leurs pièces et leur mission. Les troupes intéressées sont prévenues que les principaux ravins ont été fouillés et martelés, que les abris des carrières d'Haudromont à droite ainsi que les abris de la batterie de Damloup à gauche ont été particulièrement pilonnés et que, hier, un grand incendie s'est déclaré au fort de Douaumont à la suite de l'éclatement d'un obus de 400. Le temps doit se lever dans l'après-midi, facilitant les observations par saucisses et avions.

Au total, c'est du programme robuste. Du bon travail. Pour le reste, à partir de 11 heures 40, ce sera aux troupes d'en répondre.

Chapitre VI

Nuit du 23 au 24 octobre - Dans la cagna

— T'as remisé les grenades ? demande le sergent au caporal.

Car la grenade est devenue, quoique depuis fort peu, une arme essentielle du fantassin : pour la première fois, grâce à elle, on peut atteindre en trajectoire courbe les occupants des tranchées non exposés au tir tendu des fusils. Au début, cela se réduisait à des pétards sommaires, boîtes de conserves ou bouteilles munies de détonateurs. On retira des arsenaux jusqu'aux modèles sphériques des guerres de l'Empire. Nos ingénieurs ont rapidement perfectionné l'engin. Nous avons même déjà toutes sortes de grenades : offensives ; défensives ; grenades à cuillère (réputées aussi dangereuses pour ceux qui les lancent que pour ceux qui les reçoivent) et grenades dites « citrons », à cause de leur forme, entourées d'une enveloppe de fonte à quadrillage en relief. On a même équipé un fusil Viven-Bessières (VB), et pourvu le Lebel d'un tromblon percé d'un trou : par ce trou passe la basse qui projette une grenade à une distance que ne pourrait atteindre le bras du lanceur le plus doué. (On dit l'arme inspirée de la guerre russo-japonaise.)

— T'sais ben que oui..., répond le caporal.

Ils sont donc dans la cagna, pour quelques heures de repos. Elle paraît assez solide. Le sergent Lampier l'a tâtée, comme il dit. Creusée à quelque cinq mètres de profondeur, pourvue d'un bon toit de rondins, « il y a pire ». On peut y être relativement tranquille, même si l'on continue de percevoir le duel d'artillerie, à peine assourdi, et les claquements des Minenwerfer les plus proches.

La plupart des hommes se sont enroulés dans des couvertures, allongés sur des tas de paille pourrie. Certains dorment déjà, et ronflent. Des rats rôdent avec un culot tel qu'ils glissent sur les visages et cherchent à fouiller les musettes. Une chandelle malodorante fume dans un lustre improvisé, fait d'un fil de fer dont une extrémité s'accroche à un clou recourbé, enfoncé dans un madrier d'étaiement, alors que l'autre bout, roulé en spirale, fait office de bougeoir. Par instants, un juron résonne dans les ténèbres, ou un pet.

— Crénom de bonsoir ! fait Lampier, qui envoie dans un coin un long jet de salive.

Il est en train d'épouiller le col de sa capote, farci de lentes, tandis que Taupin fait la chasse aux morpions qui lui attaquent l'entre-cuisses. L'étudiant écrit, au crayon, sur un carnet à couverture de moleskine noire. Ruchart, avec son poignard de tranchée, découpe des tranches d'un saucisson à l'ail ramené de permission : il déglutit bruyamment, avec une volupté inexprimable.

— T'en tues un, fait Lampier en faisant craquer un pou entre les ongles de ses pouces, il t'en vient dix pour l'enterrement...

— T'aurais dû être matelot, dit Taupin en hochant la tête. Les matelots ont de l'eau. Ils sont propres...

— Pas sûr, grogne Ruchart. J'avais un cousin dans la sous-marine. Paraît que ça pue, là-bas dessous...

Certains battent les cartes — ors, coupes, bâtons, épées — pour entamer une manille. D'autres se rasent, avec un long rasoir, faisant mousser le savon du blaireau dans leur quart. D'autres encore, à l'aiguille, rafistolent une chemise ou une chaussette. Accroupi dans l'ombre, Thomas chique, pensif, ruminant à la fois son tabac et ses songes. Parazols frotte ses godillots à la la graisse de saindoux, pour rendre leur peau plus souple. Larnicotte se met debout, prend sa baïonnette par la pointe, la lance comme un coutelas, à la manière corse, sur un énorme rat, au poil luisant, immonde entre tous. Manqué. Le rat disparaît sous la paille.

— Saleté de Kronprinz !

Larnicotte en vise un autre, aussi vainement, puis un troisième, raté lui aussi. Ce n'est qu'à la sixième tentative qu'il réussit à en embrocher un, laissé sur place, avec des soubresauts que le vainqueur se met à contempler d'une joie sadique.

Quelqu'un demande si un homme embroché, ça doit mourir pareil. Taupin préfère demander quel est l'animal le plus infect au monde, le pou, le morpion, la punaise, le rat, le cafard, le charognard, la mouche verte...

— Encore une veine qu'on n'ait pas du scorpion..., soupire Lampier.

Cependant, moins d'une demi-heure après, tout le monde s'en va « à la roupille ». Plus personne ne reste à « s'occuper », même si on laisse flamber la bougie, on ne sait jamais ce qui peut arriver, mieux vaut y voir un peu. Il n'y a que les damnés parasites à rester éveillés, et les rats.

Le sommeil s'empare vite des hommes. L'un d'eux a-t-il même pensé que, pour beaucoup, cela était la dernière nuit ? Ça ronfle dans tous les coins. Seuls, les soldats en sentinelle auront noté que le bombardement s'est considérablement ralenti. Les tirs ne s'exécutent plus à peu près que sur les forts de Vaux et de Douaumont. Les artilleurs aussi ont droit au sommeil.

A travers les créneaux, les sentinelles, à la lueur des fusées qui se succèdent, comme des éclairs, peuvent observer le terrain lunaire sur lequel il faudra sans doute galoper quand le jour sera levé, et peuvent mieux se demander contre qui, demain — Thomas, Ruchart, Taupin, l'étudiant — les hasards frapperont.

Pas une étoile au ciel.

Une brume légère commence à envahir le paysage, de-ci de-là déchirée par le souffle des projectiles.

Les héros dorment sur leur paille pouilleuse. Les sentinelles grelottent en silence.

Seuls s'agitent, à l'arrière, les hommes, les automobiles et les chevaux chargés d'acheminer ce qui est nécessaire à la bataille et à la mort, armes, munitions, vivres, fusils, lorgnettes.

On distingue deux rumeurs. D'une part, la voix des canons qui, même ralentis depuis le milieu de la nuit, ne veulent pas se laisser oublier. D'autre part, le roulement sourd des trains, des convois, des charrois qui, interminablement, amènent tout le matériel.

Ici, en première ligne, c'est une nuit de fantômes, qui ne vont se manifester, au réveil, que pour tuer ou mourir...

— Sainte Mère ! Y a plus d'pitié..., grogne Lampier.

Comme toute sa troupe, il vient déjà d'être réveillé.

— Au jus ! Y a d'la gnôle, les gars !

Il est six heures du matin.

Les hommes de corvée reviennent des cuisines, portant les bouteillons pleins du liquide noir, nuageux, à peine un peu chaud, « fadasse », que l'on nomme le jus. Et chaque homme de la cagna d'avancer cependant son quart, d'autant plus vivement que ce matin le jus a parfum de rhum.

— Mauvais signe, juge le caporal, ce rhum, on connaît ça, ça sent surtout le casse-pipe...

On savoure tout de même. La conversation s'engage avec l'« homme de jus », qui, inévitablement, doit porter des nouvelles fraîches.

— Quoi de nouveau, mec ?

— M'est avis que ça va barder... La gnôle, les tirs, tout ça... On va attaquer, sûr...

— Qu'est-ce que ça vaut, un renseignement de cuistot ?

— J'en ai les preuves... J'ai vu le mouvement... De l'artillerie lourde dans tous les recoins... De la charrette en veux-tu en voilà... J'ajoute que les perms sont suspendues... Le pitaine m'en a dit un mot... On va l'annoncer au rapport...

— Saleté de Kronprinz !

L'« homme de soupe », qui s'amène avec toute une cargaison de boîtes de sardines, est aussi formel.

— Ça va barder... ça va barder...

— Qu'est-ce que tu en sais ?

— Je le sais.

— Mais encore ?

— J'suis arrivé il y a quatre jours au cantonnement, à Verdun...

— Et alors ?

— Et alors, j'l'ai vu...

— Qui ?

— Joffre.

— Qui ?

— Joffre, j'te dis... Joffre, avec tout son état-major... J'ai jamais vu tant d'étoiles, les gars... et le Pétain... le Nivelle... et le Mangin...

— Dans ce cas...

Ils se regardent tous un instant en silence.

— On les aura ! lance le jeune caporal.

— Les pieds gelés..., riposte Chopeau.

Personne ne songe à rire. On se chausse. On enroule les molletières. On ramasse les couvertures. A peine Ruchart a-t-il fait observer que le bombardement a l'air de s'être beaucoup calmé, que, soudain, une détonation plus puissante que les autres retentit. Voilà que l'enfer recommence, de toute sa fureur. D'autres explosions suivent, terribles. Les murs de la cagna tremblent. Les gestes des hommes s'accélèrent. On coiffe les casques. On s'équipe du fusil, des masques, des grenades.

C'est finalement le sous-lieutenant Charras, réputé pour « n'avoir pas les foies », qui apporte confirmation de la nouvelle. Il surgit comme un bolide dans le cagna.

— Les gars, ça y est...

— Quoi, ça y est ?

— On va pilonner... puis, à l'assaut !

— Comment ça, à l'assaut ?

— Le colon en personne vient de m'en informer... C'est nous qui attaquons... C'est nous qui avons mission de reprendre le fort de Douaumont...

La phrase tombe comme une bombe. La cagna en reste muette dix bonnes secondes. Puis, les réactions se multiplient.

— Merde de merde de merde...

— Qu'est-ce que je vous racontais, je le savais, moi...

— Pardi, tout ce rhum...

Et le vacarme de s'amplifier. Et tous les canons du monde de rugir à la fois. Et la cagna de se mettre à trembler « comme un sous-marin ». Et les Minenwerfer d'entrer à nouveau dans le terrible orchestre. Et les claquements secs, après sifflements stridents, d'alterner avec des mugissements de poids lourds qui n'en finissent pas. Et les masses du 400 de ré-attaquer Douaumont.

— Encore cinq minutes, annonce le sous-lieutenant, et nous reprenons nos positions en tranchée.

— Vous connaissez l'heure H, mon lieutenant ?

— Impossible à savoir.

Ruchart bourre une pipe. Taupin partage une chique avec

Chopeau. Le sergent roule une nouvelle cigarette. Le caporal distribue les grenades. Thomas, on ne sait par quelle fantaisie, astique la crosse de son fusil. Larnicotte retire sa baïonnette du cadavre du rat, aux trois quarts dévoré par ses congénères. L'étudiant note de nouvelles réflexions sur son carnet.

— Et voilà ! fait le sous-lieutenant.

A la queue leu leu, sergent en tête, on remonte l'escalier à rondins. Surprise : l'aube est pâle, le temps est même clair, seules quelques brumes courent sur l'horizon de l'est.

Quelques avions rôdent, chose rarissime de si bon matin. On voit avec netteté les ballons captifs, saucisses françaises et Drachen allemands, se balancer mollement dans les airs. Mais il y a cet énorme fracas, indescriptible séisme. Petits obus qui éclatent sur les sacs de sable. Tirs secs, claquants, très reconnaissables, des 75. Gros projectiles qui montent en bouquet vers le ciel et qui laissent des nuages de poussière noire où rougeoie une lueur sinistre. Les horizons flambent.

— Et ce n'est qu'un début..., prévient Charras.

Les hommes courent à leurs postes. Damoiseau ne quitte pas Lampier. Charras ajuste ses longues-vues pour observer ce qui peut se passer. On grogne. On tousse. On crache.

Soudain, une lueur fantastique illumine tout le tableau.

— C'est le fort de Douaumont, remarque Taupin, regardez, il s'est passé quelque chose...

Effectivement, comme ils se trouvent pour ainsi dire au pied de la forteresse, ils peuvent très bien voir les hautes flammes qui la dévorent. Tous regardent intensément l'immense brasier qui va être le principal objectif de l'assaut... et le terrain martelé, pilonné, bouleversé, qu'il va falloir traverser...

Pour de l'orchestré, c'est de l'orchestré.

Cependant, durant ce temps-là, au fort, Prollius passe une rapide inspection, pour vérifier les dégâts des tirs nocturnes. Assez ahuri, il constate que le bâtiment conserve des moyens considérables. Si le couloir de défense supérieur est complètement percé en trois endroits, il existe encore une liaison entre la partie Est et la partie Ouest du fort par le couloir inférieur. La porte Nord-ouest et les deux issues des corridors Est et Ouest sont encore partiellement utilisables. Seules, six casemates sont totalement détruites. S'il est toujours impossible d'entrer dans l'infirmerie à cause de la puanteur qui y règne, l'air, dans le reste du fort, est plus ou moins respirable.

Bien entendu, le dépôt du génie flambe encore et une nouvelle réserve de fusées vient de sauter (d'où les hautes flammes contemplées par Lampier et ses camarades), mais le local à munitions n'a heureusement pas pris feu. Non seulement le stock de munitions est intact, mais elles ne sont même plus menacées par les incendies. Conclusion : on aura évacué la garnison trop tôt ; le fort peut être encore défendu. Mais à une seule condition : disposer d'une force de combat suffisante, avec mitrailleurs expérimentés, et en disposer avant le déclenchement de l'attaque française. En conséquence, sans délai, Prollius fait porter par estafette à l'état-major de la division un rapport dans ce sens. « Envoyez des secours. Je ferai le nécessaire. »

— Il suffirait d'une centaine d'hommes sachant se battre, dit-il au sous-lieutenant Mohring.

Il consulte sa montre. Une demi-heure minimum, une heure maximum à l'estafette pour joindre le général — car l'artillerie française ne bombarde pas uniquement Douaumont, mais les arrières du fort. L'état-major a du temps pour se décider. Dans deux ou trois heures — ou quatre — les renforts devraient arriver. Calcul simple : au plus tard, les renforts devraient impérieusement être là vers dix heures.

Prollius se tourne vers Mohring.

— Faisons une prière, dit-il, pour que les Français n'attaquent pas avant...

Chapitre VII

Sept heures du matin - Face à Douaumont

Entre les deux armées qui se font face, émerge la côte de Fleury qui joint, comme les bras d'une croix, la côte de Froideterre, dont les pentes glissent jusqu'au pied de Douaumont. Des ravins se creusent entre la charpente de cette croix allongée. Le formidable géant blessé occupe la crête, en forme d'un double créneau, même si une brume épaisse ne permet pas de voir au-delà des pentes les plus proches, toutes ravagées et meurtries, où à peine quelques arbres mutilés essayent çà et là de se redresser.

Car il y a brume, maintenant. En moins d'une heure, un brouillard très dense s'est abattu sur le champ de bataille.

— Ça va pas être gai d'avancer à l'aveuglette, grogne Chopeau.

— Les Boches nous verront moins, ricane Taupin.

Le sergent est en train d'enseigner à Damoiseau à reconnaître les projectiles les uns des autres : plainte stridente et vive ? 75. Bruit de casse ? Minenwerfer. Basses profondes ? du 220. Locomotives ? L'obus du 400...

Le sous-lieutenant Charras consulte une nouvelle fois sa montre. Il est en train de se poser des questions. Donnerait-on l'ordre d'attaque, en dépit de cette brume ? Ce brouillard ne va-t-il pas créer des conditions désastreuses pour le tir qui doit accompagner la marche en avant ? Notre artillerie ne risque-t-elle pas de tirer sur nos propres troupes, comme ce fut le cas en février ? Du coup, une sourde angoisse le saisit.

— Vous allez voir, avertit Chopeau, qu'on nous aura donné du rhum pour rien. Faudra ajourner...

— Autant de gagné, répond Taupin, sans que l'on sache si, par gagné, il pense au rhum, ou au sursis.

Prollius, dans sa forteresse, regarde aussi sa montre. Souvent. Car il reste toujours sans liaison avec l'arrière. Même pas un pigeon à envoyer : le dernier s'est envolé peu après minuit ; tous les autres sont morts asphyxiés.

— Je crois que je vais envoyer un autre coureur, dit-il à ses deux lieutenants.

Il en décide ainsi — peu avant qu'un obus du 400 ne s'abatte sur une casemate côté Est.

Quoi qu'il en soit, côté français, le dispositif d'attaque est bien en place. Pétain supervise l'ensemble. Nivelle a la responsabilité directe de la stratégie en cours. Mangin va animer l'ensemble de l'offensive. Trois divisions d'élite sont désignées pour exécution.

La division du général Guyot de Salins, renforcée du 11ᵉ régiment colonial du Maroc, que commande le glorieux lieutenant-colonel Regnier, avec pour adjoint le capitaine Mennerat (ce même régiment qui a repris Fleury le 17 août, et dont font partie les gars du sergent Lampier) doit mener l'attaque depuis la carrière d'Haudromont jusqu'au fort de Douaumont, dont elle doit s'emparer. Charras avait raison : c'est au 11ᵉ qu'est confiée la charge directe contre la forteresse. « A notre division, déjà illustre par ses brillants faits d'armes, précise le général Guyot de Salins dans son vibrant ordre du jour — incombe l'honneur insigne de reprendre le fort de Douaumont. Zouaves, marsouins, tirailleurs sénégalais, vont rivaliser de courage pour inscrire une nouvelle victoire sur leurs glorieux drapeaux. »

La division du général Passaga, où se rencontrent des contingents, biffins et chasseurs, de presque toutes les régions de France, Nord, Franche-Comté, Massif Central, Savoie, Languedoc, Gascogne, est chargée du front du centre, avec mission d'attaque des angles sud-est et nord-est du fort de Douaumont, au ravin des Fontaines.

La division du général de Lardemelle, renforcée du 30ᵉ régiment d'infanterie, doit attaquer entre le bois Fumin et le Fond de la Horgne. Elle est essentiellement composée de troupes de ligne et de chasseurs à pied recrutés en Franche-

Comté et Savoie. Objectif numéro un : prendre le fort de Vaux.

— Si le brouillard persiste, explique Passaga, on marche à la boussole, sans hâte, en ordre, avec certitude. Surtout, ne pas s'y engluer, ni s'affoler.

Bien sûr, les trois divisions sont dotées des meilleures armes.

Mais, surtout, nous aurons enfin réalisé que, dorénavant, l'artillerie est la reine des batailles. Celui-là gagnera cette guerre, qui aura su fabriquer les plus forts canons. Or, là encore, nous aurons su réunir des moyens qui sont en train de surpasser en puissance l'artillerie allemande.

Dans les prochains jours, si nous gagnons cette bataille de Verdun, nous le devrons essentiellement à cette supériorité, devenue évidente sur le terrain.

Chapitre VIII

Le pouvoir

Sept heures. A l'Élysée, Raymond Poincaré, président de la République, est déjà levé. Toute sa vie, il a été un grand matinal, et voici de surcroît des problèmes et des épreuves qui incitent peu à flâner au lit.

Il aura toujours gardé le goût d'une vie sobre et strictement réglée. Il observe un emploi du temps sans faille, et mène une existence de Spartiate. Il ne fume pas, ne boit que de l'eau. Son seul délassement physique est d'effectuer chaque matin trois quarts d'heure de gymnastique avec son professeur, puis un quart d'heure de massage, et de faire le tour du jardin de l'Élysée après déjeuner. Tout son temps est voué aux audiences, aux cérémonies, aux inaugurations, aux visites sur le front (il y va le plus fréquemment possible), à la lecture des journaux et des dépêches.

Dès huit heures, il est à sa table de travail. C'est là qu'il passe ses meilleures heures, au milieu de ses livres préférés, un chat à ses pieds ou sur ses genoux. Il décachète d'ailleurs toujours lui-même son courrier. Il tient à lire d'un bout à l'autre toutes les lettres qui lui sont personnellement adressées. Il en écrit de sa main au moins une dizaine chaque matin.

Si sobre, si effacé soit-il, il s'impose pourtant comme un personnage hors du commun. On ne pouvait nul mieux imaginer à l'Élysée que ce Lorrain patriote, inflexible, pour incarner la volonté de lutte de la France dans ces heures décisives. A coup sûr déjà à classer parmi les géants de la IIIe, même si le polémiste royaliste Léon Daudet, le plus vif chahuteur du Tout-Paris, s'obstine à l'affubler du sobriquet de *Nabotléon*.

Raymond Poincaré naît le 20 août 1860, un jour d'élections législatives, à Bar-le-Duc, Meuse, rue des Tanneurs, plus tard rue Neuve, dans la demeure de ses parents, une bâtisse cossue du XVIIIe siècle; il est le fils d'un ingénieur des Ponts-et-Chaussées. « Voilà donc un futur député! » s'exclame l'accoucheur.

Le patronyme, Poincaré, est la transposition française du surnom latin *Pugni quadrati*, porté par un homme fort qui sait se faire respecter.

Les études s'effectuent d'abord dans une école catholique. Elles se poursuivent au lycée de Bar-le-Duc, puis au lycée Louis-le-Grand à Paris. On termine par une licence en droit et une licence en lettres. On accomplit l'année du service militaire au 26e régiment d'infanterie de ligne de Nancy — toujours la Lorraine. L'élève est du genre appliqué, discret, concentré. L'étudiant idem. Le soldat est un modèle de discipline et de conscience.

Avocat, il reste du même acabit: un être de toute confiance. On n'improvise pas. C'est avec les talents inébranlables d'un méticuleux qu'il défend, par exemple, les intérêts de la famille princière de Monaco et plaide le divorce de la princesse Charlotte. Il est le plus jeune avocat de France, à vingt ans; le plus jeune député, à vingt-sept; le plus jeune rapporteur général du budget, à trente; le plus jeune ministre jamais nommé à l'Instruction publique, à trente-trois, ce qui fait cependant dire à sa mère que « tout de même, ce n'est pas là une situation pour un jeune homme ». A trente-huit ans, il refuse la présidence du Conseil que lui propose Loubet.

On ne lui aura connu qu'une chose d'insolite: son mariage. Il prend pour femme sa maîtresse, Henriette Benucci, belle brune frisée d'origine italienne, rencontrée au cours d'une croisière, divorcée d'un Italo-Américain plutôt louche, un certain Kiloram, veuve ensuite d'un certain Bazire, beaucoup plus âgé qu'elle. Il l'épouse, civilement, en 1904. L'austère et formaliste Madame Mère ne se résigne à cette incongruité qu'à une condition: « Ça se passera à Paris et les bonnes n'en sauront rien. » Du moins la chère et ardente

Henriette arrive-t-elle à égayer un peu le morne appartement de ce sévère consul, le remplissant de fleurs, de chansons et de petites chiennes qui peuvent s'appeler Miette ou Babette. Puis, la solidité et la splendeur de l'entente du couple font vite oublier l'incohérence du passé.

Le temps de souffler un peu — à plaider et à gagner quelque argent — et la progression régulière se poursuit. Sénateur, académicien, il est ministre des Finances dans le cabinet Sarrien dès 1906. Il est président du Conseil en 1912 et 1913.

Non qu'il se mette à être brillant. Le pourrait-il ? De petite taille, pâle, mélancolique, boudeur, il ne peut avoir grande allure. Il a l'air d'un employé de bureau, estime le journaliste anglais Sisley Huddleston. Il ne possède d'exceptionnel que son crâne puissant, au front large et bombé, qui donne l'impression d'être bourré de secrets. Il n'a de pittoresque qu'un vague air chinois dans sa physionomie, avec sa courte barbe clairsemée, ses pommettes accusées et sa petite moustache, bientôt grise, qui tombe sur une bouche étroite. La voix est haute et sèche, une voix couperet, sans frémissement ni profondeur. Elle ressemble aux yeux, gris et froids, étrangement fixes quand ils se posent sur l'interlocuteur.

Léon Daudet peut s'en donner à cœur joie à son endroit — d'autant plus allégrement que ce timide est éminemment sensible aux attaques personnelles et aux insinuations calomnieuses. Il trouve en particulier que Poincaré prononce « de trop longs topos, soigneusement préparés, de forme académique, mais déserts d'ennui où n'apparaissent, ici et là, que des caravanes de lieux communs ». Il le qualifie d'« âme en bois dans un corps de papier » avec « de temps en temps un sourire humain et gentil, de temps en temps aussi une hargne subite et sans mesure ».

Il est trop vrai que le personnage est incapable de spontanéité, d'inspiration, de joyeux don de soi. Il est fondamentalement un colossal bûcheur, infatigable compulseur de parchemins et de fiches, gribouilleur inlassable et perfectionniste de notes et de contre-notes.

Il est dreyfusard avec prudence, anticlérical sans véhémence, antiboulangiste simplement vigilant. Il se définit lui-même comme essentiellement de juste milieu : « Ni hésitation ni imprudence; ni recul ni aventure; ni réaction ni révolution. »

S'il fait une superbe carrière, s'il y gagne un respect immense, c'est exclusivement pour son intégrité sans faiblesse, sa puissance de travail, son haut sens du droit. A l'opposé absolu de Georges Clemenceau, son ennemi personnel. Autant comparer l'eau et le feu, la glace et l'incendie. Raymond Poincaré est un réfléchi, jamais paradoxal; Georges Clemenceau est tout en fantaisie, brusques foucades, décisions inattendues, au besoin totalement contradictoires. L'un est ligne droite, l'autre ligne brisée. On peut toujours « prévoir » le premier; le second, jamais. Poincaré a un style de réactionnaire limité, avec une sensibilité rentrée, traumatisé qu'il est comme Maurice Barrès par la défaite et l'humiliation de 1871, n'oubliant rien des souvenirs du garçonnet de l'exode qui a vu occuper son village par les casques à pointe; Clemenceau a des manières d'anarchiste, avec une sensibilité éclatante, plus ou moins comédienne. Poincaré citerait volontiers le mot de Joseph Reinach: « Si l'on ne connaissait pas l'incurable légereté de Clemenceau, on le prendrait parfois pour un criminel. » « Jamais, dit Clemenceau de Poincaré, on ne devrait mettre à la tête du pays un homme qui a le cœur bourré de dossiers. » On ne s'étonnera pas qu'en 1906 Poincaré ne veuille entrer dans le cabinet Clemenceau; qu'en 1912 Clemenceau refuse d'entrer dans le gouvernement de Poincaré. Le nom de Poincaré est inséparable de juridisme: tout jeune docteur en droit avec une thèse sur la *Possession des meubles en droit romain*, dès ses vingt-deux ans premier secrétaire de la Conférence des avocats après un exposé où il prouve que les titres de noblesse ne se transmettent pas aux enfants naturels. En toute occasion, Clemenceau, lui, peut piétiner le droit. Poincaré n'a jamais que des jugements retenus et pudiques sur ses ennemis, y compris sur Clemenceau; celui-ci abreuve l'autre de sarcasmes, jusqu'à le traiter d'« âme de lapin dans une peau de tambour ». S'ils ont en commun un visage d'un certain asiatisme, Poincaré tient plutôt d'un précautionneux mandarin chinois du Sud, Clemenceau d'un Kalmouk ou d'un Mongol. Le Lorrain est d'une éloquence classique, sans humour, sans émotion, vide de tout rococo comme de tout cocorico ; l'autre donne dans le style tempêtueux et véhément de l'an II, tantôt avec une exaltation sauvage, tantôt avec une gouaille féroce. Poincaré cultive une certaine passion de l'Empire; Clemenceau aura été longtemps un anticolonialiste enragé, au point que, frais élu député, dès 1871, il dépose devant l'Assemblée nationale une motion qui tend à donner l'indépendance à la Corse. Personnages opposés, ils le sont même en amour. Poincaré est l'homme d'une seule femme, avec un tel culte pour elle que Clemenceau le traite de « Monsieur Henriette »; Clemenceau est un insatiable vorace; devant une femme qui lui plaît, s'écrit Léon Daudet, il a l'air d'un anthropophage devant ses fourneaux; « ce médecin défroqué », comme il s'intitule lui-même, mène longtemps la vie d'un Casanova, dandy, hardi, cynique, pour autant implacable jaloux, faisant surprendre sa femme (une Américaine) avec le précepteur de ses enfants, faisant infliger à l'épouse coupable quatorze jours de prison pour adultère, divorçant à grand spectacle et expédiant l'infortunée Mary aux États-Unis, en troisième classe. Un seul trait les relie: le plus haut sens de l'autorité de l'État.

Quoi qu'il en soit, le 18 février 1913, c'est Poincaré qui est élu président de la République. Par pure estime, encore une fois. On vote pour un indiscutable. De plus, les principaux candidats éventuels se désistent ou ne font pas le poids. Le président du Sénat, Antonin Dubost, est sans ambition; le président de la Chambre, Paul Deschanel, paraît trop léger; Alexandre Ribot trop vieillot. Léon Bourgeois se récuse pour raisons de santé.

Vainement le parti radical de Clemenceau soutient-il à fond contre Poincaré son propre ministre de l'Agriculture, Jules Pams, sénateur de Perpignan, propriétaire du papier à cigarette Job. Poincaré est élu par le Congrès de Versailles, au second tour de scrutin, dans les conditions les plus nettes. (483 voix contre 296 à Pams et 69 au socialiste Vaillant).

Allez savoir si ce que dit Caillaux est vrai, que Poincaré, pour avoir les voix catholiques, a promis « en douce », une fois élu, de se marier religieusement et de renouer les relations avec le Vatican, rompues depuis les temps furieusement anticatholiques du petit père Combes. Toujours est-il que — la preuve du décès du premier mari de la belle Henriette ayant été enfin fournie — le mariage du Président et de sa compagne s'accomplit sans guère attendre. Le recteur de l'Institut catholique, Mgr Baudrillart en personne, bénit l'union, dans la chambre de l'appartement de la rue de Babylone où « Madame Mère » est morte quelques semaines auparavant. Le Président essuie une larme : « C'est par respect pour la mémoire de ma mère — explique-t-il au cardinal. C'est par égard aussi pour les sentiments de ma famille et la famille de ma femme.... C'est encore parce que le chef d'un État catholique doit cet exemple à son pays... »

Tel est en tout cas l'homme qui occupe la plus haute charge de la République en guerre.

Il l'honore d'ailleurs avec une dignité que personne ne discute. Il rend souvent visite aux poilus dans les tranchées — même s'il semble tout embarrassé de lui-même, affublé curieusement d'une casquette de chauffeur qui fait la joie des caricaturistes. Il est habile à soutenir le moral de l'arrière. Il veille au bon fonctionnement des institutions démocratiques. Si, conformément à la règle qui s'est instituée, il s'impose un rôle officiellement très limité et laisse pleine initiative au président du Conseil, il sait avec beaucoup de tact et de finesse se préserver une influence considérable, mais dans l'ombre. Il est beaucoup plus efficient qu'il ne le paraît ou ne le laisse paraître. Il suit de très près les affaires militaires comme les affaires politiques, tout à fait capable de les faire évoluer ou de les apprécier justement.

Ainsi, aujourd'hui même, a-t-il personnellement à réfléchir sur deux problèmes de première importance pour le destin du pays. D'une part, une énorme cabale fait rage contre le général Joffre et le haut commandement. D'autre part, le gouvernement, que préside Aristide Briand depuis un an, paraît à bout de souffle. Si nos troupes reprennent le fort de Vaux et le fort de Douaumont, peut-être l'exploit va-t-il redorer le blason du généralissisme ? Il y a de quoi en douter. On reproche par-dessus tout à Joffre, aussi immense que soit son prestige de vainqueur de la Marne, d'avoir laissé traîner les choses, et de n'avoir pas su renverser la situation. Or, la fin de la guerre n'est pas pour demain. Il est légitime de se demander déjà par quel général, plus imaginatif, plus agressif, remplacer le « menhir catalan ».

Le gouvernement, formé le 26 octobre 1915, a pourtant belle allure. Aristide Briand, cinquante-quatre ans, grands pieds, jambes noueuses, épaules larges, grosse bouche, moustache lourde et tombante, sourcils en broussaille, tignasse en maquis, tenu pour le plus grand orateur du Parlement, à la fois président du Conseil et ministre des Affaires étrangères, jouit d'une autorité mondiale.

Cinq vétérans de la haute politique sont ministres d'État: Charles de Saulnes de Freycinet, dit « la Souris blanche », académicien, quatre fois président du Conseil, inventeur du Plan; Léon Bourgeois, l'un des papes du radicalisme pacifiste converti à la guerre patriotique; Jules Guesde, l'un des fondateurs du mouvement socialiste en France, marxiste converti à la politique d'« Union sacrée »; Denys Cochin, qui représente dans la formation la droite la plus nationaliste; et Émile Combes, le petit père Combes en personne, l'homme qui réalisa d'une main de fer la séparation des Églises et de l'État, quatre-vingt-un ans, mais resté physiquement identique à son image la plus typique d'il y a treize ou quatorze ans, petite taille, abdomen confortable, nez fort, barbiche rectangulaire, redingote noire, onction assez ecclésiastique (il fut séminariste et dans sa jeunesse manqua entrer dans les ordres), rappelé de sa paix de Saintonge au pouvoir pour mieux illustrer encore l'Union nationale.

Des hommes d'expérience occupent les principaux ministères : René Viviani, la Justice; Malvy, l'Intérieur; Gaston Doumergue, les Colonies; Paul Painlevé, l'Instruction publique; Alexandre Ribot, le sage de la République, les Finances. Le vieux Jules Méline, soixante-dix-huit ans, ancien chef du gouvernement, et qu'on n'a pas vu au pouvoir depuis 1898, est à l'Agriculture.

Deux socialistes accompagnent Jules Guesde: Jules Sembat, qui est aux Travaux publics, et Albert Thomas, à l'Armement, souple et large esprit, universellement estimé, le seul de tous que la guerre ait révélé.

Un militaire compétent, le général Roques, est à la Guerre. L'actif et intelligent contre-amiral Lacaze, ancien chef de cabinet de Delcassé, rue Royale, est à la Marine.

Longtemps, Briand, virtuose de la manœuvre parlementaire, aura su manier la Chambre à sa guise. Cette Chambre élue les 26 avril et 10 mai 1914 au scrutin d'arrondissement majoritaire, contre le service militaire de trois ans et l'impôt général sur le revenu, triomphe sur le credo « pas d'ennemi à gauche », consacre l'autorité des radicaux, et voit pour la première fois les députés socialistes être plus de cent (cent deux). Annoncée comme la Chambre de la Paix, durant des mois, elle aura été très docile, comme si elle était gênée de devoir jouer le rôle de Chambre de la Guerre.

En quelques semaines, tout a bien changé. Nous voici en pleine atmosphère de crise. Il y a presque certitude que nous vivons le crépuscule du cabinet.

Le Nantais fait dire par les journaux étrangers qu'il est un grand homme. Cela irrite jusqu'à ses amis, agacés du surnom qu'on lui donne : Aristide le Juste. Car l'on est de plus en plus convaincu dans ces milieux politiques qu'il rédige lui-même les articles à son hommage qu'on imprime à Londres, Rome, Genève et New York.

Il aura eu tort de faire valoir que c'est à lui, à lui seul, à son habileté, que l'on doit de voir la Roumanie entrer en guerre à nos côtés : voici que l'armée roumaine subit de graves revers ; il y perd de son éclat. Il supporte le contre-coup des échecs de nos alliés italiens. Solidaire du général Joffre, tout ce qui se dit contre le général en chef se dit contre Briand.

Clemenceau conduit lui-même la cabale : imaginez si les coups sont rudes ! Abel Ferry, sous-secrétaire d'État aux Affaires étrangères dans le précédent gouvernement, neveu du grand Jules Ferry, et lieutenant combattant en première ligne, est l'un des plus sévères, y compris pour la personne du président du Conseil. « La fortune de cet homme pendant la guerre, va-t-il jusqu'à dire, aura été une des humiliations de la France. A quel âge a-t-il découvert que la France avait des frontières ? Le jour où il est devenu ministre. Durant tout le ministère Viviani, il prit position contre son chef. Il prépara sa propre fortune du lendemain, mais il ne fit jamais rien pour galvaniser l'action d'un ministère dont il était le vice-président... Intelligence tactile, il boit les connaissances de ses interlocuteurs. Il n'a jamais touché un papier, étudié un dossier, écrit un télégramme ; il travaille sur la matière de chacun tout ce qu'il peut ; il dit à chacun ce qui doit lui plaire... A l'heure où il faudrait savoir travailler et savoir faire travailler, c'est ce demi-grand homme que Poincaré aura choisi. »

Abel Ferry ajoute : « Cet homme châtrera l'enthousiasme de la nation... Il n'a aucun lendemain dans l'esprit... Il n'a de volonté que par soubresauts ; il retombe ensuite dans sa nonchalance rêveuse... » Abel Ferry s'en prend du même coup à l'ensemble de la génération des hommes d'État. « La génération des hommes de quarante à soixante ans qui aura gouverné la France pendant cette guerre, dit-il, a eu son enfance traversée par la guerre de 70 et le traité de Francfort. Il en est resté à tous, aussi bien aux fils de bourgeois, comme Poincaré, Deschanel, Bourgeois, Cambon, Sembat, qu'aux fils du peuple comme Briand ou Viviani, une sorte de timidité, de peur de l'action et de méfiance de la France, qui contraste avec l'élan des Gambetta et de la génération qui les a précédés, et l'allant des jeunes qui leur succéderont. »

Cela ne va pas sans provoquer de redoutables ondes de choc. Le jour de rentrée de la Chambre, Deschanel a cru devoir y aller d'un de ces discours mornes et creux dont il a le secret. Il fait volontiers dans la prosopopée. Il est incurablement pompeux. « Même dans la conversation, comme dit encore Abel Ferry, il s'exprime avec cette exagération de termes qui lui est propre et cette admirable diction qui grossit et intensifie ses moindres paroles comme une voûte d'Église les moindres sons d'un orgue. » C'est le prototype du président mondain. Même physiquement, il fait mièvre. L'apothéose du superficiel. Un personnage pour poses, avec ses cheveux châtain doré, jamais en désordre, de grands yeux aussi doux que bleus, un sourire de salon, deux rangées de dents éblouissantes et fièrement exhibées, un mince nez harmonieusement busqué, une moustache à coquets crocs pimpants. Il ne prononce que des discours académiques, méticuleusement manucurés, dit Léon Daudet, plus soucieux de forme que de fond, d'un romantisme à bon marché. Son éloquence le dépasse, juge un connaisseur, le comte Boni de Castellane. On n'aura pas oublié de sitôt sa mélodramatique invocation au paysan de France. Cette fois, c'est la Roumanie qu'il a apostrophée en un pathos grandiloquent où les héros de la Marne, de l'Yser, de Verdun, du Carso et de Galicie se donnaient rendez-vous à l'ombre de la colonne Trajane. Mais pour annoncer aussitôt que dix-huit demandes d'interpellation avaient été déposées durant les vacances.

Certes, Briand est habile. On l'a vérifié encore, lorsque, de sa belle voix de violoncelle, il a répliqué au socialiste Brizon, pacifiste militant qui réclamait une paix immédiate. « D'effroyables excès sont commis contre les populations, s'est-il écrié. On enlève les vieillards, les femmes et les enfants. On leur fait subir les plus durs traitements. Ces malheureux supportent courageusement toutes ces souffrances, attendent de nous la délivrance. C'est à ce moment que vous venez me dire: négociez! Allez demander la paix! (*Applaudissements.*)... Dans l'intérêt de votre idéal, monsieur Brizon, si vous voulez que la paix rayonne sur le monde, si vous voulez que les idées de liberté et de justice y prospèrent, souhaitez la victoire de votre pays. Souhaitez-la ardemment. Ne cherchez pas à lui laisser croire que la paix peut naître aujourd'hui. Cette paix serait humiliante et déshonorante. Il n'y a pas un Français qui la puisse désirer. (*Applaudissement répétés et prolongés.*) »

L'ovation de la Chambre a été véritablement sensationnelle et l'affichage du discours voté par 421 voix contre 26 (celles des socialistes pacifistes, dont Alexandre Blanc, Betoulle, Bouisson, Brizon, Longuet, Mistral, Pressemane, Raffin-Dugens, Walter et Sixte-Quenin).

Mais tous les arguments sont répandus pour mettre à bas le ministère. En vain Raymond Poincaré fait-il valoir auprès des principaux chefs de groupes, les plus influents, qu'aucune nation au monde ne dispute à la France le triste record des crises ministérielles. En dix ans, nous aurons vu se succéder quatorze gouvernements, sans compter les morts-nés et sans tenir compte des remaniements intérieurs, même importants, de certains cabinets: Rouvier, Sarrien, Clemenceau, Briand I (qui dure deux mois et demi), Briand II (qui dure trois mois), Monis, Caillaux, Poincaré, Briand III, Barthou, Doumergue, Ribot, Viviani, et Briand IV. Il souligne qu'une nouvelle crise serait catastrophique, pour le moral des armées et du pays. A l'évidence, nous nous y précipitons, tout droit. Briand est accusé sur toutes les travées d'abandonner le pouvoir à Joffre. « Paradoxe suprême, rugit Abel Ferry, la Chambre a par deux fois manifesté son désir de voir le gouvernement "gouverner" la guerre, et c'est le Grand Quartier général qui gouverne le gouvernement ! »

Le parti radical est très mécontent du général Roques, jugé insuffisant et sans caractère, trop bon enfant. Sembat n'est guère moins usé que son collègue de la Guerre. On lui reproche de toutes parts son insuffisance technique. C'est par sa faute, assure-t-on, que Paris manque de charbon. Ribot est fatigué. Pas étonnant que les Finances boitent. Éteints, les grands espoirs fondés sur lui avant guerre. Du coup, on parle beaucoup de Klotz pour lui succéder comme grand argentier.

On trouve que le gouvernement compte trop de « vieillards » : Ribot, soixante-quatorze ans ; Méline, soixante-dix-huit ; Combes, quatre-vingt-un ; Freycinet, quatre-vingt-huit ! ... Abel Ferry, toujours lui, grogne : « Pour gouverner la France, il faut être actuellement, ou socialiste révolutionnaire, ou octogénaire. » Coup de pique contre Briand et Viviani, qui entrèrent jeunes dans le forum comme socialistes révolutionnaires.

On raconte férocément comment Combes accueillit la nouvelle de sa nomination comme ministre d'État. « Oh ! fit-il en acceptant le portefeuille, j'ai tout de même posé mes conditions... j'ai demandé à avoir mes dimanches (sensation chez les journalistes accourus l'interroger)... Vous comprenez, madame Combes est malade chez nous, à Pons, et je veux pouvoir aller la voir, chaque dimanche... » Après une pause, il reprit : « Tout de même, qui m'aurait dit que je serais un jour collègue de Garibaldi ! — Comment, Garibaldi ? demanda l'un de ces journalistes. Sans doute, monsieur le ministre, voulez-vous dire : Gallieni. — Sans doute », répondit le petit père Combes.

Non seulement Clemenceau s'acharne contre tout président du Conseil quel qu'il soit, mais plus particulièrement contre Briand. Celui-ci, il y a un an, lui proposa pourtant un portefeuille. Le Tigre refusa tout net, disant : « Je ne veux pas collaborer avec vous ; vous n'êtes pas vierge ; vous vous êtes prostitué avec ce salaud de Viviani. — Et vous, riposta Briand, vous êtes l'homme de l'incohérence, ce n'est pas avec cela que vous sauverez la France ; au reste, vous êtes l'homme le plus haï et le plus impopulaire qui soit. » Clemenceau n'est pas personnage à oublier un tel coup d'épée.

On reconnaît les mérites et la sagesse politique de Ribot, honnête homme, d'une vaste culture, d'une éloquence souple. Voici qu'on lui reproche, non seulement de manquer d'autorité aux Finances, mais d'être isolé à l'excès, d'avoir mené une carrière strictement solitaire, de n'avoir jamais su rassembler ni groupe, ni parti, ni fidèles. « Vous êtes comme le cyprès, lui disait naguère Jaurès, vous êtes long et triste, et vous ne portez pas de fruits. » Et le père Aymard, progressiste comme Ribot, de renchérir : « Ce n'est pas un cyprès, c'est un mancenillier, tout meurt à son ombre. » De tels mots ressortent.

On rappelle avec insistance qu'Émile Driant, député de Meurthe-et-Moselle, écrivain, gendre du général Boulanger, lieutenant-colonel commandant les 56e et 59e bataillons de chasseurs, tué glorieusement au bois des Caures le 22 février, l'un des héros du front de Verdun, était très sévère pour Briand lorsqu'en permission il venait prendre l'air du Parlement.

Les antiparlementaires s'en mêlent. Il ont beau jeu de critiquer la lourdeur de la machine. Ils trouvent scandaleux que se soit tous ces avocats et professeurs ventripotents, à cols cassés et lorgnons, qui aient la responsabilité d'une France dont le domaine s'étend sur atlas et mappemondes en larges taches jaunes et roses. « Briand, disent-ils, n'a rien d'un guerrier. » Comment donc, avec lui, gagner cette guerre ?

On lui reproche aussi vivement de laisser trop de champ aux socialistes, de leur permettre toutes les audaces. Une polémique se monte contre les députés socialistes Lauche et Albert Thomas, accusés d'organiser l'embusquage des syndiqués socialistes et socialisants dans les usines de guerre. (Lauche, avec son camarade Voilin, de Puteaux, a signé une proposition de résolution aux termes de laquelle la Chambre devrait inviter le gouvernement « à procéder progressivement et rapidement au remplacement des ouvriers spécialisés professionnels de vieilles classes, présents dans les corps de troupe et de formations spéciales, par les jeunes gens de l'armée active, des mêmes professions, affectés aux établissements, usines et ateliers publics travaillant pour la défense nationale ».)

Les radicaux, dont la clientèle électorale se recrute principalement dans la paysannerie, sont furieux que les paysans supportent majoritairement le poids de la guerre. Avant-hier, les adversaires du cabinet s'en sont donné à cœur joie dans l'atmosphère de pessimisme engendrée par les mauvaises nouvelles reçues du front de Roumanie. Si l'intervention de la Roumanie dans la guerre est l'œuvre de Briand, que dire de ces défaites roumaines, du recul de leurs troupes, de la défaite de Constantza? N'en est-il pas indirectement le principal responsable? N'a-t-il pas insuffisamment appuyé nos nouveaux alliés ? Et le général Sarrail, qui commande le corps expéditionnaire de Salonique, et qui devait les aider, a-t-il été suffisamment pourvu en hommes et en armements ? Notre politique à travers les Balkans n'aura-t-elle pas été trop hésitante, trop pusillanime? Déjà on parle beaucoup dans les couloirs d'une interpellation probable sur les affaires du Moyen-Orient, d'une possible réunion commune des trois commissions de l'Armée, de la Marine et des Affaires étrangères, et enfin de la réunion de la Chambre en comité secret.

On extrapole. Que faire si, après avoir écrasé les Roumains, l'armée Falkenhayn et l'armée Mackensen, opérant leur concentration, fondent sur un Sarrail dépourvu de tout, effectifs, canons, munitions, et le jettent à la mer? Si les Russes, du coup impressionnés, signent une paix séparée avec l'Allemagne? Si on perd Constantinople et les Dardanelles ? Parfois, la cabale a même des relents d'alarmisme et de défaitisme.

D'où ce problème pour Raymond Poincaré: Si Briand tombe, par qui le remplacer ? Quels sont les principaux présidentiables? « Mes soldats vont mourir pour Douaumont, doit-il se dire, et moi... »

Force lui est pourtant de faire son métier. Et l'essentiel de son métier est de désigner le président du Conseil. Alors, qui ?

On l'imagine, au crayon bleu, couchant des noms sur le papier. Paul Painlevé ? Il est actuellement ministre de l'Instruction publique et des Inventions de guerre. Il est républicain socialiste. C'est une bonne étiquette. Il est grand mathématicien : cela en impose. Il ne passe pas pour un roublard. Il n'a rien d'un intrigant. Il a un bon visage d'homme tranquille, qui peut rassurer le pays. Mais il y a ce terrible mot qui court: « Briand ne sait rien et comprend tout; Painlevé sait tout et ne comprend rien. »

Louis Barthou? Il est capable de répondre qu'il est trop accaparé par la préparation de son élection à l'Académie.

René Viviani? C'est un excellent orateur. Il a de l'expérience. Il est malin et saura manœuvrer le côté socialiste. Mais il a des comptes à régler avec Briand, qui fut peu loyal à son égard: la haine est mauvaise conseillère. Surtout, il est très nerveux. Il se maîtrise mal, alors qu'il va plutôt falloir un homme d'un sang-froid exceptionnel.

Alexandre Millerand ? Il a cinquante-huit ans, l'âge idéal. Député dès 1885, il a déjà une carrière brillante. Ministre du Commerce et de l'Industrie dans le cabinet Waldeck-Rousseau, ministre des Travaux publics dans le premier ministère Briand, ministre de la Guerre dans le premier cabinet Poincaré, encore ministre de la Guerre dans le cabinet Viviani, il s'est distingué dans tous ses postes par une incomparable énergie et un rare talent d'organisateur. Il ne donne ni dans le prolo, ni dans l'aristo. Il fixe un portrait d'homme fort et mérite une réputation de travailleur acharné. Pas étonnant qu'il ait choisi pour devise : *Acta non verba*, « Des actes, pas des discours ». De fait, bâti comme un sanglier avec son corps trapu, sa mâchoire agressive, sa moustache qui fait groin et sa crinière épaisse, il est infatigable. A ne pas oublier : il abrite, 10 rue Mansart, à Versailles, un profond bonheur, entre une compagne exemplaire et ses quatre enfants. Mais il affiche une amitié intraitable et une admiration sans bornes pour Joffre : les nombreux ennemis du généralissisme seront aussitôt les siens. Davantage encore, on va trouver plus que jamais que Poincaré ne jure que par les socialistes. Le premier président du Conseil qu'il désigna fut René Viviani, ancien socialiste. Le second est Aristide Briand, ancien socialiste. Comment nommer pour le troisième, Alexandre Millerand, ancien socialiste ? Qui plus est, Millerand est le premier socialiste révolutionnaire à avoir renié le marxisme pour adhérer à un patriotisme réaliste.

Ribot le sage ? Trop usé et trop seul.

Appeler un jeune des nouvelles générations ? Tout le monde dit le plus grand bien d'Édouard Herriot. Il a quarante-quatre ans. C'est un ancien élève de Normale Sup agrégé ès lettres. A l'âge de trente-deux ans, il remplaçait Augagneur comme maire de Lyon. Il est un sénateur très écouté, qui en impose, avec ses cent kilos pour 1,77 mètres. On lui sait gré, le premier en France, d'avoir créé une école de rééducation des mutilés et mis en chantier un hôpital extraordinairement moderne, avec des services exemplaires pour les blessés de guerre. Il est libéral, dit-on, tout en aimant commander. Il aime aller de l'avant, mais pas trop. Il est secrètement et intelligemment conservateur mais en niera toujours hautement l'évidence. C'est tout à fait « Monsieur Équilibre ». Il se proclame laïque, avec la plus profonde honnêteté, mais il a reçu les sacrements du baptême, de la confirmation, de la pénitence et du mariage, célébré en 1899 à Lyon en l'église Saint-Bonaventure, avec Mlle Repitel, fille d'un grand chirurgien lyonnais. Sa souplesse contraste avec le rigorisme d'un Clemenceau. Surtout, ni prince ni populace. Fils d'un lieutenant du 93e infanterie de ligne (ce qui serait fort bien vu du côté de Verdun), il répugne autant aux salons apprêtés qu'aux compagnies trop vulgaires. Il incarne remarquablement l'artisan robuste et superstitieusement honnête, avec sa tête de pilier de rugby, ses cheveux très noirs, drus et bouclés, son nez à la fois légèrement épaté à la base et légèrement relevé à son extrémité, son visage compact, sa bouche gloutonne et son front obstiné. Il dévore pâtés, cassoulets, livres, rapports, avec le même entrain qu'il peut réciter, dans le texte, des pages de Cicéron et de Démosthène. Un bon point, aux yeux de l'Élysée : il déteste Clemenceau qui, après avoir lu son livre sur la *Vie de Madame Récamier*, a dit : « C'est un pavé sur une rose. » Mais Herriot manque trop d'expérience gouvernementale. Tout au plus peut-on en faire un important ministre.

Clemenceau ? Sûrement, il communiquerait sa terrible énergie à ce grand combat. Même s'il ne l'aime point, Poincaré est capable de le reconnaître. Mais comment confier une telle mission à ce turbulent, à ce pagailleur, à cet anarcho-bonapartiste, bonapartiste à son unique service ? Impossible, du moins dans l'immédiat, de tenter un tel pari...

Gaston Doumergue ? Il a l'autorité souriante : on le surnomme Gastounet. Il a cinquante-trois ans. Ministre des Colonies avec Combes, du Commerce dans le premier cabinet Clemenceau, il a déjà été président du Conseil, de décembre 1913 à juin 1914. Il est universellement estimé pour son calme, son urbanité et son bon sens. Sous son sourire bon garçon, il peut dissimuler un caractère. Mais il fait trop bonhomme, trop tranquille... Il n'a pas le style de la circonstance...

Choix bien difficile. A moins que nos soldats de Verdun ne reprennent Vaux et Douaumont... Qui sait, ensuite, Briand retrouvera peut-être plein prestige...

Chapitre IX

Les journaux

Ce n'est pas dans les journaux du jour que Raymond Poincaré pourrait trouver la moindre inspiration. Rarement presse aura été aussi limitée. Il est vrai qu'à cause du rationnement du papier, nos quotidiens connaissent des dimensions rachitiques, réduits le plus souvent à quatre pages, voire à un seul feuillet imprimé recto verso.

Il est vrai également qu'ils sont soumis à une sévère censure. Le « Bureau de la Presse », installé d'abord rue Saint-Dominique, maintenant au lycée Victor-Duruy, près des Invalides, ne se fait pas faute de passer au *caviar* les morasses qui doivent lui être envoyées avant tirage. Il téléphone : « Supprimez ceci ; supprimez cela », et il faut obéir ; sinon, c'est l'avertissement, puis la suspension, puis la saisie, sans préjudice du Conseil de guerre. Ainsi un billet de Junius, dans *L'Écho de Paris*, a-t-il été caviardé tout entier : il faisait le récit de l'exécution, par les Allemands, en zone d'occupation, d'un pauvre curé de village dont le crime était d'avoir été trouvé porteur de lettres de soldats qu'il s'était chargé de mettre à la poste. Pourtant, travaillent dans ce Bureau pas mal d'hommes de gauche patentés, tels le député radical Paul Bourély et le député socialiste Alexandre Varenne, en rutilant sous-lieutenant. Il s'agit réellement d'une censure draconienne. On cite de multiples exemples de coupures ridicules. On l'accuse même de rabaisser systématiquement le prestige de nos chefs militaires, par anti-boulangisme : tout article trop élogieux sur leur compte est supprimé. Et, dans son *Homme enchaîné*, Clemenceau a pu nous apprendre qu'à Bordeaux la censure est confiée au directeur de l'asile des sourds-muets et au directeur de l'asile d'aliénés !

Il est vrai enfin que les journaux nous donnent tous les mêmes communiqués et des nouvelles identiques du front — d'autant plus qu'ils se contentent d'imprimer telles quelles les dépêches de l'agence Havas, à laquelle ils sont tous fatalement abonnés.

Ainsi, aujourd'hui, sur le même ton et quasiment avec les mêmes phrases, en première page, donnent-ils les nouvelles catastrophiques du front de Roumanie, trop graves pour être tant soit peu camouflées. On lit, avec les mêmes commentaires, que les Allemands viennent de prendre Constantza, lequel est non seulement un port bien outillé, seul débouché naval de l'armée roumaine, mais dont la perte « renforce considérablement la position défensive de la Bulgarie, qu'il devient de la sorte de plus en plus difficile d'attaquer par le nord ».

Vous retrouverez partout le communiqué de Pétrograd reconnaissant la chute de Medjidré et de Constantza, ainsi que de difficiles engagements sur un certain nombre de secteurs. Il ne faut pas être grand clerc pour deviner que même Bucarest se trouve menacée.

Évidemment, nos journaux publient en vedette les deux communiqués rituels du GQG distribués la veille, celui de l'après-midi et celui du soir.

Premier communiqué — 23 octobre — quinze heures

Au nord de la Somme, hier, en fin de journée, nous avons exécuté une opération de détail qui a parfaitement réussi. Après une brève préparation d'artillerie, nos troupes ont enlevé d'un seul bond, au nord-est de Sailly-Saillisel, l'ensemble de la croupe 128 sur laquelle nous avions pris pied le 18.

Au sud de la Somme, malgré un vif bombardement de la région boisée au nord de Chaulnes, l'ennemi n'a pas renouvelé pendant la nuit ses tentatives contre nos nouvelles positions.

Plus au sud, un coup de main ennemi sur une de nos tranchées, aux abords de la voie de chemin de fer, a échoué.

Le total des prisonniers faits par nous depuis le 21 dans le secteur de Chaulnes atteint actuellement quatre cent cinquante, dont seize officiers.

Entre l'Avre et l'Oise, nous avons enlevé un petit poste et causé des pertes à l'ennemi.

En Champagne, les Allemands ont fait exploser une mine au sud-est de la butte de Mesnil. Notre contre-attaque les a rejetés aussitôt de l'entonnoir qu'ils avaient d'abord occupé.

Deuxième communiqué — 23 octobre — vingt-trois heures

Au nord de la Somme, une opération de détail, effectuée au cours de la journée, nous a permis de progresser sensiblement au nord-est de Morval. Le chiffre des prisonniers faits par nous hier au nord-ouest de Sailly-Saillisel, se monte à quatre-vingts environ.

Au sud de la Somme, la lutte d'artillerie a été particulièrement vive dans la région des bois de Chaulnes.

Partout ailleurs, journée calme.

Il y a dès lors peu de matière où se distinguer. En lire un, c'est les lire tous. Citons en du moins quelques-uns.

Le Matin, trente-troisième année, que dirige Jouvenel et qui est si cher à Colette, donne la primeur à la succession du comte Stürgkn, le chancelier autrichien que vient d'assassiner un « socialiste dissident » nommé Fritz Adler. Qui va maintenant diriger le cabinet de Vienne ? On parle beaucoup du prince de Hohenlohe, ancien Slatthalter de Trieste.

L'article de tête, signé Charles Nordmann, est consacré à l'avion bombardier. Fini, en effet, le rêve de l'avion « omnibus » propre à la fois à la chasse, aux reconnaissances et aux bombardements, « chimère aussi décevante que celle d'un éleveur qui voudrait faire un cheval capable à la fois de gagner le grand prix et de traîner des tombereaux ». Ainsi s'impose, entre l'avion chasseur et l'avion photographe, l'avion bombardier, « spécialisé dans l'art de ressusciter la peur des Gaulois qui ne craignaient rien tant que le ciel leur tombât sur la tête ».

Indignation : une nouvelle dépêche confirme que « nos escadrilles s'appliquent à ne bombarder que des établissements militaires », alors que les avions allemands continuent systématiquement à « s'attaquer à des villes ouvertes ».

Le commandant de Civrieux commente « le plan ennemi »

en Roumanie, tel qu'il apparaît depuis les succès Allemands à Constantza : à l'évidence, c'est contre le Sud que von Mackensen dirige son opération stratégique. Gare à Sarrail !

Une longue chronique est consacrée aux déceptions du général von Bissing, gouverneur de la Belgique, qui a eu « l'effronterie » d'ouvrir une université allemande à Gand, là même où « se sont formés les Maeterlinck, les Rodenbach, et tant de glorieux interprètes français de la pensée flamande ». Dieu soit loué ! Il n'a pu recruter comme professeurs que des « coureurs de chaire » hollandais, un Luxembourgeois germanophile, et « un certain nombre de Flamands, traîtres à leur pays, tous gens sans notoriété ni valeur, avocats sans causes, médecins de village, tous gratifiés, pour les besoins de l'opération, d'un titre pompeux de docteur. « Non, s'écrie l'auteur du papier, L. Dumont-Wilden, le général von Bissing n'arrivera pas à couper la Belgique en deux ; pour les Flamands comme pour les Wallons, l'Allemagne reste l'ennemi mortel. »

Nouveaux incidents à la Sorbonne : des étudiants, protestant contre la difficulté excessive des sujets du baccalauréat, ont manifesté bruyamment au quartier Latin ; la police a dû intervenir pour les disperser.

Hausse fantastique du gruyère. Comment y mettre un terme ? « Ce dessert démocratique, jaloux sans doute de la gloire scandaleuse du camembert, s'est permis en effet des débordements qui, sans dépasser d'ailleurs en fantaisie suspecte ceux de son collègue normand, ont presque réussi à les égaler... Il serait temps d'y mettre bon ordre ». C'est en tout cas la conviction du *Matin* et l'avis de certains sénateurs, qui demandent une taxation du produit.

L'Académie des sciences a décerné un beau prix à Sir Ernest Shackleton, capitaine de vaisseau de la marine britannique, pour ses explorations du continent antarctique, mais également une série de prix posthumes à de jeunes savants morts au champ d'honneur, tels le docteur Richard Millant, médecin-chef du 26ᵉ bataillon de chasseurs, pour ses travaux sur l'intoxication par opium, et Michel Longchambon, professeur agrégé, pour ses travaux de géologie.

Un nid de voleurs : trente et une arrestations. La police a réussi un beau coup, à Paris, en mettant sous clef une bande redoutable qui écumait la gare du Nord, constituée de facteurs-livreurs, en complicité avec un marchand de vins de la rue Sainte-Anastase.

Commerce avec l'ennemi : le dénommé Litzka, de nationalité grecque, négociant en fourrures, et son beau-frère Xénophon Zamias ont comparu hier devant la dixième-onzième chambre correctionnelle de Paris pour trafic avec l'Allemagne à travers leur succursale de Leipzig. Ils n'ont dû qu'à une brillante plaidoirie de Me Triantaphyllidès de n'être condamnés qu'à de légères amendes.

Tout en promettant pour très bientôt un sensationnel feuilleton, *Le Masque aux dents blanches*, « grand roman-cinéma », *Le Matin* continue son feuilleton à succès *Dans l'ombre d'une femme*, roman inédit de Marcelle Adam. Nous en sommes au chapitre de « La petite Princesse ». Style : « Je montai doucement. Sa porte était entr'ouverte, j'aperçus une humble chambre carrelée et mansardée, une table de bois blanc, un lit de fer et, sur une chaise de paille, Mme Josset, avec son éternel tricot. Les doigts allaient... allaient... tandis que ses pauvres yeux brûlés se levaient souvent sur deux photos posées près d'elle. L'une d'elles représentait un bellâtre en costume de Faust, l'autre deux petites filles en robes blanches, tout ce que l'excellente créature aimait ici-bas... »

Piraterie : un sous-marin a coulé hier le vapeur hollandais *Fortuna* ; un autre, à l'entrée de Christianiafjord, le vapeur norvégien *Roennaug* ; un autre, le vapeur anglais *Monbassa*, « torpillé sans avertissement » ; un autre, la goélette danoise *Fritz-Emil*.

Le Figaro, qui en est à sa soixante-deuxième année, rédigé et animé rue Drouot sous l'autorité de deux rédacteurs en chef, l'académicien Alfred Capus et Robert de Flers, propose à la Une un long papier mélancolique d'Alexandre Hepp intitulé *Un touriste*. « C'était un jeune homme. Hier, avenue de l'Opéra. Il allait lentement, massivement. Il avait le teint rouge, le poil blond, un feutre vert, un lorgnon d'or.... » Oui, parfaitement, un touriste, un guide de Paris à la main, un Baedeker classique, à couverture souple et rouge, un touriste, si étrange que cela paraisse, passant par là, tranquille « comme aux plus beaux jours de l'opérette et du couplet ». L'éditorialiste y trouve en tout cas de quoi rêver beaucoup. « Cher touriste, tu liras consciencieusement que l'Arc de Triomphe, disait Théophile Gautier, est comme une porte ouverte sur l'infini, et qu'il a de beaux bas-reliefs surprenants, et que dans la pierre, Rude a voulu immortaliser *La Marseillaise*... mais ton bouquin ne te laissera pas soupçonner pourquoi l'histoire de France va pouvoir graver les noms de la Marne, de la Meuse et de la Somme, auprès des noms d'Iéna et de Wagram... Par lui, tu sauras tous les caveaux du Panthéon, mais il ne peut te parler de la place où sera Gallieni... Il t'apprendra, comme un Herr Doktor, tout le vieux Louvre de nos rois, mais il ne te donnera aucune idée de ce que peut donner la nation... Je suppose, jeune homme, qu'en passant tu regarderas aussi les femmes. Sur la foi de ton même bouquin, tu les reluqueras plutôt, avec un petit air entendu et cavalier, car il n'hésite pas à insinuer que les Françaises et les Parisiennes sont aussi légères que jolies, et, sur leurs mœurs, il rassure pleinement ta fantaisie. Mais là encore ton livre est incomplet et t'induira en erreur. Tu aurais grand tort, mon garçon, de t'en rapporter à lui, il retarde, il n'est pas à jour, et si tu cherches ici le vrai, regarde plutôt toutes ces calomnies avec les yeux à toi, et tu verras et tu comprendras partout, ce que leur soi-disant "petit cœur" a de grand. »

Aux lecteurs de trouver une nouvelle fois que cet excellent Alexandre Hepp est impayable de bon sens ! Entre ses deux colonnes et les communiqués de guerre, il reste du coup peu de place pour d'autres chroniqueurs. Dans un bref billet, titré « Ne gâtez pas l'effet ! » Alfred Capus y va cependant d'une réflexion subtile sur les multiples tentations et mystères du parti radical, dont nul ne sait où il va, ni ce qu'il peut nous réserver une fois terminée la tourmente. Miguel Zamacoïs, pour sa part, signe une chronique, « Miettes : les suicidés pittoresques », qui condense des réflexions à volonté humoristique sur le fait qu'à l'heure de Verdun, il puisse encore y avoir des gens qui songent à se suicider. Tel est pourtant le cas. Et le chroniqueur de nous signaler l'exemple de ce grand mondain, suicidé pour cause de maladie d'estomac, sans doute désespéré de ne plus pouvoir savourer les délices qu'il servait à ses convives, et de ce personnage inattendu, habitant un rez-de-chaussée et projetant de se jeter du haut des échafaudages « qui depuis un temps immémorial font une troisième tour à Saint-Sulpice », heureusement pour lui, soudain pris de vertige face aux abîmes de l'Au-

Delà, paralysé de peur au point de ne pouvoir ni sauter ni quitter ses planches, se mettant à crier « comme un paon ou un putois », pour appeler à son aide nos vaillants pompiers...

L'Action Française, rédigée rue Caumartin, « organe du nationalisme intégral », directeur politique Henri Vaugeois, directeur-rédacteur en chef Léon Daudet, est aujourd'hui aussi peu volcanique que possible. Léon Daudet en oublie pour une fois de polémiquer. En papier de tête, sous titre « Le "moi" et le "soi" shakespearien », il signe simplement un extrait de l'*Heredo*, son dernier ouvrage qui paraît demain à la Nouvelle Librairie nationale. C'est, très orthodoxe, une étude critique, médicale et littéraire sur la personnalité humaine. L'auteur, avec talent, distingue le « moi », chargé des principes héréditaires ou hérédismes, transmissible de génération en génération, et caduc, du « soi », créé avec l'individu, original, intransmissible et immortel. Parfois moi et soi s'entraident. Le plus souvent, ils se combattent. Voilà de toute manière un nouvel instrument d'analyse quant à la trame et aux phénomènes de la vie intérieure. Ce n'est donc pas aujourd'hui que Léon Daudet aura traité Briand de « *vachéador* » ou de « chat bossu », aura qualifié Louis Loucheur, dit Tout-en-Or, de « dogue heureux et lustré », aura évoqué « les deux petites fesses surmontées de globes oculaires écarquillés sous une perruque, qui servent de joues à Paul Painlevé » et nous aura expliqué que toute la fortune d'Alexandre Millerand vient du fait « qu'il est laborieux dans un milieu de paresseux, pesant dans un milieu de gens légers, et astucieux à la façon d'un éléphant, dont il a le beau regard, embusqué et solitaire ».

A Charles Maurras, dans ce numéro, l'exclusivité de la politique et de la polémique, dans l'un de ces interminables articles dont il a l'habitude, sous le titre « Contrepoids aux socialistes ». Il regrette que les modérés ne sachent pas s'organiser ou se cimenter face au groupe socialiste, « seul véritablement organisé dans les Chambres », et qui « menace de tenir dans l'État une si grande place qu'elle en devient dangereuse... au triple point de vue de la guerre, de la victoire et de la paix ». Il en vient à se féliciter d'un certain regain du parti radical, qui se manifeste depuis quelques semaines sur les tribunes — occasion aussi pour lui de se réjouir de voir de nombreux radicaux adhérer au plus pur patriotisme. Les coups de griffe sont pour « M. Clemenceau » qui, « tous ces temps derniers, par son action affreusement brouillonne, n'a guère fait que brouiller et détruire », et pour certains journalistes du journal du soir *Le Temps* « qui ne paraissent respirer que pour entretenir les nuées honteuses du grand journal de la République ».

L'Humanité, que fonda Jean Jaurès il y a treize ans, que dirige Marcel Cachin, député de la Seine, et qui est depuis 1905 l'organe de la SFIO (Section française de l'Internationale ouvrière), s'aligne impeccablement comme tous les jours sur la discipline de la plus stricte Union sacrée. Tous les titres sont patriotes. Le ton est martial. Marcel Cachin signe l'éditorial : « Il faut parler ! » Il commente une déclaration gémissante du Kronprinz, « ce reître grossier », à un journaliste américain, où le prince « ose se lamenter sur les horreurs de la boucherie dont il porte, le premier, la responsabilité ». Le leader socialiste note également que, dans son dernier discours, le chancelier du Reich a lui aussi parlé sur un ton moins provocateur. Conclusion : Berlin, fin de la guerre « courte et joyeuse ». Raison de plus pour juger plus opportun que jamais de rappeler à L'Europe, au monde et à l'Allemagne elle-même de plus en plus dégrisée, les motivations de notre attitude. « Notre cause est juste et sacrée ; nous défendons notre sol contre l'invasion la plus injustifiée et la plus brutale ; nous ne nous proposons aucune fin conquérante. » Ainsi se refuse-t-il catégoriquement à l'ouverture de négociations avec l'Allemagne. Soulignons, d'ailleurs, que cet éditorial de Marcel Cachin s'adresse plus encore aux socialistes « pacifistes à tout prix » qu'à quiconque.

L'Illustration, notre plus grand hebdomadaire illustré, de renommée mondiale, soixante-quatorzième année, n° 3842, en date de samedi dernier, affiche en couverture « L'Empereur de Russie parmi ses soldats », le tsar en selle sur un beau cheval blanc s'entretenant avec des soldats au garde-à-vous. Une longue chronique est vouée aux « concours apportés au service de santé français par les Alliés et par les Neutres » : il est trop vrai que, sous l'égide du drapeau de la Convention de

Genève, les Croix-Rouges de tous pays se dévouent magnifiquement dans des hôpitaux dont les frais sont assumés soit par des membres des colonies étrangères résidant en France, soit par des comités composés de personnalités amies.

Naturellement, les photos de guerre abondent. Ainsi avons-nous plusieurs pages, avec cartes et chroniques à l'appui, consacrées aux exploits de la cavalerie serbe en Macédoine : relève des blessés au col de Gornitchevo ; cadavres bulgares sur le champ de bataille de Boresnitza ; sommet de Kaïmatchalan dont les Serbes se sont rendus « définitivement » maîtres ; belle batterie française de 155 long tirée par seize chevaux sur le front de Salonique. De belles aquarelles du sous-lieutenant Jean Droit, du 226e d'infanterie, nous font rencontrer des silhouettes typiques de combattants français et allemands, un « jeune soldat français », « un junker prussien », « l'officier du premier hiver 1914-1915 », évidemment concentré et pathétique, « l'officier du second été, juin 1915 », moins angoissé et soignant mieux ses élégances. Une chronique se voue à la reprise du village de Fleury-devant-Douaumont, effectuée en août grâce aux marsouins du régiment colonial du Maroc.

Le Canard enchaîné, qui paraît en tout petit format et a bien des soucis avec la censure, publie sous forme de caricature, « point de vue du fumiste », un carré blanc sur lequel s'étalent simplement les ciseaux d'Anastasie. Pour rester vivant et fidèle à son pacifisme militant traditionnel, il doit se contenter de prendre la défense des affectés spéciaux retirés du front comme ouvriers spécialisés pour travailler dans les usines, trop souvent traités en déserteurs, « ces malheureux auxiliaires que les commères du quartier poursuivent, depuis tantôt deux ans, de leur haine implacable ». Il se limite à taquiner tel ou tel brigadier de police, ou Arthur Meyer, directeur du *Gaulois*, en visite inattendue chez Sa Sainteté, ou ce qu'il appelle « le vrai embusqué », certes « comme l'a fort bien dit le camarade Jean Richepin, l'homme qui, ayant le devoir d'aller au feu, a failli à ce devoir, le malin, le débrouillard, qui a su dégoter le bon filon, la tranquille petite place de tout repos au bon conseil d'arrière », mais aussi « Monsieur le Patriote patenté, grand pourfendeur de Boches à longue distance et grand gueulard du *Chant du départ* qui, du matin au soir, hurle à s'égosiller *La Marseillaise* — Marchons ! Marchons ! — et qui marche à reculons, comme les écrevisses », ou « le conseilleur qui ne paie jamais de sa personne », ou « l'entrepreneur, l'usinier, le marchand, qui spécule sur le malheur des temps pour exploiter ignominieusement les femmes et les gosses », ou « le bouilleur de crû qui s'embusque derrière son alambic comme le bandit derrière la haie pour défendre, sa carte électorale à la main, son trop fameux privilège ». Feuilleton publié : *L'Espion du Cintième* ou *Il y a un Boche dans le collidor,* drame en un acte d'Henry de La Ville d'Avray. Caricaturiste vedette : Lucien Leforge, qui dessine par exemple une dame au confessionnal, avec comme dialogue : « Monsieur l'abbé, je suis enceinte de mon mari... — Eh bien ? — Oui, mais je suis divorcée d'avec mon mari et mariée avec mon amant.. et mon mari est réformé et mon amant est au front ! »

La chronique de « La Mare aux Canards » a du mal à se garnir, se contentant des échos de ce genre : « Dans *Paris-Midi,* M. Waurice de Maleffe, ou Maureffe de Wallice, ou Wauleffe de Marice (avec ces diables de pseudonymes, on ne s'y reconnaît jamais) propose de faire des enfants à tour de bras... Des poupons... Des nourrissons... Encore... Toujours... Très bien. Mais vous, monsieur de Maleffe ? Vous êtes marié, n'est-ce pas ? On assure même que vous êtes fort bien marié... Alors ? Combien avez-vous d'enfants ? Sept ? Neuf ? Ou bien n'en avez-vous point du tout, comme on nous le dit ? »

Ou alors, à nous « La Graisse de métro ».

« Nous avions déjà la graisse de chevaux de bois, fort employée pour lénifier leurs plumes stratégiques, par tous nos avaleurs de sabres, bourreurs de crânes, enfonceurs de portes ouvertes, fouetteurs de blancs d'œufs et rodomonts de l'écritoire... Et voici qu'on nous annonce la Graisse du métro. C'est ce brave Jacques Dhur qui nous la révèle, à *L'Éveil,* dans ce style "crème de menthe" dont il garde heureusement le secret : "que le métro, pendant la guerre, vive sur sa graisse" proclame ce saint Pansard, extrêmement congestionné depuis que le *Jubol* fait difficulté d'aller à la selle et que l'*urodonal* éprouve une grande rétention... » En vain téléphone-t-il au docteur. L'écho ironique lui répond sur l'air de *Dodo, l'enfant do.*

L'Urodo
Dhur au dodo
L'Urodonal ne pisse guère
L'urodo
Dhur au dodo
L'Éveil dormira tantôt (bis)

D'un bout à l'autre de la presse française, il est trop évident que nous aurons connu des temps plus géniaux. Comme quoi la guerre ne tue pas que des hommes.

Chapitre X

Joffre

A cent pas, vous apercevez sa haute silhouette puissante, massive, quand elle est immobile, inébranlable, plantée en terre. Lorsqu'elle bouge, elle a le pas à la fois lourd et trop balancé des montagnards égarés en plaine. Chaque geste est là. L'homme semble peiner à tirer son sabot. Aux heures de pluie ou de grands froids, quand il endosse sa large pèlerine, il fait monumental, « kolossal », diraient les Allemands, parlant d'une gigantesque architecture.

Il a d'ailleurs beaucoup de la démarche et de la carrure de son adversaire direct, von Hindenburg, et si vous lui demandez quelle parenté il peut exister entre un Catalan, fils d'un tonnelier de Rivesaltes, et un hobereau de Prusse Orientale, il vous répond finement que l'un et l'autre sont fils lointains de Wisigoths.

Il est trop vrai que les Catalans des Pyrénées orientales ne sont pas uniquement descendants de Phéniciens et de Romains. Les Wisigoths aussi y firent régner durant plusieurs siècles une étincelante civilisation. Ils ne laissèrent point que des prénoms et des noms typiquement germaniques, dont le nom même de Joffre, qui provient de *Gottfreund* « ami-des-dieux ». Et le général, arrivé tout près, de vous montrer son large visage, d'une texture molle sans être flasque, sa nuque en falaise, ses mâchoires fortes, la crinière drue mais coupée court de ses cheveux de Burgrave du Sud, ses yeux limpides du bleu le plus pâle, si souvent songeurs sous d'épais sourcils blancs.

Et le général, d'une voix de gorge profonde filtrée par la

solide moustache blanche, une voix typiquement gutturale, roulant des torrents de cailloux, qui n'a rien de commun avec l'accent chantant des Provençaux et des Gascons, de vous expliquer peut-être que l'on a tort de prendre tous les Méridionaux pour des expansifs, volubiles et portés à être hâbleurs, sur ton de Marseille, ou dans la manière des cousins de Rome et de Florence. Il existe, aussi, notamment sur toutes les Pyrénées, beaucoup de Méridionaux froids, avares de mots, très réservés, ruminant des songes, méfiants d'instinct, voire tactiturnes, « comme moi, Joseph Joffre... » — il prononce, en bon et rude Catalan, « Tchoséffff tchôffreu... »

Premier sentiment : une sorte de montagne, qui en impose.

Deuxième sentiment : un paisible et grand bonhomme, mi-grand-père, mi-grand mage.

A l'évidence, ce roc a de la bonté. Cet homme est humain. Certes, il est bourru, susceptible, prompt aux coups de colère, ça se voit tout de suite. S'il porte le képi, c'est toujours très en avant, sur les sourcils, avec une visière qui évoque alors le talus d'une tranchée : il lui faut relever la tête pour regarder quelqu'un ; il n'en paraît que plus renfermé, plus clos en lui-même.

Style général : la sobriété, même si, avec la vareuse en drap horizon, tout à fait dans l'esprit de la nouvelle tenue qui récuse tout flamboiement, il garde des débuts de la guerre la culotte rouge, ainsi que le képi rutilant des généraux divisionnaires, avec les deux rangs de feuilles de chêne et un galon d'argent.

Vous ne sauriez vous étonner qu'il ait légende d'un caractère imprenable : on reconnaît sans délai, au premier regard, l'homme de solide vouloir. D'un calme impénétrable, il peut demeurer muet durant des heures, même aux conférences du quartier général. Autant imaginer la forteresse qu'on ne sait comment aborder. Comme le dit un témoin : « Le plus habile négociateur, en face de ce rocher, s'en va désespéré... »

Joffre têtu, Joffre inébranlable, c'est une vérité qui va désormais de soi. Mais, aussi manifestement, cet homme est sensible ; il est capable de délicatesses infinies ; il a le tact des vrais nobles — ceux qui ne malmènent jamais les gens d'en bas de l'échelle.

Au reste, il aura été tel durant toute son existence, quand il jouait aux contrebandiers dans les Corbières catalanes au large de Rivesaltes et de Peyerestortes ; au collège de Perpignan, où il remportait tous les prix et où il était, de toute l'histoire de l'établissement, l'un des rares élèves à mériter chaque trimestre les félicitations du conseil de classe ; à l'École polytechnique ; à l'École de guerre, optant pour l'arme du génie sans doute parce qu'elle prête davantage aux longues méditations et estimations ; en Indochine à bâtir des routes et des ponts ; pacificateur au Soudan ; sous les ordres de Gallieni à Madagascar ; enfin préféré au général Pau, sans doute pour la solidité de sa santé, pour prendre le haut commandement des armées françaises.

Tel est le personnage qui, depuis qu'il a remporté la victoire de la Marne, aura été sûrement le général en chef le plus adulé de notre histoire. A croire que la France se sent incarnée par lui. « Pendant deux ans, le monde entier aura rendu au vainqueur de la Marne un hommage presque divin » pourra écrire l'un de ses collaborateurs, Jean de Pierrefeu.

Il reçoit chaque jour des dizaines de colis et de cadeaux de toutes sortes, boîtes de nougats et caisses de champagne, gibiers et fleurs, vins fins et cigarettes, encriers et presse-papiers, pistolets et sabres. Selon Pierrefeu, « chaque région envoie sa spécialité. Le peintre envoie son tableau, le sculpteur sa statuette, la bonne vieille un cache-nez ou des chaussettes. Le berger, dans sa cabane, façonne une pipe à son intention. Tous les fabricants de la terre, ennemis de l'Allemagne, lui adressent leurs produits, la Havane, ses cigares, le Portugal, son porto. »

C'est saint Georges terrassant le dragon, le Bien l'emportant sur le Mal, la Lumière déjouant les Ténèbres. Des centaines de lettres lui parviennent, auxquelles deux de ses collaborateurs immédiats sont spécialement chargés de répondre : des lettres d'enfants ; des textes de vieux l'instituant pour héritier ; des lettres de femmes offrant leurs services. Il tient à signer personnellement toutes les réponses. Il fait recommencer celles qui ne lui conviennent pas, si futiles qu'elles puissent paraître.

Il ne manque même pas à la renommée de ce solide agnostique un plagiat du Pater Noster : « Notre Joffre qui êtes au feu, que votre nom soit glorifié, que votre victoire arrive, que votre volonté soit faite sur la terre, sur la mer et dans les airs. » (Plagiat publié dans tous nos journaux l'an dernier.)

Papa Joffre, le père Joffre. Mais aussi « le sauveur du monde, le père de la patrie, le bienfaiteur de l'humanité. »

Non qu'il soit un saint, bien sûr, loin de là. Avec parfois des manières de paysan — son mot fameux au duc de Connaught, invité à prendre place à sa table : « Monseigneur, mettez-vous où vous voudrez »— il est capable d'extrêmes finesses dans la stratégie, les problèmes diplomatiques et les rapports politiques. Il peut même concevoir les manœuvres les plus subtiles. « Un député né, estime André Tardieu, un génial manœuvrier du couloir. »

Il peut s'entêter jusqu'à l'excès. Il a ses tics : il visse et dévisse son stylo d'une manière telle que ses collaborateurs y lisent son humeur. Il peut être brusque — notamment s'il doit se prêter à une interview : il déteste ça. A un journaliste qui a demandé à le voir et qui s'étonne que le généralissime n'ait rien à lui dire, il répond : « Vous avez demandé à me voir, eh bien, voilà, vous m'avez vu. » Devant un journaliste américain, il grogne : « Je me fous de tout ce qu'on peut dire sur moi. Je ne cherche ni publicité ni popularité. Je ne suis qu'un simple citoyen, chargé d'une tâche que je cherche à remplir de mon mieux. »

Il a ses petites coquetteries : il adore faire admirer sa forte limousine, qui peut affronter les pires chemins ; il adore plus encore faire remarquer, de son gros rire, qu'elle est conduite par un maréchal des logis d'artillerie qui porte un grand nom de la noblesse impériale.

On n'aurait cependant pas pu trouver, à coup sûr, pour faire barrage à la ruée allemande, en août 14, chef d'un caractère aussi germanique, aux nerfs d'un aussi bel acier. Il se fixe dans cette tempête comme « le Chef » quasiment irremplaçable. Naturellement, il a un rythme de vie aussi immuable que lui-même.

Il a choisi pour les bureaux de l'état-major un palace de Chantilly, l'hôtel du Grand-Condé — sauf à résider personnellement, dans un immeuble plus modeste, une villa appartenant à M. Poiré, administrateur du Nord, où il « campe » avec ses deux officiers d'ordonnance, de Galbert et Thouzelier, dit Toutou. Après avoir dormi d'un sommeil que même un tremblement de terre ne saurait troubler, il se lève un peu avant 7 heures, déjeunant dans sa chambre, et arrive dès 7 heures 30 dans la grande bibliothèque qui lui sert de bureau, s'asseyant à une table Louis XVI, son seul luxe. Il assiste à un premier rapport — qui dure environ une heure — avec le major général, le général de Castelnau, les aides majors généraux, les chefs des Premier, Deuxième et Troisième Bureaux et les deux officiers d'ordonnance.

Il manque rarement d'avoir un entretien particulier avec Castelnau, véritable second du commandant en chef. Le vieux républicain a une confiance totale dans ce royaliste qui ne met pas ses opinions dans sa poche. Il est vrai aussi que le royaliste est un officier d'une valeur exceptionnelle, travailleur infatigable et inégalable dans ses pronostics comme dans ses diagnostics. Petit, vif, le képi sur l'oreille, abondant en reparties spirituelles, d'une très vaste culture, il est d'une grande liberté de ton qui enchante Joffre. En pleine réunion du Conseil de la défense nationale, à un ministre demandant quel général avait donné l'ordre d'attaquer en Champagne une position dont les barbelés étaient encore intacts, il répliqua : « C'est moi qui commandais en chef, c'est donc moi le responsable, de tout ce qui s'est fait. Pendez-moi, si vous voulez. J'ai fait, nous avons tous fait tout ce que nous pouvions. Cela dit, sachez qu'il n'y a pas d'armée parfaite, sauf peut-être celle des anges, commandée par saint Michel. Mais là encore, il y avait un commandant d'armée qui ne valait rien : on a dû le limoger !... » De surcroît, les deux hommes élaborent le plus souvent les mêmes analyses. On ne saurait donc concevoir plus harmonieux attelage de tête.

Vers neuf heures, le général en chef prend connaissance de son énorme courrier, un amoncellement de lettres parmi lesquelles les deux officiers ont effectué un tri, ne retenant que les plus importantes : demandes, suppliques et suggestions. Il y a aussi les cadeaux personnels, que Joffre fait répartir entre les hôpitaux. On lui aura en particulier adressé des collections de drapeaux et d'oriflammes, tel ce sacré-cœur brodé, aussitôt offert à l'église de Chantilly. (Le « député-né », qui sait soigner ses ouailles.)

Les réceptions commencent à 9 heures 30. Les visiteurs les plus importants sont retenus au déjeuner qui commence à 11 heures 30, absolument précises. Très strict sur ses rendez-vous, s'attachant à une exactitude absolue en toutes choses, essentielles ou minimes, n'admettant dans le travail ni hésitation ni à-peu-près, il ne supporte pas plus d'une minute de retard à table, de la part de quelque convive que ce soit.

Un adjudant veille sur la popote, qui comporte invariablement un plat d'œufs ou de poisson, un plat de viande avec légumes et un dessert. Un cuisinier mobilisé confectionne les plats, servis par de simples soldats. Convives habituels : le major général, les principaux officiers de l'état-major, les deux officiers d'ordonnance, le commandant Bel, directeur du personnel, surnommé Fouquier-Tinville, parce que chargé d'apprendre à certains infortunés généraux leur limogeage, et le général Pellé, directeur du TOE (Théâtre des opérations extérieures), qu'accompagne toujours son officier d'ordonnance.

Le déjeuner est ultra-rapide. La table est une détente et où l'on doit parler de tout sauf du service. Ce mot est de Joffre lui-même : « A la guerre, il faut manger et dormir chaque fois qu'on en a l'occasion. » Rien, d'ailleurs, d'exceptionnel : Foch, Pétain, Mangin, Dubail, Franchet d'Esperey sont aussi des mangeurs intrépides et prompts. Le café est servi à table.

Après déjeuner, il se retire dans sa chambre, pour une courte sieste. C'est alors qu'il écrit à la générale, restée à Paris, dans leur hôtel particulier de la rue Michel-Ange. Il lui adresse des billets quasiment quotidiens, avec des épanchements de jeune lieutenant amoureux, toujours étonnants pour cet homme de soixante-quatre ans écrasé par de si lourdes responsabilités : « Ma chère adorée... Je t'aime bien, ma femme chérie, ma seule consolation est de penser aux temps heureux où vivant enfin uniquement l'un pour l'autre, nous ne serons dérangés par aucune obligation mondaine... Je t'embrasse mille et mille fois avec tendresse... A bientôt donc, ma chère adorée, le bonheur de nous revoir... Ton mari fidèle qui t'adore... »

Suit une heure de promenade, en compagnie du commandant Thouzelier, soit dans le parc de l'hôtel, soit dans la forêt voisine, où il se fait conduire en voiture et marche d'un bon pas, continuant de ruminer ses pensées — son seul exercice physique se limitant à ces promenades.

Dès deux heures, il est à son bureau. Dès trois heures, il confère avec les officiers de liaison des différentes armées, puis demande le rapport sur l'organisation des services de l'arrière, de santé et d'approvisionnement. De fait, il travaille en direct, en contact, par de multiples et rapides conversations. Rapports, « papiers », télégrammes, téléphone ne sauraient lui suffire. Il lui est essentiel de « voir des gens ». Le dîner — aussi frugal et rapide que le déjeuner — est à sept heures, sans invités. Il se couche à neuf heures et dort neuf heures d'affilée, « aussi tranquillement qu'un rentier », si forte que soit la houle.

Évidemment, il s'agit là d'une de ses journées normales : il doit fatalement se plier à de nombreux voyages, nécessités par les convocations du gouvernement, les inspections aux armées et les conférences avec nos alliés, notamment avec les généraux anglais, à Calais, Douvres ou Londres. (Il dispose d'un train spécial, qui amène dans un fourgon ses deux automobiles.) Ainsi, aujourd'hui, passe-t-il toute la journée à Verdun.

Ses qualités ? Elles sont on ne peut plus apparentes. C'est un simplificateur. Son génie doit se définir par cette exceptionnelle puissance de simplification. A travers un fouillis de données, il va, du premier coup d'œil, au principal. Son intelligence est à l'opposé d'une mécanique labyrinthique.

Il sait commander sans hausser la voix. Il est d'un calme épidermique. Foch, ce grand nerveux, est le premier à s'en féliciter. « Son sang-froid se communique », dit-il. Que serait-il arrivé en août 14, qu'adviendrait-il maintenant, avec à sa place un vif, un bouillant, ou un tourmenté ? Nous ne dirons jamais assez combien pareille sérénité aura pu être bienfaisante.

Pour punir, il peut avoir la main lourde, mais sans excès. Simplement, personne au monde ne pourrait alors le faire revenir sur sa décision. Ainsi en 1915, quand il limoge Sarrail, le « général des gauches », soutenu par le parti radical, à qui il enlève le commandement de la IIIe armée à la suite d'un rapport sévère du général Dubail — au diable les pontifes radicaux ! — ou quand il frappe Lanrezac, qui est plutôt « général des droites ».

Il peut être patient et endurant « à l'infini », comme dit Pierrefeu, par exemple quand il faut tenir le coup parmi les plus accablantes nouvelles, ou quand il faut passer des heures avec des visiteurs médiocres, seraient-ils ministres ou députés, qui viennent avec plus ou moins de fatuité inconsciente lui donner des leçons.

Enfin et surtout, il sait choisir une stratégie et s'y tenir rigoureusement, quels que soient les obstacles. Il prend une vision ample de la manœuvre, puis rien ne l'en fait démordre. Ce n'est certes pas lui qui changera « tous les matins de stratégie comme de chemise ».

Ainsi considère-t-il le front de la Somme comme le front numéro un : c'est là, essentiellement, qu'il faut faire porter notre effort maximum et que nous pourrons faire craquer le dispositif allemand, percer, et exploiter stratégiquement la percée par de vastes mouvements qui pourront désorganiser les armées ennemies. Les autres fronts doivent être conçus et maniés en fonction de celui-là. Il s'y tient, avec un implacable acharnement.

Ainsi, à Chantilly, en décembre 1915, la décision est-elle prise, avec nos alliés : c'est sur la Somme que la partie se jouera. Foch, flanqué de troupes anglaises, attaquera massivement, dès le printemps ou l'été, avec quelque quarante divisions. Tous les préparatifs s'amassent et s'organisent en conséquence — d'autant que, dans l'esprit de Joffre, l'offensive sur la Somme doit être combinée avec une offensive russe sur le front de l'Est, une offensive italienne et une offensive alliée sur les Balkans. Il voit large.

Effectivement, le 10 mars de notre année, Joffre fait adopter par le Conseil supérieur de la défense nationale des résolutions selon lesquelles la Russie attaquera dès le 15 mai et les autres armées alliées le 30 — le texte dit : « quinze jours environ après le commencement des opérations sur le front oriental » — étant bien entendu que ces résolutions ne seront exécutées qu'après accord des commandants en chef concernés.

Car les 27 et 28 mars, à la Conférence de Paris, qui réunit les gouvernements alliés (Grande-Bretagne, France, Russie, Italie, Belgique, Serbie, Japon et Portugal) et qui approuve toutes les propositions d'ordre militaire, Joffre peut se plaindre que l'armée française soit restée seule durant de trop longues semaines face aux Allemands et ait eu à consentir, du fait de son isolement, des pertes excessives.

En Angleterre, les partisans du moindre effort restent nombreux. Ils ne voient pas à quels dangers l'affaiblissement de la France peut entraîner la coalition. Du coup, Joffre doit s'en plaindre, dans une rude lettre à Briand, signée le 3 avril :

« L'Angleterre n'a mobilisé que deux millions et demi d'hommes sur une population de quatre cents millions d'âmes, tandis que la France a mobilisé six à sept millions de combattants et en a déjà perdu deux millions, dont sept à huit cent mille tués. »

Encore le 17 avril, il s'indigne et s'insurge que trente-sept divisions de premier ordre soient gardées dans les îles Britanniques pour parer à un éventuel débarquement allemand.

Encore le 30 avril, il voit les Anglais récuser sa décision selon laquelle « l'armée d'Orient toutes forces réunies attaquera au moment que je jugerai opportun, les armées ennemies à la frontière grecque et, en cas de succès, les poursuivra en direction de Sofia ». Nouvelle indignation éclatante.

Même si le Parlement britannique vote enfin, le 4 mai, la loi instituant le service militaire obligatoire et si Londres paraît cette fois décidée à des efforts massifs, voici que le haut commandement britannique se déclare soudain contre des « opérations trop précipitées ». Il dit devoir garder des troupes pour réprimer des troubles en Afghanistan et en Irlande et fait le forcing pour une offensive sur les Flandres, de préférence à une offensive sur la Somme — parce que les intérêts britanniques sont naturellement moins importants sur la Somme que sur les Flandres.

Le haut commandement français demande en vain, à longueur de semaines, que l'état de siège soit proclamé à Salonique, pour mieux contrer le roi Constantin, qui se révèle un ami forcené de Berlin; il se heurte au refus catégorique de Londres qui ne veut pas porter atteinte à la souveraineté hellénique. Londres n'y aura consenti qu'après que les Bulgares auront pris le port de Rupel et la région de Demir-Hissar.

On voit les Anglais essayer d'étouffer dans l'œuf une offensive prévue pour le 30 mai avec action combinée de l'armée d'Orient en direction de Sofia, d'une armée russe à travers la Dobroudja, d'une armée serbe sur ses territoires et d'une armée roumaine en Transylvanie. L'acheminement de l'armée serbe connaît trop de retard. Londres, s'indignant que les Anglais soient laissés hors-jeu, décide en représailles que la flotte britannique n'assurera pas le ravitaillement du front des Balkans, d'où, pour les Français, censés apporter renforts et approvisionnements, l'obligation d'emprunter désormais la péninsule italienne, le canal d'Otrante et la voie ferrée grecque de Thessalie. Il faut toute la fermeté de Joffre pour que l'offensive soit maintenue (décision prise le 31 mai): « Personne ne comprendra que trois cent cinquante mille hommes, dont cent vingt mille Serbes qui brûlent de rentrer dans leur patrie, n'entrent pas en opération dans le même temps que la bataille générale se développe sur tous autres points. »

Les problèmes du front italien provoquent les plus noirs soucis. Les sous-marins allemands sévissent dans la Manche, la mer du Nord et l'Atlantique. Pour autant, Joffre ne varie pas d'un pouce: on attaquera, et on attaquera fort, et on attaquera sur la Somme.

Jour J de l'offensive Foch: le 1er juillet. Même le déclenchement de l'offensive Falkenhayn sur Verdun, le 25 février, laisse Joffre de marbre: il voit aussitôt le piège; les Allemands veulent lui faire amener sur Verdun les divisions prévues pour l'offensive de la Somme.

Nouvelle décision inébranlable: il ne se laissera pas piéger. Verdun ou pas Verdun, la grande explication de la Somme aura lieu. Dans le vaste plan d'action qu'il a établi pour les forces de l'Entente et qu'il est résolu à mener à bonne fin, Verdun, aux yeux de Joffre, ne doit être qu'un épisode, et ce serait la pire des fautes que de laisser à l'ennemi la faculté de battre séparément les armées du front occidental.

Il le rappelle formellement à Douglas Haig (commandant les troupes britanniques engagées sur le front français) par une note signée le 27 mars: « L'offensive violente que les armées allemandes ont entreprise dans la région de Verdun ne doit pas avoir pour effet de nous détourner de l'exécution du plan d'action que nous avons arrêté d'un commun accord. Il s'agit pour vous comme pour nous de consacrer à l'offensive de la Somme la totalité des forces qu'il nous sera possible d'y appliquer. »

De fait, dès fin mars, après les premiers échecs de Falkenhayn sur Verdun, deux nécessités primordiales s'imposent à son esprit. La première: à Verdun, non seulement défendre, mais attaquer le plus tôt possible. D'où sa note du 1er avril à Pétain: « Vous disposez maintenant de forces plus nombreuses que celles qui vous sont opposées. Le moment est venu d'exploiter les avantages que vous avez su prendre. Il faut surtout que vous preniez maintenant l'initiative d'actions offensives visant des buts définis. C'est à cette seule condition que vous pourrez imposer votre volonté à l'ennemi, maintenir le moral élevé dont vos troupes ont fait preuve et clôturer par le succès indispensable la suite des opérations que l'ennemi a entamées sous Verdun. » Et de mettre à la disposition de Pétain sept groupes de mortiers de gros calibre allant du 220 au 280.

La seconde : reconstituer au plus tôt la masse d'attaque française qui, aux côtés des troupes britanniques, portera le coup mortel à la puissance ennemie. Non sans oublier qu'il s'agit aussi pour Joffre ou bien d'être le maître de la Somme ou bien de passer la main aux Anglais et de leur abandonner la conduite de la bataille interalliée, qu'ils ne refuseraient certes pas.

C'est dans ce double esprit qu'il procède à un remaniement du commandement français à Verdun. Il profite du départ à la retraite du général de Langle de Cary, soixante-sept ans, fils de Lorient, cavalier, saint-cyrien, blessé à Buzenval en 1870, brillant combattant des campagnes d'Afrique du Nord, atteint par la limite d'âge en juillet 1914, rappelé pour commander la IVe armée, grand acteur de la bataille de la Marne, haute figure de la campagne de Champagne, depuis l'an dernier commandant le groupe des armées du Centre.

Voilà l'occasion de donner plus de mordant au dispositif des hauts de Meuse. Aussitôt décidé, aussitôt fait.

Il nomme le général Nivelle à la tête de la IIe armée, en remplacement de Pétain, convaincu que Nivelle est homme à ne reculer devant rien pour forcer le destin à Douaumont. Il l'enjoint de prévoir un rôle d'attaque essentiel pour le général Mangin, considéré comme le général le plus impétueux de l'armée française. Il élève Pétain à l'échelon de commandant de groupe d'armées du Centre en remplacement de Langle de Cary, afin de mieux maintenir aux opérations leur caractère de parfaite harmonie entre les buts et les moyens. Mission : « assurer sur tout le front du groupe d'armées du Centre l'inviolabilité des positions et, en ce qui concerne le front de Verdun, reprendre possession du fort de Douaumont. »

Bien entendu, c'est acquis, le général Ferdinand Foch conduira la bataille principale. Encore un Pyrénéen. Encore un nom wisigoth. Encore un caractère de fer. Déjà en 1871, à vingt ans, quand il entra au collège Saint-Clément de Metz en classe de mathématiques spéciales pour y préparer Polytechnique, peu avant que les canons allemands annoncent dans la ville la signature du traité de Francfort et l'annexion de l'Alsace et de la Lorraine, c'était un robuste gaillard, bien campé sur ses jambes, nerveux et autoritaire, avec une bouche très serrée au-dessus d'un menton très carré, un corps trapu, le geste un peu brusque, le regard concentré. « Impérieux et pensif », dit un de ses condisciples. Tel il est resté après une patiente vie de garnison à Tarbes, Rennes, Saumur et enfin à Paris, au commandement de l'École de guerre. A soixante-cinq ans, il a la vitalité de la quarantaine, avec une taille svelte et droite de sous-lieutenant, l'œil vif et la parole bigrement coupante, qui continuent de révéler un tempérament impatient. Il pratique l'équitation « comme un jeune homme ». Est-ce parce que, comme il le dit lui-même, il a une vie familiale d'une santé morale à toute épreuve ? Parce qu'il est profondément religieux ? « Heureux les croyants ! » En toute occasion, il aura fait preuve d'une pleine maîtrise de lui-même. En particulier ce jour de 1914 où il eut à apprendre du même coup la mort de son fils, Germain, aspirant au 131e régiment d'infanterie, tué en patrouille du côté de Gorcy, et celle de son gendre, tué lui aussi le 22 août dans la région de Longwy. Et qui ne se souvient de son rôle éblouissant dans la bataille de la Marne ? Ou dans la manœuvre qui aboutit à la victoire de l'Yser ?

Mais Joffre fait surtout le pari, en mai comme en mars, que le soldat français tiendra à Verdun, même si la moitié de nos unités ont été broyées sous les coups d'une écrasante artillerie, et si Falkenhayn semble décidé à ne pas lâcher prise. Justement, le 16 mai, après une entrevue à Stenay avec le Kronprinz et son chef d'état-major, Knobelsdorf, qui est l'émanation du Grand État-Major auprès de la Ve armée, ordonne une nouvelle offensive sur Verdun pour faire lâcher aux Français leur « principale épée ».

Encore une fois, Joffre ne se laisse pas intimider — alors que les Allemands utilisent de nouveaux moyens de combat, l'artillerie canalisant ses projectiles en nappes étroites et profondes pour tailler dans nos positions des corridors d'enfer où tout est écrasé, matériel et personnel, les troupes d'assaut y progressant dès lors plus vite pour effectuer des opérations d'encerclement. En la circonstance, les attaquants prennent dès le 24 mai Morthomme et la Station-de-Chattancourt.

Il ne se laisse pas davantage impressionner quand Falkenhayn lance le 1er juin ses troupes à l'assaut de Thiaumont et de Souville, sur la rive droite de la Meuse, (maîtres de Souville, les Allemands prendraient de flanc l'ensemble de notre dispostif et Verdun serait directement menacé), ni quand le fort de Vaux tombe (7 juin), ni quand, le 23 juin, Falkenhayn, après un fantastique bombardement de deux jours, lance à l'attaque six divisions — « l'aile droite fait de rapides progrès grâce à nos obus à croix verte », note le Kronprinz — qui submergent l'ouvrage de Thiaumont et le village de Fleury.

Il reste tout aussi impassible — un roc — quand, le 11 juillet, Falkenhayn lance son attaque désespérée contre Souville. Le roc finalement l'emporte.

C'est bien Joffre qui a raison contre tous : les soldats de Verdun tiennent (Nivelle et Mangin lancent même dès le 22 mai, puis début juillet de hardies contre-offensives sur Douaumont), et il peut continuer de maintenir l'offensive sur la Somme comme objectif numéro un.

Par malheur, le plan Joffre connaît des ratages qui ne sont pas du fait du haut commandement français. L'offensive russe, la première à entrer en jeu le 4 juin, est vite bloquée par Hindenburg, et le front russe retombe en léthargie.

Les Italiens attaquent dès le 6 août sur l'Isonzo, mais se font eux aussi, rapidement bloquer.

Dans les Balkans également tout commence bien, mais les succès sont éphémères. Nous échouons devant Monastir. Difficulté du terrain, insuffisance du ravitaillement, recrudescence du paludisme, tout semble se liguer contre Sarrail.

Nous aurons trop compté sur l'armée roumaine, qui, dès le début septembre, est écrasée en Thrace par les troupes de la Bulgarie, entrée en guerre aux côtés de l'Allemagne. Falkenhayn, à peine disgracié comme généralissime, reçoit mission de balayer la Roumanie. Bucarest ne résistera plus longtemps.

Nous ne sommes guère plus heureux sur la Somme. Dès la phase des préparatifs, d'âpres désaccords se multiplient entre Français et Anglais.

Haig, qui a remplacé French le 17 décembre, a beau se vouloir impeccable et prêt à se conformer aux directives du haut commandement français, le War Office, lui, tient à plusieurs reprises à réaffirmer vis-à-vis de Joffre sa totale indépendance.

Il en découle de trop graves discordances.

Résultat : la déception est grande. Nous n'aurons pu prendre ni Péronne ni Bapaume. Seules les premières lignes allemandes auront plié.

Même l'entrée en ligne des tanks n'a pas donné les résultats escomptés. Sur quarante-huit engins engagés, trente n'ont pu démarrer, en panne ou enlisés.

A notre date, ce 24 octobre, l'offensive Foch est absolument à bout de souffle. L'effort allié ne se traduit plus que par des attaques partielles où quelques bataillons se disputent dans la boue et le sang le labyrinthe de tranchées qui ceinture le bois de Saint-Pierre-Vaast.

Les disputes entre haut commandement français et haut commandement anglais ne font que s'en aviver.

Le ciel est noir sur l'Entente. En vain, Douglas, hier, à Beauquesne, a-t-il offert à Joffre un excellent déjeuner, en guise de réconciliation. Joffre ne sera pas suivi. L'attaque d'ensemble est même remise au 5 novembre. Imaginerait-on Joffre découragé ? Pas le moins du monde. Il en est déjà à tirer des plans pour la campagne de printemps 1917... Mais il y a trop d'échecs.

Une vaste polémique, cruelle, venimeuse, odieuse, se déchaîne contre le général en chef. Tout un groupe de députés lui est férocement hostile.

Le Lorrain André Maginot, grand blessé, amputé d'une jambe, qui marche avec des béquilles, tient ouvertement Joffre pour un incapable. On l'entend s'écrier en pleine Chambre : « Pour gagner les batailles, il faut de l'ardeur, de la promptitude, de la décision, de l'audace, et cette vigueur physique et morale qui vous préserve de la fatigue comme des autres défaillances et empêche de verser dans la routine. » Après avoir évoqué l'exemple sublime de Hoche et de Marceau, il réclame du haut commandement « plus d'activité, plus d'initiative, plus de volonté guerrière, un peu de ce sang jeune qui fait des chefs qui osent. » C'est tout dire.

Albert Favre, député de Charente-Inférieure, membre de la

Commission de l'armée, et Renaudel, député SFIO du Var, font chorus, à l'unisson avec un certain nombre de journalistes : « Place au talent ! Place aux jeunes ! A bas la gérontocratie ! » Et de faire remarquer que Langle de Cary a soixante-sept ans, Castelnau soixante-six, Joffre soixante-cinq, Foch soixante-cinq, Dubail soixante-cinq ; Sarrail, Pétain et Franchet d'Esperey sont des jeunots, avec leurs soixante ans.

Abel Ferry, là encore, est l'un des plus durs. Il a trente-quatre ans. Il a de qui tenir. Il a été élu en 1909 au siège de son père, Charles Ferry, dans les Vosges. Il est le neveu de Jules Ferry, l'ancien président du Conseil ; le petit-fils d'Allain-Targé, député de Paris, ministre de l'Intérieur et des Finances ; l'arrière-petit-fils d'Henri Allain-Targé, ex-procureur général, député du Maine-et-Loire ; l'arrière-petit-fils d'Abel Villemain, ministre de l'Instruction publique, pair de France, secrétaire perpétuel de l'Académie française ; et le neveu d'Amédée de la Porte, député des Deux-Sèvres, sous-secrétaire d'État aux Colonies. Jules Ferry, qui l'adorait, lui recommanda par testament de servir son pays et de l'aimer « plus que sa vie ». Il honore sa famille. Il est aussi ardent au feu qu'à la Chambre : comme lieutenant, dans les tranchées, il a fait l'objet des plus brillantes citations, notamment pour sa conduite héroïque en avril, en Argonne, aux Courtes-Chausses, dans la 250e brigade d'infanterie. A son père agonisant, il a fait serment de reprendre l'Alsace et la Lorraine. Il aime répéter : « Je ne voterai jamais un traité qui ne nous donnerait pas l'Alsace et la Lorraine. » Il ajoute : « L'Allemagne n'aura qu'à payer par son sous-sol : un sous-sol n'a pas de patrie. » Membre du groupe de la gauche radicale, il siège à la commission de l'armée. A la suite du vote de la Chambre, à l'issue du premier Comité secret (réunion de la Chambre à huis clos), qui s'est terminée le 22 juin, l'institution des « Commissaires aux armées » a été adoptée : précisément, Abel Ferry a été désigné par la Commission de l'armée pour en exercer les fonctions. Au front capitaine au 91e RI, ne pouvant contrôler ses supérieurs, il a préféré quitter l'uniforme pour se consacrer exclusivement à sa mission. Ainsi a-t-il effectué sa première inspection en septembre auprès du comte Godefroy Timoléon de Villaret, général de division commandant la VIIe armée, l'armée des Vosges. On imagine quel poste idéal il a trouvé là pour mieux planter son bistouri dans tous les cancers qui lui apparaissent.

Il éprouve un mépris total pour Briand ; il lui reproche de manquer d'énergie en Grèce pour « mâter le Constantin » ; d'avoir une politique trop indulgente pour la famille royale grecque, notamment la princesse Marie, épouse du frère du roi ; d'être trop désordonné dans l'exercice de sa fonction (il est trop vrai que le côté bohême du président du Conseil aura prêté à maints incidents en conseil des ministres, avec un président de la République, lui, si sourcilleux) ; de porter au général Sarrail une véritable haine (qui viendrait de propos légers tenus à la table du général en chef de l'armée de Salonique sur les relations de Briand et de la princesse Marie) ; d'être le jouet de son directeur de cabinet, Berthelot, le vrai maître de notre politique étrangère.

Il note dans ses *Carnets* : « Cet homme intelligent (Berthelot), âpre, au masque florentin, à l'âme florentine, est merveilleusement appareillé à Briand. Briand est l'intrigue à physionomie loyale ; Berthelot est l'intrigue à physionomie concentrée et passionnée. » Il est tout aussi sévère pour le général Joffre, qu'il tient pour un timoré, un primaire, d'une si phénoménale confiance en soi qu'elle pourrait relever de la pathologie : ce n'est pas dit en clair, mais sous-entendu dans tous ses propos sur le général en chef.

Il n'y a cependant pas qu'une poignée de députés à mener campagne. Le Sénat est particulièrement agressif, Paul Doumer en tête. Il est vrai que l'imperturbable optimisme de Joffre finit par irriter beaucoup d'observateurs. On l'accuse de faiblesse, de mollesse, d'absence de vues élevées. On rapporte à satiété les mots de Briand qui, dans le privé le traite de « vieille baderne », ou de « bourrique à Marianne. »

Tous les mots prononcés dans les Comités secrets se colportent, vite amplifiés ou déformés par la malignité publique. On n'arrête pas de critiquer le « grignotage » cher à Joffre. « Ce ne sont pas les Allemands que l'on grignote, c'est nous », ce mot de Maginot aura été repris par le Tout-Paris.

On va jusqu'à lui reprocher d'être trop lié aux radicaux francs-maçons du Midi que dirige Maurice Sarraut, patron omnipotent de *La Dépêche* de Toulouse.

Il faut dire que le Quartier Général est trop souvent un nid d'intrigues. Il monte lui-même des cabales contre les uns et les autres. Par exemple, certains officiers, bridés par le général Sarrail, lorsqu'il était directeur de l'infanterie, lui vouent une haine sans pardon. Ils répandent sur lui mille bruits — qu'il fait plus de politique que de stratégie, qu'il est au plus mal avec le général italien en poste à Salonique, que les Serbes ne peuvent pas le souffrir, qu'il a perdu son sang-froid jusqu'à injurier en public le général Bailloud, que même le général Cordonnier, son ami, depuis quelques jours brutalement rembarqué, aura eu à souffrir de ses sautes d'humeur, qu'il n'est bien qu'avec les Juifs. « Sarrail est le Bazaine du camp de Salonique : il ne veut pas sortir », aurait dit Berthelot, car Briand et Millerand détestent Sarrail, que défendent Poincaré et Painlevé, et la présidence du Conseil se joint au QG pour faire le procès de l'homme de Salonique. Cela devient « l'affaire Sarrail ». Fatalement — outre qu'elle trahit une certaine atmosphère pestilentielle des hautes sphères — elle entraîne les nombreux amis de Sarrail à contre-attaquer. L'affaire Sarrail aussi, par contrecoup, aura aidé à créer l'affaire Joffre.

Et de dire que les huit cent mille hommes perdus le sont du fait de l'impéritie de l'Etat-Major, de sa passivité.

Dans les salons, les couloirs de la Chambre et les entourages des ministres, on cherche déjà à Joffre un successeur : Lyautey, Pétain, Nivelle, étant les noms les plus souvent avancés. Foch, en revanche, n'est pas cité car il est l'objet des attaques les plus violentes des séances du Comité secret comme du qu'en-dira-t-on : il serait le principal coupable des folies de la Somme ; il serait aussi « borné » que Joffre ; il serait malade...

Les Anglais s'y mettent — peu avares de rabaisser le prestige des chefs militaires français, qui du reste ne sont pas tendres, de leur côté, pour le général Haig.

Il n'y a pas, contre le général en chef, qu'une petite fronde, facilement méprisable. On lui fait grief de n'avoir pas su améliorer à temps les positions défensives prévues en avant de Verdun — et ce malgré les avertissements répétés du général Gallieni, alors ministre de la Guerre (mort le 25 mai quelques jours après avoir démissionné du ministère), et du député lieutenant-colonel Driant, depuis lors tombé au front.

On lui reproche de n'avoir pas su prévoir des lignes de

communication suffisantes pour ravitailler une nombreuse armée, en particulier d'avoir laissé détruire la grande voie de Châlons à Verdun par Sainte-Menehould, au moment critique, et de n'avoir plus eu à sa disposition qu'un minable chemin de fer, le Meusien, « tortillard » absolument dérisoire.

Parce qu'il sait garder une impassibilité de granit, on le dit « limité »; parce qu'il déteste toute effusion publique, on le dit insensible; parce qu'il est lent dans ses pensées, on le dit sans imagination.

Tout Paris sait qu'en Comité secret, lecture a été donnée de la correspondance échangée au sujet de Verdun entre le général Gallieni et le général Joffre, deux mois avant la bataille, fin décembre 1915. On en est à démontrer dans les officines de la cabale que Gallieni est le vrai vainqueur de la bataille de la Marne, et non Joffre.

André Maginot conclut ainsi un terrible réquisitoire en Comité secret: « Se laissant devancer en toutes circonstances, incapable de jamais imposer sa volonté à l'ennemi, vivant au jour le jour, sans méthode et sans plan, continuant à croire au miracle, à compter sur lui, comme sur tous facteurs étrangers à son propre effort *(applaudissements sur divers bancs)*, nous occasionnant, par sa négligence et par ses fautes, de très lourdes pertes, sous les apparences de ménager le sang de la France, notre haut commandement a fait suffisamment ses preuves et il ne nous est pas possible de les lui laisser continuer. » Or, les séances du Comité secret n'ont de secret que l'adjectif.

Joffre a trop perdu quand Millerand a quitté le ministère de la Guerre. Ses relations avec Gallieni se révèlent vite exécrables. Ainsi au conseil des ministres du 7 mars, Gallieni donne lecture d'une longue note qui, du commencement à la fin, est une attaque extrêmement violente, contre le général en chef. Celui-ci aurait empiété sans cesse sur ses attributions, aurait constitué un véritable État dans l'État, aurait diminué en toutes occasions les droits du gouvernement légal, se serait carrément substitué au ministère de la Guerre dans ses relations avec les services de la Région parisienne, ceux de l'arrière, les fournisseurs de l'armée et même le commandement allié. Gallieni poussa l'assaut jusqu'à demander l'élimination des chefs « sur lesquels pèsent les vieilles doctrines des procédés désuets, au point de les mettre hors d'état de s'adapter aux circonstances de la lutte actuelle ». La phrase mettait directement en cause le commandant en chef.

Gallieni a été remplacé par un ami personnel de Joffre, recommandé par Joffre à Briand, le général Pierre Roques, fils de l'Hérault, brillant polytechnicien, premier inspecteur de l'aéronautique militaire, successeur de Dubail à la tête de la Ire armée, fin diplomate, et en qui le Catalan a toute confiance pour avoir servi à ses côtés en Indochine et à Madagascar. Mais si Roques affirme une parfaite loyauté, il n'est pas à son aise face aux députés et aux sénateurs devant lesquels il doit fréquemment auditionner. Il leur résiste mal, n'ayant ni l'autorité, ni « la main » de Millerand. Il ne sait pas servir de bouclier. Les épées et les dagues n'en ont que plus libre jeu.

Joffre est acusé de n'avoir confié à Pétain que trente divisions, au lieu des trente-neuf promises — mais on lui fait le même grief quant à ses promesses à Foch sur la Somme.

« C'est toujours la même chose, proclament les accusateurs. Ses offensives mal conçues occasionnent des pertes trop fantastiques, pour des gains tout à fait décevants. En attendant, nos réserves d'hommes fondent ; le moment est proche où nous serons à court d'effectifs. Ne trouvera-t-on pas enfin pour conduire la guerre de nouvelles méthodes plus intelligentes, plus efficaces ? » Ils oublient que l'on n'obtiendra la victoire à Verdun que si l'offensive de la Somme agit sur Verdun à la manière d'un révulsif.

Trop de témoins ont tendance à préférer la guerre à panache, style Nivelle ou Mangin, plus allante, plus mordante, à la « guerre patiente », style Joffre et Foch.

Tout prête aux plus graves suspicions ou accusations. Quand Joffre, absorbé par sa mission sur le front français, se fait prier chaque fois qu'on veut lui prendre des troupes de Verdun ou de la Somme pour le front des Balkans, on lui reproche d'agir uniquement par rancune personnelle contre Sarrail. Quand il envoie Castelnau en mission pour enquêter sur l'armée de Salonique, de nombreux députés s'indignent qu'on confie à un monarchiste, de surcroît calotin, d'aller exercer un contrôle sur Sarrail, modèle d'officier républicain et anticlérical.

L'affaire roumaine est abondamment exploitée, autant contre Joffre que contre Briand. On va colportant que si elle avait été bien préparée, politiquement et militairement, l'entrée en guerre des Roumains aurait entraîné les plus grands torts pour les Austro-Allemands. Mais il fallait que l'offensive roumaine s'orchestrât sur une double offensive des Russes et de l'armée de Salonique. Or, aucun plan d'ensemble n'a été prévu. Diplomates et généraux ont travaillé chacun de leur côté. La vraie responsabilité en incombe au haut commandement français qui n'a pas veillé aux liaisons nécessaires et qui a misé avec Briand, les yeux fermés, sur l'entrée en guerre d'une force fraîche. Le plus grand accusé : Joffre.

Et il y a le contrecoup des déceptions de la Somme. Il y a ces campagnes sourdes menées contre lui par les deux centaines de généraux qu'il a fait limoger. Il y a encore toute une campagne contre les « planqués » de l'Etat-Major. Sans compter une immense lassitude qui gagne le pays. Nous approchons du millième jour de guerre. C'est trop long. Le principal coupable en est fatalement le chef qui ne parvient pas à une victoire rapide. Ça traîne trop. Cette immense fatigue est d'autant plus ressentie que, ici et là, transpirent des rumeurs sur des éventuels pourparlers de paix. Dès février 1916, outre-Atlantique, le Président Wilson s'est déclaré « disposé à aller jusqu'à l'extrême limite pour amener les belligérants à conclure une trêve ». Puis Washington a calculé les bases d'une négociation possible : restauration de la Belgique ; transfert de l'Alsace et de la Lorraine à la France ; obtention pour la Russie d'un débouché sur la mer ; compensations coloniales à l'Allemagne. Le colonel House, le plus proche collaborateur de Wilson, est allé en personne à Londres proposer de telles bases. Par ailleurs, on n'a pas pu ne pas noter les déclarations « pacifistes » reprises en décembre dans la presse allemande et à la tribune du Reichstag. Au début d'octobre 1916, le chancelier Bethman-Hollweg aurait même adressé aux États-Unis, à l'Espagne et à la Suisse, une offre d'ouverture de négociation de paix. Les rumeurs courent. La guerre n'en devient que plus pesante, les généraux qui ne savent pas la gagner, plus encombrants.

Paris tire de toute son artillerie contre le général en chef. Il est évident que cela ne peut aller bientôt sans d'énormes conséquences.

On parle du « miracle de la Marne ». Impassible, inébranlable, Joffre a beau garder le plus superbe sang-froid sous un si puissant matraquage, à canons de tous calibres, à nobles intentions comme à calculs sordides, tout laisse à penser qu'il lui faudra un second miracle pour rétablir son autorité dans sa plénitude, quelle que soit l'immense confiance qu'il conserve dans l'armée comme dans les profondeurs du pays.

Telle est la situation des plus hauts cercles de l'autorité nationale, à l'heure où les poilus de Verdun vont s'élancer à l'assaut de Vaux et de Douaumont. D'une part, nous avons un gouvernement extrêmement vulnérable, au bord de la chute, sans que personne connaisse le nom de l'homme qui aura à assumer au sommet les plus fantastiques responsabilités. D'autre part, le général en chef lui-même se retrouve menacé et discuté jusque dans ses plus solides mérites, sans que personne puisse dire quel successeur pourrait lui être désigné, demain ou après-demain.

Faut-il que ce peuple ait d'incroyables ressources d'énergie pour, dans de telles conditions, faire face à un géant comme l'Allemagne !

Chapitre XI

Nivelle, Mangin, Pétain

Le général qui a en charge l'armée de Verdun, Robert Nivelle, soixante ans comme Pétain, comme lui à peine colonel en 14, tout près de l'âge de la retraite, comme lui promu général au début de la guerre, est un homme grand et solide, au pas alerte. Un teint clair, un poil clair, des tempes serrées, une bouche pincée, un regard aigu, de coquettes moustaches blondes lui donnent sa silhouette.

Au total, un fin visage de mousquetaire à la Louis XIII où passe parfois une étrange lueur de mélancolie. Un concentré. A l'évidence, un ruminant de grands songes. Un optimiste qui sait mesurer ses risques, dit Joffre.

Paradoxe: il est à la fois saint-cyrien et polytechnicien. Fantassins et artilleurs peuvent le revendiquer comme un des leurs. Rien d'étonnant, en un siècle où les cavaliers se font sapeurs, où les hussards se retrouvent aviateurs, et lâchent allègrement Bucéphale pour chevaucher Pégase...

Cependant, il passe avant tout pour un artilleur de la plus haute classe qui a toujours joué en virtuose de ses canons. On l'a vu briller partout, écoles de Tulle, sa ville natale, école de Fontainebleau, Saumur, Etat-Major des armées, Chine, Afrique du Nord, mission auprès de l'empereur de Corée. Il a en effet quelques connaissances en langues orientales.

Non seulement il possède cette étincelante mécanique intellectuelle, mais il a déjà donné maintes preuves de son courage, même si, dans le mépris du danger qu'il professe, un mépris serein et comme indifférent, à l'anglaise, il y a quelque fatalisme. Il dit d'ailleurs être persuadé, comme jadis

Frédéric II, que Sa Majesté le hasard est toujours souveraine et qu'il serait vain de penser contrecarrer ses arrêts.

Colonel, il s'illustrait dès l'été 14, à la tête de son 5e régiment d'artillerie de campagne, en terre d'Alsace, capturant vingt-quatre canons ennemis. Quelques jours après, il se couvrait de gloire sur la Marne, où il constituait l'artillerie du célèbre 7e corps franc-comtois de l'armée Maunoury : lui, l'artilleur, prenait la relève des fantassins qui reculaient, portait ses hommes et son matériel en première ligne, et faisait un carnage des Allemands qui, selon la vieille règle, attaquaient en rangs serrés.

Promu général en octobre 14, il se distinguait encore sur l'Ourcq, sur le front de l'Aisne, sur la couverture de Soissons et sur le saillant de Quennevières. Puis c'était Verdun où, venu à la rescousse début avril, pour commander le 3e corps d'armée, il contre-attaquait hardiment sur le front de Douaumont.

Il n'est pas que batailleur : il sait être diplomate. Il sait même plaire aux parlementaires. Alors qu'avec eux Pétain est glacial et Joffre bourru, il sait jouer les charmeurs. « Lui a du moins de bons couloirs » dit Poincaré.

C'est Castelnau, le 19 avril, qui informa Pétain qu'il était nommé commandant du groupe d'armées du Centre (IIe, IIIe, IVe et Ve armées) avec quartier général à Bar-le-Duc et que la IIe armée, c'est-à-dire celle de Verdun, passait sous le commandement de Nivelle, tout en restant à l'échelon supérieur sous la dépendance du QG de Pétain. Inondé de lauriers, celui-ci ne dissimula pourtant pas son amertume. Il répondit sèchement à Castelnau : « Je serai tous les jours à Souilly. » (QG de la IIe armée.)

Tout le monde a compris le sens de la mutation. Certes, l'hommage de Joffre à Pétain est net, quand, dans le même temps, il déclare : « C'est par une amélioration constante de l'organisation du commandement, par un sens tactique très aigu, par un perfectionnement sans cesse renouvelé des procédés de défense que Verdun a été sauvé, et c'est le général Pétain qui a été véritablement l'âme de tous ces progrès. On ne devra jamais oublier que, par l'étude incessante des procédés de combat ennemis, il a fait réaliser à notre armée les plus grands progrès tactiques de toute la guerre : en particulier par la liaison de l'artillerie et de l'aviation qui fut si féconde. Verdun a été sous l'intelligente direction du général Pétain, la plus rude, mais aussi la meilleure école de perfectionnement pour l'armée française. »

Néanmoins, personne ne s'y trompe: il s'agit essentiellement d'écarter un « défenseur » pour faire place à un « attaquant ». Joffre trouve en effet que Pétain manque d'« attitude agressive », qu'il veut donner à Verdun une « importance exagérée » et admet mal la primauté de l'offensive Foch.

A Nivelle de jouer, avec audace. Voilà pourquoi il aura été investi de la confiance du général en chef: à cause de son agressivité. Quant à être ambitieux, qui en doute ? Un titre de plus à son actif : de toutes ses forces, il veut mériter de l'Histoire.

Mangin, vous le découvrez tout de suite. Visage carré marqué de rudes rides, mâchoires serrées de fauve peu intimidable, regard direct et clair, front granitique sous une chevelure drue et noire, coupée en brosse, teint basané, le général Charles Mangin est le type même du baroudeur, le chef pour les coups durs, le moteur perpétuel, le volontaire pour les besognes impossibles. Pas étonnant qu'on le compare souvent à un léopard qui, lorsqu'il tient sa proie, ne la lâche plus.

Qui ne se souvient de son ordre du jour du 21 avril, reproduit par toute la presse:

Vous allez reformer vos rangs éclaircis. Beaucoup d'entre vous iront porter au sein de leur famille l'ardeur guerrière et la soif de vengeance qui nous animent. Mais il n'est point de repos pour la France tant que le sauvage ennemi foule le sol sacré de la patrie; point de paix pour le monde tant que le monstre du militarisme prussien n'est pas abattu. Donc, vous vous préparerez à de nouveaux combats, où vous apporterez la certitude absolue de notre supériorité sur l'ennemi, que vous avez vu si souvent fuir ou lever les bras devant vos baïonnettes et vos grenades. Vous en êtes sûrs maintenant: tout Allemand qui pénètre dans une tranchée de la 5e division est mort ou prisonnier! Toute position méthodiquement attaquée par la 5e division est une position prise! Vous marchez sous l'aile de la victoire!

Dès mai, à la tête de cette 5e division, avec une témérité absolue, en dépit des conseils modérateurs, il s'attaquait à Douaumont. Il n'engageait que deux divisions, la sienne et la 36e de Lestoquoi, là où il en eût fallu quatre. Même en mettant à profit une nette supériorité aérienne locale, il manqua trop d'artillerie. Il n'opposait que 1 770 canons, dont 1 200 pièces de campagne et 570 pièces lourdes aux 2 200 canons allemands, dont 1 730 lourds. Vainement le fort fut-il partiellement occupé — et on crut à sa prise définitive. Les Allemands, d'abord surpris, réagirent à leur manière, par des contre-attaques massives. Deux bataillons français, dont quelques éléments chevauchaient encore les fossés, virent leurs communications coupées avec l'arrière. On ne put les joindre. Ils succombèrent après quarante-huit heures de combats d'une sauvagerie inouïe. En cinq jours, du 18 au 22 mai, la division de Mangin perdait 130 officiers et 5 507 hommes, la moitié de son effectif.

Il ne se découragea pas pour autant. Au contraire, il ne redemanda que davantage à en découdre. Il est vrai que lui aussi a de qui tenir. Il est né, à Sarrebourg, le 6 juillet 1866, d'une famille lorraine de robe et d'épée, qui a compté une belle lignée d'avocats à Metz — le grand « robin » de la famille est ce Mangin, tour à tour procureur général à la cour de Poitiers, conseiller à la Cour de cassation, conseiller d'État et préfet de police sous la Restauration, qui eut à requérir dans la célèbre affaire des complots du général Berton et de ses co-accusés. Mais cette famille aura plus encore été honorée de grands soldats. On aura vu des Mangin s'illustrer sur tous les grands fronts du XIXe siècle, depuis l'Italie jusqu'au Mexique et en Chine.

Trois frères du général auront été ou sont soldats. L'aîné, Henri, lieutenant au 143e régiment fut tué au Tonkin en 1885 à vingt-sept ans. Le deuxième, Georges, fut tué à trente-deux ans en 1909, en Mauritanie, où il servait sous les ordres de Gouraud, alors capitaine. Le troisième, Eugène, missionnaire des pères blancs, est actuellement sergent dans un régiment de tirailleurs sénégalais. Lui-même, à cinquante ans, a déjà vécu, depuis 1889, un nombre impressionnant de campagnes : Soudan, octobre 1889-juillet 1892 ; Soudan, octobre 1893-novembre 1894 ; Congo-Nil, octobre 1895-

juin 1899; Tonkin, mars 1901-juin 1904; Afrique occidentale française et Congo, octobre 1906-novembre 1908; Afrique occidentale française, mars-octobre 1910; Maroc, mars 1912-juillet 1913.

Il a été blessé cinq fois: trois à l'assaut de Diéna, au Soudan; une à l'assaut de Boscé, toujours au Soudan; et une au combat de Kasbah-Zidamia, au Maroc. Comment s'étonner qu'il dégage cette extraordinaire impression de puissance et d'audace, qui lui est naturelle?

Il était toujours à la tête de ses spahis, au Niger, quand ils chargeaient contre les guerriers sofas. Il était de la mission Marchand au Congo-Nil, jusqu'à vivre l'humiliation de Fachoda. Il démontrait un éclatant héroïsme à Nzala Adem, au Maroc.

Entre autres citations: « Le lieutenant Mangin, officier d'infanterie, s'est montré des plus brillants dans le service d'officier de cavalerie. Très robuste, d'une excellente santé, d'une activité remarquable, d'une bravoure sans égale, il n'a jamais perdu une occasion de charger, avec le plus grand mépris du danger, mais aussi avec une ardeur très réfléchie et une connaissance très nette de ce qu'il pouvait tenter. »

Aucun général ne se sera plus exposé. On croit entendre encore le général Lyautey lui remettant sa cravate de commandeur de la Légion d'honneur après la prise de Marrakech: « Je bois au colonel Mangin, qui a fait chanter au coq gaulois le plus éclatant réveil qu'on ait entendu depuis longtemps. »

Le vicomte Melchior de Vogüé, il y a quelque trente ans, dans un article de *La Revue des deux-mondes* intitulé « Les Indes noires » écrivait que les conquérants n'avaient pas fléchi depuis le temps des conquistadors, et que nous avions nous aussi dans les temps modernes nos « fondateurs d'empires ». Plus tard, il devait reprendre son idée dans *Les morts qui parlent* et saluer ces intrépides fondateurs comme « une pépinière d'hommes, les cadres du relèvement national ». Il prédisait de la sorte le rôle que joueraient un jour les Joffre, les Gallieni, les Lyautey, les Gouraud. Mangin est de ceux-là, ainsi qu'un général Passaga, un général Savy, un commandant Croll.

Lettre du général Archinard, en 1910, au colonel Mangin: « Ce qui vous attire, ce ne sont pas seulement les grands coups de sabre donnés à la tête des spahis que vous, lieutenant d'infanterie de marine, avez aussi commandés; ce n'est pas seulement l'attrait du danger en traversant une rivière ou en combattant dans les rues d'un village, ni les indicibles joies de voir après des heures, des journées de réfléxion et d'efforts, l'ennemi déconfit hésiter, se découvrir et montrer son dos; ce qui vous attire, c'est avant tout l'amour du Pays. Le Pays! Il est donné à tout le monde de le bien servir en s'acquittant consciencieusement de la besogne quotidienne, mais il n'est donné qu'à un petit nombre de le servir en agitant et en faisant admettre par tous des idées nouvelles, production de force, de richesse, de sécurité... »

Mangin pouvait écrire un livre, *La Force noire*, où, en montrant les dangers du dépeuplement de la France, il enseignait le parti que l'on peut tirer des soldats de couleur dans les armées contemporaines, comme surent le faire les généraux de l'Antiquité.

Il pouvait même accéder à la gloire nationale, en 1912, quand il arrachait Marrakech aux troupes du prétendant el-Hiba. L'exploit était raconté dans un beau livre, *A la conquête du Maroc avec la colonne Mangin*, du capitaine Cornet, tué au début de la guerre actuelle, qui évoque la charge dans le cadre somptueux des neiges de l'Atlas des chasseurs d'Afrique en bleu, des spahis en rouge et des goumiers en blanc.

Il était promu général en 1913. Par hasard en France, au début de la guerre, il s'y illustrait sans délai. Il opérait magnifiquement à la tête de la 8e brigade, en soutien du corps de cavalerie Sordet, à l'extrême pointe de la Ve armée engagée entre Dinant et Namur. Puis il commandait l'une des deux divisions du 3e corps, la 5e, la 6e étant confiée à Pétain: il tenait évidemment un rôle brillant dans la bataille de la Marne. Ensuite, c'était Verdun.

Il a toujours aussi fière allure, avec sa tenue de grande coupe, ses jambières impeccables, ses chaussures qui brillent comme dans un salon. Il aime toujours autant les belles automobiles: il a notamment dans l'immédiat une luxueuse Opel rouge, prise à l'ennemi.

Son QG est, selon son habitude, superbement installé, dans un château, près de Neuville-Saint-Vaast.

Il est suivi ainsi qu'une ombre par le célèbre Baba, un

colosse noir, qui lui est attaché comme ordonnance. Il garde de ses équipées exotiques quelques goûts de satrape. Pas étonnant, parmi tant de gloire et de défis, qu'il ait lui aussi des ennemis « anthropophages ». Ils l'appellent le « Boucher de Verdun ». Ils disent qu'il ne sait conduire ses hommes qu'« à l'abattoir ». Ils sont encore plus durs depuis les terribles journées des 24 et 25 juin, où ils l'accusent d'avoir envoyé, sans préparation suffisante d'artillerie, trop d'hommes au massacre, et lui reprochent d'avoir témérairement exposé, contre un ennemi solidement installé, deux bataillons du 63ᵉ RI, un bataillon du 297ᵉ, trois compagnies du 106ᵉ chasseurs, le 171ᵉ RI, le 129ᵉ RI et le 340ᵉ RI, qui furent absolument décimés sans le moindre gain de terrain.

Mais ses admirateurs, non moins nombreux, font facilement valoir que jamais batailles ou guerres ne peuvent se gagner sans de tels hommes, géants de l'énergie, étrangers à toute peur au combat, infatigablement soulevés par la passion de vaincre.

Sans conteste possible, Mangin est, sur ce sanglant échiquier, le plus remarquable entraîneur d'hommes qui pût jamais se trouver. On chercherait difficilement son égal.

La France aura salué tout au long de cette guerre une belle génération de grands chefs.

Le général de Castelnau (Édouard de Curières de Castelnau, fils de Saint-Affrique) n'est pas seulement admiré pour ses qualités de stratège, illustrées en 14 à la tête de la IIᵉ armée en Lorraine. Il n'est pas moins populaire pour son libéralisme. Car ce « produit de la jésuitière », connu pour ses convictions monarchistes qu'il ne cache pas, ne se soucie ni de la confession ni des opinions politiques des officiers appelés auprès de lui. Et il est impossible de ne pas noter dans son entourage immédiat, que son chef de cabinet, le commandant Camus, a des attaches avec la franc-maçonnerie, tandis que le capitaine de Barry, un pur huguenot, y fait excellent attelage avec le révérend père de Castelnau, secrétaire de son oncle et, comme on dit non sans une pointe d'ironie, son « chapelain ».

Le général Henri-Eugène Gouraud, le héros qui captura Samory au Soudan et qui, après avoir commandé les forces françaises d'Orient, commande la IVe armée en Champagne, réunit de telles qualités, comme homme de caractère et comme organisateur, que Briand pense à lui pour remplacer éventuellement Lyautey au Maroc, si Lyautey est promu ministre de la Guerre ou général en chef.

Le général Lyautey, fils de Nancy, ancien combattant au Tonkin et à Madagascar, commissaire résident général au Maroc depuis quatre ans, n'est pas seulement un personnage d'un caractère granitique : il déploie là-bas une effrayante puissance d'action, avec une passion d'amant ; il marque totalement de son génie le royaume chérifien, où il a eu soin d'installer, avec Sa Majesté Moulay Youssef, un sultan d'une intelligence pénétrante, foncièrement religieux, fier de ses ancêtres Alaouites, mais essentiellement grand ami de la France.

A notre date cependant, l'officier le plus populaire, et de loin, l'idole des poilus, est incontestablement le général Philippe Pétain, qui reste par-dessus tout le véritable général Verdun. Vous rencontrez un homme grand, la taille bien prise, qu'on devine coquet, mais d'une noblesse naturelle, qui marche le menton haut, le buste droit. Il présente un visage serein, marmoréen, éclairé de deux yeux d'un bleu faïence que traverse volontiers une lueur d'humour. Il adore raconter des histoires de corps de garde. Quand il ôte le képi, porté haut sur le front à l'inverse de Joffre qui enfonce le sien jusque sur les yeux, vous découvrez une chevelure clairsemée et grise, presque blanche. Il arbore une épaisse, longue et blanche moustache, où à peine quelques poils rappellent sa blondeur perdue. A l'évidence, voici un grand calme, à la voix aussi lente que nette.

Signe particulier : il ne porte ni bottes ni molletières, mais des jambières, qui doivent tenir chaud sans trop serrer, des bas de laine à la manière des cyclistes, sauf que les bandes obliques imitent la bande molletière enroulée. Autre signe particulier : ce célibataire a une réputation solidement établie de grand consommateur de femmes. De fait, il est éperdument amoureux d'une seule, Eugénie Hardon, Annie ou Ninie pour les intimes, une femme du monde de trente-huit ans, qu'il songea naguère à épouser, et qui, mariée à un autre, vient de divorcer. Il fut trouvé trop pauvre par la famille Hardon, de la grande bourgeoisie. Elle se maria en 1903 avec le docteur François de Herain dont elle eut un fils ; lui multiplia les aventures. (Il aime dire : « Je n'aurai eu dans ma vie que deux passions, l'amour et l'infanterie. ») Mais il l'a revue, en 1913, une fois séparée de son mari. L'amour, d'abord platonique, a pu enfin se donner libre cours. C'est sans doute avec elle qu'il était, dans la nuit du 24 au 25 février, à Paris, dans une chambre de l'hôtel Terminus de la gare du Nord, alors que son chef de cabinet, Bernard Serrigny, le recherchait de tous côtés fébrilement, pour lui apprendre de la part de Joffre qu'il était nommé à la tête des troupes de Verdun. Serrigny quitta le QG de Noailles dans la soirée du 24. Il ne réussit à localiser le général qu'à trois heures du matin. Il dut commencer par bousculer l'hôtelière du Terminus, pour arriver à obtenir le numéro de la chambre. Devant la porte, Serrigny reconnut aussitôt les bottines jaunes de Pétain, tenant joliment compagnie à une petite paire de souliers « Molière ». Pétain vint ouvrir, on devine dans quelle tenue. « En quelques minutes, raconte Serrigny, le général fut au courant de la situation et décida que je coucherais également à l'hôtel (mais seul) et que nous partirions ensemble pour Chantilly à sept heures du matin. D'après ce qui me fut raconté le lendemain, la jeune femme qui partageait son lit, cette nuit-là, en apprenant la lourde tâche qui allait incomber à son amant, fut prise d'une véritable crise de larmes, avant de se montrer singulièrement tendre et passionnée, si bien que le souvenir de cette nuit hante désormais le général. »

Non seulement il est amoureux, mais il est jaloux, comme elle du reste, qui serait capable d'arracher les yeux à Mlle de Baye, vingt-quatre ans, en charge des formations sanitaires auprès du général, lequel n'y serait pas toujours resté insensible. Du coup, Eugénie s'est installée dans un hôtel de Châlons, où Pétain peut plus facilement la rejoindre. Il ne lui en écrit pas moins presque tous les jours des lettres passionnées : « C'est toi seule que j'adore, Ninie ma bien-aimée.. Tu me demandes si la guerre m'a changé... Mais, ma chérie, je ne tiens à rien les honneurs qui pleuvent sur moi. Qu'est-ce que cela en comparaison du bonheur d'être aimé de toi. Ceux qui m'entourent ne se doutent pas un seul instant du peu de cas que je fais de tout le bruit et de toute la réclame qui se font autour de mon nom... Mon rêve, après la guerre, serait de faire un profond salut à toute la galerie et de me retirer avec toi dans un coin ignoré... Pour toi, j'abandonnerai tout ce qu'il faut. Ton amour suffira à mon bonheur... »

Il est modestement né, le 24 avril 1856, dans une petite ferme de Cauchy-la-Tour, Pas-de-Calais, qui ne cultivait que dix hectares et n'avait que deux chevaux à l'écurie. Il perdit sa mère dès ses dix-sept mois. Son père s'étant remarié, en disgrâce auprès de sa belle-mère, il fut trop heureux d'être recueilli au foyer du frère de la morte, son parrain, l'abbé Legrand, curé de Bonny.

Première rencontre avec l'Histoire : chez le parrain, le soir, au coin du feu, les récits d'un autre oncle, l'abbé Philippe Lefebvre, quatre-vingt-treize ans, soldat de l'an II avant de servir en Italie sous Bonaparte.

A onze ans, il était mis en pension à Saint-Omer, chez les dominicains. Régime draconien : lever à 6 heures l'été, à 6 heures 30 l'hiver ; aucun confort, même pas d'eau chaude pour la toilette. Études sans éclat. Il entrait à Saint-Cyr, à vingt-deux ans, 403e sur 412. Même cycle de fer : lever à 5 heures, été comme hiver, astiquage, huit minutes de lavoir à l'eau froide, astiquage, étude, cours, astiquage et exercice. Peu de progrès : il en sortait 229e sur 386.

Il était affecté au 24e chasseurs (d'où la démarche cambrée) en garnison à Villefranche-sur-Mer, mais en détachement à Menton. Il était breveté de l'École de guerre avec une appréciation singulièrement élogieuse du commandant de l'École, le général Bonnal : « Capitaine remarquable, aussi bien comme officier d'état-major que comme officier de troupe. Réunit les qualités de vigueur, de coup d'œil, de décision et d'intelligence dans la juste proportion désirable chez un futur grand chef. Sujet d'élite. » Comme quoi le jeune homme a dû trouver enfin la plénitude de l'épanouissement. A se demander comment ce sujet d'élite n'aura été promu capitaine qu'à l'ancienneté, et sera resté vingt ans dans les grades subalternes, en particulier près de huit ans chef de bataillon.

Le 1er août 1914, la mobilisation le trouvait obscur colonel de cinquante-huit ans, réduit au seul espoir d'obtenir les étoiles de général de brigade du cadre de réserve.

Jusque-là, il n'aura donc connu qu'une carrière normale, sans accrocs, sans prouesses, de garnison en garnison et toujours dans la métropole. Un seul fait notoire: en 1911, chargé d'un cours d'infanterie à l'École supérieure de guerre, il professe la primauté du feu sur « l'arme froide »; cela lui vaut une polémique avec des officiers, qui, eux, ont la religion de la baïonnette: « Au combat à la baïonnette, tous les coups portent. Il est bien loin d'en être de même avec la mousqueterie. » Il est vrai que d'autres préfèrent même le sabre, tel ce commandant écrivant en 1912: « plus docile que l'épieu, plus maniable que la francisque, c'est l'arme blanche accomplie, l'arme type qui pique et qui mord — pointant et tranchant — besognant d'estoc et de taille, ouvrant de belles blessures, larges et loyales. »

C'est seulement dans la guerre qu'il se sera pleinement révélé. Dès les premiers jours, à la bataille de Guise, sous le képi de colonel, il faisait merveille à la tête de sa brigade, par son sang-froid, l'énergie avec laquelle il tenait ses hommes en main et l'efficacité qu'il obtenait de son artillerie.

Dès le 27 août, il était promu général. Le 1er septembre, on le prenait en automobile pour le conduire à Fismes, où il avait à commander une division, la 6e d'infanterie. Première citation: « A par son exemple, sa ténacité, son calme au feu, sa constante intervention dans les moments difficiles, obtenu de sa division durant quatorze jours consécutifs, à la bataille de Reims, un magnifique effort, résistant à des attaques répétées de jour et de nuit, et, le quatorzième jour, malgré les pertes subies, repoussant victorieusement une attaque de l'ennemi. »

Le 6, la bataille de la Marne s'engageait: il y démontrait encore les mêmes qualités, quoique en toute occasion circonspect, économe de la vie de ses hommes, fort de son perpétuel principe selon lequel « c'est l'artillerie qui conquiert et l'infanterie qui occupe ».

Ainsi, de promotion en promotion, de mérite en mérite, se voyait-il confier, le 25 février, la défense en chef de Verdun. A peine nommé, après un rapide inventaire de son corps de bataille, flanqué de son fidèle chef d'état-major Barescut, il reconstituait divisions et brigades, restaurait le front tout délabré, prenait solidement en main les rênes, instaurant des « groupements de commandement », donnait aux forts la prééminence dans la défensive — « Ils formeront, ordonna-t-il l'ossature de la résistance dont il seront les môles principaux » — créait à un rythme soutenu places d'armes, dépôts et cantonnements, traçait d'indispensables voies d'accès.

Plus encore, il « empoignait » le problème de l'artillerie. Première question rituelle posée à ses généraux : « Où en êtes-vous de vos batteries ? » Des canons, des canons, telle était d'emblée sa préoccupation essentielle. Précisément, à obtenir des canons comme à réaliser ses plans, il mettait un exceptionnel esprit rationnel, une étonnante persévérance et une volonté à laquelle on ne résistait pas. Joffre lui-même devait caler devant son insistance.

Ainsi s'est formée sa légende d'homme froid, méthodique et précis, serein au milieu des pires ouragans, économe de vies humaines, catalogué comme le meilleur ami du soldat, dont il sait partager la simplicité et le langage. Il faut préciser qu'entre février et aujourd'hui, on estime avoir perdu sur Verdun seul deux mille officiers et soixante mille hommes tués, cinq mille officiers et quelque deux cent mille hommes blessés, deux mille officiers et quelque cent mille hommes disparus, au total près d'un demi-million d'hommes mis hors de combat.

Un mot qui court sur le front et dans les états-majors : « Quand il arrive quelque part, la pagaille cesse. » Un autre : « Ce n'est pas un boucher. »

Pour autant, il peut démontrer une résolution de fer. Tous nos poilus connaissent par cœur son fameux ordre du jour du 9 avril, alors que les Allemands attaquaient en masse sur les deux rives de la Meuse, avec cinq divisions rien que sur la rive gauche, et que Joffre lui-même, pour une fois, paraissait inquiet :

« Le 9 avril est une journée glorieuse pour nos armes. Les assauts furieux des soldats du Kronprinz ont été partout brisés. Fantassins, artilleurs, sapeurs, aviateurs de la IIe armée ont rivalisé d'héroïsme. Honneur à tous ! Les Allemands attaqueront sans doute encore. Que chacun travaille et veille pour obtenir le même succès qu'hier. Courage, on les aura ! »

Mais, avant tout, c'est à son intelligence que l'on rend hommage. Tout au long de son commandement direct à Verdun, il ne fait préparer et exécuter que les offensives ou contre-offensives qu'il croit possibles. C'est pourquoi il ne cesse de réclamer des moyens toujours plus importants, jusqu'à exaspérer par ses demandes entêtées l'entourage de Joffre. Il prend le risque de passer pour pusillanime. On va même lui reprocher d'être trop humain, voire trop faible, de se montrer vulnérable, par exemple quand il se met à évoquer le contraste hallucinant entre les jeunes hommes montant pour la première fois au front, « cahotés dans leurs inconfortables camions ou fléchissant sous le poids de leur appareil de combat quand ils marchent à pied », s'excitant à paraître indifférents à force de chants et de galéjades, et ces mêmes jeunes hommes au retour d'heures infernales, « regard insaisissable comme figé dans une vision d'épouvante... fléchissant sous le poids de souvenirs horrifiants ». Il raconte, saisi, qu'ils répondent à peine quand il les interroge. « Dans leur sens troublés, la voix goguenarde de vieux poilus n'éveille aucun écho... »

Pour autant, il n'en démord pas et continue d'exiger canons sur canons. Ainsi, durant des semaines cruciales, aura-t-il su faire échec aux Allemands pourtant supérieurs tant par le nombre que par la puissance de feu, et bénéficiant de plus d'une position qui leur permettait de déployer leur artillerie lourde, tout en possédant de meilleures communications par rail comme par route. Lui n'avait à sa disposition que la route de Bar-le-Duc à Verdun et une voie ferrée minable. Il ne pouvait songer à réduire la pression qui pesait sur la ville par une quelconque stratégie de diversion, puisque l'offensive sur la Somme était prévue pour juillet. Justement, il réussit ce qu'il fallait : tenir. Il organisait de main de maître les cent trente-cinq kilomètres de la Voie Sacrée. Au début, comme il n'y avait que des moyens de fortune, les territoriaux postés le long des bas-côtés avec des pelles jetaient sur la chaussée les cailloux calcaires que l'on trouvait juste au-dessous à la surface des champs voisins. Et, comme il n'y avait pas encore de rouleaux compresseurs pour aplanir, le passage des véhicules allait s'en charger. Il ouvrait routes et pistes, de la Chapelle-Sainte-Fine au faubourg Pavé, du ravin du Pas-de-Gravier à la région de Thiaumont. Il y acheminait batterie sur batterie. Il obtenait même deux 400 et en arrivait à renverser des forces d'artillerie, comme des forces d'aviation. Il n'y a pas d'autre explication à sa réussite : un grand ingénieur au boulot.

Il existe même déjà une légende Pétain, un mythe Pétain. *Le Petit Journal* va jusqu'à informer ses lecteurs que l'idole saute à la corde tous les matins avant de faire sa toilette et choisit ses officiers d'état-major parmi les coureurs cyclistes et les champions de course à pied.

A Souilly, il sait s'entourer, à déjeuner, des gens importants, qui lui feront écho: des députés, des sénateurs, des journalistes, de grands écrivains comme Maurice Barrès ou Henry Bordeaux, d'importantes personnalités comme le prince de Galles et Lord Northcliffe (Alfred Harmsworth), directeur du *Times* de Londres. Tous sont frappés du côté spartiate des lieux, murs blancs de plâtre, chaises de paille, table de bois noircie. Lui, n'oublie jamais de leur dire qu'il n'est pas « un mangeur d'hommes ».

Du coup, chacun y va de son compliment enthousiaste. Barrès: « Un grand chef. » Bordeaux: « A l'assurance de l'homme qui pèse, juge et décide... Force l'obéissance sans un mot... Est créé et mis au monde pour le commandement... » Abel Ferry: « Franc et net dans la discussion... sans ce côté fonctionnaire par lequel trop de militaires rivalisent avec trop de magistrats... » Lord Northcliffe: « Un homme qui sait ce qu'il veut, et le fait. » Adalbert de Chambrun: « Dès la première seconde, on lui fait confiance. »

Joseph Reinach, ancien grand défenseur du capitaine Dreyfus et auteur d'une *Histoire de l'Affaire Dreyfus*, en sept volumes, devenu un spécialiste des affaires militaires dira: « Pétain? Un homme. » Seul à être mal reçu, Pierre Loti qui se présente tout pommadé, tout parfumé, voluptueusement sanglé dans un uniforme bleu horizon de grand faiseur: Pétain ne dissimule pas son antipathie pour ce « petit vieux prétentieux et peint » et grogne qu'il n'a pas besoin de marins, « même de celui-là », pour défendre Verdun.

D'ailleurs, la légende est si grande que Joffre, fin avril, en nommant Nivelle, n'a pu écarter totalement Pétain. Le coup aurait été trop dur pour les soldats. Et Pétain ne manque pas, en toute occasion, même sans responsabilité directe, de continuer à donner son avis — par exemple le 18 juillet, après l'échec sanglant de Mangin face à Douaumont, quand il fait savoir à ses généraux que les attaques importantes sur le front de Verdun seront désormais décidées et organisées par lui-même, en tant que commandant du groupe d'armées du Centre.

Chapitre XII

Dix heures - La Voie Sacrée

Officiers, sous-officiers, soldats, il y a près de huit mois que l'ennemi exécré, le Boche, voulut étonner le monde par un coup de tonnerre en s'emparant de Verdun. L'héroïsme des « poilus » de France lui a barré la route et a anéanti ses meilleures troupes.

Grâce aux défenseurs de Verdun, la Russie a pu infliger à l'ennemi une sanglante défaite et lui capturer près de quarante mille prisonniers.

Grâce aux défenseurs de Verdun, l'Angleterre et la France le battent chaque jour sur la Somme, où elles lui ont déjà fait près de soixante mille prisonniers.

Grâce aux défenseurs de Verdun, l'armée de Salonique, celle des Balkans battent les Bulgares et les Turcs.

Le Boche tremble maintenant devant nos canons et nos baïonnettes, il sent que l'heure du châtiment est proche pour lui. A nos divisions revient l'honneur insigne de lui porter un coup retentissant qui montrera au monde la déchéance de l'armée allemande. Nous allons lui arracher un lambeau de cette terre où tant de nos héros dorment dans leur linceul de gloire.

A notre gauche combattra une division, déjà illustre, composée de zouaves, de marsouins, de Marocains et d'Algériens ; on s'y dispute l'honneur de reprendre le fort de Douaumont. Que ces fiers camarades sachent bien qu'ils peuvent compter sur nous pour les soutenir, leur ouvrir la porte et partager leur gloire !

Officiers, sous-officiers, soldats, vous saurez accrocher la croix de guerre à vos drapeaux et à vos fanions ; du premier coup vous hausserez votre renommée au rang de celle de nos régi-

ments et de nos bataillons les plus fameux. La Patrie vous bénira.

Tel est l'ordre du jour que vient de signer et de faire connaître le général Passaga, un homme qui aime en découdre, même s'il est connu pour se montrer attentif au bien-être et à la sauvegarde des troupes qui lui sont confiées.

Le moral y est donc. On peut être sûr que chaque assaillant donnera le meilleur de lui-même. Avec des chefs d'une telle trempe, ça suit. Ça va donc suivre une nouvelle fois.

Dans le même instant, un porteur — entre cent autres — court à travers les tranchées. On lui a dit, à l'état-major : « Tu pourras aller en auto jusqu'à un premier poste de coureurs. Un des hommes te conduira par les boyaux au deuxième poste ; il te repassera à un camarade, et celui-ci à un troisième ; ainsi, de relais en relais, tu gagneras le poste de commandement de la brigade. »

Il part, donc, avec son premier guide. Après avoir gravi une pente, assez raide et glissante, criblée de trous d'obus, il peut, s'il se retourne, contempler tout le paysage de Verdun. Saisissant : sous son regard, la Meuse coule lentement, innocent ruban argenté ; brillant dans le tableau gris, un hangar de dirigeable, colossal, le toit troué, étale sa carcasse imposante ; plus loin, émergent les deux tours carrées de la cathédrale.

C'est aussi exactement le moment où, au fort de Douaumont, Prollius consulte pour la centième fois sa montre. Il est au désespoir. Le plus large délai qu'il s'était donné est dépassé. Ou bien les deux estafettes envoyées se sont fait tuer, ou bien le haut commandement tient le fort pour irrémédiablement perdu. De toute manière, tel est le verdict : il reste totalement isolé. En vain a-t-il fait aussi demander aux troupes du ravin Brûlé de l'appuyer. Elles non plus n'ont pas répondu — à se demander si ledit ravin ne serait pas sous contrôle français. « Quel dommage ! dit-il à ses deux adjoints. Je suis parfaitement conscient qu'avec des équipes conséquentes de mitrailleurs, d'observateurs et de sapeurs, et avec des réserves minima en munitions, eau et vivres, je pourrais organiser une défense tout à fait sérieuse... » Il n'a plus qu'une dernière chose à faire : envoyer, à Dieu vat, un dernier message... Dans lequel il réitère sa demande de renforts...

Côté français, notre porteur, lui, a déjà repris sa marche, avec son compagnon. Ils traversent la voie ferrée et s'engagent dans un large boyau, qu'ils suivent à la course. Ils ne ralentissent même pas pour converser avec un groupe de blessés légers, zouaves et tirailleurs, tout couverts d'une carapace de boue, qui se contentent de saluer d'un geste.

Au second poste de coureurs — une excavation dans la paroi d'une tranchée — le porteur change de guide. On reprend la route, du même pas, sauf à noter que le premier compagnon était un titi parigot de la facture la plus gaie et que ce second est le type parfait du gars du Midi, avec « l'assent », de Gruissan-Tournebelle dans l'Aude à ce qu'il dit, et que lui, à l'inverse de l'autre, conseille de marcher plutôt à découvert, pour éviter d'avancer dans la boue gluante du boyau.

Ils traversent un paysage hallucinant, qui témoigne des combats les plus acharnés. Le sol est un chaos. D'innombrables débris jonchent une terre criblée de trous. Les bosquets ont été hachés. De longs sillons jaunes se dessinent comme des sales varices sur cette chair de cendre. Seuls passants rencontrés, de nouveaux blessés, clopinant appuyés sur des bâtons ou des fusils. Le ciel est bas. On ne s'arrête même pas pour aider un tirailleur qui transporte sur son dos vers l'arrière un camarade blessé et qui semble n'avoir plus de souffle. La consigne est impérieuse: faire vite.

Les deux messagers se hâtent d'un pli de terrain à l'autre. Ils sentent désormais que le champ de bataille est proche. Partout, des caissons disloqués, des ossements, des fusils cassés, des voitures de ravitaillement abandonnées roues en l'air, des cadavres de chevaux aux pattes raides et au ventre gonflé. A peine auront-ils eu un regard pour une vingtaine de prisonniers, confiés à la garde de deux fantassins. Il leur arrive même de croiser des Allemands égarés, sans armes ni escorte, qui demandent poliment la route. « *Nach Verdoune?* » On leur indique la direction et les errants s'éloignent, à la recherche d'un poste de garde.

On distingue nettement les 75 qui déchirent l'air sur fond de roulement continu de la canonnade.

— Nous approchons, dit l'un d'eux.

Toutefois, les premiers obus s'abattant sur une route que les deux hommes sont en train de traverser, force leur est de reprendre le chemin des boyaux. Et le deuxième guide de confier le porteur à un troisième, un Normand. Et le troisième guide d'amener le messager jusqu'au poste du général commandant la division. Et de devoir se coucher à plusieurs reprises, à même la boue, au passage de gros obus qui, explosant non loin de là, soulèvent d'énormes gerbes de terre et de fumée noire.

Voilà le poste de commandement. Autant imaginer une ruche grouillante : des soldats s'activent de toutes parts ; les trous d'obus peuvent figurer les alvéoles ; les boyaux dessinent les cloisonnements.

On demande à un poilu comment passer. Il montre une planchette de bois blanc clouée sur une porte basse et qui désigne la cagna des officiers. Deux étages à descendre. Un poste télégraphique. Une sorte de tranchée éclairée de bougies en file indienne. Une petite porte avec un loquet de bois. Un colonel est dans l'antre. Le porteur serre aussi la main de deux capitaines et de trois lieutenants. Il sort de sa sacoche le plan d'état-major qu'il est chargé de remettre.

— Chemin pas trop dangereux ? demande machinalement le colonel.

Il ne doit même pas entendre la réponse, déjà penché sur la carte, avec un capitaine. Il manie une loupe et un crayon et couche quelques notes sur un feuillet détaché d'un calepin.

— Mais d'abord, la croûte, dit-il tout à coup.

La table est du reste déjà mise, avec des gamelles. Un torchon sert de nappe. Des bougies brûlent sur des chandeliers de fortune en bois plus ou moins grossièrement façonnés. Une partie de la table reste d'ailleurs couverte de cartes et de plans. Menu : thon, pommes à l'huile, boudin blanc.

Assez agréable, la scène, si n'étaient ces coups de téléphone répétés...

— Le général, mon colonel ! appelle le planton.

— Le commandant, mon colonel !

— La première ligne, mon colonel !

Puis un planton surgit, autre statue de boue, le visage tout ensanglanté, tendant une enveloppe elle-même maculée de limon et de sang :

— Excuses, mon colonel, un gros obus... Je me suis retrouvé enterré...

Une veine: le médecin-major vient d'entrer et peut faire aussitôt un pansement sommaire. Le repas n'en continue pas moins. Dessert: confiture d'abricots.

Et deux officiers prisonniers qui passent. Et deux sergents en mal de consignes. Et un tout jeune aspirant qui veut des ordres. Le colonel demande au coureur:

— Mon meilleur planton est blessé. Si je vous demandais de porter ce plan et ces notes en première ligne, auprès de l'officier que je vais vous indiquer, accompagné par un caporal qui connaît bien son chemin?

— A vos ordres, mon colonel!

Chargé du précieux envoi, le coureur, déjà, sur les pas du caporal-guide, court le long des boyaux, sous la mitraille... Eux aussi, les coureurs, remplissent d'importants devoirs. On ne dira jamais assez tout ce que des généraux comme Passaga doivent à des messagers comme celui-ci...

Autre exemple de coureur vaillant: ce gars du Nord qui arrive épuisé au PC où il porte un message. « Nous le faisons asseoir, raconte un témoin. Le commandant lui donne à avaler une goutte de rhum. Il revient à lui et prend dans sa cartouchière un bout de papier sur lequel le commandant de la CGI a griffonné en hâte quelques renseignements... La grand-garde demande un ordre... que le coureur paraît incapable de porter... On appelle un agent de liaison. "Non, répond l'homme du Nord, c'est moi qui faut que je m'en revô!" Il prend le papier et s'enfuit... »

Certains se montreront d'une vaillance de légende, tels le sergent Cazal, du 408e RI qui, pour porter sa dépêche, quoique blessé, traverse les lignes allemandes, ou Fernand, du 130e RI (régiment de la Mayenne), tué en août en plein combat, non sans avoir eu la suprême force de transmettre son pli.

Cependant, il n'y a point que les coureurs à affronter, au service des biffins et des généraux comme Passaga, les risques les plus grands — ou à prendre leur part d'héroïsme. Il y a les hommes du génie qui préparent le « parallèle de départ », sous une pluie de marmites; les « hommes-soupes » qui bravent les pires dangers pour porter rata, viande, pain, vin, chocolat, conserves aux cagnas de première ligne;

les conducteurs d'artillerie qui, sous le bombardement, doivent demeurer près de leurs attelages, maîtriser leurs bêtes, dominer leur propre peur ; les muletiers et les âniers, conducteurs de petits ânes d'Afrique désormais plus exposés encore que les chevaux, qui, à travers les boyaux des secteurs les plus incendiés ou pilonnés, sur leur bât, acheminent armes, outils, munitions. Eux aussi sont « de Verdun » à pleine intensité.

Il y a les téléphonistes, réparant des lignes parfois coupées cinq à six fois par jour, bondissant de trou d'obus en trou d'obus, avec leur rouleau de fils et cet appareil qui sert à repérer les cassures, usant à l'occasion de baïonnettes comme piquets de terre.

Il y a les agents de la TSF (télégraphie sans fil) et de la TPS (télégraphie par le sol), installant au cœur même du danger des antennes, infiniment précieuses quand toutes les liaisons téléphoniques sont coupées, quand le brouillard ou la fumée des torpilles masque les faisceaux lumineux des projecteurs ou des fusées de signalisation, ou quand ce serait folie totale de faire sortir les coureurs. Alors c'est la « Sans Fil » ou la nouvelle et mystérieuse TPS qui, par ses fluides, doit parer à tout, relier la première ligne, transmettre les appels. Et ce n'est pas facile, de monter cette fameuse TPS comme le montre Georges Cuvier, du 162e RI : « Dans deux excavations, distantes chacune de cinquante mètres du poste, en des points repérés à la boussole, on enfouit tous les débris de ferraille que l'on trouve ; on les relie par des fils de cuivre nu à des piquets dits "bases de terre". On pose aussi la prise de terre de la TSF, long filet aux mailles de cuivre très serrées. On prépare minutieusement l'entrée du fil d'antenne pour qu'aucune perte à terre ne se produise, amoindrissant la puissance des émissions et accentuant les parasites à la réception... Des essais souvent périlleux sont tentés avec les correspondants, par exemple, pour la TPS, des bataillons de ligne, pour la TSF, le groupe d'artillerie qui déclenche les tirs du secteur... Pour améliorer le rendement, il faut aller, parfois, dans les pires conditions, arroser les prises de terre. » (Pour vous donner une idée, c'est au terrible ravin de l'Hermitage qu'il faut aller chercher les bidons d'eau nécessaires.) Ainsi passe en tout cas un message qui ne sera pas de sitôt oublié, le message de détresse des trois O — trois traits répétés, ta ta ta... ta ta ta... ta ta ta... — SOS des poilus en difficultés.

Il y a les gars des postes d'écoute. C'est Pierre Andrieu qui nous en parle d'après les témoignages du maréchal des logis Henri Morin. D'ailleurs, surtout ne pas confondre le « petit poste », appelé à tort « poste d'écoute », constitué par un boyau perpendiculaire à la tranchée de première ligne, à l'extrémité duquel se trouvent, principalement la nuit, un ou plusieurs guetteurs de surveillance, avec ces « postes d'écoute téléphoniques » créés début 1915. Au demeurant, les postes téléphoniques de campagne se composent d'appareils reliés entre eux par un seul fil, le second fil étant remplacé par la terre elle-même, très bonne conductrice d'ondes. A proximité de chaque appareil à espionner, on place une « prise de terre » et le tour est joué. « Pour entendre converser les Allemands, écrit Pierre Andrieu, il suffit alors de placer, le plus près possible de leur première ligne, des prises de terre à une certaine distance l'une de l'autre et de brancher l'extrémité venant de ces prises sur deux bornes d'un casque écouteur où un homme connaissant parfaitement la langue de Goethe peut recueillir des renseignements de la plus haute importance. »

Encore faut-il installer, au plus près de la première ligne allemande, ces diaboliques prises de terre. Encore faut-il, en première ligne française, l'héroïsme des camarades enfermés plusieurs jours dans des abris souterrains plus ou moins consolidés, « se relayant pour coiffer le casque, l'oreille toujours tendue, la main sur le bloc-notes pour transcrire le mot à mot de toutes les conversations entendues, même les phrases les plus banales paraissant au premier abord dénuées de tout intérêt », notant scrupuleusement toutes les rectifications de tir, toutes les commandes de matériel, tous les noms de gradés, tous les ordres et intentions de l'ennemi sur place. Pour quelques communications qui, parfois, font bien rigoler la cagna — tel Hermann de Hanovre qui, aujourd'hui, sous les bombes de l'artillerie française, dans un entretien avec un cousin dans une position voisine, se désespère de la trahison de sa femme, qui le trompe avec un boucher réformé, ou tel Johann de Wilheimschafen qui révèle que les fayots allemands sont devenus immangeables — , on surprend le plus souvent des conversations qui, une fois transmises, peuvent être efficacement exploitées. Ce matin même, toutes sortes de communications désordonnées, incomplètes, hachées, transmises par le poste de Mouilly, traduisent le mal que provoque notre artillerie sur les défenses allemandes...

Il y a les artilleurs qui servent tout près des premières lignes. Il y a les infirmiers et les brancardiers qui s'en vont chercher ou soigner en plein feu les blessés.

Si le biffin est incontestablement le plus grand héros de cette histoire, et si le vrai poilu est fantassin, on ne saurait oublier le rôle fantastique et dangereux tenu par ces milliers d'hommes qui, le soutenant ou l'alimentant, l'aident, comme dirait le général Passaga, à « servir la victoire ».

On ne saurait davantage oublier le rôle fondamental joué par ce que la France entière appelle la Voie Sacrée — selon le mot inventé par Maurice Barrès. Il s'agit de la route nationale de Bar-le-Duc à Verdun, par Souilly. La seule qui relie les combattants de Verdun à l'arrière et sans laquelle ce front serait vite étouffé.

Distance : soixante-quinze kilomètres. Transports hebdomadaires : cinquante mille tonnes de munitions et quatre-vingt-dix mille hommes. Un camion toutes les dix secondes. Équipages pour assurer les convois : onze mille cinq cents camions, avec trois mille officiers et huit mille cinq cents hommes. Étapes : une douzaine de villages, dont Naives, les Trois-Érize, Chamont-sur-Aire, Issoncourt, Heippes, Souilly, Lemmes. Type de route : des ondulations, sans pentes raides.

Première décision prise par Pétain : interdire la circulation des voitures à chevaux. (Qui sait, sans cette mesure, peut-être en serait-il déjà fait de Verdun !)

Deuxième décision : on ne double plus. Aucun véhicule aller ne peut rouler sur la ligne retour. Strictement interdit. Mais oui, nous aurons dû aussi à Pétain la première autoroute !

Il faut voir le tableau. Impressionnant, celui-là aussi.

Les camions ont de hautes bâches qui donnent trop de prise au vent, de petits moteurs aux ratés trop fréquents et des roues à bandage pleins et trop étroits qui tracent vite des ornières, comme les roues des chariots hippomobiles. On est secoué là-dedans « pire que des romanichels dans des roulottes sur des chemins de chèvres ». Il arrive aux chauffeurs de passer une, voire deux nuits entières sans dormir. Ils ont tous des yeux rouges qui larmoient. Sentent-ils leurs mains, enduites de vaseline par-dessus les engelures crevassées ? Le plus souvent, ils mangent à même leur volant. Quand ils dorment, c'est tout habillés, sur leur siège. Ils ne se déchaussent pas de huit jours. Ils ne sont pas moins harcelés de mouches et de poux que les fantassins des tranchées. De fréquentes pannes immobilisent les engins : alors, on se met à dix, vingt, trente, pour arriver à pousser sur le bas-côté de la route le camion qui rend l'âme. Pourtant, de Bar-le-Duc ou de la gare de Baudonvilliers à Verdun — on part aussi de Baudonvilliers pour éviter un engorgement total à Bar-le-Duc — on peut dire que le trafic, aller comme retour, n'a pas de trêve.

La route est dans un état épouvantable, criblée de fondrières, malgré le travail incessant des cantonniers, sans compter que, durant les mois d'hiver, elle est souvent verglacée, et que les bandages pleins tournent sans prise dans les flaques de boue. Mais elle a été élargie à sept mètres depuis plus d'un an. Pétain y fait régner une discipline draconienne. Les gendarmes ont les consignes les plus sévères pour la faire respecter. Tout véhicule en panne doit, s'il encombre, être au besoin balancé dans le fossé. Trente dépanneuses sont en service pour réparer ou ramener aux garages les éclopés. Ainsi ce qu'on appelle la « noria », a-t-elle un rythme ininterrompu, autant pour amener du matériel que des troupes fraîches et ramener les troupes relevées.

Dieu merci, les bombardements de nuit, à une telle distance du front, sont exceptionnels, et l'aviation de nuit n'existe pas : on peut rouler tous phares allumés. La double caravane dessine alors deux énormes chenilles lumineuses en marche perpétuelle.

Le petit chemin de fer, le « Meusien », d'un réseau à voie étroite, sert exclusivement au transport des vivres : 800 tonnes par jour grand maximum (on n'a entrepris qu'en avril un chemin de fer à écartement normal entre Sommeilles-Nettancourt et Dugny). C'est vraiment la route qui se charge à elle seule du reste, matériel, munitions et « matériel humain ».

A raison de six mille véhicules par vingt-quatre heures, camions, mais aussi voitures-ambulances, camionnettes du courrier, engins du génie, de l'artillerie, de l'aviation, autocanons, auto-projecteurs circulent d'une manière incessante.

On ne dira jamais assez la grandeur du travail accompli pour boucher les fondrières et les ornières sans trop handicaper le rythme du trafic, exploiter les carrières (à ouvrir, c'est un ordre strict, au plus près de la route). Consigne : « La réfection de la route ne s'arrêtera jamais. Elle durera, comme le trafic, vingt-quatre heures par jour, autant de jours que ce sera nécessaire. » C'est ce qui fera dire à Georges Blond, dans son beau livre sur *Verdun*, que « la première autoroute de l'histoire aura été également la première voie terrestre en état permanent et simultané de destruction et de reconstruction. »

A peine ouverte, elle est déjà cicatrice. Seize bataillons de travailleurs (huit mille deux cents hommes) y sont requis, qui auront jeté en dix mois quelques huit cent mille tonnes de pierres sur la route. Record mondial : les camions de la Voie Sacrée auront parcouru un million de kilomètres par semaine, vingt-cinq fois le tour de la terre.

Dieu merci encore ! Les chauffeurs sont de grands professionnels, des virtuoses — mais n'oublient pas, pour autant, de sourire. Témoins leurs portières illustrées de toutes sortes d'inscriptions et de dessins spirituels : le *Cygne*, l'*Anti-Fritz*, l'*Increvable*, la *Bête à Bon Dieu*, le *Coq*, *Ambulant*, l'*Alsacienne*, le *Zèbre*, l'*Astre*, l'*Optimiste*, *Au-lit-on-dort*, *Au-lit-on-baise*...

Et il faut rouler ou réparer par tous les temps — pluie, orage, gel, neige. Et il faut être des artistes pour se dégager des embouteillages de Verdun-ville. Et bougrement humains pour convoyer les grands blessés le plus souplement possible.

La Voie Sacrée aura vraiment, elle aussi, beaucoup servi la victoire.

Chapitre XIII

Le géant Allemagne

Il faut un géant pour tenir tête à la formidable coalition de l'Entente, où on voit s'allier la France, la Grande-Bretagne, la Russie, l'Italie, la Serbie, la Belgique, la Roumanie, le Portugal et le Japon, sans oublier les rudes tribus guerrières d'Arabie qui, à l'appel de Fayçal, roi du Hedjaz, mettent à mal les troupes de l'empire ottoman, imprudent allié de Berlin.

L'Allemagne est ce géant-là.

On peut même dire qu'elle en est aujourd'hui à se battre seule. L'empire ottoman paraît en pleine détresse. L'empire d'Autriche-Hongrie multiplie les défaillances, révèle les faiblesses les plus graves et incline de plus en plus à demander grâce. Le seul appui extérieur sérieux vient de l'allié bulgare qui démontre au feu d'exceptionnelles qualités.

Elle est « géant » à la fois économiquement et militairement. Quand la guerre a commencé, elle était le plus puissant pays industriel d'Europe. De 1890 à 1914, sa population augmentait de près de vingt millions d'habitants. Sa production de charbon passait de 26 millions de tonnes en 1870 à 260 en 1913. La production d'acier décuplait elle aussi. Les industries chimiques et électriques connaissaient une phénoménale progression. Un capitalisme jeune, dynamique, concentré, s'illustrait par des trusts et des cartels de dimension mondiale tels Krupp, Thyssen, Stinnes, Bayer, Badische Anilin.

Krupp appartient actuellement à Bertha Krupp, trente ans en 1916, fille de Friedrich Alfred, ainsi prénommée par ses parents par défi vis-à-vis d'Alfred Krupp, le père fondateur, qui les brimait et dont la femme s'appelait Bertha. Elle a pris la succession totale de l'entreprise en application du code successoral des Krupp, qui ne veulent pas voir démanteler l'affaire. Dès ses vingt ans, elle se découvrait à la tête de la plus grosse entreprise allemande et souveraine du plus grand empire industriel de ce début du siècle. Elle continue de régner sur des milliers d'ouvriers.

Imaginez une longue silhouette forte, surmontée d'une petite tête à visage osseux et à l'œil glacé. Autant retrouver chez sa petite-fille le redoutable Alfred Krupp : style oiseau de proie. On pense à un condor, perché sur sa montagne, à l'affût de tous imprudents. Elle est pourtant mariée. A Rome, elle rencontra un jeune fonctionnaire insignifiant, Gustav von Bohlen und Halbach, descendant d'artisans de la Ruhr et de commerçants de Philadelphie, et devant cette appellation ronflante à son père qui n'obtint d'ajouter une particule à son nom qu'en 1871 quand il servait comme chef de protocole auprès du grand-duc de Bade. Peu importa qu'il fût un simple employé sans éclat au ministère des Affaires étrangères de Prusse, qu'il eût seize ans de plus que l'héritière et qu'il mesurât une tête de moins qu'elle : tandis que Bertha promettait déjà de devenir une matrone imposante, s'alourdissant tous les ans un peu plus, lui avait beau cambrer le torse et le mollet, il disparaissait derrière elle. Il fixait l'image de la correction parfaite, si chère aux officiels et officiers prussiens. Il plut. Sans doute reconnut-elle un autre condor, en ce petit homme corseté, aux lèvres pincées en bec, à l'œil aigu, qui, sans cette inclination, eût été le très distingué aide de camp d'un général ou un morne attaché exemplaire de n'importe quelle ambassade.

On vit dans la villa Hügel, à Essen, la demeure familiale construite dans les années 1870. C'est une association de plusieurs palais. Autant découvrir un vaste Opéra victorien auquel ne manquerait même pas une gare d'époque. Le corps principal, à façade Renaissance, compte cent-soixante chambres. Une galerie de style néo-classique relie la bâtisse à une seconde habitation, dit la Petite Maison, laquelle, modeste, ne comprend que soixante pièces. Une particularité : le bois est interdit. Dès les premiers travaux, Alfred Krupp exigea qu'aucune pièce de bois ne fût employée dans la construction ni la décoration. Krupp, le maître de tant de forges et de hauts fourneaux qui illuminaient jour et nuit la vallée de la Ruhr de leurs flammes rouges et jaunes, était obsédé par la crainte de l'incendie. On en reste toujours là : une maison digne de l'affaire, ciment et acier.

Au demeurant, Gustav Krupp von Bohlen und Halbach (qui a obtenu de l'empereur le privilège de porter le nom de la firme) s'acquitte fort correctement de ses devoirs de prince consort. Sa personnalité, si fade soit-elle, aura même constitué un certain rempart contre toutes excentricités éventuelles de Krupp dégénérés. Son rôle effectif s'arrête là. Pour le reste, il est tout de même trop médiocre. Gustav Krupp von Bohlen und Halbach est si pingre qu'il veille à ce qu'il fasse très froid dans son bureau pour forcer les visiteurs à être brefs et ne pas le retenir à l'excès par des bavardages oiseux. Son valet de chambre et son chauffeur doivent lui rendre strictement compte tous les soirs de ce qu'ils ont dépensé dans la journée. Il est aussi dur et exigeant avec le petit personnel que jadis le seigneur avec ses serfs. Il traite littéralement ses cent vingt domestiques en prisonniers. Bertha est à l'unisson. Elle se dissimule de nuit non loin du quartier des domestiques, dans une cachette d'où elle peut les épier. De longues rangées de chambres cubiques s'alignent sur deux ailes séparées selon les sexes, communiquant entre elles par une passerelle de fer : Bertha Krupp fait renvoyer sur l'heure les serviteurs surpris « en contrebande » sur le passage. Elle garde personnellement l'unique trousseau de clés de la Villa. Elle tient à vérifier plusieurs fois par semaine, pièce par pièce, le linge et l'argenterie.

Les réunions familiales sont limitées à quinze minutes pour le déjeuner. Le maître des lieux ordonne d'enlever les plats dès qu'il en a terminé. Comme il dévore ses repas en un temps record, ni les invités, ni les enfants ne mangent à leur faim. Interdiction rigoureuse pour les enfants Krupp de parler à table, de rire bruyamment, d'exprimer le moindre enthousiasme ou la moindre protestation. Chaque enfant aura été surveillé par un policier secret, chargé de rapporter les moindres fautes commises.

Tel est le couple qui conduit la plus importante affaire de l'Allemagne en guerre et a la responsabilité des canons à fournir aux armées allemandes.

Prodige : malgré cette médiocre direction, l'esprit méthodique allemand est si puissant et efficace que l'affaire Krupp ne cesse de s'étendre et de se fortifier, jusqu'à être devenue un organisme autonome illimité. A notre date, elle compte 82 000 ouvriers, 9 aciéries, 181 marteaux pilons et 7 160 machines principales !

Curieusement, le géant Allemagne est au miroir de Krupp. Corps énorme d'une puissance et d'une efficacité inouïes, avec une tête, d'une consternante médiocrité. Ce grand peuple n'aura jamais eu dans l'histoire chancelier aussi limité en moyens personnels que Theobald von Bethmann-Hollweg, au pouvoir depuis 1909. Son prédécesseur, le prince Bernhard von Bülow, lorsqu'il quitta la Chancellerie, ne proposa ce terne fonctionnaire que pour mieux souligner par contraste ses propres talents. A la cour, on peut dire que « Bethmann est la vengeance de Bülow ». Il n'a pour lui que la conscience du devoir et l'esprit de discipline. Long, décharné, serré dans une redingote trop étroite dont les pans lui battent les maigres mollets, vrai chevalier à la triste figure, il est la quintessence du fonctionnaire prussien laborieux. Il manque totalement de chaleur, d'éclat, d'imagination, d'invention. « Un don Quichotte. » Il n'est capable que de petites ruses, de subtiles coquineries politiciennes. Son savoir-faire s'arrête là. Aucune connaissance de l'univers. Aucun sens des hommes ni des négociations. Il ne dirige rien et subit tout. Il est timide, mais semble hautain ou revêche et son apparence vient de ce qu'il est austère, lugubre et ennuyeux. Il est si mal informé qu'il a connu avec vingt-quatre heures de décalage l'ultimatum de l'Autriche à la Serbie qui fut à l'origine de cette guerre. Enfin, il restera à jamais l'homme qui a pu qualifier de « chiffons de papier » les traités de 1861 garantissant la neutralité belge.

L'empereur Guillaume II lui-même est le prototype du faux dur. Un « valeureux poltron », put l'appeler son oncle Édouard VII. Le « seigneur de la guerre », à cinquante-sept ans, continue d'afficher allure altière, fières moustaches en crocs, front haut, regard provoquant, torse bombé, bouche prompte à la moue du mépris. Non qu'il soit inintelligent. Comme le dira Emil Ludwig, « il a hérité du côté anglais plus d'intelligence et de talents qu'un Hohenzollern n'ait jamais possédé depuis plus d'un siècle ». De ses parents, il ne tient que des défauts — poseur et vaniteux comme Frédéric, entêté et ambitieux comme Victoria — (par laquelle il est le petit-fils de la grande Victoria d'Angleterre). Il aura été trop infatué de lui-même.

Il a pourtant des qualités : un certain sens des formules lapidaires, comme « le péril jaune » ou « le trident de Neptune nous appartient ». Il peut être avec son entourage d'une délicatesse charmante. Avec la munificence d'un calife qui a ses bontés, il adore distribuer cadeaux, titres, décorations. Il sut lutter avec succès pour faire abolir le duel. C'est avec une émotion sincère qu'il fait valoir qu'il a « six fils à la guerre », même si seuls Oscar et Joachim auront réellement combattu.

Mais cette déclaration elle-même finit par se retourner contre lui. Le Kronprinz, son fils aîné, ne commande qu'en titre face à Verdun, dans un fauteuil sans danger. Le Tout-Berlin connaît les frasques du prince Auguste-Guillaume, appelé « l'artiste de la famille », qui aura essentiellement servi dans l'intendance auprès du général von Nieber, directeur de l'inspection des étapes de la IIe armée, ou aux côtés du banquier de Cologne Deschmann, directeur du bureau financier; grand, nonchalant, trop parfumé, aux gestes harmonieux et élégamment lascifs, passant plus d'heures à la pâtisserie, chez la manucure ou dans les concerts d'orgue qu'à son bureau ; il prête trop facilement à être brocardé.

En vérité, l'empereur est bourré de complexes et atrocement velléitaire. Il souffre d'une lésion de l'oreille qui l'obsède. Depuis toujours, il est gêné par sa main gauche, atrophiée : il a de la peine à ouvrir une dépêche ; il doit la prendre dans la main droite, ensuite la placer, difficilement, entre les deux doigts de la main gauche, déchirer l'enveloppe de la main droite, et, toujours avec la main droite, la tirer, avant de la lire. Éduqué avec une excessive sévérité, estropié dès sa naissance, acharné à dissimuler son infirmité, ce dieu guerrier sait bien que, simple citoyen, il eût été déclaré inapte au service militaire: ses complexes éclatent en multiples manifestations de défis, des plus dérisoires aux plus graves. Il change de costume dix fois dans la journée. Il dispose d'au moins deux cents uniformes qu'entretient une escouade de douze valets. Il n'aime rien tant que parader et pérorer en public. Il est assez fat pour faire ériger un monument sur la clairière où il vient d'abattre sa cinquante-millième pièce de gibier, tout en étant assez rancunier pour interdire que soit dressé la moindre statue de Bismarck, qu'il ne disgrâcia que par la plus sotte jalousie. Un *Zickzackkurs*, dit-on dans son entourage. On l'aura vu se présenter au pape Léon XIII en uniforme rutilant de cuirassier, traînant le sabre. Il tient les philosophes, Fichte lui-même, pour inutiles. Il ne s'entoure que de flatteurs, de créatures faibles, d'hommes poupées, ainsi que d'homosexuels, tel le favori Eulenburg, qui lui racontent ces histoires lestes dont il est friand. Au fond, il est seul, dramatiquement seul. Un certain état de dépression commence même à se manifester, avec alternances d'exaltation frénétique et de crises de larmes. Le médecin de la cour, Leuthold, s'en inquiètera très tôt.

Ses travers de grand velléitaire sont évidents. Il n'avait que trente ans, en 1890, et déjà le chef d'état-major, le comte von Walderse, pouvait écrire : « L'empereur n'a encore d'opinion propre en aucun domaine et ne sait jamais au juste ce qu'il veut : il se laisse influencer trop facilement par des gens plus ou moins habiles et il fait des sauts stupéfiants de tous côtés. Une seule pensée détermine tous ses actes : l'intérêt de sa situation personnelle, le désir d'être populaire. Il faut y ajouter le souci de sa propre sécurité et une vanité grandissant à vue d'œil. J'ai considéré l'empereur Frédéric comme un souverain très vaniteux, qui prenait volontiers des poses théâtrales... Celui-ci peut être pire... »

L'état n'a fait que s'aggraver d'année en année. L'empereur aura même démontré une extraordinaire versatilité dans le choix de ses favoris et l'octroi de ses faveurs. Résultat : au début de la guerre, il a été jugé si changeant, volubile et nerveux qu'au bout de quelques jours l'état-major l'a écarté non seulement de toute responsabilité, mais de tout conseil : il n'est plus employé qu'à inaugurer des casernes.

Mais il n'en est pas accablé et reste fier de lui. Quoique « chargé de ne rien faire », il s'entoure pompeusement d'un vaste état-major, qui compte en particulier le chef d'état-major de l'armée, le chef d'état-major de la marine, le secrétaire d'État aux Colonies, le chef de son cabinet militaire, le gouverneur de la Belgique, le gouverneur de la Pologne et les ministres de la Guerre de Prusse, de Bavière, de Saxe et du Wurtemberg. Durant ses journées au Grand Quartier Général, il préside régulièrement des déjeuners de seize à vingt invités où, malgré les restrictions, il fait servir trois plats, avec vin blanc ou vin rouge.

Observez-le ce matin même tandis qu'à Berlin, où il passe cette journée, il se rend au palais de la Chancellerie. Bethmann-Hollweg doit lui faire un rapport sur la politique intérieure et étrangère de l'empire. Il ne paraît marqué ni par les ans ni par les épreuves. A peine grisonne-t-il. Il a peu perdu de sa superbe — sauf à penser qu'il sait dissimuler ses plus profondes angoisses. Seuls les gens de l'entourage savent que le flamboiement qui, pendant si longtemps, put le rendre intéressant, ne se manifeste plus que par intermittence.

Il est néanmoins évident que, pour lui, le fardeau est désormais trop lourd à porter. Mesurons tous les échecs qu'il a eu à connaître. En vingt-cinq ans de règne, la social-démocratie, qu'il a en horreur, est passée de moins d'un million à plus de quatre millions de voix, de 9 % à 35 % des votes. Il a vu la France se dégager de son isolement, où l'avait bloquée Bismarck. Il a vu se produire ce que le Chancelier de fer avait toujours su éviter: un accord anglo-russe, plus un traité franco-russe.

Il espéra créer en Asie mineure un empire colonial allemand. Le chemin de fer Berlin-Bagdad devait entraîner les plus grandioses conséquences politiques. Le drapeau vert du Prophète serait déployé dès le futur conflit mondial. La guerre sainte serait proclamée. L'Angleterre serait chassée de l'Inde et de l'Afrique par les peuples révoltés. Partout Berlin prendrait aisément la relève de Londres. Ainsi, par sa légèreté, l'Allemagne commit-elle l'imprudence de s'engager dans les Balkans et au Proche-Orient, dont Bismarck avait toujours su la tenir éloignée. Et le chemin de fer, qui n'aurait jamais été construit sans l'empereur, entraîna l'Allemagne au point le plus dangereux, celui où convergeaient les intérêts de deux des principaux protagonistes européens. Un défi insensé à Londres et à Saint-Pétersbourg.

Il poussa la folie jusqu'à forcer le sultan à autoriser aux Autrichiens la construction d'un chemin de fer à travers le Sandjak, afin de couper à la Serbie tout accès à la mer et de la séparer de ses frères slaves. Conséquence immédiate: les Russes, vieux ennemis de l'Autriche, cherchèrent de nouveaux alliés.

Il a perdu l'amitié du tsar, amitié qu'il disait vouloir chérir par-dessus tout. Il a préféré à tout allié l'Autriche, le plus gangréné des empires. Il écrivait dès 1908: « En ce qui concerne notre attitude dans toutes les questions balkaniques, les besoins, les intérêts et les désirs de l'empire d'Autriche-Hongrie viennent en premier lieu. » C'était se mettre sous dépendance morale et politique de Vienne, perdre un peu de son libre-arbitre. Incroyable: le puissant empire des Hohenzollern à la remorque du fragile empire des Habsbourg. C'était payer cher « les os des grenadiers poméraniens », comme aurait dit Bismarck.

Écoutant Tirpitz, il a voulu une grande flotte. Fatal conseil. L'empereur aurait dû suivre les conseils de son ambassadeur à Londres, Metternich, qui lui disait dès 1911: « Il existe dans notre marine une opinion que si nous faisons quelque progrès dans le développement de notre flotte, l'Angleterre se résignera à l'inévitable et que nous deviendrons ensuite les meilleurs amis du monde. Erreur terrible... La peur produira de tout autres fruits. Elle dressera l'Angleterre toute armée contre nous... Notre alternative est la suivante: ou limiter les armements ou déclarer la guerre. Or, pour cette dernière, nous manquons d'un but national... »

L'amiral Alfred von Tirpitz, Prussien de fer, soixante-sept ans, fils de Küstrin, ministre de la Marine depuis près de vingt ans, créateur de la flotte de haute mer et grand promoteur de la guerre sous-marine, est certainement un grand serviteur et peut même passer pour un grand homme. Autrement Bismarck ne lui aurait pas lâché si facilement les rênes. Mais le raisonnement de von Tirpitz aura été erroné de bout en bout. Il partit de l'axiome selon lequel l'Allemagne avait besoin d'une grande flotte pour permettre à ses diplomates de s'entendre avec la Grande-Bretagne. (Peu importe si l'argument était mensonge ou pas, dans son esprit.) Pour cette raison, il inventa deux formules: « flotte préventive » et « zone dangereuse ». Une telle flotte devait décourager l'Angleterre de risquer une guerre. L'Allemagne n'aurait qu'à traverser une période dangereuse de quelques années. Les Anglais s'irriteraient de constructions qui donneraient tout à redouter aux Allemands eux-mêmes. Passé ce cap, tout s'éclaircirait entre Londres et Berlin. Le Kaiser aurait une flotte que tout le monde respecterait. Raisonnement idiot: la puissance navale la plus forte ne pouvait concéder à la plus forte puissance terrestre une flotte de même force que la sienne. *Sans flotte*, l'Allemagne devait marcher *avec* l'Angleterre ; *avec une flotte*, elle devait inévitablement marcher *contre* l'Angleterre. Le seul raisonnement valable était celui de l'ambassadeur Metternich. L'empereur a préféré suivre la démonstration à risque. Il aura vu ainsi jusqu'à son pouvoir personnel s'anéantir. Durant près de trente ans, il aura pourtant habitué son peuple à la *regis voluntas*, à l'unique volonté du roi. Il aura exercé une autorité que n'auront jamais eue ni le tsar Nicolas, ni François-Joseph. Ludendorff pouvait déclarer au nom de l'armée : « Le Kaiser est chef suprême de l'armée. Le chef de l'État-Major de l'armée en campagne dirige les opérations lui-même selon le désir de Sa Majesté. Les décisions importantes ont besoin de l'approbation impériale ; le chef de l'État-Major n'a pas droit de commandement. »

Nous en sommes bien revenus. L'empereur, réduit à n'être qu'une ombre, doit voir aujourd'hui le haut commandement exercer une véritable dictature, sur l'armée comme sur le pays.

Dans la guerre elle-même, il aura multiplié les fautes. Au cours des mois les plus importants, qui devaient être décisifs, il a confié la conduite générale des opérations au général Helmuth von Moltke, qui n'avait d'autre vertu que le prestige de son nom, celui de son oncle le maréchal von Moltke, le vainqueur de Sadowa et de 1870.

Bismarck l'avait toujours prévenu contre le danger mortel d'une guerre sur deux fronts : il fait aujourd'hui la guerre sur au moins quatre fronts (ouest, Russie, Balkans et Italie). Passant facilement d'une résolution à son contraire, il a commencé par affaiblir son armée de l'est au profit de son armée de l'ouest, ce qui a abouti, à une heure décisive, à la rupture du front oriental enfoncé par les Russes ; puis il se laissa émouvoir par le gouverneur de la Prusse orientale qui venait implorer des secours au GQG, et préleva, au profit de l'est, sur le front de l'ouest, deux corps d'armée qui manquèrent brusquement pour l'offensive en France et créèrent un vide funeste dans le flanc de la IIe armée.

Il installa le GQG au Luxembourg, à plus de cent kilomètres des opérations principales, provoquant un manque de liaison catastrophique dans les journées capitales des 8 et

9 septembre. Le plus grave est que son choix du Luxembourg était dicté uniquement par des raisons de sécurité personnelle, par peur panique des bombardements aériens.

Puis il s'effondra. Les nerfs craquaient. En quelques semaines, il se révélait écrasé par sa charge. Dès août Moltke déplorait « un certain esprit de fanfaronnade que je hais mortellement ». Peu après, Tirpitz lui-même exprimait son mécontentement : « En vérité, l'empereur ne veut plus prendre aucune décision, ne porter aucune réelle responsabilité. » Quelques mois plus tard, Tirpitz, qui ne mâche par ses mots, ajoutait : « L'empereur devrait se faire porter malade pour huit semaines ou davantage... transmettre pour quelque temps son pouvoir, par exemple à Hindenburg... »

Nous en sommes là, avec un malade ultra-nerveux, qui balance entre la peur et l'arrogance. Il a fini par abdiquer ses vrais pouvoirs et pourtant, il est insuffisamment raisonnable pour se résoudre à une abdication totale. Sans la moindre aptitude militaire, et tout en étant en droit de disposer de l'armée la plus puissante du monde, il se contente de mener la vie énervée et turbulente de l'arrière. Il n'aura pas démontré une seule fois le courage de ses ancêtres. Couard sans honte, l'une de ses premières décisions de guerre aura été de se faire bâtir un abri ultra-protégé.

C'est comique de voir traiter d'Attila cet homme frivole. Il est devenu si peureux, si terrorisé qu'il ne veut plus entendre de mauvaises nouvelles. Ils se trompent beaucoup sur le personnage, les caricaturistes français et anglais qui le dessinent à satiété en « saigneur de la guerre », en uniforme épouvantable de « boucher Hohenzollern », en « Mal Absolu », sous cuirasse de Barberousse ou de Barbenoire, ou alors en hyène, chacal, sanglier, vautour, satan, Méphisto ou caïman. Il est devenu le monarque le plus pleutre qui se puisse concevoir.

« Il n'a plus la moindre prise sur le réel », peut grogner Tirpitz. Comble d'épreuve pour l'Allemagne : l'empereur abdiquerait-il qu'elle n'aurait pas mieux à sa place. Si le Kronprinz Frédéric-Guillaume était changé en Frédéric-Guillaume V, l'Allemagne aurait un souverain aussi insignifiant et futile que Guillaume II.

L'Histoire, enseignait Karl Marx, se joue la première fois en tragédie, et la seconde en farce. Il devait penser aux deux empereurs Napoléon. D'une génération à l'autre, le fils — ou le neveu — ne recueille que les tares du père-roi, « sauf à passer de l'enfer des monstres à la cage aux chimpanzés ». Force est de se rappeler la formule à propos de la génération des nouveaux Hohenzollern. Ils n'ont plus rien de commun avec les Titans qui, jadis, forgèrent et illustrèrent la plus grande Prusse. Le Kronprinz n'est pas moins décevant que le Kaiser. Vraiment à la limite de ce que Marx appelle la farce.

Passons sur les caricatures et les on-dit. On le surnomme en France « le prince Monseigneur » depuis qu'il s'est vu accusé d'avoir volé des objets d'art au château de Champaubert. On raconte à satiété à Paris ses frasques avec une cantatrice anglaise, ses amours cahotiques avec la fille d'un boucher berlinois et l'incident diplomatique qu'il provoqua en forçant l'entrée du harem d'un maharaja hindou. Le caricaturiste anglais Edmund Sullivan lui consacre des pages inénarrables dans son album *La Guirlande du Kaiser*. Charles Léandre, dans une double page en couleurs de *La Baïonnette*, peut se régaler à le dessiner vautré au milieu de ses quatre hôtesses familières, c'est-à-dire la débauche, la lâcheté, la cruauté et la mort. Par milliers d'exemplaires, il est « Hohenvoleur » ou « Hohenvautour ».

L'homme a pourtant certaines qualités. Il n'a pas la fatuité de son père. Il sait procéder à des analyses intelligentes des situations ou des défaites. Il sait reconnaître les mérites ou les démérites de ses généraux. Depuis son QG, à quelques kilomètres de Montmédy, au nord de Verdun, proche de la colline où se situe l'ossuaire de Saint-Hilaire, il s'efforce de garder un contact vivant avec la troupe.

Il est aussi un drapeau, l'idole des pangermanistes. Il ne cesse pas dans ses discours de vanter l'esprit guerrier de l'Allemagne et les splendeurs de la guerre. Il est un fervent des théories racistes de Houston Stewart Chamberlain, cet écrivain anglais qui s'est fait naturaliser Allemand pour mieux célébrer la supériorité des peuples germaniques et appuyer le règne universel des races aryennes. Il est un authentique anti-Français, déchaîné. Grand sportif, cavalier émérite, toujours sous uniformes rutilants, il fixe un prototype d'officier prussien, avec sa figure glabre, son air blasé, sa casquette sur l'oreille, la démarche balancée dont l'œil fier dément la désinvolture.

Il est pourtant dépourvu de caractère comme son père, aussi instable, aussi peu doué pour le commandement. De plus, c'est un épicurien, aimant les vins fins et les femmes, adorant la vie de luxe autant que son épouse, la princesse Cécile, fille de la grande-duchesse Anastasie, qui mena grand train avant guerre dans les palaces de Nice. Il est léger dans le choix de ses amis, comme dans ses propos de table, où il joue complaisamment au fils à papa. Il n'est porté à aucune persévérance.

Cependant, malgré un empereur sans nerfs, un prince héritier sans consistance et un chancelier ultra-médiocre, le peuple allemand, massivement, fait front aux épreuves avec un courage, une dignité et un esprit de sacrifice qui forcent l'admiration de ses adversaires. Quel grand peuple ! Il subit de cruelles privations. Il perd ses meilleurs fils par milliers. Il ne s'en soumet pas moins puissamment à l'effort de guerre.

L'agriculture fournit son maximum. Les fabriques industrielles travaillent vingt-quatre heures sur vingt-quatre. L'ensemble de la machine économique, soutenue par un encadrement d'élite, et par un exceptionnel esprit de discipline, tourne à plein.

Il suffit de quelques bonnes nouvelles pour entretenir la foi de la nation. Ainsi aujourd'hui, où les communiqués sont triomphants. On connaît la prise de Constantza depuis deux jours. On annonce à présent la prise de Rashova, également en Roumanie, et celle de Medjidie, sur la voie de chemin de fer entre Constantza et Cernavoda. Plus de sept mille Russes ou Roumains ont été fait prisonniers. Les Austro-Allemands ont pris également Predeal, après de violents engagements au sud de Kronstadt en Transylvanie : résultat, six cents prisonniers. L'ennemi est sur ce front « en totale confusion » face à l'aile droite allemande. « Nos cavaliers en sont déjà au district de Tzara Murat, bien au-delà de Constantza. » On bombarde une nouvelle fois la forteresse de Bucarest. La capitale roumaine ne saurait tarder à tomber. Par ailleurs, « on peut considérer le front occidental comme inébranlable », même si sur quelques secteurs, d'ailleurs très limités, il faut parfois pratiquer « une certaine élasticité ». Soyons-en assurés : l'empereur en personne a pu ces jours-ci le vérifier « sur la Somme tenue par le prince Rupprecht de Bavière, où Sa Majesté a conféré avec les généraux von

Bülow, von Stein, von Arnim, von Boehm et von Garnier ». C'est du reste à l'abri d'un rempart aussi fortement cimenté que le GQG a pu constituer les trente-six nouvelles divisions lancées en Orient « aussi bien pour soutenir les Austro-Hongrois défaillants que pour mener la campagne de Transylvanie et appuyer les Turco-Bulgares en Macédoine et dans la Dobroudja ». Du coup, c'est la liesse à Berlin, où les collégiens défilent en rangs joyeux. Slogan préféré : l'Allemagne ne capitule jamais. *Deutschland kapituliert nie.*

Autre immense raison d'espérer : Hindenburg.

Le général Erich von Falkenhayn a dû démissionner le 29 août de son poste de chef d'État-Major général des armées en campagne. A cinquante-cinq ans, avec sa silhouette de lieutenant, ses beaux cheveux toujours parfaitement peignés, ses uniformes du dernier chic, son autorité naturelle, il a une vaste culture et le sens des événements, mais il était lui aussi écrasé par sa charge. Autant appliqué à faire échouer les intrigues de ses rivaux que les entreprises de l'ennemi, il s'empêtrait dans des complots de sérail et s'aveuglait de sa haine pour Hindenburg. Il payait également ses erreurs et ses échecs. On lui reprochait que cent cinq divisions allemandes, masse énorme, aient été fixées, puis bloquées sur le front occidental, dans une épuisante guerre défensive pour tenir le rempart protégeant le sol national ; les armées allemandes de l'Est avaient du coup manqué de moyens pour obtenir la décision contre les Russes. Il avait à assumer le fardeau des complications internes de l'infortuné Empire austro-hongrois. Il n'avait pas prévu assez de forces pour tous les fronts. La bataille de Jutland consacrait la faillitte de la flotte de haute mer. La classe 16 a fondu dans les batailles de l'ouest : pour « boucher les trous », il a fallu faire appel aux gamins de la classe 17, dont l'incorporation date de mars. A de multiples égards, Falkenhayn était trop dépassé ou contredit.

Il a été remplacé le 2 septembre par Hindenburg, dont la première consigne a été de cesser toute attaque sur Verdun et de commander à l'armée du Kronprinz de bivouaquer sur ses positions.

Le général Paul von Beneckendorff und von Hindenburg a soixante-neuf ans. Il est né dans une rude famille de hobereaux de Prusse orientale à Posen, au manoir de Neudeck. Enfant, il écoutait son grand-père raconter son entrevue avec

Napoléon, en ce même manoir, alors qu'il s'agissait d'obtenir l'allègement des réquisitions imposées par les troupes impériales françaises.

Dès ses dix ans, il endossait l'uniforme. Il ne l'a plus quitté, figé dans l'obéissance sacro-sainte due à l'empereur et la religion du grand Reich apprise en cette école des cadets où il faisait ses premières armes. Il se sera même marié pour ainsi dire avec l'armée : avec la fille d'un général.

Définition du personnage, dès son adolescence et durant toute sa carrière : un fidèle et un persévérant. Les Berlinois, qui ont de l'esprit, assurent que ce n'est par hasard si le cheval qu'il a le plus aimé, un alezan doré, s'appelait Patience.

Il combattait dès les grandes campagnes de 1866 (Sadowa) et de 1870 (Sedan) dans un régiment prussien d'infanterie de la garde. Puis il servait au grand État-Major, sous le grand Moltke. Il faisait aussi un stage auprès du maréchal von Schlieffen (chef d'État-Major général durant quinze ans et père du plan de campagne appliqué par l'Allemagne en 1914), avant de travailler au ministère de la Guerre, aux côtés du général Verdy du Vernois.

Il était promu général de division en 1900 et prenait sa retraite en 1911, après quarante-cinq ans de bons et loyaux services, légèrement blessé à Sadowa, remarqué à Sedan, et décoré de l'ordre supérieur de l'Aigle noir, premier ordre royal prussien, fondé par Frédéric Ier en 1701 et conférant la noblesse héréditaire.

Il se retirait du côté de Hanovre, convaincu que le restant de sa vie ne se passerait plus qu'à chasser, marcher et raconter de classiques souvenirs. Effectivement, on ne lui confia un poste en août 14 que pour sa réputation d'homme calme, seul capable de tempérer le trop nerveux Ludendorff à la tête des armées engagées contre les Russes.

Il n'en aura marché qu'à plus grands pas vers la gloire.

Dès son entrée en scène, il s'illustrait en écrasant les Russes à Tannenberg. Il les battait encore, dès l'hiver, dans l'âpre paysage des lacs de Mazurie.

Le voici, à peine deux ans plus tard, à la tête des armées allemandes. Nous l'avons déjà dit : il ressemble assez à Joffre.

Le même calme, le même hermétisme, le même style grognon.

Et un appétit identique : c'est un spectacle que de le voir dévorer anguilles fumées de Moravie, charcuterie berlinoise et tartes de Bavière. C'est un homme avare de paroles qui affiche une silhouette épaisse, épaules de bison, cou large, visage carré, mâchoire de fer, forte moustache, regard tranquille.

Il se montre d'une même modestie que le généralissime français, et voue au silence la même passion. Un ruminant, tout comme Joffre. Et, comme Joffre, sans y paraître, un certain sens théâtral, voire une pincée de démagogie. Ces deux rocs ne sont pas deux naïfs.

Il cultive le romantisme tout comme Joffre, garde le culte émouvant de la *Sardane* catalane, va volontiers au concert, et voue lui aussi l'amour le plus lyrique à son épouse ; il dit préférer Mozart à Wagner, Schiller à Goethe (ce qui étonne) ; il ne se sépare jamais de son fétiche, un petit palmier phœnix ; au cours de ses promenades, il n'oublie jamais de cueillir des fleurs pour sa femme (décidément, ces grands chefs de la guerre auront eu un cœur très tendre) ; aux anniversaires des officiers de son entourage, il n'omet jamais de commander un gâteau, de faire souffler les bougies et de prononcer quelques mots bien sentis.

Tant pis s'il est inséparable de certains tics, que n'a pas Joffre : il mime assez le vieux Blücher à force d'argot et de faciles traits d'esprit ; il est si pointilleux sur le règlement qu'il peut être précis jusqu'au moindre détail. Il vous dira sans hésiter que le 147e régiment d'infanterie ne porte au col ni parement jaune, ni parement blanc : le col est complètement gris, jusqu'à sa bordure rouge...

C'est sans doute un étrange destin que celui de ce gentilhomme campagnard, cœur primitif, conversation sans éclat, style qui peut être le plus ordinaire, près de s'anéantir dans l'oubli total et qui, soudainement se voit promu au rang de héros allemand et de vedette internationale.

Tel est pourtant le cas. Sauf qu'il ne peut pas se séparer de son coadjuteur, qui est aussi son contraire, Erich Ludendorff. Ils n'ont en commun que d'être nés tous deux dans le district de Posen et de se prévaloir de ce patriotisme intransigeant qui caractérise les « Prussiens d'au-delà de l'Elbe ». Hindenburg est de la noblesse ; Ludendorff, fils d'une mère suédoise et d'un père poméranien, est un roturier sans fortune. Hindenburg est lent ; Ludendorff est tout invention et imagination. Hindenburg a une carrière patiente, au pas du labour ; Ludendorff ne cesse de fulgurer, capitaine dès ses trente ans, chef de bataillon à trente-cinq, colonel à quarante-six, général-major à quarante-neuf et vrai vainqueur de Samsmov à Tarmenhy, même si la gloire en est laissée à l'aîné. Hindenburg est déjà presque un vieillard, Ludendorff n'a que cinquante et un ans. Hindenburg est plus méditatif que travailleur ; Ludendorff est un travailleur infatigable.

Le fait est qu'on n'imagine plus l'un sans l'autre. Les « Dioscures » les appelait-on déjà dans leur quartier général de l'est où ils faisaient des plans contre Samsmov, à Pless (en polonais Pszczyna), petite ville de Pologne en Haute-Silésie, dans le secteur de Katowice.

Ils sont plus que jamais « jumeaux de Zeus », Hindenburg avec le titre de chef d'État-Major général des armées en campagne, Ludendorff celui de premier quartier-maître général. Quant à la journée du premier, elle n'est pas réglée moins rigoureusement que celle de Joffre. Il se réveille peu avant 7 heures. Sa journée commence à 9 heures précises. Il lit les dépêches du matin, puis se rend chez Ludendorff pour discuter avec lui des changements de situation et des quelques mesures, plus ou moins importantes, qu'il y a lieu de prendre. Entretien éclair : les deux hommes savent se comprendre à demi mot.

Une promenade suit, d'une heure environ, en compagnie d'un officier d'ordonnance et quelques officiers du GQG. Il n'aura que mieux réfléchi aux sujets de la conférence qui suit, avec Ludendorff et les chefs de section, dans son propre bureau. A midi, il a une entrevue rituelle avec l'empereur, dont Ludendorff n'est jamais absent. Le déjeuner pris avec les officiers de son état-major particulier, est aussi rapide et sobre que celui de Joffre.

Il dîne entre 8 heures et 9 heures 30 ; le meilleur moment de détente ; les jeunes officiers peuvent parler sans contrainte ni formalité. Jusqu'à minuit, toujours avec l'inévitable Ludendorff, il se penche sur les cartes.

Il y a extrêmement peu de variantes d'un jour à l'autre : Hindenburg tient à ses habitudes et déteste quitter son quartier général. Quoi qu'il en soit, voici le héros national à pied d'œuvre. Il n'aura pas du reste attendu longtemps pour marquer de son sceau l'ensemble de la situation.

Première décision : on n'attaque plus à Verdun ; à l'Ouest on va s'en tenir à une stricte défensive. Le front de Picardie donnant lieu à trop d'inquiétudes, on prend des mesures immédiates pour dérober les troupes aux effets destructeurs de l'artillerie, par cloisonnement profond des arrières sur tout le front d'attaque des alliés, dans le but prioritaire d'esquiver la lutte des matériels. On programme d'urgence la construction de la *ligne Hindenburg*, nom donné à un ensemble de positions fortifiées (c'est la revanche du château fort), à achever en six mois, conçues avec les moyens les plus modernes de la fortification de campagne, vouées tant à économiser les effectifs qu'à consolider l'occupation du Nord-Est de la France, et articulées sur trois positions successives : la position *Siegfried*, sur une ligne Lille-Arras-Péronne-Roye-Soissons ; une deuxième position allant de l'Escaut à la Moselle et jalonnée par les *lignes Hermann* (de Tournai à Wassigny par Valenciennes), *Hunding* (au nord de Laon), *Brünhild* (de Rethel à Vouziers), *Kriemhild* (de Dun à Spincourt) et *Michel* (en avant de Briey, face à la hernie de Saint-Mihiel) ; et plus en arrière, une troisième position dite *Anvers-Bruxelles-Meuse*.

Les Dioscures, venus à Charleville dès le 5 septembre, décrètent enfin la suppression du poste de commandement que la direction impériale y entretenait depuis 1914 et procèdent à une formidable décentralisation du haut commandement ouest, pour donner plus de souplesse aux opérations de défense : au Kronprinz, en titre, le groupe d'armées de l'Est (face à Pétain) ; au Kronprinz de Bavière celui de l'Ouest (jusqu'au Rhin) ; au duc de Wurtemberg, la défense côtière et les Flandres.

Deuxième décision : on règle au plus vite le sort de la Roumanie. Cette imprudente leur a planté un poignard dans le dos. Elle sera durement punie.

Troisième décision : on harmonise « rigoureusement » l'ensemble des opérations sur les Balkans.

Quatrième décision : en toute priorité, mettre la Russie, l'ennemi le plus vulnérable, hors de combat.

Deux seuls nuages noirs : le 30 août, le chancelier a dû

renoncer à la « guerre sous-marine sans restrictions » devant les menaces de rupture diplomatique exprimées par la Hollande et le Danemark : on se donne le temps de voir. Le problème le plus angoissant est de savoir si on aura les moyens de consolider le rempart de l'Ouest, sous les coups de boutoir de Joffre. Car les Dioscures ont vite compris les raisons des trop « durs et regrettables insuccès » face aux armées franco-britanniques : zone fortifiée insuffisante, trop faiblement « maillée » de tranchées ; abris souterrains, les fameux *Stollen*, construits trop près des lignes avancées, pièges pour les occupants eux-mêmes ; manque d'ouvrages d'arrêt et d'obstacles dans les mailles ; défense trop rigide, trop concentrée sur les premières lignes, pas assez « articulée en profondeur » ; pas assez d'initiative laissée aux chefs de bataillon et de batterie. Mais quant à savoir si Joffre laissera assez de temps pour que la remise en état se révèle efficace...

Enfin, cinquième décision, la plus importante, quoique non proclamée : les Dioscures exigent d'avoir dans leurs attributions à la fois la conduite de la guerre, la direction totale des opérations, la mobilisation des ressources, l'utilisation de toute la main-d'œuvre de l'Empire et le contrôle absolu du régime économique intérieur. Cela est précisé dans une convention qui définit littéralement la suprématie entière du Grand État-Major allemand dans le domaine de la guerre au sein de la Quadruplice.

Elle est signée dès le 6 septembre par les délégués respectifs des quatre souverains de Berlin, Vienne, Sofia et Constantinople. On n'abandonne au général autrichien Conrad qu'une certaine autonomie sur le front italien et le front albanais, jugés sans risques majeurs. L'opération revient pour les deux chefs de guerre à obtenir des pouvoirs exorbitants : ils en ont parfaitement conscience. C'est du jamais vu en Prusse, comme en Allemagne ou en Autriche. Un Bismarck s'en scandaliserait. La décision est prise sans une ombre d'opposition.

Du moins, le géant Allemagne se donne-t-il une vraie tête. Il s'en donne même deux, et quelles têtes ! Ainsi Hindenburg et Ludendorff, sans forcer, avec même une facilité dérisoire, s'attribuent-ils en quelques jours quatre dictatures : une, très naturelle, sur les armées ; une sur l'économie générale sous prétexte qu'elle détermine directement la marche des combats ; une sur les affaires étrangères parce qu'elles sont indissociables des problèmes de défense ; et une sur la politique intérieure, par l'intermédiaire des commandants de corps d'armée qui, à travers l'ensemble des territoires à protéger, ont à charge la censure, les services de sécurité et la surveillance des partis.

La stratégie des buffles, dit Foch.

Guillaume II se réduit à un fantôme, le Kronprinz à un jouet. Nous en sommes là. Et le géant Allemagne est redevenu, totalement, un vrai géant, cerveau compris.

Quant au secteur même de Verdun, Hindenburg et Ludendorff ont également vu, les neuf erreurs très graves commises par le pouvoir impérial comme par Falkenhayn.

1) La « ruée » sur Verdun en février ne fut qu'un leurre. On en parla trop. On en parla plus encore à faux. En vérité, alors qu'une véritable ruée, avec une supériorité écrasante de moyens et devant des forts désarmés, eût permis à Falkenhayn de s'emparer rapidement de tout le secteur, y compris de la ville même de Verdun, il n'exécuta qu'une avance lente et méthodique, à base d'artillerie lourde. Par sa lenteur, il s'exposa à être arrêté par une poignée de défenseurs résolus ayant pu survivre aux effroyables bombardements. C'est cet échec des tout premiers jours qui entraîna une guerre d'usure de dix mois, plus épuisante encore pour les Allemands que pour les Français.

2) Verdun fixait un mauvais choix stratégique : au vrai, Verdun n'ouvre la porte d'aucun couloir d'invasion vers Paris. Une fausse clef, dit Ludendorff.

3) Falkenhayn pensa que les Français ne s'attendaient pas à une puissante entreprise dans ce secteur. Candeur impardonnable. Possible que Joffre n'ait pas procédé assez tôt aux défenses nécessaires. Encore ne fallait-il pas lui laisser le temps de réagir. Or ce granit peut révéler d'extraordinaires promptitudes. Ne le vit-on pas déjà sur la Marne ?

4) Falkenhayn pensait que, pour défendre la sainte forteresse, les Français engageraient leurs réserves, qui viendraient s'y user. Falkenhayn inaugurait ce qu'il appelait l'*Ausblutungschacht*, une « bataille de saignée », « une bataille d'extermination lente à laquelle les Français seraient condamnés pour raison de prestige ». C'était encore sous-estimer le haut commandement français.

5) Falkenhayn, pour plaire à l'empereur, voulait offrir une grande victoire facile au Kronprinz, justement chargé de la Ve armée qui se trouvait face à Verdun... On n'engage pas une bataille pour plaire à qui que ce soit.

6) Falkenhayn comptait essentiellement sur son artillerie. Effectivement, sur un front d'attaque d'une dizaine de kilomètres seulement, il déployait une artillerie encore jamais vue, au total 1 225 canons, dont 542 lourds, de 220, 280 et 420 mm. Trois corps d'armée (8e, 18e et 3e) enfonceraient facilement la ligne française tenue par deux divisions incomplètes. C'était engager une trop grande masse de moyens sur un terrain limité et facile à protéger.

7) Falkenhayn était convaincu de l'extrême faiblesse des forts à conquérir, tout à fait désarmés. C'est vrai : en 1915, Joffre, frappé de la fragilité des forts de Liège et de Namur, avait perdu confiance dans la fortification permanente et déclassait la place de Verdun en faisant retirer des forts leurs garnisons et leurs canons. En particulier, début 1916, au fort de Douaumont, le plus solide de l'ensemble, il n'y avait en tout et pour tout, sous le commandement d'un vieux gardien de batterie, l'adjudant Chenot, que cinquante-sept territoriaux et dix artilleurs destinés à servir l'unique canon de 155. (Ancré dans le béton de sa tourelle, il n'avait pu être retiré.) Encore fallait-il mener une offensive-éclair, qui n'eût laissé aucun temps aux Français de garnir leurs remparts.

8) Falkenhayn crut pouvoir surprendre les Français. Au vrai, ses préparatifs furent trop lents. En particulier l'espionnage français pu rapidement déceler la construction des Stollen, vastes abris trop visibles où seraient rassemblées les troupes d'assaut. La surprise ne fut pas totale.

9) On oublia, pour finir, la météo. *Gott mit uns* ! Dieu avec nous ! Le Kronprinz donna l'ordre d'attaquer le soir du 11 février. Le 12, il plut. Précipitamment, le contrordre dut être donné. Pire encore : le même scénario, avec ordre d'attaquer et contrordre, se répéta durant huit jours. De sorte que l'attaque ne put se libérer que le 21.

D'où le mot de Ludendorff au Kronprinz : « A Verdun, désormais, nous serons sages. »

Du point de vue de l'ensemble de la situation allemande, si puissante que reste l'Allemagne, si fortifiée qu'elle se sente de s'être donnée un haut commandement digne d'elle, les deux grands chefs de guerre n'en auraient pas moins à leur tour grand tort s'ils venaient à pécher par excès de confiance. D'autant que le moral national a bien changé en un an. Des doutes sont venus, puis des angoisses. Si résistant et croyant que soit ce peuple, il n'est pas à l'abri du découragement. Les privations alimentaires, très dures, ne font qu'ajouter à l'épreuve. Les mauvaises nouvelles désormais se répercutent en ondes préoccupantes dans les profondeurs de la nation.

Les Dioscures ne sont pas au bout de leur peine.

Chapitre XIV

Heure H - 11 heures 40

On pense au texte inoubliable d'Henri Barbusse, dans *Le Feu*, sur les dernières secondes avant l'assaut :

« On est prêt. Les hommes se rangent, avec leur couverture en sautoir, la jugulaire du casque au menton, appuyés sur leurs fusils. Je regarde leurs faces crispées, pâlies, profondes. Ce ne sont pas des soldats : ce sont des hommes. Ce ne sont pas des aventuriers, des guerriers... Ce sont des laboureurs et des ouvriers qu'on reconnaît dans leurs uniformes. Ce sont des civils déracinés. Ils sont prêts. Ils attendent le signal de la mort et du meurtre ; mais on voit, en contemplant leurs figures entre les rayons verticaux des baïonnettes que ce ne sont que des hommes... Chacun sait qu'il va apporter sa tête, sa poitrine, son ventre, son corps tout entier, tout nu, aux fusils braqués d'avance, aux obus, aux grenades accumulées, et prêtes, et surtout à la méthodique et presque infaillible mitrailleuse — à tout ce qui attend et se tait effroyablement là-bas — avant de trouver les autres soldats qu'il faudra tuer. Ils ne sont pas insouciants de leur vie comme des bandits, aveuglés de colère comme des sauvages... Ils ne sont pas excités. Ils sont au-dessus de tout emportement instinctif. Ils ne sont pas ivres, ni matériellement, ni moralement. C'est en pleine conscience, comme en pleine force et en pleine santé, qu'ils se massent là... On voit ce qu'il y a de songe et d'adieu dans leur silence, leur immobilité, dans le masque de calme qui leur étreint surhumainement le visage. Ce ne sont pas le genre de héros qu'on croit, mais leur sacrifice a plus de valeur que ceux qui ne les ont pas vus seront jamais capables de le comprendre... »

Il ajoute : « Quand on écrira l'histoire de la guerre, on se demandera par quel prodige de ténacité nos divisions ont défendu pendant des mois l'étroite bande de terrain qui sépare Souville de Douaumont contre un adversaire tenant Douaumont. »

On se demandera comment, dans ce secteur où la circulation aura été impossible douze heures sur vingt-quatre, où le moindre travail attire des concentrations de feu sans précédent, des hommes auront pu résister, réagir, s'accrocher, interdisant finalement à l'agresseur sans cesse renforcé l'accès de ce fort de Souville, dont la perte nous eût condamnés à défendre pierre par pierre les faubourgs de Verdun.

On se demandera comment nos artilleurs, sommairement installés dans les plis des vallons, sans abris de pièces, sans abris personnels, auront pu, nuit et jour, donner à notre infanterie le renfort de leur feu et fermer la route aux attaques par des barrages ininterrompus...

Mais nous voici au moment fatidique. Cinq minutes avant l'heure H.

Il est trop vrai qu'elles sont les plus lourdes d'angoisse, surtout lorsque l'on réalise que pour la plupart de ces hommes des formations dites d'élite, il ne s'agit pas de soldats de métier. Ils sont paysans, notaires, maçons, charpentiers, selliers, bourreliers, tonneliers, garçons de café... « mobilisés » comme on dit.

Damoiseau dit :

— Il y a trop de brouillard... peut-être qu'au dernier moment, ils changeront l'heure...

— Penses-tu, grogne Lampier.

Ils sont tous pâles, graves, recueillis, ou nerveux à hurler. Le sergent observe que Ruchart lui-même, le loustic de l'escouade, a les dents serrées et le regard fixe. Personne ne risque la moindre plaisanterie. Ça serait du porte-malheur, un trop grand défi au maître des hasards.

Chopeau, livide, jarret tendu, évoque un fauve. Taupin semble avoir vieilli de dix ans, les traits creusés, des rides le long de la bouche.

Parazols touche dans sa poche la médaille de saint Christophe, protecteur des passages dangereux, qu'à la dernière perm sa mère a tenu à y fixer, avec une épingle du sûreté.

C'est simple, a dit le colonel Regnier au lieutenant qui l'a répété à ses sergents : « C'est bien le RICM (régiment d'infanterie colonial du Maroc) qui a la plus belle mission. Voilà le plan. Le 4e bataillon partira de ses parallèles de départ, là, au nord du ravin des Vignes. Il s'emparera des premières lignes ennemies et organisera défensivement le terrain à mi-chemin du fort. Le 1er bataillon suivra le 4e. Puis, il le dépassera, encerclera le fort et ira s'organiser en avant. C'est le 8e bataillon qui prendra et nettoiera Douaumont. »

Le commandant Nicolaï commande le 8e, avec la mission la plus délicate. Il nous arrive tout droit d'Indochine, et, étrangement, la prise de Douaumont sera sa première affaire en métropole. Il est très grand, très maigre, un peu voûté, un peu blanchi, moustache tombante, regard d'aigle ; manifestement, d'avance, il flaire sa proie et la gloire, même si la vie des Tropiques l'a brûlé et assez vieilli.

Le commandant Croll a le 1er bataillon : un autre coriace, mais, qui, lui, s'est plutôt distingué dans les guerres du Maroc. Le sobre et efficace commandant Modat commande le 4e.

Mais il ne s'agit pas uniquement de reprendre Douaumont.

Ce sont trois divisions, sur une ligne de sept kilomètres, qui vont s'élancer comme les gars du 11e régiment, et parmi les objectifs de la journée figure aussi la reprise du fort de Vaux.

— Sale brume, fait Passaga.

Car le brouillard est aussi épais qu'il y a trois heures. Un drôle de brouillard, pas inerte du tout : remué, travaillé, violenté par le passage incessant et invisible des obus. Autant imaginer un typhon de brumes. Certes les mitrailleurs allemands auront des difficultés à bien ajuster leur tir, mais le risque sera grand de s'y égarer. Il faudra faire attention à toutes sortes de bévues ou dc confusions possibles.

— Damnation ! gronde Chopeau. Pour la possession de cent mètres de terrain, on va faire saigner six mille hommes...

Mais voici l'instant. 11 heures 40.

Parmi le vacarme des canons, une immense clameur soutenue par des milliers de poitrines, monte tout à coup du fond des brumes.

— En avant ! crie le sous-lieutenant, qui bondit le premier sur le parapet, avant même Chopeau.

La tempête est encore plus furieuse que jamais. Les balles sifflent. Les obus éclatent. Les gros soulèvent un bruit de fin du monde. Tout tremble.

Damoiseau, qui court sur les pas du sergent Lampier, a le sentiment de suivre une ombre, jouet des destins, sautant de trou en trou. A peine devine-t-il sur sa droite Taupin hurlant comme un damné. La mort ou la gloire. Qui baïonnette en avant, qui grenade à la main, on s'enfonce au galop dans le brouillard. On n'y voit pas à vingt mètres.

— Quelle crasse ! rugit Mangin devant Nivelle. Avec Joffre, ils sont réunis à la mairie de Souilly. Inutile d'essayer d'apercevoir quelque mouvement que ce soit à la lunette.

A gauche, pourtant, la 38e DI du général Guyot de Salins a bondi d'un même élan.

Objectif d'ensemble pour la journée : atteindre la contre-pente nord du ravin de la Couleuvre, s'organiser dans le village de Douaumont et reconquérir le fort par assaut frontal.

C'est le 11e RI (prêté par la 33e DI à la 38e) qui fixe le pivot à l'extrême gauche du dispositif divisionnaire. Le lieutenant-colonel de Partouneaux le commande. C'est lui, sans doute à cause d'une montre trop rapide, qui aura donné le premier assaut, à 11 heures 38. Objectif : prendre la tranchée Balfourier et la carrière d'Haudromont. Incroyable : des escouades chantent *La Marseillaise*. Une heureuse surprise : on trouve la tranchée Balfourier inoccupée. Hélas ! Côté carrière, les mitrailleuses pétaradent déjà.

Le 8e tirailleurs du lieutenant-colonel Dufoulon jaillit comme à la manœuvre. Certains Marocains font même la fantasia en avant de la première vague. Ici, l'attaque est si abrupte que l'ennemi en reste pantois. Dans les dix minutes, les prisonniers, mains levées, affluent en direction du ravin des Trois-Cornes où se tient le PC du régiment.

Le 4e zouave du lieutenant-colonel Richaud se rue avec des hurlements à épouvanter les pires démons. C'est du délire. Ils jaillissent des sinistres boyaux pour on ne sait quel jeu. A l'abri de la brume, ils s'alignent sur le terrain comme à la parade. Direction : le pauvre clocher de Douaumont. Un seul regret : que le sol, trop raviné, ne permette pas un libre galop.

C'est finalement le 4e mixte ZT du lieutenant-colonel Vernois qui aura accumulé les plus graves difficultés : il subit un tir de mitrailleuses implacablement ajusté. Dès les premières minutes, face à ces rafales d'enfer, il aura sacrifié au moins deux cents hommes sur le terrain. Pour autant, il relève le défi. Il n'aura marqué un temps d'arrêt, quelques instants plus tard, que face au bois Morchée.

Quant au régiment colonial du Maroc, il aura tôt fait de reprendre le ravin des Vignes, abandonné par nos troupes durant la phase de préparation. Simplement, le bataillon Modat rencontre une résistance inattendue : notre première ligne ayant été évacuée pour que nos troupes n'aient pas à risquer les tirs de notre artillerie lourde, quelques éléments ennemis s'y sont hardiment glissés à la faveur du brouillard. Il faut les liquider sur place avant de se remettre en marche.

— En avant ! En avant ! crie le sergent Lampier sans cesser de courir.

Les premières lignes des tranchées allemandes sont franchies sans même qu'il y arrête ses hommes : les quelques Allemands, qui, terrorisés par les bombardements, survivent, se rendent sans difficultés.

Une longue litanie de « *Kamarad... Kamarad* !... » répond aux mugissements des assaillants. Chopeau seul, d'un coup de crosse, assomme quelqu'un, qui ne lève pas assez haut les bras.

— Tout droit ! A moi ! crie encore le sergent.

Le sol ne leur aura jamais paru aussi humide ni aussi traître. Si vous ne vous garez pas assez vite dans un trou d'obus, vous risquez de prendre en plein une rafale de mitrailleuse. Si vous choisissez d'y sauter, vous plongez dans de la boue infecte et glacée. On glisse, on tombe, on se relève, on peste — tandis que le vacarme des canons ne cesse pas.

— Où est Lampier ?

— Là.

— Où, là ?

— Là.

On ne reprend un peu haleine qu'en arrivant dans un ravin. Allez donc savoir son nom : la brume recouvre tous les points de repérage. On bondit dans l'inconnu ; on jaillit au petit bonheur la chance. Du moins peut-on se compter. Seulement deux hommes manquent à l'appel : blessés dès l'assaut, déjà ramassés par les brancardiers.

On repart. En vérité, ce brouillard facilite la marche plus qu'il ne la handicape. On ne sait pas au juste où l'on va, mais tant pis. On va en avant. « Seigneur, ça ne sera donc pas plus difficile que ça ? » se demande Taupin. Mais tout à coup une voix pousse un ordre.

— Couchez-vous !

Aussitôt éclatent de gros fusants. Les Allemands qui déclenchent les premiers tirs de barrage.

Première réaction. Ça fait mal. Moment de stupeur.

— En avant ! crie tout de même le sous-lieutenant Charras.

Vas-y donc, folie pour folie. On se met à gravir une pente glissante et boueuse. Ou bien on patine et on redescend dans le ravin. Ou bien il faut s'accrocher de toutes ses griffes. Les oreilles bourdonnent. Le cœur bat sur un rythme insensé.

Faut-il que Taupin ait l'œil : légèrement blessé au cou, d'un éclat venu d'on ne sait où, il a tout de même le temps de repérer un nid de mitrailleuses, à trente mètres, et sur sa gauche, à vingt mètres, un boyau qui doit y conduire.

« Il doit voir la nuit, comme les tigres », se dit Thomas.

Il se met à ramper derrière son camarade, vite rejoint par Lampier, qui maugrée on ne sait quoi.

— Passons par là, on les aura à la grenade...

— Tu crois ?

Lampier n'hésite pas longtemps... d'autant que les mitrailleuses se mettent à crépiter.

— Homme par homme, au boyau ! appelle-t-il.

L'ordre est exécuté sans délai.

Chaque homme, à tour de rôle, court de toutes ses forces vers l'inestimable boyau, où Lampier saute, tête la première. Un seul blessé : une balle à la jambe droite. La petite troupe s'engage dans le boyau. En quelques minutes, elle se porte au plus près du trou d'obus qui sert aux mitrailleuses allemandes de citadelle improvisée.

— T'as ce qu'il faut, Ruchart ?

— J'ai.

Une demi-douzaine de pastilles suffisent à nettoyer le trou.

— La mitrailleuse est intacte ! s'exclame Larnicotte.

— Qu'est-ce que qu'il va en faire ? demande Chopeau.

— Une épingle de cravate, répond Ruchart.

— Un cadeau pour ma poulette, propose Taupin.

A se demander, dans une telle apocalypse, comment l'être humain arrive encore à plaisanter : l'un des mitrailleurs allemands, le ventre ouvert, gémit comme un enfant.

— Soit, dit Lampier, mais faudrait pas perdre la liaison... Il siffle... modulant un drôle d'appel... celui du merle ou quelque chose comme ça. C'est dérisoire, un truc pareil parmi tout ce tintamarre. Lampier s'obstine : Tututu... tututu... Le miracle arrive pourtant : un tututu répond... Un autre sergent qui a aussi appris à faire le merle. Voilà de toute manière qui suffit à retrouver le bataillon, exactement sur la même ligne.

— Premier objectif atteint ! précise le sous-lieutenant, qui s'éponge le visage.

Identiques problèmes, au centre du dispositif d'ensemble, pour la division Passaga. Mission : s'emparer de la hauteur de Fleury, du ravin du Bazil, des pentes de la Caillette et du ravin de la Fausse-Côte. Pas moins. Mais Mangin connaît bien ce bougre d'homme et ses soldats.

Sur la gauche, le 321e RI du lieutenant-colonel Picard, dit la Pique, débouche des tranchées Pauly et Vidal, au nord-ouest de Fleury. Le groupement de chasseurs de la 214e brigade n'aura pas été conduit à l'assaut par son chef vénéré, le général Ancelin, tué il y a quarante minutes devant le PC de Fleury, mais il a été confié à un officier d'une trempe égale, le lieutenant-colonel Hutin. On doit attaquer sur deux axes, par le 116e BCP du commandant Raoult et le 102e BCP du commandant Florentin. Les hommes partent à l'assaut comme s'il s'agissait d'une partie sportive. Qui donc a osé dire que la France était un pays usé ?

Le groupement de chasseurs de la 213e brigade, du colonel Doreau, fort du 107e BCP du commandant Pintiaux et du 32e BCP du commandant Wendling, exécute parfaitement ses premières consignes. Comme se jouant, sans guère de résistance, le 107e, fer de lance, sort promu des tranchées au nord de la chapelle Sainte-Fine, franchit le bois de Vaux-Chapitre, puis le ravin du Bazil.

Le 401e du RI du lieutenant-colonel Bouchez, lui, doit s'avancer dans le ravin des Fontaines : voilà qui est dit, en moins de dix minutes. Faut-il que notre artillerie ait bien fait son boulot. « Nous avançons dans de la pâte » téléphone quelqu'un.

Troisième front : celui de la division de Lardemelle. On démarre, d'un seul élan, de la Haie-Renard au fond de Beaupré. Mission également difficile : libérer le Chênois, la Vaux-Régnier et le bois Fumain, zones bouleversées de fond en comble, hérissées de nids de résistance et gorgées d'obstacles. Puis s'emparer du fort de Vaux. De gauche à droite opèrent le 230e RI du lieutenant-colonel Viotte, le 333e RI du lieutenant-colonel Franchet d'Esperey (il sera tué demain), le 299e RI du lieutenant-colonel Vidal et les Savoyards du 30e RI (bataillon Baillods prêté par la 28e DI).

Le 230e, s'élançant des tranchées Claudel et Garraud, conquiert en dix minutes la première position ennemie. Du caramel, dit Viotte. Le 333e bondit sur les tranchées Moltke et Fulda, les investit en dépit d'une forte résistance, puis s'élance à travers le fouillis d'arbres abattus, véritable forêt à terre, de la Vaux-Régnier. Votre père sera fier de vous, dit de Lardemelle au jeune lieutenant-colonel qui mène l'assaut. (Son père, le général Louis Franchet d'Esperey, soixante ans, l'un des généraux français les plus glorieux, après avoir commandé la superbe Ve Armée, commande depuis fin mars le Groupe des armées de l'Est, GAE, qui tient le front depuis la Suisse jusqu'au nord-ouest de Saint-Mihiel.)

Le 299e a pour secteur d'attaque le Chênois, entre la route stratégique du fort de Vaux et le boyau des Maîtres-Chanteurs : c'est le bataillon Casella qui entraîne les vagues d'assaut. Le bataillon Desbrochers des Loges, du 222e RI, attaque dans le bois de la Laufée : d'un bond, il est dans les tranchées Mudra et Steinmetz, au bois de la Montagne.

Enfin, à l'extrême-droite du front d'attaque, les Savoyards ont à enlever les tranchées Werder et von Kluck.

Spectacle inouï. Scènes d'histoire pour légende. Des sapes bouleversées, des tranchées, du fond de la fange, sortent des êtres singuliers, titubant, comme frappés de folie, hébétés, hagards, qui lèvent les bras. « *Kamarad !... Kamarad !...* »

Ici, les chasseurs à pied ont à s'élancer sur les pentes de la Caillette. Ils se dressent, baïonnette haute. C'est le capitaine Desombourg qui, levant sa canne, donne le signal. La première vague s'élance, suivie de près par les autres. Vision grandiose. Que vont-ils trouver derrière la crête ? Quel rapport Desombourg devra-t-il faire à Passaga? Combien de nids de mitrailleuses, épargnés par nos canons, vont-ils se mettre à faucher les rangs? Sous quelles rafales de grosses marmites va-t-on se faire surprendre? Inutile d'y penser. Un ordre est un ordre. Comme à la manœuvre, indique le capitaine, un dur de dur, celui-là aussi. Le terrain est abominable. Autant imaginer une mer houleuse qui se serait figée. Boue, gravats, cadavres, arbres morts. Chasseurs qui s'enlisent, qu'on dégage. Mais on marche. Et, tant pis si cette damnée brume rend aveugle. Le tir de barrage se déclenche même trop tard. Les deux premières vagues ont déjà pu passer. Des obus éclatent derrière elles. Elles déferlent irrésistiblement dans le ravin de Chambitoux, traversé en un éclair. Évidemment, des quelques boyaux ou abris qui ont survécu au bombardement de quatre jours, des balles sifflent. Il suffit d'y lancer quelques nettoyeurs. Grenades. Encore des grenades. *Kamarad*! Ahuris, assommés, désemparés, le premier geste des prisonniers, pour obtenir miséricorde, est d'offrir des cigares, des bidons, des casques, des médailles à leurs vainqueurs.

Là, à l'extrême-droite de la division Passaga, en liaison avec la division de Lardemelle, jaillissent les soldats du 40e RI, qui doit s'emparer du bois du Vieux-Chapitre, à l'ouest du ravin des Fontaines. Au coup de sifflet du capitaine, tous les hommes bondissent sur le parapet, se resserrent en grappes autour des chefs de section, puis se détendent en lignes d'escouades, dans un ordre parfait, eux aussi comme à la manœuvre. A peine ont-ils franchi cinquante mètres que les premiers Allemands se rendent. Le régiment franchit allègrement le ravin du Bazil.

« On touche à l'objectif », peut annoncer le capitaine.

Plus loin, le colonel Viotte, à la tête de son 230e régiment de Savoie, s'attaque sans rechigner à l'ouvrage de la Sablière, en attendant de foncer sur les tranchées du bois Fumin. Mais tandis que le sergent Brochier multiplie les exploits — il y aura perdu des officiers d'élite —, de tout jeunes gens se dressent, le lieutenant Gury, instituteur, le lieutenant Philippe, instituteur (l'un et l'autre de Haute-Savoie), et le sous-lieutenant Hugonnenq, fils du doyen de la faculté de médecine de Lyon, tué sur la tranchée Gotha à cause d'une contre-attaque inattendue. Au reste, c'est la division de Lardemelle qui rencontre les plus dures oppositions. Si elle a vite submergé la Grande Carrière, elle bute partout sur des résistances qu'il faut réduire l'une après l'autre.

Sur le front de Guyot de Salins, il y a, en revanche, peu de frein. Il n'y a apparemment que le terrain à créer obstacle.

— Ligne d'escouade à quatre pas!

L'ordre est d'un capitaine qui veut manifestement économiser le plus grand nombre de vies.

— Mes hommes, à moi!... Pas d'imprudence! hurle du coup Charras.

Et le brouillard de rester épais. Et le vacarme de ne pas s'affaiblir. Et les tirs de barrage de se préciser. Et les hommes de se remettre à sauter de trou en trou.

Un pas, deux pas, six, huit: un abri. Les éclats d'obus giclent. Les blessés appellent au secours. Les balles sifflent. Les mitrailleuses s'enrayent. Les ordres fusent. Mais, soudain, un sifflement plus rapproché. Une explosion. Une silhouette qui s'effondre. Le sergent, poitrine béante.

— Couchez-vous! crie une voix.

L'étudiant rampe vers Lampier. Le sergent fait signe qu'il veut parler. L'étudiant se penche.

— Je le sentais... J'ai mal... C'est dur... Ma femme... Mes petits... Tu leur écriras...

Le blessé peine à retrouver un souffle. Il ferme les yeux. Il ne les rouvre que pour Taupin, qui vient annoncer que Charras a été tué et que tous les sergents de la section sont hors de combat.

— A toi de mener le jeu, dit Lampier au jeune caporal.

L'étudiant est terrorrisé.

— Pas possible!

— Tais-toi.. Allez... Vas-y... Commande!... Direction Douaumont... Et ne perds surtout pas la liaison, la liaison...

Lampier prononce quelques mots incompréhensibles, puis meurt, couché sur le dos, les ongles griffant la boue, les yeux grand ouverts sur un ciel invisible.

— Faut pourtant t'y faire, caporal, dit Taupin à l'étudiant.

Par chance, une accalmie, même toute relative, semble s'être produite durant ces cinq minutes. Plus exactement, les Allemands allongent le tir de leurs canons, sans doute pour essayer de bloquer la deuxième vague d'assaut...

Le jeune caporal en profite pour rassembler les survivants et pour rétablir la liaison avec les sections voisines.

— La quatrième section à mon commandement! En avant!

Taupin se dit que ce n'est plus la même voix. Nouvelles crêtes franchies. Nouveaux fossés dépassés. Et ce maudit terrain qui monte toujours. Et ces mitrailleuses qui n'arrêtent pas. Encore un nouveau nid. Puis un autre. Grenades. Grenades encore... Et il n'y aura pas, hélas, que la quatrième section à avoir trop souffert.

A eux seuls, une poignée d'héroïques Allemands auront failli faire échouer l'attaque du 4e bataillon du régiment colonial du Maroc — il est vrai que le commandant Modat est grièvement blessé, et, dans une minute capitale, doit être remplacé par le capitaine Alexandre: un *Feldwebel* et une poignée de mitrailleurs ont eu l'audace, la nuit, de se glisser dans nos propres lignes. Il suffit d'une seule mitrailleuse, remarquablement placée, pour bloquer un bon moment l'assaut. Il faut l'héroïsme d'un officier français, réussissant à ramper jusqu'au nid et à y balancer une grenade, pour neutraliser cette résistance-surprise: en l'espèce, le capitaine Alexandre en personne, escorté de « Sénégalais », quelques-uns de ces fameux fils du Sénégal, de Guinée, de la Haute-Volta ou de la Côte-d'Ivoire qui ont d'ailleurs la réputation la plus terrifiante de l'armée française, avec leurs coupe-coupe qu'ils portent en sautoir dans des étuis de cuir. Du moins le 4e bataillon peut-il désormais occuper tout le ravin des Vignes et s'y fortifier.

— Objectif atteint! fait parvenir en message, à son tour, le capitaine Alexandre au lieutenant-colonel Regnier.

Quant au capitaine Prollius, voici que lui arrive soudain, non loin de midi, le sous-lieutenant Schwarz, de la 6e compagnie du 27e d'infanterie, venu du secteur Fleury nord, à bout de forces. Il ralliait Douaumont pour annoncer que les Français allaient attaquer! L'offensive se sera déclenchée entre son départ et son arrivée. Pour Prollius, que faire? Il hausse les épaules et décide une nouvelle fois de rester sur place, en sentinelle perdue. Il se contente d'envoyer une autre estafette, avec le plus mélancolique des messages: « Faible garnison tiendra jusqu'à arrivée de renforts. »

Chapitre XV

Une heure après l'heure H

Un pigeon voyageur allemand est abattu dans les lignes françaises.

On décrypte facilement le message dont il est porteur.

Expéditeur : *KTKK, 25e division de réserve.*
Destinataire : *Comm. du rég. v. D. 25e division de réserve.*
Date : *24 octobre 1916.* Heure : *12 heures 50.*
Nombre de pigeons : *2 (n°s 115, 50).*

Au commandant du régiment von Dienst, 25e division de réserve. Toute la position de combat du secteur A est complètement aplanie par un violent Trommelfeuer *de tous calibres qui fait rage sans interruption depuis huit heures du matin. Des hommes qui se sont échappés du feu signalent que les fusils et les grenades à main sont ensevelis et que ce qui reste encore en vie de la garnison est complètement incapable de combattre. Tout le versant de Thiaumont, la crête d'Ablain, le terrain en arrière subissent également le bombardement le plus violent. Dans ces conditions la position ne peut être tenue en cas d'attaque par l'ennemi et d'autant moins que la compagnie en réserve à Thiaumont est disloquée par suite des envois d'hommes en avant et par les pertes subies et que le KTK n'a plus à sa disposition comme réserve qu'environ cinq groupes venus du ravin d'Ablain. Il est absolument nécessaire d'amener le plus rapidement possible des renforts (au moins un bataillon) et de faire agir efficacement notre artillerie lourde.*

Signé : Capitaine (illisible) *commandant le bataillon du 118e de réserve.*

Leçon à tirer, côté français: le fort de Douaumont sera moins défendu que prévu. Confirmation. Au demeurant, l'assaut semble irrésistible. Il n'y a que sur le front de la division de Lardemelle que l'attaque traîne.

Les hommes de Viotte sont pris sous un feu nourri de mitrailleuses qui n'ont pas été détruites. On doit s'arrêter. Sur leur flanc, le 233ᵉ, s'il parvient au prix d'énormes pertes à atteindre l'ouvrage des Grandes-Carrières, ne semble pas pouvoir atteindre les Petites-Carrières nord, d'où il avait à entreprendre par l'ouest l'encerclement du fort de Vaux.

Le 299ᵉ, à peine débouché de ses parallèles de départ, tombe sur les tranchées Clausewitz et Seydlitz, protégées par des barbelés intacts. Le bataillon Desbroches des Loges rencontre une très forte résistance dans la tranchée Steinmetz, prise à grand-peine.

Effectivement, sur toute l'aile droite de l'offensive, ça piétine. Le général de Lardemelle, pourtant du plus solide caractère, en paraît lui-même affecté.

En revanche, sur les fronts des deux autres divisions d'attaque, l'optimisne peut être de rigueur. Le régiment colonial est en pleine avance. Tandis que le bataillon Modat, devenu le bataillon Alexandre, joue la couverture, le bataillon Croll entreprend déjà de contourner le fort de Douaumont par la droite et la gauche, en vue de le déborder et de s'établir au-delà, tandis que le bataillon Nicolaï commence à prendre ses dispositions pour aborder l'ouvrage de face. Les hommes avancent d'un pas plus sûr. Simple incident: le brouillard s'épaissit et l'erreur d'une boussole, déréglée probablement par le voisinage d'un revolver, désoriente le bataillon et l'amène presque parallèlement à l'arrêt de Thiaumont-Douaumont. Voilà qui n'était pas prévu. Nicolaï est perplexe. Quelle direction choisir ? La décision est d'autant plus grave que le bataillon est le seul a être outillé pour attaquer directement le fort. Il y a une minute d'angoisse. Dieu soit loué, le brouillard se dissipe un peu, puis deux prisonniers sont amenés, qui, bonshommes, indiquent le chemin à suivre. Le bataillon reprend sa marche en toute confiance.

Le 8ᵉ tirailleurs, de son côté, a déjà pris le bois de Nouvé, de même que la contre-pente nord du ravin de la Dame. Le général Guyot de Salins pourra être satisfait: le 4ᵉ zouaves atteint aussi ledit ravin de la Dame, dans un parallèlisme parfait avec le 8e tirailleurs.

Déjà, à travers les éclaircies, la section du malheureux Charras, qui marche à la pointe de tout le dispositif divisionnaire, peut découvrir, assez près, le fort de Douaumont, morceau de choix, roi de l'horizon, qui domine la bataille. On s'arrête sur un ravin comme pour mieux l'observer, dans les intervalles des brumes qui courent ou tourbillonnnent.

— Sacré gâteau ! fait Ruchart.

Quant au front du Centre, chez Passaga, tout s'exécute « comme sur des roulettes ».

Le 321e RI, superbe, atteint la croupe du bois de la Caillette, tandis que le commandant Raoult, avec son 116e BCP, n'aura pas mis une heure pour gagner le bas de la croupe nord du ravin de Bazil, entre le ravin de la Caillette et le ravin de la Fausse-Côte.

Pour sa part, le commandant Florentin, avec son 102e BCP, touche déjà son objectif final, un peu au-delà du ravin de la Fausse-Côte, à flanc de crête : c'est à la baïonnette, avec des rugissements fous, qu'on chasse de la position un bataillon ennemi. Le commandant Pintiaux, avec son 107e BCP, débouche dans la région nord de l'étang de Vaux. Le 401e RI de Bouchez se heurte sur sa droite à une forte résistance au « Nez de Souville » et dans le ravin des Fontaines : il n'en rejoint pas moins, en une heure, l'étang de Vaux.

Sur tout le front des chasseurs, l'avance aura été aussi sûre que méthodique. On sait que vouloir aller trop vite serait s'exposer à trop de pièges, et plus encore entrer dans le tir de nos 75, qui font barrage, en avant de notre infanterie, en rouleau compresseur strictement minuté. Tout s'exécute cependant à la perfection. Peu importe que le brouillard augmente et la fumée. Les objectifs sont emportés l'un après l'autre, à la minute dite. Les prisonniers affluent. A 12 heures 30 précises, la voie ferrée est atteinte. A 12 heures 38, la première vague parvient au sommet de la crête nord du ravin.

Marche irrésistible. A travers la brume, les colonnes d'escouade apparaissent, s'évanouissent, réapparaissent, foncent toujours. Rien ne les arrête. Il n'y a que le commandement à ne pas savoir ce qui se passe.

La mairie de Souilly est dans l'angoisse. Voilà déjà une

heure que l'heure H a sonné. C'est pourtant une angoisse bien connue. Imaginons le tumulte que peut provoquer une grande offensive. Le brouillard règne sur le paysage fatal. Le pilonnage de l'artillerie est assourdissant. Les obus géants éclatent en masse. Il faut penser à l'inextricable chaos des tranchées prises et reprises, des positions qui résistent ou se rendent, elles aussi prises, perdues, reprises, reperdues, reprises. Toutes les transmissions sont détruites. Les téléphones de campagne, à peine déroulés, sont écrasés. Les coureurs eux-mêmes sont impuissants à franchir les barrages et les nappes mortelles des mitrailleuses. Au début de chaque grande offensive, le commandement ne peut savoir le développement de l'attaque qu'il a lancée. Fatalement, une fois de plus, cette angoisse recommence.

Plus grave encore : les PC des commandants de division ne sont pas mieux informés que le PC de Souilly. Passaga piaffe d'impatience comme Nivelle.

Questions lancinantes : Où en sont les assaillants ? Comment peuvent-ils avancer sur cet infernal glacis des Hauts de Meuse que laboure sans arrêt l'artillerie allemande ? Ou bien sont-ils déjà cloués au sol ? Seul signe de la bataille : le roulement ininterrompu du canon, et, dans les sautes de vent, le tac-tac-tac sauvage des mitrailleuses. Allemandes ? Françaises ? Nul ne le sait. On ne sait rien.

Les téléphones n'auront fonctionné qu'une dizaine de minutes. Ils sont maintenant totalement muets.

Pas une seule sonnerie.

Et donc pas le moindre renseignement.

On sait seulement qu'*ils sont sortis*. Depuis, rien...

— Et mes avions d'accompagnement ?

— Deux viennent de partir, mon général.

— Comment ont-ils pu ? Par un tel temps ? Par un tel brouillard ?

— Oui, mon général, ils sont sortis quand même... On en a suivi un jusqu'aux lignes par son indicatif. Puis, il s'est tu brusquement.

— A coup sûr abattu... ou un accident, dans cette brume... L'autre ?

— On l'entend mal. De temps en temps un vague indicatif. Aucun autre renseignement. Pas de coordonnées.

— Attendons, attendons...

Il faut dire que, parmi nos avions, ceux chargés de la liaison d'infanterie ont droit à une particulière admiration. Certes, tous nos aviateurs prennent les plus grands risques, ainsi que le remarquent les observateurs chargés des réglages d'artillerie et des contrôles de tir, depuis le 75 jusqu'aux gros calibres de l'ALGP. Inlassablement, par temps clair, on les voit croiser dans le ciel, aller, venir, au milieu des éclatements rageurs de l'artillerie anti-aérienne, dont les sinistres flocons blancs étoilent l'atmosphère autour de leurs ailes.

Mais, de tous, incontestablement, les avions chargés de la liaison d'infanterie, volant au ras du sol, prennent les plus grands risques. A chaque instant, ils sont exposés au pire. A plus forte raison quand surgit un pareil brouillard :

— Attendre... attendre..., fait en écho Mangin, qui tambourine sur sa table avec ses doigts. Dans une pièce voisine, des sapeurs télégraphistes, le casque sur les oreilles, sont attentifs à saisir les moindres crissements, les moindres crachotements de la radio...

Une pendule égrène ironiquement ses minutes... Le général regarde sa carte. Ici, Guyot de Salins... Au centre, Passaga... Là, de Lardemelle... Ici, Douaumont... Là, Vaux... Et le bois de la Caillette... Et le ravin de Bazil... Et la cote 304... Et le Mort-Homme...

Mangin lève les yeux. L'anxiété est générale. Raides comme des piquets, colonels, capitaines, jeunes lieutenants sont aussi muets que le téléphone. Par chance, tout à coup, on entend un télégraphiste :

— Attention ! prévient-il.

Et d'inscrire fébrilement des lettres à déchiffrer que lui arrache tout aussitôt un officier.

« DX. DX. DX. DX. ... H.H.H.H... DX. DX. DX. DX. . H.H.H.H. ... DX... »

C'est le lieutenant René Joscat qui transmet, de l'escadrille des Sirènes. L'officier interprète sans délai les signes.

« *Bons renseignements sur la gauche. Demandons allongement du barrage en avant de la 123ᵉ division.* »

Pas grand-chose, même si la 123ᵉ peut y gagner beaucoup. C'est mieux que rien. De surcroît, la nouvelle est plutôt bonne.

— Faites le nécessaire, commande un colonel.

Mais voilà aussi qu'un autre avion se révèle. Il aura pris la relève du camarade abattu. Son indicatif déchire l'éther.

« ... WD. WD. WD... K. 3L. M.E.M.... »

Il travaille sur le front des 38e et 133e divisions. Les coordonnées qu'il vient d'envoyer signalent la prise de l'ouvrage de Thiaumont... Encore une bonne nouvelle, donc. Puis on entend de nouveau les transcriptions du premier.

« DX. DX. DX. DX. ... 206. 207 S P K N. »

Malheur de malheur : mauvaises coordonnées. L'officier explique le sens des signes sur le plan directeur.

« *Notre aile gauche n'a pu atteindre la tranchée Balfourier. Elle s'est repliée à l'intérieur des carrières d'Haudromont partiellement conquises...* »

Un grognement du général. En tout état de cause, il s'agit de renseignements trop parcellaires.

Toute analyse d'ensemble reste interdite. L'angoisse en est accrue.

— Attendons encore... Donnez-nous du café...

— Oui, mon général.

Minutes interminables, tandis que, seuls témoins du drame, les avions divisionnaires passent et repassent, à cent mètres, ou à cinquante, ou à vingt, au-dessus du paysage lunaire, cherchant malgré la brume, à voir, comprendre, aider les camarades d'en bas perdus dans la tourmente...

Et toujours ce récit hallucinant, que fera dans son beau livre sur l'histoire de l'Aviation, René Chambe.

Dix fois, les deux avions auront failli se broyer contre les croupes invisibles des Hauts de Meuse. Les incessantes trajectoires des obus français et allemands les font à tout instant bondir sous leur souffle rauque. Des balles jaillies du sol, criblent leurs ailes : encore une chance qu'ils n'aient rien à craindre de l'aviation de chasse, tout combat étant impossible à si basse altitude.

Les deux aviateurs ne se laissent pas intimider. Penchés dans la brume funèbre, ils n'arrêtent pas de chercher. Voir, il faut voir, voir à tout prix.

Des fantômes courent au sol, disparaissent dans un nuage. Des panneaux blancs, deux secondes, font signe.

« *Nous sommes là, nous sommes là, faites allonger le tir...* »

Mais ça passe trop vite. Tout se perd dans la fumée. Où

était donc le panneau ?... Où ? Où ?... Il faut revenir, redescendre, retrouver...

— Demi-tour ! hurle l'observateur dans l'oreille du pilote.

Ils repassent, repartent, reviennent... Dans l'aile droite, près de la cocarde, les deux hommes peuvent distinguer un grand trou, large comme deux mains, sans doute la marque d'un obus.

Les toiles bâillent, prêtes à se déchirer. Aux fous ! Le pilote, une balle dans l'épaule, grimace. Peu importe. A tout prix il faut voir, voir, voir... Plus rien ne compte que ça. Impossible que l'artillerie française en vienne à tirer sur des fantassins français.

« *Allongez le tir! Allongez le tir!* » implorent les panneaux blancs.

Il s'en souviendra, le général Mangin, de cette matinée-là.

Au cœur de Verdun, être perdu dans un désert... Pour autant, en première ligne, sauf sur quelques points, la progression se poursuit. Quand le brouillard se dissipe un peu autour du fort de Douaumont, les soldats de Prollius peuvent même apercevoir côté est, avancer les épaisses lignes des tirailleurs français. Ils ne tardent pas à être aussi alertés côté nord.

— Tous les mitrailleurs à leur poste ! » ordonne le capitaine.

Vers 12 heures 30, il n'y a toujours que la division de Lardemelle qui bute sur de considérables difficultés. Au bois Fumin et au Petit-Dépôt, réduit fortifié pour un bataillon qui couvre la route du fort de Vaux, elle continue de rencontrer la résistance la plus opiniâtre.

Sur le reste du front, tout est favorable. C'est le lieutenant-colonel de Partourneau, à la tête du 11e d'infanterie, qui est chargé de reprendre les carrières d'Haudromont. Brillant cavalier. Silhouette de jeune sous-lieutenant. Fière moustache. Fier regard. Torse qui porte beau. Il commanda d'abord un régiment de chasseurs à cheval. Il s'est porté volontaire ici pour prendre sa part directe de l'assaut. C'est en chantant *Nous entrerons dans la carrière* que les hommes de la 5e compagnie, sous la conduite du lieutenant Maestracci, se précipitent dans la carrière conquise.

Haudromont, ravins de la Dame et de la Couleuvre, Thiaumont, village de Douaumont, bois de la Caillette, ravin de la

Fausse-Côte, tous ces coins de sol si chèrement disputés depuis huit mois, objets de cent combats, couverts de tant de sang, illustrés par tant de gloire, tombent dans nos mains d'un seul coup. Quelqu'un doit manier une baguette magique.

Les tirailleurs et les zouaves, dans le bois Nawé, ont eu pour premier objectif le ravin de la Dame, et pour second le ravin de la Couleuvre. Leur marche se sera effectuée comme à la manœuvre. L'horaire est suivi comme s'il n'y avait pas d'obstacle.

C'est le 4e régiment de zouaves qui conquiert les ravins « aux pentes abruptes et perfides » de la Dame et de la Couleuvre. Le colonel Richaud commande. Silhouette trapue. Large visage carré. Fine moustache brune à longs crocs. Regard optimiste sous lorgnon austère.

Les scènes étonnantes se succèdent. Un officier allemand, fait prisonnier par l'adjudant Caillard, est si surpris par la soudaineté de l'attaque qu'il se livre sans bottes, en chaussettes.

Un vaguemestre est pris dans l'instant même où il procède au triage des lettres. Le doyen du régiment, le zouave Redonnet, en fera le récit amusé. L'Allemand sort de son trou les yeux hagards, les deux bras levés, brandissant d'une main sa boîte aux lettres, de l'autre une liasse d'enveloppes et s'écrie d'une voix suppliante: « Pardon, monsieur! Pardon, monsieur! »

Le sous-lieutenant Bonnin — qui pleure de rage quand son capitaine le place en réserve — trouve toujours un prétexte, vague de brume ou de fumée, flanc à protéger, mitrailleuses sur le point de coincer, pour dépasser l'objectif indiqué et s'en aller « flairer de plus près le péril ».

Le doyen Redonnet, « l'aïeul à tous », engagé volontaire à cinquante-sept ans et « plus jeune de cœur que les plus jeunes », nez busqué, œil malin, visage buriné de rude grognard, va mériter une belle citation à l'ordre de l'armée pour « présent fait à la génération de la victoire par la génération élevée voici cinquante ans dans le crépuscule de nos malheurs »... Il est du pays de Commenge, en Haute-Garonne. Il débuta dans la vie comme colporteur. Il a roulé sa bosse un peu partout: Espagne, Angleterre, Mexique. Le mariage ne le fixa qu'à trente-six ans, dans une belle métairie. Le voisinage s'étonna de le voir devenir un excellent paysan sédentaire, élevant dans la paix et « l'honneur du travail » ses huit enfants. Mais quand la guerre fut déclarée, il voulut en être, quoique n'ayant jamais accompli de service, parce que fils aîné de veuve. Lorsqu'il annonça sa résolution, sa femme fut consternée. N'avait-il pas passé, de loin, l'âge de jouer au soldat ? En son absence comment marcherait la maison ? Rien n'y fit. Simplement, il dit : « Je veux voir les Boches, j'irai garder des prisonniers au Maroc. » En réalité, personne ne l'aura vu dans le Rif. En guise de Maroc, ce fut Verdun.

En vain, pour l'offensive d'aujourd'hui, son capitaine, un Clermont-Tonnerre, aura-t-il voulu le laisser à l'arrière. Il s'est indigné. Dès l'attaque, il était au premier rang. Et il aura pu voir ledit Clermont-Tonnerre, un grand ami du comte du Mun, monter à l'assaut sa canne sous le bras, comme à la promenade.

Quelques patrouilleurs poussent même jusqu'au ravin du Helly, pendant que les compagnies de tirailleurs s'installent au sud de la route de Bras et entreprennent l'organisation de la position.

— Regardez, regardez, s'extasie Taupin, on dirait une montagne sainte !

Il veut parler de Douaumont. Le fort vient de lui apparaître, entre deux nappes de brume. Tous les hommes du petit caporal se serrent en grappe, pour mieux le regarder.

— Il fait peur, estime Thomas, on dirait un ogre.

— Ogre ou pas, il a chaud aux fesses, ricane Chopeau, qui regarde surtout monter des profondeurs de l'antre les fumées noires de l'incendie...

Larnicotte pousse son juron préféré et ajoute :

— Et dire que c'est pour cette ordure que Lampier, comme tant d'autres et tant d'autres, est mort...

Vient à passer le commandant Nicolaï. Démarche allègre. Petits gestes vifs. Mollet nerveux. Lui aussi regarde la forteresse. Il hoche la tête.

— Eh bien, voilà, dit-il, nous allons l'aborder par la gorge...

Chapitre XVI

Quinze heures - Douaumont est à nous

« Soudain, des coups de feu dans le dos. Derrière nous, à gauche, à cent cinquante mètres, la batterie de Damloup émerge du sol ; la compagnie du régiment voisin qui devait l'occuper se sera égarée dans le brouillard. Quelques Boches, le déluge d'obus passé, ont commencé à sortir de leurs profonds abris. Effarés sans doute de voir les Français derrière eux, ils tiraillent déjà. Un frisson d'angoisse. Que faire ? Quelle décision prendre ? Mon capitaine n'est pas là et les secondes sont précieuses. A la grâce de Dieu ! Je crie de toutes mes forces : demi-tour ; à la batterie... au pas de course !... Nous courons comme des fous. Il s'agit d'arriver avant que tous les Allemands, sortis de leurs abris bétonnés, ne soient installés. J'ai demandé à un camarade, officier mitrailleur, qui nous accompagne, de tirer quelques bandes par-dessus nos têtes, pour effrayer l'ennemi. Il s'arrête vite, craignant de nous atteindre. Mais déjà nous voilà en haut de l'ouvrage, criant comme des démons. "Feu !" Les grenades voltigent. Il était temps. Déjà une mitrailleuse boche s'installait, dont les servants sont immédiatement descendus et je hurle : "*Hände hoch !*" (Haut les mains !) Désemparés par cette attaque qui leur arrive dans le dos, affolés, quelques Boches ont levé les bras, un officier en tête ; les autres les imitent, et en voilà qui sortent de leurs abris. Il en vient, il en vient encore ; trente, cinquante, quatre-vingts, tous levant frénétiquement les bras. Et nous ne sommes qu'une quarantaine de Français, le fusil prêt, des grenades à la main ; ne laissant libre que le côté français, je leur indique la direction avec mon bras tendu, tandis que, dans ma poitrine, mon cœur bondit de joie et de fierté... L'officier allemand est devant moi. "Vos armes? Vos cartes?" Il s'exécute. "Demi-tour!" Et, (pardonnez-moi), je lui décoche un grand coup de pied dans le bas des reins pour sa couardise. Mes hommes trépignent de joie, et, l'un derrière l'autre, les bras levés, grotesques, les Boches courent vers l'arrière, où les territoriaux qui les attendent agitent leur casque à bout de bras pour nous acclamer. Dans les abris de la batterie, nous avons ramassé quatre Minnenwerfer et six mitrailleuses... Nous sommes retournés à nos emplacements. Stupéfait et ravi, mon capitaine téléphone le succès au colonel tandis qu'arrivent nos voisins de gauche, assez étonnés d'occuper la batterie sans coup férir... Il est 14 heures 30. Il n'est que temps d'organiser le terrain conquis sur lequel tous se promènent à découvert dans l'exaltation de la victoire, avec l'insouciance que j'ai souvent constatée en de pareilles occasions. Mais voici qui nous rappelle à la réalité: un officier d'une compagnie voisine, Cartier, est venu me demander des nouvelles de son frère, soldat de ma section. Je le rassure et lui demande à boire. Comme il est tout harnaché, je m'agenouille pour boire plus facilement à même la gourde. Floc! un petit bruit mat! et le voilà qui s'effondre sur moi. "Je suis fichu", dit-il, tandis qu'un flot de sang monte à ses lèvres; une balle lui a traversé la poitrine... »

On n'a pas fini de reparler de « ce grand coup de pied dans le bas des reins », d'autant que l'auteur et acteur principal de ce récit est le sous-lieutenant Martin, du 30e RI qui, lorsqu'on lui demande sa profession, répond: jésuite. Effectivement, « dans le civil », si l'on peut dire, il est révérend père.

Un calme héros: Paul Dumont, sapeur de la compagnie 19/2 du génie, dans le civil maître-ouvrier à Pavillons-sous-Bois. On demande des volontaires pour aller reconnaître les effets d'un bombardement: indispensable avant de relancer la vague d'assaut. Une mission dont on a peu de chances de revenir. Lui la revendique, avec un sergent et quatre autres soldats. Ils partent sous des rafales de fer. Le sergent est blessé tout de suite. Dumont prend le commandement de la petite troupe, laquelle, de trou d'obus en trou d'obus, malgré l'absence du sergent, parvient à son but. On pénètre à l'intérieur, on parcourt galeries et casemates, tout éventrées, qui ne semblent plus avoir de défenseurs. Au retour, on ramasse un groupe de prisonniers, qui donneront les renseignements les plus précieux. Par ce haut fait d'armes, Paul Dumont sera dès demain décoré de la Légion d'honneur par le général Pétain en personne.

Autre héros sans orgueil : Jean Ygon, sapeur mineur, compagnie 19/2 du génie. Aux portes mêmes du Douaumont, il capture deux canons et trois mitrailleuses prêtes à fonctionner. Lui aussi aura droit à la Légion d'honneur, lui aussi des mains du général Pétain.

Les brillants ou pathétiques faits d'armes ne se comptent plus. Et les fronts de continuer de bouger, et de bouger dur. Un vent léger souffle, tendant à dissiper la brume. Il n'y a toujours que la division de Lardemelle — même si elle vient de prendre la batterie de Chamloup — à connaître de graves difficultés.

Le 230e reste bloqué face aux tranchées Gotha et Siegen. Le 33e, malgré l'aide du 50e BCP du commandant Imbert, ne peut procéder à l'encerclement du fort de Vaux et doit se résigner à se fortifier sur place, en pleine forêt dévastée. Il faut toujours se battre sauvagement à la grenade, sur le front du 299e, pour la possession des tranchées Clausewitz et Seydlitz. Partout ailleurs, la progression est constante.

Puis, le ciel se découvre, tout à coup. Un vent plus agressif s'est levé. On assiste à une nouvelle guerre, muette celle-là, qui double l'autre : des nuages contre du vent. Ils sont repoussés, reviennent, feignant de fuir, s'entêtent. Mais le vent les déchire enfin : on voit les nuages s'échapper à tire-d'aile, après avoir claqué comme des drapeaux. Du même coup, tout le champ de bataille se découvre soudainement avec une extraordinaire netteté.

C'est Mangin qui sera content. Il pourra enfin sortir de son désert, ou de son cloître. On découvre parfaitement, depuis Souville, la crête de Fleury, le ravin de Chambitour, les pentes de Douaumont. Dès lors, un avion peut opérer. On l'avait entendu. On ne l'avait pas encore vu. Il passe en rase-motte. On croirait qu'il joue à frôler les casques. Le pilote crie même des mots, qui ne s'entendent pas...

Et le régiment d'infanterie, chargé de s'emparer du bois de Vaux-Chapitre, de toucher à l'objectif. Soudain, se détache sur la cote 330, un grand nègre qui agite un drapeau tricolore au bout de son fusil, pendant qu'un autre, debout sur la crête en arrière, sonne éperdument la charge... Et les tirailleurs du régiment mixte de s'organiser fortement sur la crête Thiaumont et le village de Douaumont.

Du haut de la ferme Thiaumont, les Sénégalais regardent défiler les prisonniers hébétés. Un groupe de grenadiers prend à revers un abri qui résiste. On l'encercle comme à la parade. Grenades. L'officier allemand, blessé, se rend. Il remet son revolver au lieutenant qui commande la patrouille et désigne d'un geste les six hommes qui se rendent avec lui. Il dit: « Lieutenant, voici toute ma compagnie, tous les autres ont été tués. »

Et, dans l'un de nos bataillons de chasseurs, six officiers d'être blessés tour à tour. Parmi le déchaînement de la bataille, J.-B. Guyon, du 50e BCP, prend un blockhaus et fait huit prisonniers, non sans voir tomber à ses côtés cinq compagnons. Robert Laulom voit deux jeunes de sa section, Bozon et Butoudin, être ensevelis par un obus de 77. Le caporal Jeanpierre voit tomber à deux mètres ses deux lieutenants, abattus au revolver. Et le lieutenant Lucien Gros, avec ses hommes, réussit à sauver un bombardier enlisé jusqu'au cou dans la boue d'un entonnoir.

Tout se mêle, du tragique au plus comique, comme dans ce récit de Maurice Brassard, du 56e BCP, à propos de l'exploit d'un gars de Ch'Nord, Ulysse Lemain: « Il fait partie d'une des patrouilles avant. Tout à coup, notre patrouilleur aperçoit sur sa droite et en arrière quelques Boches qui, le voyant sans fusil, l'ont laissé passer... Eh bien, il bloque net trois mitrailleurs ennemis, à la grenade puis rafle à lui seul dix-sept prisonniers, dont deux officiers. »

Lui aussi se verra agrafer par Pétain en personne la croix de la Légion d'honneur — décoration infiniment rare pour un simple fantassin ou un sapeur.

Récit de Robert Laulom, du 321e RI, qui voit son copain Bouquet, en plein bombardement, piquer une colère noire parce qu'il a perdu son briquet. « Plus rien ne compte. Il en divague. Pensez-donc, un briquet qui marchait si bien! qui ne ratait jamais! que j'avais rempli avant de partir et qui me coûtait deux litres de pinard... »

Et le 8e tirailleurs de s'illustrer encore. A 14 heures, il a atteint la contre-pente nord du ravin de la Couleuvre, légèrement en retrait de la route Bras-Douaumont. A 15 heures, une patrouille de la 17e compagnie commandée par le sous-lieutenant Gilbert, pousse très en avant de nos forces, fouille le ravin de la Goulotte, achève la destruction d'une batterie de 77 déjà très endommagée par notre artillerie, et ramène des prisonniers après un vif assaut aux abris du ravin de Helley.

Le 4e zouaves ne s'endort pas dans les ruines du village de Douaumont. Deux patrouilles entreprennent de contourner le fort, attaquant à la grenade une solide batterie de mortiers. Le régiment a déjà fait quinze cents prisonniers, dont quarante-cinq officiers. Un mot de l'un d'eux au commandant du régiment : « Vos zouaves sont les plus beaux soldats qu'il m'ait jamais été donné de voir. » Et le régiment colonial du Maroc de balayer tous les obstacles.

Quelque confusion se produit. On connaît le plan. Le 4e bataillon ouvre la route. Le 1er bataillon — bataillon Croll, dont le capitaine Dorey conduit l'avant-garde — doit le suivre, puis, conformément aux consignes, le dépasser. C'est au 8e bataillon de Nicolaï de prendre le fort en un suprême assaut. Le 1er bataillon suit donc le 4e, puis le double. Il pousse même jusqu'à trois cents mètres du fort. Mais tout à coup, il se découvre seul dans la plaine. Le 8e bataillon n'est pas encore en vue. Volatilisé, Nicolaï !

Retard dû à la fameuse erreur de boussole. Mais Dorey ne peut le savoir. Alors, que faire ? Attendre ? Dorey n'hésite pas un instant. Puisque Nicolaï n'est pas là, il prendra le fort à lui seul. Il ordonne donc l'assaut immédiat — dont le sergent Gaston Gras fera plus tard un récit aussi détaillé que pathétique.

Voix de Dorey : « Compagnie Brunet ! Courez à la face sud-ouest et attaquez ! Compagnie Mazeau ! Attaquez la gorge du fort et dare-dare ! Compagnie Fredaigne ! Restez en arrière pour recueillir le bataillon s'il tombe sur un bec ! Gouteaux ! Suivez-moi avec les mitrailleurs en réserve, nous allons, entre Brunet et Mazeau, prendre notre part de l'attaque... »

Autre spectacle impressionnant. Vraiment le plein assaut. C'est un caporal, Béranger, qui attaque en tête, avec sa patrouille, sur le front de la compagnie Brunet. Il se précipite dans le fossé du fort, court sur le coffre de contre-escarpe. Les mitrailleurs allemands surpris par la promptitude de l'attaque, n'ont pas le temps de s'installer sur leur siège : la patrouille Béranger les neutralise en quelques coups de crosse. Dans le même moment, la compagnie Mazeau s'empare de la gorge.

On en oublierait presque que c'est un simple adjudant qui a pris la compagnie Fredaigne sous son commandement : tous les officiers, en quelques minutes, ont été mis hors de combat. Les hommes courent de tous côtés, grimpent, tombent, se relèvent. C'est un calvaire, mais un calvaire triomphal, dit Gaston Gras.

A lui de poursuivre : « Le capitaine Dorey s'élance le premier : d'une forte corpulence, les molletières tombées sur les brodequins, il a jeté au loin sa capote, et, à bout de souffle, mais non d'énergie, il entraîne à sa suite un bataillon grisé d'espoir. Brandissant une canne rustique, l'adjudant-major désigne le nord, agite ses bras, s'empêtre dans la boue, se relève, harassé, triomphant... Les hommes le regardent, électrisés, oublient leur souffrance surhumaine de marcher dans cet océan de fange. »

Le soldat Roche précise : « Le coup d'œil est effarant ; le cyclone embrasé s'est abattu sur cette terre, l'a fouillée, éventrée, retournée de mètre en mètre ; rien n'a pu tenir contre le terrible martèlement de notre artillerie. A perte de vue, ce ne sont qu'entonnoirs et lacs de boue. Çà et là émergent des cadavres de soldats allemands, la plupart horriblement déchiquetés par les éclats d'obus. Beaucoup de nos camarades auront aussi trouvé la mort sur ce champ de bataille ; je rencontre un groupe de six poilus du régiment, couchés en éventail, les yeux ouverts vers le ciel, la figure noircie par l'éclatement des obus ; à les voir ainsi, on dirait qu'une main mystérieuse les a placés dans cette attitude à égale distance l'un de l'autre, si bien que je m'approche en rampant, pour mieux me rendre compte qu'ils sont morts... »

Gaston Gras poursuit : « Hardiment, un simple sergent, Belton Chabrol, "flic" à Paris, s'élance à travers les obus du barrage, et, devançant les officiers, entraîne à sa suite le peloton un instant interdit. A toute vitesse, le barrage est franchi : passé l'écran de fer et de feu, le bataillon peut reprendre sa marche en bon ordre. »

Pour autant, Nicolaï ne sera pas resté longtemps hors jeu.

Maugréant contre l'aiguille aimantée de la boussole, qui, déréglée à la fois par le fer du casque et l'acier du revolver, « a failli l'envoyer jusqu'à Narbonne », le voici qui survient à son tour au pied du fort au moment où le 1er bataillon en occupe déjà les superstructures.

Au sergent Ducom de donner son propre récit : « Je marche en tête avec le sous-lieutenant Huguet. Nous nous arrêtons un instant dans la tranchée allemande pour regrouper nos hommes. Le sergent Bismuth, de notre détachement, un type du vrai colonial, nous dit : "Et puis, les gars, si on arrive sur la tourelle, on leur chantera *La Marseillaise* à messieurs les Boches, c'est promis ?" Et nous, d'acquiescer. Nous repartons. Nos avions volent à dix mètres au-dessus de nous, repérant nos positions ; les pilotes nous font, de la main, des signes amicaux ; nous sommes enthousiasmés par leur audace. Dans un dernier effort, nous atteignons et franchissons le fossé de Douaumont. Il y a un instant d'hésitation sur le but à atteindre ; soudain, le sous-lieutenant Huguet aperçoit la tourelle de 155, objectif de sa section : "En avant !" Je suis en tête avec le sergent Bismuth et mon ami Maurice Daney ("Nous y allons, Fernand ? — Allons-y, en avant !"), et le sous-lieutenant Huguet de répéter à ceux restés en arrière : "Allons, en avant ! Génie ou coloniaux !" Nous partons trois en tête, la baïonnette haute, le mousqueton chargé. Il me semble que je suis invulnérable...

« Nous défilons devant de nombreux créneaux aménagés dans les parois du fort ; pas un coup de feu n'en sort ; quelques décharges de fusils-mitrailleurs sont simplement dirigés vers les plus menaçants et des grenades sont lancées par les cheminées d'aération à l'intérieur de Douaumont. Dans un suprême effort, nous atteignons enfin la tourelle de 155. Et là, montés sur la coupole blindée, gesticulant, malgré notre fatigue extrême, en pleine vue de l'ennemi, nous nous donnons le plaisir de chanter *La Marseillaise* avec de pauvres voix de coqs enroués. Aussitôt, des projectiles, des bombes, semble-t-il, commencent à tomber. La section Huguet se groupe autour d'un observatoire, quelques mètres en avant de la tourelle et braque une mitrailleuse sur l'ennemi. Le brave sergent Bismuth est blessé mortellement.

« Notre 3e section, sous le commandement personnel du capitaine Perroud, commence l'exécution d'une tranchée à gauche de la tourelle de 155, au-dessus de nous. Notre chef paraît aussi calme qu'un polygone de Kouba et, du bout de sa canne, il indique sa tâche à chaque sapeur. Le tir ennemi devient de plus en plus violent; les projectiles éclatent sans interruption de tous côtés; ce sont des obus de canons-revolvers, et nous les prenions pour des bombes. Le capitaine Perroud est obligé d'interrompre son travail; des morts, des blessés gisent de toutes parts.

« Nous songeons, Daney et moi, à élever un petit parapet pour nous protéger tant bien que mal; un nouvel obus éclate presque sur nous... Je reçois un violent choc au bras, un autre au cou; je me retourne et j'aperçois le pauvre Daney la tête penchée en avant, le casque percé de deux trous par où l'on voit le cerveau. Il râle. Près de lui, un colonial a le crâne ouvert et râle aussi; par je ne sais quel réflexe, il sort sa baïonnette du fourreau et la tient à bout de bras, dans un geste menaçant!...

« Le tir allemand continue aussi violent pendant assez longtemps; la mitrailleuse en position quelques mètres en avant de nous a un grand nombre de ses servants hors de combat; quelques-uns ont des blessures affreuses; et il est singulièrement émouvant de voir avec quelle hâte les survivants prennent leur place. Maurice Daney râle toujours. Entend-il? A-t-il sa connaissance? Délaissant tout respect humain, après lui avoir fait un pansement sans conviction, je lui parle à l'oreille, l'engageant à se préparer à la mort.

« Avec quelques camarades encore indemnes, je me réfugie dans un énorme entonnoir creusé par un de nos 400. Le capitaine de la 2e compagnie me demande d'organiser une tranchée de tir en avant. Je ramasse les sept sapeurs qui sont là, et les amenant dans un autre trou de 400, plus avancé, je leur fais exécuter une banquette de tir sur la lèvre nord de l'entonnoir; l'emplacement est admirablement choisi. Le travail terminé, je me préoccupe de mettre mes hommes à l'abri et de retrouver mes chefs. Emportant avec nous mon infortuné ami (dont l'agonie atroce se prolongera durant vingt-quatre heures), nous entrons dans le fort par la porte principale. Tout de suite, je tombe sur le capitaine Perroud, qui me charge aussitôt de trouver un logement pour les survivants de la compagnie... »

Version du commandant Nicolaï: « Sous le vol bas de

l'avion de France aux trois couleurs croisant au-dessus du fort, le bataillon aborde le fossé en colonnes de section par un, chefs en tête et l'arme à la bretelle, puis il escalade les pentes raides du rempart de gorge. Arrivé au haut de ce rempart, il a devant lui les ouvertures béantes des casemates du rez-de-chaussée et, en avant, la cour extraordinairement bouleversée. Devant le chaos qu'est devenu le grand fort, symbole de volonté et de puissance merveilleusement recouvré, les têtes de colonnes s'immobilisent et regardent. Le chef de bataillon, qui s'est arrêté momentanément au fond du fossé pour vérifier le mouvement, rejoint la tête à cet instant, et, tout en rendant hommage à ce que la vision a de sacré et d'inoubliable, donne l'ordre d'attaquer les mitrailleuses qui, du fond des casemates, commencent à entrer en action. »

Quoi qu'il en soit, cette première résistance est bientôt réduite, puis « chacun se rend à son objectif qu'il sait retrouver, malgré le changement d'orientation de l'attaque ». Les résistances rencontrées aux tourelles sont dominées l'une après l'autre — au point qu'une section de mitrailleuses « prend sous son feu, à quinze cents mètres, des attelages allemands sur lesquels tire aussi notre artillerie ».

En définitive, cependant ni le 1er bataillon, ni le 8e bataillon du 11e régiment colonial, n'auront été les premiers à entrer dans le fort. Sensationnel, mais vrai : une poignée de biffins aura devancé la coloniale. La vraie prise du fort est le fait de la division Passaga, et non de la division Guyot de Salins.

Cela se produit simplement : le capitaine Henry Bordeaux en fera même un récit extasié dans son livre *Les Captifs délivrés*. La gauche de la division Passaga — plus exactement le groupement du commandant Megemont, qui comprend les 19e et 23e compagnies du 321e régiment et la 5e compagnie de mitrailleurs — se trouve avoir une double mission, depuis le départ de l'offensive : s'emparer d'un ouvrage, la batterie à l'est du fort, et donner la main au bataillon Croll en avant de Douaumont. Or, une fois la batterie annihilée, Megemont ne voit pas le bataillon en question, pour la simple raison qu'il a marché plus vite. En fait, il se découvre dans le même embarras que connaît un peu plus tard Dorey avec Nicolaï. Mais comment laisser le fort échapper, alors qu'il est à portée de main ?

Megemont n'hésite pas longtemps, non plus que le lieutenant Rambaud, qui commande la 23e compagnie. Au sous-lieutenant Leseux et à sa section d'opérer. Leseux — laissant le gros de la section aux abords immédiats du fossé qu'il venait d'aborder par le sud-est — décide de n'intervenir qu'avec trois de ses hommes, le grenadier Dumont, le grenadier Meydon et le fusilier-mitrailleur Jayr. Précisément, ils passent inaperçus. Franchissant le fossé aux trois quarts comblé, ils mettent vite le pied sur l'observatoire et la petite tourelle du côté est.

Le tour est joué : ce sont les premiers Français à entrer à Douaumont, vingt bonnes minutes avant les coloniaux. Ils n'en restent pas là. Sur leur élan, avec quelques hommes qui se sont joints à eux, dont le caporal Laly et le fusilier Jullien, ils capturent bientôt un sous-officier allemand et sept hommes, tandis que Jayr ouvre le feu sur un créneau de mitrailleurs pratiqué à la petite tourelle de l'observatoire. Peut-être est-ce donner l'alarme à l'ennemi avant d'être en force ?

Il ne s'agit, après tout, que d'une poignée d'hommes. Pour les annales, il n'en demeurera pas moins que c'est le 321e qui, le premier, aura escaladé les illustres remparts.

Et les prisonniers de défiler. Et les canons de continuer de mugir. Et les lance-flammes d'intervenir pour neutraliser quelques nids de résistance trop entêtés. Et Nicolaï de se stupéfier des énormes dégâts causés par les bombardements. Le fort est littéralement un hideux fouillis, où il est difficile de reconnaître la tour et ses ouvrages. Le fossé est tout près d'être comblé : l'escarpe a coulé dedans. La superstructure est défoncée. Les gros calibres l'ont pour ainsi dire coupée en deux, mettant à découvert les entrées des galeries des bâtiments.

L'abbé Delotoy, caporal infirmier, mis en présence d'un homologue allemand, jeune pasteur protestant, qui a eu trois frères tués à la guerre, l'entend dire qu'il ne consentirait jamais, devant des ennemis, à reconnaître la culpabilité de son empereur. L'abbé dit : « La dignité se partage. » Puis les vainqueurs laissent éclater leur joie, si étonnante soit-elle parmi tant de deuils.

Témoignage entre cent : « J'ai envie de crier. J'ai même dû crier, mais je n'ai pas entendu le son de ma voix dans le fracas de la mitraille, car la riposte n'a pas tardé et les obus éclatent dans mon voisinage. J'ai dû crier, car je mâche maintenant un peu de terre qu'un obus vient de faire jaillir jusque dans ma bouche ouverte. Douaumont est à nous. Le formidable Douaumont qui domine de sa masse et de ses observatoires les deux rives de la Meuse, est de nouveau français... Je me souviens de ce soir triste du 25 février dernier où, dans la boue et la neige, nous apprîmes que Douaumont était perdu. Nous ne pouvions le croire. Et voici qu'en moins de quatre heures, ce Douaumont, avec tout un territoire qui va des carrières d'Haudromont au ravin de la Fausse-Côte, nous est rendu. En moins de quatre heures, nous avons aboli le travail allemand de huit mois. »

La section qui fut si chère au sergent Lampier a partagé le même élan, les mêmes paradoxes et les mêmes risques. Il y a maintenant trois heures que le clairon a sonné la charge. Les restes de la section, pour quelques instants de repos, ont fait halte dans une cagna éventrée, peuplée de cadavres allemands.

— Eux aussi savent mourir, a dit l'étudiant, et il a salué.

Ils ressortent à l'instant même où le vent dissipe les nuages.

— Pas bon pour nos pipes, grogne Ruchart.

Du moins le caporal peut-il essayer de mieux réaliser où il se trouve. Il aperçoit, en pleine lumière, face à lui, à pouvoir le toucher, un vaste monticule, une sorte de montagnette hérissée de pierres noircies, vestiges d'anciennes tourelles blindées.

Il consulte sa montre : 14 heures 43.

Des soldats qui hurlent. Des soldats qui se rendent. Des mitrailleuses qui continuent de crépiter. Le vacarme des canons de barrage qui ne cesse pas.

— Mais c'est Douaumont ! s'exclame Ruchart.

Aucun n'en croit ses yeux. Effectivement, c'est Douaumont. Durant une demi-heure ou une heure, ils auront avancé sur lui sans se rendre compte. Et voilà, il est là. Et pour un spectacle incroyable, c'en est un.

Toute la pente s'anime d'un coup : des hommes de terre et de boue en font l'escalade. Ils marchent en colonne par un, en ordre. Ils avancent d'un pas sûr. Ils montent. Ils y sont. En voilà même un qui se profile en ombre chinoise sur la crête, et puis un autre, et puis un autre encore. Il y en a un sur chaque créneau, tandis que d'autres descendent dans la gorge. Mais ils vont se faire voir! se faire mitrailler! Ne vous montrez donc pas comme ça! Aux fous! Eux continuent cependant de s'agiter, de courir, de tourner, comme s'ils voulaient dessiner une vaste ronde au-dessus de Douaumont conquis, une farandole de victoire...

— Faut pas manquer ça, dit Chopeau.

Ses camarades et lui se mettent à courir. Ils n'ont même pas l'impression de grimper. Ils croisent sans les voir les prisonniers qui, eux, descendent. Taupin tient son fusil d'une main et son casque de l'autre. Jamais leur lourd barda ne leur aura paru aussi léger.

— On a vraiment décroché la timbale, crie Thomas.

Une porte informe qui fut un rempart. Quelque chose qui devait être une casemate. Eux aussi, comme des fous, chantent et dansent. Une énorme clameur monte de toutes parts. « Le fort est à nous, à nous, à nous ! » Pour l'immédiat, ils ont déjà oublié Charras, Lampier, les autres. « A nous ! A nous ! » Il n'y a plus qu'à nettoyer la forteresse de ses derniers défenseurs.

Précisément, à peine le caporal et ses hommes se sont-ils présentés au chef de bataillon, que celui-ci leur en confie la charge.

— Fallait bien qu'ça tombe sur des cons, grogne Chopeau.

On se met en file, baïonnette au canon. Une porte devenue un trou. Une rampe qui s'enfonce dans les entrailles du dragon. Une large esplanade sous un amoncellement de décombres. Un tunnel, signalé par un prisonnier comme devant conduire au saint des saints. Le capitaine marche en tête, revolver au poing.

Premier pris: un jeune soldat, sans arme, qui ouvre de grands yeux ahuris, ayant à l'évidence peine à croire que voilà déjà les Franzouss...

— *Nicht kaputt! Kamarad! Kamarad! Franzose!...*

Il est si affolé qu'il ne comprend rien à ce que veut le capitaine: la porte de la Kommandantur.

— *Kommandantur*! fait Damoiseau, en appuyant sa baïonnette sous le menton du jeunot.

— *Ja! Ja!*

Guidés par le prisonnier, la patrouille s'enfonce dans les

Pétain et Joffre.

Colonel de Barescut,
chef d'état-major de Pétain,
puis de Nivelle.

Général Mangin sur le champ de bataille.

Guillaume II, le Kaiser.

Le Kronprinz décore ses soldats de Verdun.

Maréchal Hindenburg.

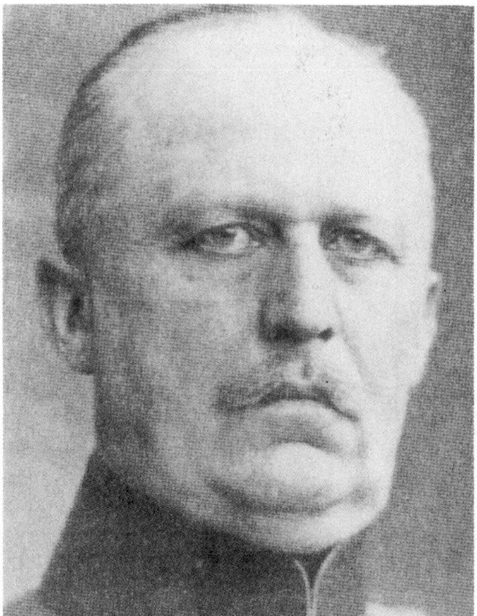

Général Lundendorff.

« Les Dioscures ».

Verdun sous le feu des Allemands.

Les sous-sols de la forteresse de Vauban.

Les Poilus.

Le 400 français qui «assomma» Douaumont.

La Voie sacrée.

Le Ravin de la Mort, sous Douaumont.

Front de Verdun : Les premières lignes françaises et allemandes, face à face.

La tranchée.

Douaumont, vu d'avion,
quelques jours
avant l'attaque française.

Le fossé nord
de Douaumont,
pilonné par les Français.

Douaumont est repris ; Français au repos, à l'intérieur du fort.

14-18. Les hommes au front, les femmes à l'usine.

Paris. Foire aux jambons.

LE FIGARO

Autour de la Bataille

Les héros de Verdun

« Sur la rive droite de la Meuse, disait hier le communiqué allemand, le tir efficace de notre artillerie a rejeté l'ennemi dans ses tranchées et fait échouer ainsi ses vaines tentatives d'attaques... » A l'heure précise où l'état-major du kronprinz faisait paraître ces lignes, quatre divisions de notre armée de Verdun attaquaient le front allemand de Bras à Fleury, sur une étendue de sept kilomètres, l'enfonçaient, gagnaient partout deux à trois kilomètres de terrain et capturaient, avec un nombreux matériel, plus de 3,500 prisonniers. Il sera curieux de voir demain [illegible]ment le kronprin[illegible] po[illegible] être [illegible]gonie de Verdun, lançait [illegible] triomph[illegible] dépêche sur la prise du fort cuirassé de Douaumont, « pilier angulaire de la défense de la place ». C'est le 3 mars qu'ils entraient dans le village.

Certes, la possession leur en fut chèrement disputée. Et plus tard le bois de la Caillette, les abords de Vaux, l'ouvrage de Thiaumont enfin furent le théâtre de luttes sans nombre, plus sanglantes et plus dures que les batailles les plus célèbres dans l'histoire.

Mais enfin, après tant de combats, les Allemands, s'ils avaient dû renoncer à entrer dans Verdun, pouvaient penser qu'ils garderaient au moins leurs conquêtes payées de tant de vies humaines. L'offensive d'hier les leur ravit et voici perdue la plus grande part des gains de six mois d'offensive furieuse.

La Guerre

814e jour de guerre

24 OCTOBRE. — 11 HEURES SOIR

Sur le front de Verdun, après une préparation d'artillerie intense, l'attaque projetée **sur la rive droite de la Meuse** a été déclenchée à onze heures quarante. **La ligne ennemie attaquée sur un front de sept kilomètres a été crevée partout sur une profondeur qui, au centre, atteint trois kilomètres.**

Le village et le fort de Douaumont sont en notre possession.

A gauche, nos troupes, dépassant l'ouvrage et la ferme de Thiaumont, se sont emparées des carrières d'Haudremont et se sont établies le long de la route qui va de Bras à Douaumont.

A droite du fort, notre ligne passe au **nord du bois de la Caillette**, longe la lisière **ouest du village de Vaux**, la lisière **est du bois Fumin** et continue au **nord du bois Chenois** et de la **batterie de Damloup.**

La Guerre aérienne

Sur le front de la Somme, un de nos avions a attaqué, à la mitrailleuse, les tranchées ennemies dans le bois de *Saint-Pierre-Vaast.*

Sur le front de Verdun, hier, malgré une brume épaisse, notre aviation s'est montrée active et a livré une vingtaine de combats. Trois avions ennemis ont été abattus : l'un au *nord d'Azannes*, le second près d'*Ornes*, le troisième a été vu tombant, avec une aile brisée, au nord de *Romagne*, à la suite d'un combat livré par une de nos escadrilles à un groupe adverse. Dans la *région de Verdun*, un de nos pilotes est descendu à cent mètres du sol pour incendier un hangar et mitrailler une automobile.

VERDUN

✠ Ces endroits illustres, qui virent pendant six mois la bataille la plus acharnée des temps modernes, Damloup, Vaux, Douaumont, viennent d'être témoins d'un nouvel exploit de notre armée. Le village et le fort de Douaumont sont tombés en notre possession ; trois mille cinq cents prisonniers ont été pris en quelques heures. « Nous voulions donner un coup de poing là, disait hier un officier. Il a été donné et de main de maître. » Ain[illegible] formidable affai[illegible] p[illegible] qui, au [illegible] trois kilomètres », marque un de ces points lumineux. Et si l'horizon vers la Dobroudja est un peu sombre, l'horizon français s'élargit et s'éclaire.

Alfred Capus,
de l'Académie française.

Le Figaro, 25 octobre 1916.

Le capitaine de Gaulle,
prisonnier des Allemands.

Winston Churchill,
en visite sur le front français en 1915,
avec le général French.

Le caporal Hitler *(premier assis à droite)* au front.

La belle Mata-Hari.

Colette aux anneaux.

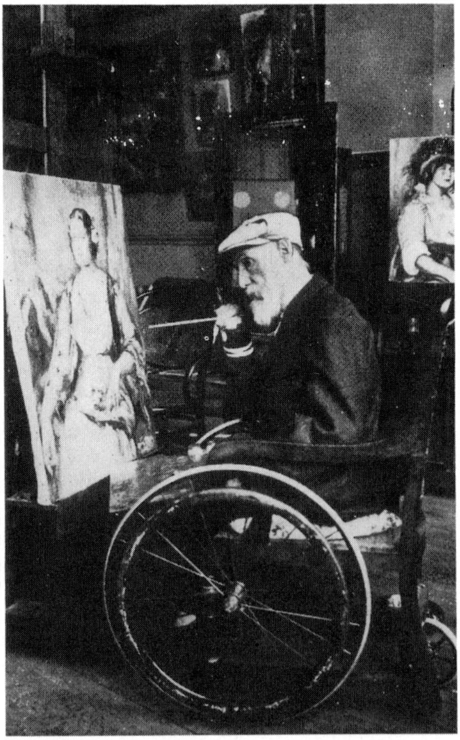

Auguste Renoir dans son atelier.

ténèbres que perce à peine la lueur de la lampe de poche du caporal.

— Ce que ça fouette ! grogne Chopeau.

— Silence ! coupe le capitaine.

De fait, il s'agit d'une odeur de chair grillée qui paraît plus abominable encore dans cette épaisse atmosphère.

— Les masques !

On ne saura que plus tard ce qu'il en est : des sentinelles surprises par l'incendie et un amas de corps se consumant lentement sur les créneaux. Il faudra faire appel au génie pour éteindre ces pauvres torches.

En avant. Un impressionnant silence. A travers les salles qui se succèdent — un vrai labyrinthe — on trouve un amoncellement d'armes, d'équipements, de caisses de munitions, d'outils, abandonnés dans le plus grand désordre. Les quelques soldats rencontrés, en calot, se rendent sans résistance.

Tout à coup, cependant, le prisonnier guide s'immobilise. Il désigne un étroit couloir qui s'ouvre dans la galerie principale.

— *Kommandantur!* dit-il, en tendant l'index.

Le capitaine fait un pas. Mais des coups de feu éclatent. Par chance, personne n'est touché.

— Aux grenades ! ordonne le capitaine.

Il se saisit lui-même d'un engin, le débouche, le lance, s'abrite dans la galerie principale, dont le coude fait pare-éclats.

Une longue flamme.

Un bruit assourdissant.

Une épaisse fumée.

Deux... trois grenades sont lancées encore. Ça devrait suffire. On risque un œil. En effet, la barricade — modeste — qui voulait interdire le couloir est démolie. Un soldat allemand apparaît dans la fumée, les bras en l'air.

Première surprise : il assure qu'il est seul à tenir ce couloir et qu'il vient à l'instant, de ses propres mains, de bâtir cet obstacle.

Deuxième surprise : désignant une porte close, celle de la Kommandantur, il explique que le commandant du fort et ses officiers sont déjà prisonniers.

Effectivement, l'exploit a été déjà réalisé. Par un seul homme, un simple sapeur ! Un titi parisien, modeste maître-ouvrier dans le civil. De la compagnie 19/2 du génie. Il a nom Paul Dumont.

En parcourant galeries et casemates ébranlées, et en poussant une porte, il s'est trouvé tout à coup face à un groupe d'officiers allemands et une vingtaine d'hommes. Il a sorti une grenade. Les Allemands se sont aussitôt rendus. Ils devaient s'y être résignés. Ils sont vingt-huit.

Exploit, nous racontera le sergent Ducom, qui vaudra au brave Dumont l'une des premières croix de la Légion d'honneur décernées à des hommes de troupe, et quelques démêlés à Paris, lors d'une permission exceptionnelle, avec des gardes républicains étonnés de lui voir arborer une telle décoration, sans oublier quelques deux cents lettres de candidates marraines, désireuses d'avoir un tel filleul.

Le capitaine français, poussant la porte, découvre Dumont qui, rejoint par trois autres sapeurs, tient sous sa surveillance un capitaine allemand — Prollius — et toute sa troupe. On allume prestement quelques bougies. L'officier allemand est livide.

— Il est bien triste, dit-il, de finir la guerre de cette sorte. Je n'imaginais pas une conclusion comme celle-là...

Encore faut-il apprendre qu'il s'agit d'une Kommandantur par intérim : le vrai commandant du fort serait parti, avec le gros de la garnison, dès minuit...

— Chopeau, va prévenir le chef de bataillon...

Un lourd silence suit. Alors seulement l'étudiant pense à la lettre terrible qu'il devra envoyer à Mme Lampier.

« Madame... non... chère madame... ou plutôt si, madame... j'ai la profonde douleur de vous annoncer que votre mari... »

Chapitre XVII

Le Tsar

Où va donc la Russie des tsars?

Certes, en apparence, la capitale, Saint-Pétersbourg, rebaptisée Petrograd, de consonance moins germanique, offre à la déclaration de guerre son visage traditionnel. Par rapport aux premières années 1910, il y a simplement plus d'uniformes militaires dans les rues et les gares, un éclairage discret, par crainte des zeppelins, et de longues files d'attente devant les magasins pour avoir du pain ou de l'huile de cuisine.

On s'applique à supporter le moins mal possible ce mois d'octobre, le plus exécrable de l'année. Une nouvelle fois, la pluie alterne avec le brouillard; un vent humide et mordant souffle du golfe de Finlande; on piétine dans la boue et la neige fondante; il faut attendre l'admirable neige de novembre pour que les *droshkis* puissent échanger leurs roues contre des patins; on peut assurer que c'est le mois où les cochers et leurs petits chevaux finnois sont de la pire humeur. Les deux millions d'habitants font face, comme d'habitude, avec philosophie.

La ville n'a subi ni bombardement ni dommage. Les tramways continuent de rouler. La Bourse connaît un grand calme. Si les belles toiles de l'Ermitage ont été envoyées à Moscou par mesure de sécurité, magasins de luxe et restaurants sont assaillis de clients. Archiducs et ambassades donnent toujours des soirées fastueuses.

Avec les grâces de Venise, l'admirable ville du Nord continue d'offrir les images d'Épinal inséparables de sa perpétuité : le grand-duc tout harnaché de médailles, le portier de palais sous sa tunique noire plissée et son bonnet de fourrure, l'officier à cheval, le moujik en blouse, le prêtre orthodoxe qui évoque un prophète avec son long bâton et son couvre-chef en fourneau de pipe, les superbes élégantes loges de l'Opéra, les coupoles en forme d'oignon des églises, le ciel mélancolique...

On ne pressent pas du tout qu'un séisme puisse venir et tout emporter. La foule se précipite, fervente, aux réunions hippiques organisées sur le terrain de parade de Semenovsky. Le cirque de Noël vient d'ouvrir ses portes. Les théâtres restent ouverts le soir, même le dimanche. La merveilleuse danseuse étoile Smirnova interprête au Marinsky la *Beauté endormie* de Tchaïkovski. Chaliapine le Grand, géant à la voix d'or, si mégalomane qu'on dit qu'il se prend — à force d'interpréter *Ivan le Terrible* — pour le tsar en personne, se produit au Narodny Dom.

Les cinémas, comme ceux de Moscou, affichent *L'Accord d'amour, La Morphinomane, Le Songe d'or*. Karsavina anime un grand concert tzigane.

On annonce pour bientôt le *Tsar Fédor*, d'Alexis Tolstoï, qui triomphe actuellement au Théâtre artistique de Moscou. Les soirées des théâtres restent somptueuses, où se pressent des généraux à favoris blancs, de jeunes femmes couvertes de diamants, de distingués diplomates en frac, tandis que des nuages de vapeur montent de la croupe des équipages — en particulier si c'est soir de ballet. Car cette autre guerre n'a pas désarmé entre Moscou et Petrograd ; c'est à qui donnera la plus éclatante troupe.

D'énormes panneaux de réclame ne cessent de vanter « la cosmétique de l'hellade antique » et les chaussures à semelles de bois, pratiques et bon marché, les savons-cire et savons-marbre, les riches tapis de Smyrne et les cigarettes Sir.

Le *Whitaker's Almanac*, une publication anglaise qui rassemble les statistiques et références essentielles pour tous les pays du monde, peut nous préciser que tout est en ordre à Petrograd : le tsar est sur le trône, la Douma siège, et toutes les importations et exportations sont strictement enregistrées.

Mais, en profondeur, il en va autrement. Au-delà de ce faux

miroir, un extraordinaire délabrement commence à produire ses effets dans l'ensemble de la société russe.

Depuis 1914, les prix ont augmenté de trois cents pour cent, alors que les salaires n'ont fait que doubler. Trop de denrées manquent, et se vendent quatre fois plus cher sous le manteau, comme la graisse, l'huile, les bonbons au miel, le pain à la française, et l'avoine pour les chevaux. Le bon peuple ne se lasse pas de parler des mille escrocs qui pratiquent le brigandage de la manière la plus éhontée et trafiquent ou spéculent impunément sur tout, lard, sucre, poisson fumé, bottes, toques.

En cette journée de la fête du tsarévitch, héritier de l'empire, Sa Grandeur le Métropolite Pitirim a célébré la Divine Liturgie et des représentants du Très Saint Synode ont eu le bonheur d'offrir à Son Altesse Impériale une charte bénite ainsi qu'une icône du Sauveur. Mais dans le même temps, il faut apprendre pêle-mêle que les troupes russes sont en difficultés dans la Dobroudja ; que les paysans russes, en prévision des mauvais jours, cachent leur grain au lieu de le fournir au marché ; que le prix des denrées ne cesse de monter (hier, le sucre en morceaux est passé à vingt kopecks la livre) ; que les moulins, n'ayant plus rien à moudre, cessent de fonctionner ; et que, pour autant, on vient de découvrir à Tiflis quarante wagons de farine cachés.

On commente interminablement la mort du cuirassé le plus récent *Impératrice Marie*, plus beau fleuron de la flotte russe de la mer Noire, incendié il y a quatre jours dans des conditions mystérieuses et coulant avec à bord au moins deux cents matelots.

Les mendiants se font de plus en plus nombreux alors qu'à Moscou l'Institut Pestalozzi continue de mettre en vitrine des jouets mirifiques et que Pétersbourg (on continue de dire Pétersbourg) affiche le luxe le plus insolent, avec bijoux et zibelines à foison.

Ils sont de plus en plus nombreux, ceux qui rappellent le célèbre proverbe « paix de paille vaut mieux que bonne bataille ». On rage de ne pas connaître le nombre de soldats tués sur le front. Cinq millions ? Sept ? Huit ? Peu importe si, dans le même temps, Hindenburg, dans ses *Carnets*, dit lui-même ne pas le savoir.

Il y a tout ce flot incessant de sans-abri et de soldats

évacués qui répandent les rumeurs les plus sombres. On raconte à plaisir que les fantassins doivent se défendre à coups de crosse contre les mitrailleuses ennemies, pendant que les officiers sablent le champagne avec les « petites sœurs », ambulancières de campagne.

Une désorganisation énorme, une pagaille indescriptible, la carence totale du réseau ferré, encombré de wagons abandonnés qu'il faut culbuter dans le vide pour passer, la montée des prix ont terriblement ébranlé l'esprit de l'Union sacrée. A Moscou, on vient de déplorer les premier pillages de magasins.

Trente-six hauts fourneaux sont éteints. Le manque de combustible menace toute la production d'armements. Faute de bras, l'agriculture périclite.

Les bolchevistes ont beau jeu d'alimenter de vastes campagnes souterraines contre les fortunes que les spéculateurs bâtissent : ces jours-ci, ils auront tenu leurs premiers meetings dans les tranchées.

Le lieutenant-colonel Lavergne, attaché militaire adjoint à l'ambassade de France, écrit ce matin au quai d'Orsay une communication qui relève de l'alarmisme. Il évoque un « énorme malaise matériel et moral » et signale que l'intendance russe n'arrive plus à nourrir six millions de soldats, pas davantage les chevaux qui ont à traîner les convois. Il fait part d'une hausse des prix « au-delà de toute imagination », d'une corruption effrénée, de trafics éhontés, de la misère des fonctionnaires, des officiers et des policiers. Voici qu'une mauvaise huile de tournesol remplace la graisse. Il tient à noter le propos significatif d'un cocher de fiacre de Petrograd qui regarde arriver dans un palais un prince japonais : « Les Japonais ! Je leur ai fait la guerre et j'ai été blessé. Il y a huit ans, tout le monde les détestait. Maintenant, on les reçoit avec les plus grands honneurs. L'empereur va à leur rencontre à la gare. Peut-être qu'on fera de même avec les Allemands dans quelques années !... »

Lavergne observe même avoir entendu plusieurs fois des commerçants et des industriels regretter les temps « bénis » où « nous étions amis avec les Allemands ».

Les grèves succèdent aux grèves dans la capitale. Signe plus alarmant encore : les soldats envoyés pour rétablir l'ordre refusent de tirer sur les ouvriers et il faut faire intervenir les cosaques. La politique politicienne s'en mêle. Depuis l'extrême droite jusqu'à la gauche révolutionnaire, c'est à qui portera au régime ou aux souverains les plus rudes coups.

Chez les libéraux de Petrograd, le slogan « Par la victoire vers la révolution », est remplacé par le slogan opposé, « Par la révolution vers la victoire ». Dans les salons aristocratiques, on discute ouvertement de la possibilité de déposer le tsar en faveur de son fils, avec un des grands ducs comme régent. Principaux opposants : Rodzianko, président de la Douma ; Milyoukov, leader du parti des Cadets, partisan d'une monarchie constitutionnelle : Wladimir Pourichkevitch, pourtant représentant de l'extrême droite réactionnaire ; le prince Félix Youssoupof, ancien étudiant d'Oxford, pourtant mari de la grande-duchesse Irina, nièce du tsar.

Principales cibles : l'impératrice, la cour, Raspoutine. L'impératrice, Alexandra Fiodorevna, dite Alix, est une des plus jeunes filles du prince de Hesse-Darmstadt, et de la princesse Alice d'Angleterre, donc petite-fille de la grande reine Victoria : tôt orpheline de mère, elle a été élevée par ses parents anglais, sous les yeux de Victoria, à Kensington Palace, à Londres. Elle a quarante-quatre ans, quatre de moins que le tsar. A dix-sept ans, en 1889, c'est une jeune fille assez jolie, yeux bleus, chevelure blonde, teint de rose, timide, romantique et ardemment protestante, si protestante même qu'elle manque renoncer au mariage avec le tsar. Il faudra que Victoria intervienne. Cependant, en se mariant, en 1894, elle embrasse la religion orthodoxe avec les mêmes transports et la même foi que précédemment le protestantisme. Dans ses dévotions, elle sera devenue plus russe que les Russes. Encore aujourd'hui, elle reste une personne de charme, exaltée et dévote. D'autant plus qu'elle est très malheureuse.

Elle a eu quatre filles, Olga, Tatiana, Marie et Anastasia, avant d'avoir un fils, le 12 août 1904, baptisé Alexis Nicolaïevitch — par malheur frappé d'hémophilie et dont on dit qu'il ne pourra aller au-delà de ses dix-huit ans. Si, en tout et pour tout, elle est attachée à Raspoutine, c'est parce qu'elle le tient pour seul capable d'arrêter les terribles hémorragies auxquelles le tsarévitch est sujet.

Mais la rumeur publique fait de « cette Allemande » un

véritable monstre. On va racontant qu'elle livre aux Allemands, ses compatriotes, tous les secrets de la guerre, qu'elle a dirigé le sous-marin allemand qui a coulé le navire de Kitchner, que c'est elle, trop influente sur le tsar, qui fait choisir comme ministres les hommes les plus médiocres. On lui trouve un visage hargneux de sorcière porte-malheur. On prétend qu'elle veut organiser le retour au servage — d'où, en protestation, une émeute de femmes dans les rues d'Odessa. On va colportant que c'est elle qui fit assassiner le grand Stolypine, le seul ministre capable de sauver la Russie. On assure que chaque fois qu'elle a offert une icône à une forteresse, par exemple Kowno ou Ivangorod, celle-là a capitulé peu après.

Elle ne manque pourtant pas de mérites : elle éduque ses filles selon les règles les plus strictes et les plus classiques ; elle a l'esprit de famille ; elle a puissamment aidé à la création d'un réseau d'hôpitaux militaires ; elle a fait personnellement équiper plusieurs trains-hôpitaux ; elle a tenu à suivre des cours d'infirmière militaire et change elle-même les draps des blessés ; il lui arrive même d'assister les chirurgiens dans les salles d'opération ; elle a obtenu de la princesse Tatiana qu'elle préside le Comité d'aide aux réfugiés. Elle compose avec le tsar un ménage modèle — encore de nos jours, elle lui envoie au Quartier Général des lettres d'un romantisme attendrissant qu'elle signe Sunny (« petit soleil ») ou Wify (« petite femme »), style « mon âme est constamment avec toi... Je t'aime ardemment... ô toi à jamais mon aimé, ma lumière », auxquelles, signant Nicky, le tsar répond par des lettres non moins fleur bleue qui commencent toutes par « mon soleil adoré » ou « ma précieuse, ma bien-aimée petite âme ». — Pourtant, auprès de l'opinion publique, elle ne trouve aucune grâce.

La cour de Tsarkoïe Selo, à vingt kilomètres de la capitale, est aussi abhorrée à Pétersbourg que le fut à Paris le Versailles de Louis XVI. C'est beau. On doit le décor à Rastelli. Célèbre salle d'ambre, longue colonnade Kameron, statues de marbre, immense parc où, parmi les bosquets, étangs et fontaines, se dressent de luxueux pavillons et même un charmant théâtre chinois rouge et or ; un ensemble où, comme dit un témoin, « la pompe et le faste despotiques de l'Asie s'allient au raffinement de la civilisation européenne », le tout sous la garde de soldats exotiques enturbannés de blanc. On comprend que la tsarine ne se plaise que là, dans une ambiance qu'elle a d'ailleurs tenu à britanniser : boiseries d'acajou, cosy-corners achetés chez Mapple, à Londres, meubles Chippendale. Mais tous les favoris de la cour deviennent automatiquement louches, tel le général Sabline, dénoncé comme un cynique, l'amiral Nilov, un ivrogne, l'agent secret Bourdoukov, un « agent du diable », le financier juif Massous qui se fait réserver la quasi-totalité des fournitures de l'armée et dont on colporte qu'il est un agent du Kaiser.

Grigori Iefimovitch Raspoutine est certainement le seul homme de bon sens parmi la cohue de loufoques, de mégalomanes et d'étourneaux qui entourent les deux souverains. Le tsar aurait dû plus souvent suivre ses conseils. Prototype du paysan russe, taille moyenne, épaules carrées, chemise à la russe serrée dans une ceinture de soie, pantalons bouffants, hautes bottes, long caftan noir, il est né au village de Pokrowskoré, dans le gouvernement de Tobolik, d'où il ramène ce surnom de Raspoutine qui signifie en argot rural le « paillard ». Il a hérité de la plus profonde sagesse paysanne. Il sait peser les hommes et humer les événements. Mais il fait trop sorcier, avec son aspect repoussant. Il regarde son monde avec des yeux couleur d'acier, profondément enfoncés sous les arcades sourcilières, qui peuvent évoquer toutes sortes de maléfices. Il exhibe une crinière, très brune, trop épaisse et lourde, trop brillante, comme imprégnée d'huile, qui lui sert à cacher une bosse sur le front et qui lui tombe sur le dos en mèches visqueuses. Ongles noirs. Bouche à chicots noircis. Barbe broussailleuse où s'empêtrent des restes de ses repas. Il peut ingurgiter des tonneaux de madère. Il fornique avec toutes servantes et duchesses. Évidemment, il représente l'épouvantail idéal. Il prête à mille rumeurs accablantes, plus ou moins vraies. Parce que la tsarine l'idolâtre, on assure qu'il l'hypnotise. On raconte qu'il se fait payer 25 roubles pour l'octroi d'un titre de noblesse, 3 000 pour une croix. On dit que, dans son appartement de la rue Goro Khovaïa, il donne des messes noires. On soutient que pas un ministre n'est nommé sans que l'intéressé ne lui ait versé une importante obole. En bref, le « starets », comme on l'appelle, sorte de magicien-rebouteux, est littéralement devenu l'individu le plus haï de toutes les Saintes Russies. Il faut l'imaginer dans son appartement, au cœur d'un quartier qui sent la soupe aux choux, la graisse rance et le fromage de chèvre chaud. Une de ses parentes, vêtue de noir, châle blanc sur la tête, trie et introduit les quémandeurs qui font parfois la queue jusque sur le trottoir et apportent des monceaux de cadeaux, paniers de vin, cochon séché, fruits du Sud, bijoux, roubles. Il reçoit pêle-mêle princesses et prostituées, bourgeoises et nonnes. Il les installe autour d'une table couverte de plats de poissons, de pots ébréchés de confiture et de flasques de madère. « Ma petite colombe! » dit-il soudain à l'une ou à l'autre, et il l'emporte dans son cabinet particulier qu'il appelle son « sanctuaire ». Fatalement il y a de quoi faire procès à l'impératrice pour « raspoutineries ».

De plus, pour remplacer comme premier ministre, au début de l'année, le vieux Goremykine, soixante-seize ans, on a fait appel à Boris Stürmer, soixante-huit ans, prototype du ministre laquais, ancien maître de cérémonies à la cour. D'origine allemande, germanophile patenté (Lavergne nous le répète dans sa note aujourd'hui encore), il s'agit essentiellement d'un bureaucrate « service, service », un honnête homme faible et médiocre, indolent, à la voix très faible et à la longue barbe comique. Il est le grand ami de l'inquiétant banquier Ignati Porphyrievitch Massous, lequel, tout juif qu'il soit, finance le journal antisémite de Petrograd, le *Grajdanine,* pour la simple raison que la feuille alimente une campagne contre son principal concurrent, le banquier Dimitri Rubinstein. Stürmer est vite devenu à son tour affreusement impopulaire.

De fait, c'est tout le pouvoir politique qui se décompose. On ne sait pourquoi on chasse en septembre le ministre de l'Intérieur, Alexis Khvostov, pourtant ministre par la grâce de l'impératrice et de Raspoutine, ni pourquoi on le remplace par le grotesque Alexandre Protopopov, personnage extraordinaire onctueux et mielleux, trop insinuant dans ses manières, qui ne compte pas plus qu'un mannequin de tailleur et dont le seul mérite paraît être de verser dans le mysticisme et l'occultisme, ce qui ne doit pas déplaire au starets.

Dans les conditions les plus troubles, on voit congédier du ministère des Affaires étrangères, l'excellent Sazonov, beau-frère de Stolypine — Stürmer prenant provisoirement le poste sous sa responsabilité.

Dans les salons intrigants de la capitale, tels ceux de la baronne Rosen ou de la comtesse Ignatiev, au milieu d'un luxe tapageur, se mêlent grands-ducs et agents véreux, comédiennes et banquiers, ministres et aventuriers de la pire espèce. Ces jours-ci, on y parle beaucoup d'un éventuel remplacement de Stürmer, comme Première Excellence, par Alexandre Fiodorovitch Trepov, le ministre des Communications, constructeur de la voie ferrée d'Arkangelsk, frère du terrible Dimitri Fiodorovitch Trepov qui mata dans le sang la rébellion de 1905, mais loin d'avoir sa vigueur.

On voit se répandre partout, de salon en salon, un avocat de trente-huit ans, du nom d'Alexandre Federovitch Kerenski, l'un des défenseurs les plus connus des révolutionnaires et des syndicalistes ouvriers, leader des « troudoviki », les travaillistes, et soudain véritable leader de l'opposition au régime. C'est un homme svelte, plein d'allant, à qui sa figure rasée donne un certain style américain, orateur éloquent, capable d'une grande puissance de travail. Il paraît avoir bien surmonté une récente opération suivie d'une convalescence en Finlande. Cheveux blonds taillés en brosse, long nez charnu, teint de cendre, yeux clignotants de myope sans ruse, sourire ouvert, il ne manque pas de charme. Ludovic Naudeau, correspondant du *Temps* lui trouve « quelque chose de franc, de généreux dans l'expression, quelque chose aussi de courageux, de va droit son chemin, de décidé à dire les choses sans biaiser, arrive ce qui arrive »... Même « quelque chose de juvénile, de délicieusement juvénile, de frais, de spontané, qui se prend comme par surprise »... Meriel Buchanan, fille de l'ambassadeur d'Angleterre, est frappée de sa « voix rauque... qui cependant force et captive l'attention ». Précicément, Kerenski n'a pas son égal pour dénigrer les erreurs, les scandales, les faiblesses de la cour ou de tout le régime.

La Douma, en son palais de Tauride, est devenue un énorme nid « de guêpes et de crabes ». Les quatre cent quarante-deux députés s'y livrent à une permanente lutte des clans. On les voit intriguer à qui mieux mieux les uns contre les autres. Cadets, progressistes, octobristes, multiples gauches plus ou moins révolutionnaristes, nationalistes russes, nationalistes des Marches, plus personne ne s'y reconnaît. Le président, Rodzianko, dit le « tambour » ou le « samovar », quoique de fait second personnage de l'empire après le souverain (parce qu'il incarne la permanence et que la première marque des ministres est la fragilité) et quoique réunissant tous les attributs physiques de la robustesse — trapu, jambes bien plantées en terre, épaules de bélier, grosse poigne de bûcheron, voix tonitruante — n'a aucune autorité réelle, trop vite usé sans doute à faire la liaison entre un tsar de plus en plus discuté et une Douma de plus en plus fiévreuse. Alexandre Kerenski — surnommé le « garçon d'honneur » pour sa silhouette gracile, son pied léger et ses gestes de main précieux — perpétuel avocat procureur, a libre jeu pour répandre tout son fiel. La Douma est en permanence une mêlée indescriptible, dont émergent des personnages médiocres, qu'ils soient idéologues ou plus ou moins véreux. Ainsi Pierre Balochov, ennuyeux porte-parole d'un groupe de cadets indéfinissables, ex-hussards de la garde ; Nicolas Markov, dit « Markov II », leader de l'extrême droite, toujours maladroitement provocateur ; Basile Choulguine, présenté comme l'un des sages de la droite modérée, dont le bon sens lui-même s'égare dans ce magma ; Ivan Iéfrimov, député des cosaques du Dom, progressiste, dont il y a lieu de penser qu'il est « plus ébouriffé qu'honnête » ; Michel Karaoulov, député des Cosaques du Térek, hautement typé avec son caftan, ses bandes cartouchières et ses épaulettes, mais qui ne sait intervenir que par vociférations et discours follement tumultueux. Et tous, de droite comme de gauche, de tirer inlassablement flèche sur flèche contre le pouvoir. Paul Miliokov lui-même, cinquante-sept ans, leader du groupe parlementaire le plus nombreux, qui devrait être le plus pro-gouvernemental, historien distingué, professeur à l'université de Moscou, rédacteur en chef du très sérieux *Discours*, visage large, nuque épaisse, épaules massives, toupet de cheveux qui grisonnent, lunettes austères, un homme d'ailleurs fort gourmand de sa propre éloquence, ne manque aucune occasion d'accabler le pouvoir et de dénoncer « cette main de l'ennemi qui influence en secret le cours des affaires de l'État ».

On peut comprendre que le tsar fuie les « pestilences de Petrograd » et n'ait pas quitté depuis cinq mois la « Stavka », son quartier général, installé à Moghiliov, en

Biélorussie, à l'est de Minsk, sur le Dniepr — une petite cité russe typique avec son hôtel de ville à cinq étages, la place du Gouverneur grossièrement pavée, le clocher bleu du monastère, la grande rue Sadovaïa aux cent magasins, ses deux cinémas concurrents, ses promenades surplombant le fleuve, et maintenant ses interminables convois de fourgons militaires.

Les problèmes y sont pourtant aussi angoissants que dans la capitale. Il convient de remplacer le commandant en chef, Michel Alekseïeff, chef d'état-major du Commandement suprême depuis à peine un an, tombé gravement malade et trop lié avec les milieux de l'opposition. A quel général confier la guerre? Golovine? Rouzski? Iakov Jilinski, quoique responsable de la défaite de Prusse orientale? Basile Gourko, tout frais arrivé de France où il représentait le tsar auprès de Joffre, pour l'immédiat commandant de l'armée de la Garde, même s'il est plus ou moins catalogué comme forte tête et « jeune Turc » ? Le choix n'est pas évident, aussi difficile presque que chercher à arbitrer les disputes entre ministres, Stürmer contre Protopopov, le comte Bobinski, ministre de l'Agriculture, contre le vieux Trépov, ministre des Communications, l'amiral Ivan Grigorivitch, ministre de la Marine, contre le général Dimitri Chouvaïev, ministre de la Guerre.

Encore ne peut-il imaginer tous les scorpions qui s'agitent dans les mess. En effet, on s'y demande, quasi ouvertement, qui pourrait éventuellement remplacer le tsar ou être régent. Principaux noms cités comme régents possibles: l'opposant Alexandre Goutchokov, fondateur du mouvement octobriste, président de la précédente Douma, président du Comité panrusse des autorités de guerre, quoique un peu trop bavard et sans doute trop jeune, trente-quatre ans; le colonel prince Michel Alexandrovitch, cousin du souverain, quoique un peu trop léger; Cyrille Vladimirovitch, autre cousin du souverain, quoique un peu trop fat; André Vladimirovitch, frère de Cyrille, quoique un peu trop noceur; Nicolas Nikolaïevitch, qui tient avec succès le front du Caucase, pourtant un peu trop porté à dire tout net ce qu'il pense. On évoque beaucoup une éventuelle paix séparée, bien que l'Allemagne souffre des pires difficultés, que l'armée russe ne recule plus sur aucun front depuis un an et demi, qu'elle tient même des têtes de pont sur l'autre rive de la Dvina, que les usines de munitions connaissent une relance et que l'Amérique devrait bientôt venir renforcer le camp des Alliés. « A nouveau, l'éternel pessimisme russe aura su creuser son chemin », peut grogner Gourko, qui, installé dans un modeste bureau, bougon comme à l'accoutumée, moustache à fiers crocs, regard à éclairs, épaulettes de cavalier, deux croix de Saint-Georges, est l'un des rares généraux à agir contre le défaitisme.

Du moins l'infortuné monarque peut-il quotidiennement et assez librement effectuer de longues promenades à pied dans les environs. Il peut aussi se livrer à son sport favori, l'aviron, avec des matelots virtuoses du skiff, sur le Dniepr. Il a beaucoup plus de temps, au palais du gouverneur où il loge, pour des entretiens avec son fils, Alexis, « Baby », lequel, par malheur, continue d'avoir de fréquents saignements de nez et, de plus, souffre à présent d'une distension d'une veine à une jambe. Au reste, le tsarévitch, sous-lieutenant de la garde, officier des cosaques, chef honoraire de plusieurs régiments, bien que simple garçonnet de douze ans, suit avec passion l'énorme tragédie qui embrase cinq mille kilomètres, de la Baltique au Danube, posté durant des heures devant ses cartes piquées de petits drapeaux. Cet enfant promet d'être un prince de qualité, sans vanité, note *L'Illustration* qui lui consacre un long reportage ; il refuse d'endosser l'un des multiples uniformes chamarrés auxquels il a droit ; sa tenue est « celle d'un poilu des tranchées, vareuse couleur d'herbe et de terre, capote de bure, bottes d'infanterie » ; ses appartements d'héritier de la couronne ne comportent que deux pièces, un cabinet de travail d'une extrême simplicité et une chambre à coucher très ordinaire, sommairement meublée ; il n'a d'autres jeux qu'un peu de canotage ; toute la matinée est consacrée au travail, sous la direction de trois maîtres qui symbolisent exactement, au point de vue pédagogique, la Triple Entente, MM. Juillard, Pétrov et Gibbs.

Le fils a pris modèle sur le père. Car on ne saurait imaginer souverain plus accueillant, plus modeste, plus discret que Nicolas II.

Le général Janin, qui commande la mission militaire française le tient même « pour plus facile et plus simple que n'importe lequel des chefs d'État existant à son époque ». On le juge « très observateur et prompt à saisir les ridicules ».

Le tsar a une solide culture générale. La littérature française ne lui est pas moins familière que la littérature russe. Si le secrétaire de Raspoutine, pour qui le palais impérial n'a pas de secrets, le juge essentiellement comme « un homme malheureux, qui ne peut en imposer à personne », c'est aussi peut-être parce que le tsar lui-même se trouve désarmé, impuissant, face à l'énormité de sa tâche.

Ou alors, faible de volonté et réellement paresseux d'esprit, n'a-t-il confiance en personne, se croyant trahi par tout le monde, et, du coup, se bloque sur lui-même. Disons que, plus exactement, voici un souverain trop sage à la tête d'un empire trop fou.

De fait, la Russie aura été profondément bouleversée par le choix de Pierre le Grand : asiatique par ses origines, ses souvenirs, ses légendes et même l'ensemble de sa géographie, vraie fille héritière de Byzance, cette nation s'est trouvée tout à fait déséquilibrée lorsqu'elle s'est mise à copier intégralement l'Occident. Condamnée à une âme qui n'est pas la sienne et au carcan d'un style qui la supplicie, elle s'abîme dans les ténèbres d'une mélancolie et d'un pessimisme que ne traversent plus que les éclairs d'immenses colères. En définitive, elle en est réduite à mordre et à ruer. Le cavalier le plus intrépide aurait du mal à dompter une cavale aussi sauvage, d'autant plus emballée que la bride, qui se veut impérieuse, est maladroite. *A fortiori* est-ce pire encore avec ce tsar falot et faible, de surcroît mal entouré. Il ne sent pas son pays. Il ne sent pas sa monture. C'est un être abstrait, occupé d'une seule idée, sèche comme du bois mort, conserver à son fils l'héritage intact que lui confia Dieu. Il ne vit que dans le passé et l'irréel. Il marche, au fond, dans son siècle comme un aveugle, incapable d'évoluer si peu que ce soit à l'égard d'un monde neuf qui concentre les peuples dans les villes, accélère les échanges, développe sans trêve l'orgueil des cadres et nie les hommes seuls.

« Sois fort ! Sache vouloir ! N'oublie pas que tu es d'abord un autocrate ! » lui répète à satiété l'impératrice, épousée par amour, et qui l'adore, mais qui, nerveuse jusqu'à l'hystérie, peut avoir sur ce grand timide une emprise disproportionnée avec ses possibilités. Elle ne fait qu'accroître le désarroi du souverain et l'anarchie du pays.

De plus, elle qui est pourtant protestante de naissance, anglaise de goût et allemande d'éducation, s'abandonne frénétiquement au mysticisme slave. Follement, outrancièrement superstitieuse et fétichiste, elle peuple sa cour de créatures extravagantes, ses pensées des songes les plus désordonnés. Par là encore, elle ne fait que davantage troubler cet homme si pusillanime et vulnérable.

Ajoutons le côté monstreux de la société russe : la classe dirigeante continue de considérer les paysans — environ quatre-vingt-quinze pour cent de la population — comme tout juste supérieurs aux bêtes et indignes qu'on leur confie la moindre responsabilité ; le clan qui gouverne possède tous les biens, jouit de tous les privilèges et monopolise tous les pouvoirs ; l'arbitraire sévit à tous les échelons d'une hiérarchie qui est à coup sûr la plus inhumaine du monde.

Ajoutons aussi, pour le tsar, le remords de n'avoir pas su empêcher le déclenchement de la guerre. Ajoutons enfin sa conviction lancinante qu'il serait vain d'essayer de redresser la situation. Ainsi sa faible main a-t-elle lâché les rênes. Le cheval fou va aux abîmes.

L'armée russe ne manque pourtant pas d'atouts. Le soldat et l'officier russes sont superbement courageux, à l'image du grand-duc Nicolas Nicolaïevitch, oncle du tsar, géant de plus de deux mètres, promu généralissime à la déclaration de la guerre, disgrâcié trop tôt, ou du grand-duc Michel, frère de l'empereur, éloigné de la cour pour son mariage roturier, autorisé à rentrer de son exil suisse pour prendre le commandement d'honneur de l'illustre « division sauvage ». Celle-ci, née durant la guerre russo-japonaise, est issue de tribus asiates, formée de Circassiens, de Tchetchines et de Tartares, illettrés et cruels au combat, tout de noir vêtus, un poignard barrant la poitrine, sabre au côté, cape de couleur flottant au vent, et commandés sur le terrain par le prince causasien Dimitri Bagration.

L'infanterie est armée de l'excellent fusil 1891 et de très bonnes mitrailleuses Maxim, posées sur leur typique petit chariot à deux roues. L'artillerie possède un canon 76 que les spécialistes considèrent comme supérieur à notre 75. Bien des officiers savent commander, comme le général Denikine ou le général Broussilov, le vainqueur de Galicie, dont le tsarévitch fait son idole.

Les Cosaques, eux, perpétuent la splendeur de leur légende — gens du peuple mais qui savent lire, propriétaires ruraux pour la plupart, ayant pleine conscience de défendre leur prairie, amoureux de leurs magnifiques chevaux, premiers démocrates russes au service d'un tsar, élisant leur *ataman*, n'hésitant pas à faire d'un père l'ordonnance du fils, au combat d'un courage incomparable.

Le soldat russe vaut individuellement le soldat allemand. Hélas ! Les armements et les munitions font gravement défaut : la production est de trente-cinq mille obus par mois alors que les besoins sont de quarante-cinq mille par jour.

Donnez-nous donc des armes ! hurlent les combattants russes, qui n'ont qu'un fusil pour trois hommes. Les armées sont mal soutenues par les peuples allogènes, Polonais, Lettons, Ukrainiens, Roumains de Bessarabie, depuis des années victimes des trop brutales entreprises de russification. Les désertions sont trop nombreuses. Le ferment du pacifisme socialiste joue à plein.

Et trop de généraux sont découragés, écœurés, désespérés, tel, après le désastre de Tannenberg, le général Alexandre Vassilievitch Samsonov, se suicidant sur le champ de bataille d'une balle de revolver dans la tête.

Il faudrait un titan pour tenir la place... La Russie n'a que ce pauvre Nicolas II.

Chapitre XVIII

Lénine

Personne au monde n'oserait prédire que le régime tsariste n'a plus qu'environ quatre mois à vivre. Lénine lui-même. Lénine surtout. Car il traverse actuellement une période plutôt ingrate, pleine d'irritantes difficultés. Il a été déprimé au point de songer à s'exiler en Amérique, tout comme naguère Karl Marx, quand le prophète, réfugié à Londres, était aux bord de la misère totale. Son épouse Kroupskaïa a même dû quémander un emploi, avec un modique salaire, dans une caisse de secours pour émigrés.

Jamais Vladimir Ilitch Oulianov, dit Lénine, quarante-sept ans, n'aura réellement connu jours aussi ternes.

Il est à Zurich et loge au cœur de l'un des quartiers les plus humbles, au deuxième étage d'une vieille maison minable appartenant au camarade cordonnier Kammerer, au-dessus de la toute modeste taverne Jacobsbrunnen. Un escalier très raide, qui sent le rance, y conduit. La chambre, très étroite, se réduit à une cellule à deux. Deux lits, une table, quelques chaises de paille, un poêle en fonte, une caisse de livres en guise de desserte, Nadeja Kroupskaïa, éternellement semblable à elle-même — taille médiocre sans forme, robes trop larges, pas belle avec ses bajoues qui tremblotent, son nez empaté et ses yeux globuleux — n'a pas grand mal à faire son ménage.

Seul signe souriant : la maison peut figurer une sorte d'Internationale ; outre ce couple russe, Kammerer a pour locataires, à raison d'une chambre chacun, la famille d'un boulanger allemand, un célibataire italien et des artisans autrichiens, propriétaires d'une chatte rousse qu'ils déclarent à peu près siamoise.

Seules ressources sûres: celles que procure le camarade Parvus, nom de code d'Alexandre Helphand, en Russie Israël Lazarévitch Guelfand, né en Russie blanche, la cinquantaine, théoricien de la révolution permanente reconverti dans les affaires où il a fait fortune, depuis peu arrivé de Constantinople en Suisse pour mieux aider les révolutionnaires russes en détresse.

Seul luxe: quelques dîners à la pension de Frau Prelog, une grosse Suissesse blonde, joues rouges, poitrine monumentale, ancienne cuisinière, à Vienne, qui sert un savoureux *Geschnetzelete* (émincé de veau à la crème) ; tant pis s'il faut aussi voisiner à la longue table, par bandes entières, avec tout le bas-fond zurichois, contrebandiers, filles, souteneurs.

En manteau râpé, un cabas de toile cirée à la main, on peut rencontrer Lénine le matin, de retour du marché, se promenant le long du lac, à regarder les canards s'ébattre, ou traversant le pont de Fraumünster, ou musardant sur les quais. Il s'attarde à observer les barques qui se balancent. Il prend soin de ne pas se faire tamponner par les *droshkis*, les porteurs cyclistes qui se succèdent et qui se prennent pour des champions du Tour de France. Il contemple sur l'horizon la ligne grise de l'Uetliberg, sur lequel la neige ne va plus tarder à tomber. A quoi pense-t-il? A sa mère, la bonne et généreuse Marie Alexandrovna, morte cet été à Saint-Pétersbourg et qui n'aura jamais cessé de le soutenir tout au long de ses tribulations, grâce aux biens de famille? A la mère de Kroupskaïa, qui partagera longtemps leur exil, morte ce printemps à Berne des suites d'une *influenza*? A sa chère et passionnée Inès Armand, adorable Inissa, pour le moment à Sörenberg, Française mariée au riche industriel Armand, puis au frère de celui-ci, la seule femme sans doute à émouvoir le personnage d'autres délices que philosophiques? Ou à quelque leçon de Clausewitz, par exemple à cette phrase du grand théoricien allemand de la guerre et de la stratégie: « la guerre est la politique prolongée par le glaive qui remplace enfin la plume »?

En tout cas, peu de gens pourraient imaginer voir passer l'un des plus terribles révolutionnaires de tous les temps, l'un des plus exaltés. Lénine ne paie vraiment pas de mine. Il a une grosse tête pour un corps ramassé, que marque un certain embonpoint. Chauve de bonne heure, il arbore une barbe hérissée d'un gris déplaisant. Sous ses petits yeux bridés, plus malins que redoutables, il a une trop large bouche pour un nez trop camus, qui laisse échapper un rire strident, nerveux, comme celui d'un malade. Il endosse des costumes bon marché, mal taillés, qui tombent mal. Il traîne des godasses, à prétention de bottines, rarement bien cirées.

Bruce Lockhard peut trouver qu'au premier abord, il a « plutôt l'air d'un épicier que d'un conducteur d'hommes ». Il n'a rien de la distinction discrète de ses parents, le père, Russe de Simbirsk, professeur de philosophie et de mathématiques, la mère issue d'une souche allemande russianisée du nom de Blank, une famille dans son ensemble laborieuse, pieuse et bien-pensante.

Il n'exprime aucune autorité naturelle. Distractions: les échecs et la bicyclette. Qui se douterait que ce drôle de bonhomme, sous quelques mois, ferait trembler le monde ? Il passe chaque après-midi au quiet refuge de la bibliothèque municipale ou il réunit des documents pour la gauche du parti social-démocrate suisse, de quoi confondre les vils opportunistes qui professent un faux socialisme, ou bien prépare un article, un de plus, sur le désarmement, ou encore écrit une longue lettre à Boukharine, qui est en Amérique, ou décide de travailler à son histoire de la Perse, en chantier depuis des années.

Il ne réintègre la maison que le soir. Kroupskaïa l'aide à quitter son manteau. Il se laisse tomber sur une chaise, avec de longs soupirs. Il est trop vrai que, depuis déjà un an, il passa par de rudes phases de dépression qu'il maîtrise mal. Il ne se tire d'une trop profonde tristesse qu'en allant retrouver quelques amis, au restaurant Stüssihof, place Stüssihof. Ils s'accoudent à une longue table sans nappe, assis sur des bancs, devant des demis de bière, sous une lampe rouge. Ils sont Allemands, ou Autrichiens, ou pacifistes suisses et ne se contentent pas de vilipender cette bonne Suisse qui les abrite en toute candeur, « une république de laquais, le fondé de pouvoir de la bourgeoisie européenne ». Ils prennent conseil de Lénine pour calculer comment la déstabiliser ou la prolétariser, en se saisissant, le grand soir, de toutes les banques et en expropriant cent mille bourgeois.

Las ! Il faut ensuite retrouver la chambre sinistre, les idées noires, Kroupskaïa attentive et irritante comme une infirmière.

Il y a néanmoins des sursauts, au nom de vastes visions. Témoin cette déclaration entre mille : « La guerre est coloniale, impérialiste, capitaliste et dynastique. Son seul but est l'extermination du prolétariat. Les social-traîtres sont ses complices les plus ignobles. Il faut mener une lutte aussi implacable contre le chauvinisme grand-russe et tsariste que contre tout socialiste qui trahit le marxisme. Il faut sans relâche convaincre les soldats russes de tourner leurs armes contre leur gouverneur et tous les partis ou tous les officiers qui le soutiennent, et non contre leurs frères prolétaires des autres pays. Un jour nous proclamerons la république communiste en Russie, en Belgique, en Allemagne, en Italie. Tous les rois tomberont. Toutes les dynasties s'anéantiront. Alors, nous pourrons fonder les États-Unis républicains et socialistes d'Europe. »

Il se maintient aussi en liaison permanente avec ses camarades bolcheviks les plus dévoués, auxquels il écrit régulièrement. Moïse Ouritski, ancien exilé de Sibérie, travaille à Copenhague. Tchitchérine est à Londres. Alexandra Kollontaï — fille d'un général tsariste, épouse séparée d'un ingénieur de Bessarabie, militante menchevik depuis peu convertie au bolchevisme — est fixée à Stockholm.

A Moscou, il y a Krylinko. A Pétrograd, Chliapnikov, que secondent Anna Oulianova et le précieux Molotov qui a pris la relève de Kamenev, arrêté. Si, fatalement, toute communication est impossible avec Félix Dzerjinski, en prison, fers aux pieds, avec Sverdlov, déporté en Sibérie et avec Joseph Staline, lui aussi sous ciel sibérien (dans un exil beaucoup plus clément que les bagnes qu'il organisera un jour lui-même), la correspondance fonctionne avec Safarov qui « travaille » les dockers de Saint-Nazaire, comme avec la grande pacifiste allemande Rosa Luxemburg, qui n'a pas quitté Berlin et qui explique tout calmement qu'« on ne guérit pas une grande maladie (le capitalisme) avec de l'eau de rose et du musc ».

Michel Frounzé, fondateur du premier soviet d'Ivanovo, a

formé à Minsk une organisation clandestine qui milite en liaison directe avec les bolcheviks sur le front ouest.

Si la police du tsar a arrêté, avec Kamenev, les députés bolcheviks Badeav, Petrovski, Mouranov, Samoïlov et Chagov, le sixième élu, Roman Malinovski, simple soldat en première ligne, fait répandre de tranchée en tranchée des tracts contre la guerre, le régime et l'armée.

Serge Kirov, qui souleva Tomsk en 1905, noyaute le Caucase. L'ukrainien André Alexandrovitch Idanov, fils d'un inspecteur de l'enseignement, intrépide entre tous, diffuse comme Malinovski des écrits séditieux jusqu'en première ligne. Lazare Kaganovitch a pour secteur d'action Kiev. Valérien Vladimirovitch Kouibychev, fils d'un officier tsariste d'Omsk, membre de l'Académie militaire de médecine, s'occupe d'organiser les ouvriers bolcheviks de Samara. Lev Davidovitch Bronstein, dit Trotski, né le 26 octobre 1879 de cultivateurs juifs de Yanovka près de Kherson, élevé dans une famille austère et terne, quoique relativement cossue, « ni clairière ensoleillée, ni caverne de la faim », bolchevik à véhémences romantiques, plusieurs fois emprisonné par la police, après quatre ans de Sibérie, est replié à Paris, où il a retrouvé ce bavard de Martov, ainsi que Lounatcharski, Gregori Alexinski et Antonov-Ovséenko, qui dirige la revue *Naché Slovo, « Notre parole »*. Un homme de feu ce Trotski : longs cheveux, barbiche agressive, regard incendiaire, gestes saccadés, éloquence foudroyante (en russe comme en allemand et en français), une sorte de Méphistophélès du marxisme. Un cerveau qui ne manque pas d'imagination, même s'il hante quotidiennement librairies et bibliothèques et s'il lit une vingtaine de journaux européens par jour, au café de la Rotonde, devenu son quartier général : il annonce que la guerre des tranchées, en s'éternisant, sapera les fondements de la vieille société et conduira à la révolte générale ; il sait analyser remarquablement toutes les opérations militaires ; il a pressenti l'invention du tank ; il prédit même qu'après la guerre les chefs militaires négligeront ou oublieront cette arme, qui aura pu pourtant décider de la fin de la Grande Guerre ; il va jusqu'à se mettre en désaccord doctrinal avec Lénine quand il dit que « la révolution ne gagne rien à une grande accumulation de défaites », alors que Lénine affirme qu'une défaite militaire de la Russie favorisera pleinement le triomphe de la révolution. Pour autant, naturellement, Lénine et Trotski sont d'accord pour conseiller aux socialistes de transformer la guerre en révolution et répandre leurs idées chez les ouvriers et dans l'armée, même s'il doit en résulter un affaiblissement militaire de leur pays. De la sorte, se sera-t-il finalement révélé comme l'un des plus importants militants du léninisme. Sauf à considérer que, pour l'immédiat, le voilà bien bloqué.

Le 16 septembre, il a reçu l'injonction du gouvernement français de quitter Paris. En vain des députés socialistes sont-ils intervenus en sa faveur auprès de Briand. L'accusation est trop grave : on le taxe d'avoir aidé à une mutinerie de soldats russes débarqués à Marseille. En vain aussi aura-t-il demandé un visa pour la Suisse ou l'Italie, puis l'autorisation de gagner la Scandinavie par l'Angleterre. Dès lundi, il sera conduit par deux inspecteurs jusqu'à la frontière espagnole, non sans avoir adressé à Jules Guesde, maintenant ministre d'État sous le signe de l'Union sacrée, une terrible lettre ouverte qu'il rêve historique : « Est-il donc possible à un socialiste honnête de ne pas lutter contre vous ? A une époque où la société bourgeoise, dont vous fûtes jadis, Jules Guesde, l'ennemi mortel, a mis complètement à nu ses fondements et sa nature, vous aurez fait du parti socialiste français un chœur docile aux appels des coryphées du banditisme capitaliste... Le socialisme de Babeuf, de Saint-Simon, de Fourier, de Blanqui, le socialisme de la Commune, de Jaurès et de Jules Guesde, oui, de Jules Guesde aussi, a finalement trouvé son Albert Thomas pour délibérer avec le tsar du plus sûr moyen de prendre Constantinople... Descendez de votre automitrailleuse, Jules Guesde, sortez de la cage où le capital vous a enfermé, et jetez un coup d'œil autour de vous. Peut-être le destin aura-t-il, pour une fois et pour la dernière, pitié de la tristesse de vos vieux jours, peut-être entendrez-vous le bruit sourd des événements qui s'approchent. Nous les attendons, nous les appelons, nous les préparons... »

Quoi qu'il en soit, tandis que les soldats de Vaux et de Douaumont tombent par milliers et que le vacarme de Verdun retentit jusqu'aux confins de l'univers, voici en place et à l'œuvre une formidable armée souterraine qui nous prépare un univers n'ayant plus rien à voir avec le millénaire précédent.

Il faut dire aussi que Lénine aura su exploiter au mieux le pacifisme international — alors que lui-même est un anti-pacifiste convaincu et que, dans son esprit, le communisme n'a pas à travailler à la paix, mais à sa propre victoire.

Son raisonnement est clair : il n'y a pas pire crime que le « défensisme », c'est-à-dire le fait pour un socialiste de défendre son pays ; il en va d'une trahison majeure envers le socialisme. Il n'y a qu'un devoir pour les socialistes de tous les pays : ils doivent d'une même masse se dresser contre les gouvernements capitalistes belligérants, sans exception. Le plan essentiel est de transformer la guerre capitaliste en une cascade de guerres civiles. Dans le chaos qui en résultera, le socialisme seul connaîtra alors la victoire finale.

Cela ne va pas sans objections. Les guerres ne se terminent pas obligatoirement par un effondrement général et simultané de tous les belligérants. Un camp ou l'autre gagne. Justement, on n'a jamais vu une révolution triompher dans un pays victorieux. Supposons par exemple que les socialistes allemands, qui sont exceptionnellement puissants, les mieux organisés d'Europe, suivent le conseil de Lénine et provoquent en Allemagne une révolution qui entraîne inéluctablement celle-là à la défaite. L'armée tsariste occupera Berlin, une bonne partie du territoire allemand et tout le champ slave des possessions autrichiennes. Dans un tel cas, la révolution devient impensable en Russie. Tsar et tsarisme obtiennent un nouveau bail. La preuve : Marx et Engels ont toujours prévenu contre le pari des guerres, ont recommandé de ne pas faire la révolution dans les pays non évolués et n'auraient jamais tant désiré qu'une défaite de l'Allemagne impériale. En bref, pour les orthodoxes marxistes, les socialistes doivent soutenir le pays qui sert leur cause et être adversaires de celui dont la défaite sera la plus profitable au socialisme envisagé dans son ensemble.

Autrement dit, rien n'est plus important qu'une révolution en Allemagne, le pays industriellement le plus développé de tous. Donc, il ne faut rien faire pour y aider le régime impérial et féodal. Donc, il ne faut pas prendre langue avec les ministres du Kaiser. Donc, Lénine est en rupture du marxisme quand il travaille contre la Russie des tsars au profit de l'Allemagne la plus réactionnaire. Qui plus est : dans le même temps, la révolution aura triomphé en vain en

Russie, car l'Allemagne du Kaiser, une fois victorieuse, sera du coup assez forte pour faire échec au socialisme dans le pays vainqueur, sur son propre sol, mais aussi au socialisme dans le pays vaincu.

Simplement, il est trop exact que 1916 crée une nouvelle situation. Pour l'immédiat, Lénine explique que le tsar peut vouloir négocier une paix séparée avec le Kaiser, afin d'écraser avec son aide les révolutionnaires. Par conséquent, ajourner la révolution au pays du tsar n'est plus de mise. Force est d'abattre le tsarisme au plus vite, avant que Pétrograd n'appelle le Kaiser à son secours. C'est aux socialistes russes, une fois le tsar abattu, qu'il appartiendra de négocier la paix avec Berlin.

Lénine en est bien là : pour lui, dans le présent, la défaite de la Russie tsariste sera le moindre mal, de toute manière un mal moindre que la défaite allemande. Il le dit clairement, « Il est impossible, du point de vue du prolétariat international, de dire ce qui serait le moindre mal pour le socialisme, d'une défaite austro-allemande, ou d'une défaite anglo-franco-russe. Mais pour nous, socialistes russes, il ne peut y avoir aucun doute que, du point de vue des classes ouvrières et des masses laborieuses de tous les peuples russes, le moindre mal serait une défaite de la monarchie tsariste. Nous ne pouvons pas ignorer le fait que telle ou telle conclusion des opérations militaires faciliterait ou rendrait plus difficile notre travail de libération de la Russie. Et nous disons : oui, nous espérons la défaite de la Russie car elle faciliterait notre victoire intérieure en Russie. »

Autrement dit encore, à Verdun, Lénine devient le meilleur allié des troupes du Kronprinz. Peu lui chaut, d'ailleurs : il professe aussi que le cynisme doit être l'un des atouts majeurs des révolutionnaires internationalistes, pour abattre ce monstre de cynisme qu'est la bourgeoisie mondiale.

Ainsi, dès le printemps 1915, prenait-il langue avec le gouvernement allemand, par l'intermédiaire d'Alexandre Keskuela, faisant contacter le secrétaire d'État von Jagow et le sous-secrétaire d'État Alfred Zimmermann.

Et de recevoir aussitôt l'équivalent d'environ six mille dollars de l'« Union pour la libération de l'Ukraine », à utiliser pour lancer un nouveau journal anti-tsariste et soutenir tous les défaitistes russes en action en Russie. (Les journaux sont édités sur papier pauvre en Suisse, acheminés en Allemagne, reproduits photographiquement sur du papier mince à l'Amirauté et passés en Russie.)

Et, par Keskuela, de pousser assez loin les négociations avec les émissaires de Bethmann-Hollweg pour que Lénine posât sept conditions à une paix éventuelle entre l'Allemagne et les bolcheviks une fois vainqueurs : la République sera proclamée en Russie ; les grandes propriétés seront expropriées ; la journée de huit heures sera reconnue par la loi ; les minorités de l'Empire russe obtiendront une totale autonomie : il n'y aura ni indemnités à payer, ni territoires à céder aux Allemands ; enfin, l'armée russe évacuera la Turquie, et la Russie attaquera l'Inde.

Peu importe dès lors que Lénine, actuellement, passe par une période de découragement et même de dépression : il n'arrête pas de ronchonner ; il dit vouloir entièrement se vouer à la rédaction d'une encyclopédie pédagogique ; il consacre de longues heures à des problèmes mineurs, tel le mouvement socialiste en Suisse : cet été, du 1er juillet à la mi-septembre, il a pris carrément des vacances avec Kroupskaïa dans de petits villages de montagnes « à boire beaucoup de lait », en vérité à s'éloigner des problèmes vertigineux.

Le léninisme, lui, est formidablement en marche. Lénine lui-même, demain, après-demain, déprimé ou pas, sera transformé, soulevé par le fleuve qu'il a créé et lancé à l'assaut des barrages.

Chapitre XIX

De l'autre côté de l'Atlantique

Les États-Unis sont en plein essort. Bénéficiant d'une abondance unique en matières premières faciles à exploiter et d'un marché intérieur élargi sans cesse par l'arrivée de millions d'émigrants européens, ils constituent même depuis plusieurs années la première puissance économique mondiale. Ils produisent quelque trois cent millions de tonnes de charbon. Ils ont décuplé en trente ans leur production d'acier. Ils sont au premier rang mondial pour le cuivre. Le nouveau géant s'affirme.

Un impérialisme nord-américain pouvait même se révéler, dès 1898, à l'occasion de la guerre contre l'Espagne: non seulement Madrid abandonnait à Washington Porto-Rico et les Philippines, mais Cuba devenait, comme Saint-Domingue et Haïti, protectorat nord-américain. Les îles Hawaï étaient annexées avant la fin du XIXe siècle. Dès 1903, les États-Unis rachetaient ses droits à la Compagnie française du canal de Panama, ruinée après la retentissante faillite de Ferdinand de Lesseps, promoteur du percement de l'isthme: la Colombie, qui occupait les lieux, étant réticente, les États-Unis y suscitaient une révolution qui aboutissait à la création d'une République de Panama, pure domestique, laquelle leur accordait aussitôt un bail de longue durée. Le canal était ouvert dès août 1914 — totalement régi par la bannière étoilée.

Inévitablement, la guerre européenne ne saura qu'aider encore à cette fantastique progression, et à cet impérialisme. Non que les États-Unis se félicitent d'un tel conflit.

D'abord, cette guerre, ils ne la comprennent pas. Ils la tiennent pour insensée. Toutes les raisons qu'invoque l'Allemagne leur paraissent futiles ou illogiques. Ils ne s'expliquent pas davantage l'entrée rapide de Londres dans le conflit. Portés comme tous les hommes à chercher dans le passé qui leur est connu, le leur, l'explication des énigmes du présent, les Nord-Américains comparent cette guerre à leur funeste guerre de Sécession : tout simplement, ils en viennent à la voir comme une lutte fratricide, d'où devrait sortir une paix durable et féconde, identique à leur propre paix.

Ensuite ils « sentent » d'autant moins la guerre qu'en août 1914, ils n'ont ni armée, ni canons, ni munitions et que leur premier réflexe, le 4 août, est de publier une déclaration solennelle de neutralité. De surcroît, le Président Wilson en tête, tous sont persuadés que la guerre européenne sera très courte.

Enfin, joue un pacifisme inné, appuyé sur un isolationnisme coriace. Les Nord-Américains ne redoutent rien tant, que d'être entraînés dans des complications européennes. « Ne nous mêlons surtout pas de leurs folies » tel est le mot d'ordre. Non seulement ils considèrent comme sacro-sainte la politique de non-intervention enseignée par Washington et confirmée par le Président Monroe, mais plus encore ils ont une peur profonde que la guerre européenne ne se répercute aux États-Unis en une guerre civile : car l'« Alliance centrale germano-américaine » fondée dès le début du siècle continue de jouer un rôle important. La forte minorité allemande est très active sur tout le territoire, les thèses allemandes restent soutenues par un large secteur de l'opinion et prendre parti dans une telle guerre pourrait dangereusement compromettre le précieux équilibre intérieur jamais remis en cause depuis 1865. Même le torpillage du *Lusitania* (paquebot britannique torpillé près des côtes de l'Irlande le 7 mai 1915, par un sous-marin allemand) qui fit plus de douze cents victimes, dont de nombreux passagers américains n'y a rien changé. Ajoutons que Verdun est loin, très loin.

Ainsi l'Amérique peut-elle s'abandonner à la joie de progresser et à la joie de vivre — sans commenter à l'excès cette guerre incompréhensible. Symbole de cette époque : l'ivresse du jazz, que la pauvre Europe ne connaît même pas. Dès le début du siècle, se révélaient les premières grandes chanteuses, Ma Rainey, Ida Cox, Memphis Minnie, et l'impératrice du blues, Bessie Smith, insatiable mangeuse d'amour : « Je veux être chérie de quelqu'un... Je veux de l'amour tous les jours... Il peut être laid, il peut être noir, mais qu'il soit fort, plaisant et à la coule... » C'est maintenant l'apogée : airs des antiques *work songs* des premiers esclaves (ainsi le populaire Go down, old Hannah), sanglots des *blues singers* (« Groupez-vous autour de moi, les gars, comme des mouches autour du sucre... ») et refrains, cantiques, pères des negro-spirituals, tel *Go down Moses*. Il y a déjà quinze ans que le jazz s'est envolé de son paysage natal, des maisons croulantes du quartier noir de la Nouvelle-Orléans, *honky tonks* (bistrots-tripots servant du rhum) et *barrel houses* (ces cabarets ou l'on puise la bière à même le tonneau). Toute l'Amérique connaît désormais les noms des principaux artistes, le clarinettiste Sydney Bechet, le pianiste La Menthe, un Noir à traits d'Indien, plus maigre qu'un clou, qui inscrit fièrement sur sa carte de visite *Originator of jazz*, ou le trompettiste Freddie Keppard. Il y a aussi le fameux orchestre des deux K.O., Kid Ory et King Oliver, le premier au trombone, le second au cornet, orchestre à cent mille volts, où vient d'entrer un cornettiste de génie, à peine âgé de seize ans, Louis Armstrong, surnommé *Dippermouth*, « Bouche-en-forme-de-louche ». Le jazz envahit tout. A l'Europe, Verdun; à l'Amérique, le jazz.

Broadway peut afficher les plus gais délires et de somptueux spectacles. Certes New York reste New York. C'est toujours la ville des contrastes, où les gratte-ciel (inconnus en Europe) condamnent aux ténèbres perpétuelles les rues étroites, sales et encombrées de *Downtown*, écrasant de leur masse les pauvres petites églises de grès rouge, tandis qu'à quelques kilomètres, l'*Uptown* accessible en vingt-cinq minutes par les express du métro souterrain, déroule ses larges avenues aérées et ses parcs superbes le long de l'Hudson. Etienne Chabris écrit en reportage pour l'*Œuvre* : « Toujours la même impression de vie forcenée dans le vacarme du *Subway* ou de l'*Elevated*, des trams et des autos, le flamboiement brutal des annonces lumineuses. Toujours la même paix et la même sensation de campagne dans les bosquets de Riverside Park où les écureuils se pourchassent. Aussi chers les hôtels et les restaurants où l'on mange mal, au son d'orchestres acharnés; aussi bon marché les fruits appétissants qui s'étalent dans les boutiques, les œufs, les grillades et les laitages qu'on peut savourer dans les *Childs* étincelants de propreté... Seuls signes de la guerre : dans la darse où accostent les transatlantiques, un énorme cargo engouffrant des obus et des automobiles ; à la *Batterie*, les bureaux déserts de la *Hambourg-America* ; au bout du Riverside, le port d'internement des steamers allemands, devant lequel torpilleurs et cuirassés montent la garde. »

Mais, Broadway, à lui seul, symbolise l'Amérique en pleine vitalité, insatiable de vie. Prodige, à remarquer en passant : ici la crise du papier est inconnue. Pour un sou, à chaque rue, on vous donne un *Times* de seize à vingt pages, encombré de grandes annonces et avec tout l'assortiment des communiqués qui nous sont interdits à Paris, même les communiqués turcs et bulgares.

Spectacles sur spectacles, la plupart fastueux. Francis Mac Millan donne un récital au Carnegie Hall. Le Little Theater propose *Hush* ! Le New Garrick affiche *Le Poilu*, la plus grande opérette franco-américaine jamais donnée, « received nightly with enthusiasm... » Les annonces de spectacles couvrent des colonnes entières du *New York Times*. Le Manhattan Opera House voit triompher les Ballets russes de Diaghilev, avec toutes ses vedettes, Nijinsky, Bolm, Frohman, Gabirlow, Lopokowa. Au programme ce soir : Nijinsky dansant pour la première fois *L'après-midi d'un faune* et Mlle Margarita Frohman, première danseuse de l'Imperial à Petrograd, faisant ses débuts américains avec *Les Sylphides* aux côtés de Mlle Olga Spesizewa, elle aussi de l'Impérial. Nijinsky devient une super-vedette, si divin dans l'art d'exécuter l'« entrechat royal », si typé avec ses traits de Mongol tragique, ses sombres yeux taillés en amande. On en oublie du coup qu'il n'a pas répondu à l'appel sous les drapeaux et est tout près d'être porté, à Petrograd, comme déserteur.

Au demeurant, savez-vous quel est le quartier le plus joyeux de New York ? Le quartier français. La liesse quotidienne y est telle que Man Ray, jeune peintre-photographe de génie, toujours flanqué de sa bien-aimée Donna, ne le quitte pour ainsi dire pas.

Il expose d'ailleurs actuellement chez Daniel. A remarquer: une étonnante *Danseuse de corde s'accompagnant de son ombre*. A remarquer plus encore: un *Autoportrait* qui donne lieu à bien des sarcasmes et polémiques. Sur un fond de peinture noire et d'aluminium, il a attaché deux sonnettes électriques et un vrai bouton. Puis, il a posé tout simplement la main sur la palette, avant de la plaquer sur la toile. Cette empreinte, qui se trouve au beau milieu du tableau, sert de signature. Il paraît que c'est ça, la peinture de l'avenir. Quant aux visiteurs qui appuient sur la sonnette, ils sont bien déçus, car elle ne sonne pas.

Nous aurions même actuellement à New York le plus grand peintre français de l'avenir. Il s'appelle Marcel Duchamp. Il a vingt-neuf ans. Il est depuis peu installé dans la 66e rue, au cœur d'un quartier d'imprimeurs et de vulcanisateurs de pneus. Il dispose d'un assez vaste atelier, à découvrir dans tout un réseau de corridors labyrinthiques. Des radiateurs à vapeur dispensent une bonne chaleur. Une baignoire toute nue trône au milieu de la pièce, ses tuyaux longeant le plancher pour rejoindre, contre le mur, ceux du lavabo. Détritus et journaux s'amoncellent par terre. Plusieurs tableaux sont suspendus au plafond: ceux de son frère, Jacques Villon, alors que les tableaux de sa sœur, Suzanne, peintre elle aussi, occupent, eux, tout un mur. Près de la fenêtre, dans le coin le plus reculé, des tréteaux servent de support à un vaste panneau de verre épais, couvert de figures compliquées, dessinées avec du fil à plomb très fin, la grande œuvre immortelle de Marcel Duchamp, la *Mariée mise à nu par ses célibataires même*. Du plafond, pend une ampoule nue qui doit éclairer toute la pièce. Programme du maître: avec Man Ray, bâtir la grande alliance entre la peinture et la photographie. Un détail à ne pas oublier: Duchamp adore s'appeler l'Antiportrait de Verdun...

Mais rejoignons les affaires politiques. Au vrai, pour l'immédiat, tout paraît suspendu à l'essentiel de l'essentiel: la campagne électorale. On vote le 4 novembre. Un duel acharné oppose pour la présidence le Président sortant, Wilson, à son rival républicain, Hugues.

Les passions sont au paroxysme. Qui gagnera? Les paris sont ouverts.

Thomas Woodrow Wilson aura soixante ans le 28 décembre. Né à Staunton, en Virginie, il vient d'une famille rapatriée d'Irlande depuis deux générations : son grand-père, un imprimeur, s'expatria d'Ulster où il y avait trop à souffrir. Le grand-père maternel, Woodrow, Écossais d'origine, était pasteur. Le père était pasteur aussi.

Si Washington était gentleman et Lincoln homme du peuple, Wilson est, lui, d'une famille de théologues. Il a même failli être pasteur. Mais il préféra finalement être avocat. Diplômé de l'université de Princeton, disant avoir appris l'art oratoire « chez Démosthène », qu'il lit dans le texte, ce n'est qu'après avoir exercé quelques années à Atlanta, en Georgie, et être reçu docteur ès philosophie de l'université John Hopkins, qu'il devint, à trente ans, professeur d'histoire et d'économie politique, enseignant d'abord à Bryn Mawr, puis à l'université Wesleyenne, puis à Princeton.

D'abord gouverneur du New Jersey, il accéda à la présidence en 1912, essentiellement à la faveur d'une scission dans le parti républicain, où s'opposèrent suicidairement le bouillant Theodore Roosevelt (Président de 1901 à 1908) et l'intransigeant William Howard Taft, Président sortant.

Peut-être même fut-il choisi parce qu'il réunissait les principales qualités de ses deux concurrents — alliant à la prudence et à l'habilité de Taft l'audace et le brio de Roosevelt.

Programme : abattre les trusts ; exterminer la corruption ; limiter au strict minimum l'intervention de l'État dans la vie des citoyens. Principal slogan : le meilleur gouvernement est celui qui fait aussi peu de gouvernement que possible. Résultat : plus de six millions de voix contre quatre à Roosevelt et trois à Taft. Particularité : même élu d'un parti, il a en horreur les partis. Il dit : « J'aurais honte de moi-même si j'excitais un sentiment de classe, quel qu'il fût. » Il se donne pour modèle Grover Cleveland, premier Président démocrate à être élu depuis la guerre de Sécession, en 1884, précisant : « Il a été exactement ce Président que les auteurs de notre Constitution ont rêvé ; plutôt qu'un homme de parti, un homme et un homme doué d'une volonté propre ; plutôt qu'un associé des Chambres, un serviteur individuel du pays, exerçant ses pouvoirs en premier magistrat plutôt qu'en chef de parti. »

Portrait : le grand bûcheur, austère et généreux. Front étroit d'entêté. Yeux brillants de sermonneur, porté à s'illuminer lui-même de ses propres phrases. Bouche large et expressive. Voix prenante, à inflexions graves très étudiées, mais élocution trop facile et rapide : les mots se bousculent à l'excès.

L'ensemble de la silhouette cependant a quelque chose de gauche et de timide — qui donne à croire que, derrière cette façade d'assurance et d'audace, il y a un velléitaire, au fond très mal assuré de lui-même. Pour mieux le saisir, sans doute faut-il le camper face à son anti-portrait, Theodore Roosevelt.

S'ils sont tous les deux de très haute taille, Roosevelt a la carrure et l'encolure d'un géant ; l'autre présente la maigre silhouette d'un don Quichotte dégingandé. Roosevelt a un mufle de boxeur taillé à coups de hache ; Wilson, les pâles sourires délicats d'un professeur qui se voudrait tout en finesse. Roosevelt arbore une moustache embroussaillée, Wilson est glabre. On chercherait vainement chez Roosevelt la malice de renard savant qui pointe derrière le lorgnon de Wilson. Si la psychologie de Roosevelt est plutôt du style rudimentaire, celle de Wilson laisse deviner les plus sombres complexes. L'un n'aura eu de passion que pour les sports violents, en particulier la chasse aux grands fauves ; l'autre n'a de goût que pour le golf et le billard. Roosevelt n'aura jamais écrit que des articles de combat ; Wilson n'aura jamais été lui-même qu'en écrivant des ouvrages doctes et austères, une biographie de Washington, une grande histoire des États-Unis en cinq volumes, le *Gouvernement Congressionnal, étude sur la politique américaine*, et même un manuel de droit constitutionnel, *L'État, éléments de politique historique et pratique.*

Quoi qu'il en soit, le voilà en pleine campagne électorale. Il se trouve ce matin à Long Beach, où il rencontre longuement Henry Ford, lequel, à l'issue de l'entrevue, annonce à grand tam-tam qu'à la demande du Président il va désormais consentir des salaires d'homme à ses ouvrières.

Il déjeune avec James W. Gerard, ambassadeur des États-Unis en Allemagne. Il partira demain dès l'aube pour Cincinnati, où il doit prononcer les quatre derniers discours de sa tournée dans le Middle-West, non sans faire aussi de brèves déclarations à Chillicothe, Greenfield, Blanchester et Loveland, Ohio.

Le candidat républicain, Hugues, n'est pas moins actif. Il

tient aujourd'hui même trois vastes meetings dans l'État de New York. Il parle d'abord au parc Scheutzen à Queens, devant une foule d'originaires d'Allemagne. Il intervient ensuite au Star Casino, 107e rue, parmi une forêt d'un millier de drapeaux américains. Il termine ce soir au Bronx, devant des auditeurs debout sur leurs chaises qui lui donnent le plus grand mal à se faire entendre.

Le résultat est incertain. Un seul pronostic domine : en définitive, jamais aucun Président américain, quelles que soient les circonstances, quels que soient les partis pris dans les discours, ne laissera entraîner les États-Unis dans cette folle guerre européenne ; nos *boys* n'iront pas à Verdun ; le sang américain ne coulera pas.

Chapitre XX

A Londres

Ce qui stupéfie le plus souvent nos soldats, à propos des Anglais, c'est leur propreté et leur flegme.

Ces sacrés *tommies* sont toujours rasés de près et de frais, et ne semblent jamais pouvoir perdre leur phénoménal sang-froid.

De fait, le *shaving*, — premier mot anglais à faire son apparition sur les enseignes des villages flamands, artésiens ou picards sur lesquels flotte le drapeau britannique — paraît même prendre de l'importance et la gravité d'un acte rituel. Il faut voir le gars opérer, jusque dans les tranchées, jusque parfois sous les obus : Tommy conserve, quand il se rase, un flegme imperturbable.

Les soldats anglais ne montrent pas moins de sang-froid pour savourer le thé. Ils le préparent en première ligne dans ces cagnas voûtées en tôle ondulée, solidement recouverts de bois, de fer et de terre, que nos soldats ont baptisées, à cause de leur forme mi-tubulaire, des « abris-métros » et qu'eux baptisent de toutes sortes de noms biscornus, *Shamrock cabin* (Cabane du trèfle), *Thistle rose mansion* (maison de Chardon rose) ou *Cotton tree* (Cotonnier, en souvenir de chaque bungalow colonialiste). Tout se passe comme si confectionner et boire son thé était encore plus important que de gagner la guerre.

Le flegme, chez ces types-là, ça se porte comme une tenue de rigueur. Leur général en chef en France, Sir Douglas Haig, est le modèle même de l'endurance souriante. On ne l'aura jamais vu perdre son *self-control*, de toute sa carrière coloniale au Soudan et en Afrique du Sud, comme au début de la guerre, où il devait vivre les jours sombres de la retraite de Mons. Tout l'effort allemand se concentrait alors sur ce 1er corps anglais dont il avait le commandement et qu'il sauva précisément à force d'énergie et de sang-froid. Puis, après les batailles de la Marne et de l'Aisne, il se trouva engagé, tandis qu'il marchait au secours d'Anvers, dans la bataille des Flandres. Son corps d'armée eut une fois de plus le périlleux honneur de subir l'assaut principal de l'ennemi : nouvelle occasion de faire valoir sa tranquille lucidité. En octobre 1914, quand la fantastique vague de choc allemande se mit à nouveau à déferler, lui seul, de tous les généraux anglais, garda son optimisme ; le maréchal French lui-même, alors commandant en chef, était persuadé que toute résistance serait vaine. « Lucky Haig », le surnomme les tommies, autant pour la rapidité avec laquelle il a été promu, tout sourire, aux plus hauts échelons de la hiérarchie militaire, que pour le fait d'être le grand protégé du duc de Cambridge ou de composer un ménage parfait avec sa femme.

Après la disparition de Lord Kitchener, on ne pouvait trouver meilleur représentant des principales qualités britanniques, même s'il tient à préciser que, plus encore que britannique, il est de clan écossais. C'est avec un flegme et une efficacité identiques que l'Empire s'est enfin doté d'une armée redoutable. Celle qui se bat en France n'a plus rien à voir avec le faible corps expéditionnaire d'août 1914. Londres a actuellement un million et demi d'hommes sous les armes, qui seront de plus en plus nombreux, en particulier du fait de la récente adoption du service militaire obligatoire. Déjà quarante-huit divisions se battent aux côtés des troupes françaises. Une belle armée de cent cinquante mille hommes veille sur l'Égypte, en raison de la menace turque sur le golfe Persique. Des unités d'élite sont engagés sur la Somme, régiments de la Garde, Australiens, Canadiens, Néo-Zélandais, division navale rentrée des Dardanelles.

Le roi, George V, cinquante et un ans, est un modèle de dignité calme. Suivez-le donc tout au long de cette journée — bien entendu froide et mouillée, avec vents aigres typiques de l'automne londonien, même si dans les parcs, bégonias et dahlias n'auront jamais été aussi beaux. Comme tous les jours, il est debout dès 8 heures, ce qui est très matinal pour un roi anglais. La première affaire est d'effectuer à cheval le tour de Hyde Park, en compagnie de la princesse Mary. Ensuite, paisiblement, il gagne son cabinet de travail, pour consacrer à son courrier privé l'heure qui précède le breakfast : il tient à écrire, posément, de sa propre main, toutes ses lettres personnelles. Le breakfast est servi à 9 heures 15. Il est partagé avec la reine Mary et aujourd'hui, aussi avec la princesse Mary et les jeunes princes. Menu classique, sobre : thé de Chine, toasts, beurre, marmelade, un plat de poisson ou d'œufs. A 10 heures, il voit le marquis de Grewe, Lord President. A 10 heures 30, il tient conseil. Y participent comme d'habitude le marquis de Grewe, Lord Sandhurst, Lord Carnock et le très honorable A. Bonar Law, secrétaire d'État aux Colonies, plus aujourd'hui, à titre exceptionnel, William Ferguson Massey, premier ministre de Nouvelle-Zélande, Sir Joseph Ward, ministre des Finances néo-zélandais et Sir Thomas Edward Scrutton, « Lord Justice of Appeal ». Il aime l'ordre. Rien ne traîne. Tous les papiers sont classés selon des règles inflexibles. Jamais on n'aura vu George V perdre le moindre document. (Il dit avoir gardé cette rigueur de ses années d'apprentissage comme cadet ou midshipman sur le *Britannia* et la *Bacchante*.) A 11 heures 30, il lit les journaux, qu'il se fait apporter « en entier », encore que les principaux articles soient signalés au crayon bleu par un secrétaire. Il refuse toute édition expurgée ou toute revue de presse : il veut tout voir. Il se soumet avec un égal scrupule au long défilé des audiences, aujourd'hui recevant successivement Bonard Law, Joseph Ward, Massey, Scrutton, le major-général Lord Ranksborough, « Master of the Household », et Frédéric Harford, envoyé extraordinaire de Sa Majesté et ministre plénipotentiaire à Caracas. Le menu du lunch est aussi sobre et anglais que le breakfast : deux plats au plus, quelques fruits, une tasse de café. Seul sport pratiqué l'après-midi : un jeu de raquettes canadien. Le thé est le plus souvent partagé, à cinq heures, avec la reine Mary (la seule à introduire de la fantaisie, par ses hauts chapeaux, tous plus ahurissants les uns que les autres), mais aujourd'hui également avec la duchesse de Devonshire et lady Maud Cavendish. Puis Leurs Majestés, qu'accompagnent le capitaine Godfrey Faussett, visitent l'hôpital russe Sainte-Marie pour officiers blessés et malades, 8, South Audley Street, Mayfair. Dernier visiteur : « the Right Honorable H.H. Asquith », Premier Ministre et premier Lord du Trésor. Après un dîner très simple, le monarque passe sa soirée en famille, tout en fumant un bon havane et quelques cigarettes de tabac d'Orient. Quel plus exact symbole de l'immuabilité de la vie britannique ?

— Est-ce Asquith, demande un peintre à la princesse Bibesco, ce magnifique vieil Anglais, vermillon et blanc, qui se promenait hier avec vous ?

C'est bien lui, Herbert-Henry Asquith, comte d'Oxford et Asquith, chef du parti libéral en même temps que Premier Ministre. Il a soixante-quatre ans. Grand, robuste, sec, membres osseux, « rides toutes faites de finesse », il est si magnifiquement anglais que ladite princesse ne se l'imagine que « portant sur ses cheveux immaculés, tantôt la couronne à pointe des rois saxons, tantôt le feutre noir des têtes rondes ». Il est britannique jusqu'au bout des ongles, avec sa réserve silencieuse, ses sourires distingués, sa propension à rougir devant les dames et sa lenteur dans la conception comme dans la volonté. Premier Ministre en poste depuis huit ans, il devient même la prototype de l'Anglais au combat : désinvolte et toujours conscient de ses réelles possibilités. Il se risque aux plus téméraires audaces avec le sourire glacé qu'il affiche lorsqu'il joue au tennis ou poursuit le renard. Tout de lui paraît discrétion et raffinement. Même s'il a des tendresses pour les livres de Dickens, il vénère les grandes œuvres grecques et romaines. Il ne se lasserait pas de voyager, curieux de toutes les rencontres. Au sommet du pouvoir, il reste d'apparence timide. Au faite des honneurs, point du tout grisé, il demeure un silencieux, laissant plus volontiers pérorer sa femme, qui aura brillé parmi les suffragettes les plus combatives. C'est le parfait gentleman, qui n'exhibe jamais ni savoir ni gourmandise, simplement croyant convaincu et libéral de haute tradition. Quand il perdit son fils, l'an dernier, aux Dardanelles, il cacha sa douleur sous un masque effrayant de sérénité. Et c'est tout aussi discrètement qu'il aura loyalement servi l'Entente cordiale forgée dès le début du siècle.

Sir Edward Grey, secrétaire au Foreign Office, est un pacifiste en guerre. Si solide, réaliste et efficace qu'il se montre dans les plus rudes besognes, il est fondamentalement un tendre, et même un bucolique, qui n'aime rien tant que la nature et la pêche. Connaissez-vous des hommes politiques ne sachant pas parler en public? En voici un spécimen. Il éprouve un tel trac, qu'il ne peut s'exprimer à la tribune sans bégayer. A se demander comment il a opéré, pour être dès vingt-trois ans député, dès trente ans ministre et dès 1905, à quarante-trois ans, en chargge des Affaires Étrangères. Il aura été le premier à préconiser une « Association des Nations » vouée à déclarer la paix au monde entier. Il dicte en sanglotant les dépêches engageant la guerre contre l'Allemagne. Dès qu'il le peut, il se réfugie à la campagne, pour écouter les merles siffler dans les hêtres...

David Lloyd George, cinquante-trois ans, ministre de la Guerre. Son nom est de plus en plus souvent cité comme éventuel prochain Premier Ministre. Fils d'un modeste instituteur de Manchester, tôt orphelin, sauvé des abîmes par un oncle cordonnier de village, tout jeune membre de la secte des Disciples du Christ, pacifiste socialisant et biblique avant d'adhérer au parti libéral, il est le modèle du Britannique issu de chez les pauvres. Digne, froid, calmement déterminé, ami de l'ordre et des traditions intangibles, le doute ne l'atteint jamais. Écolier exemplaire, étudiant brillant, bon député, bon fils, bon père, bon chrétien, bon libre-échangiste, il est tout aussi naturellement bon ministre et bon serviteur de l'épopée impériale. Essaie-t-on de le piquer en lui rappelant son passé de pacifiste, qui le prédisposait peu à être l'un des principaux animateurs de cette guerre, il réplique que l'emploi de la force n'est pas interdit à qui veut défendre ses idées humanitaires.

Le haut personnel politique est de la même veine, depuis Lord Milner, grand administrateur aussi placide que diaboliquement opportuniste, proconsul en Égypte, puis en Afrique du Sud, et Lord Curzon, ancien vice-roi des Indes, diplomate glacé, jusqu'à Arthur Henderson, député travailliste qui remplit les fonctions d'un véritable ministre du Travail quoique entré au gouvernement de coalition comme président du « Board of Education », ancien ouvrier mouleur, visage carré, regard résolu, moustache gauloise, caractère de bronze, ou un Bonar Law, Écossais du Canada, enrichi dans l'industrie du fer, leader des conservateurs aux

Communes, travailleur acharné sous son masque de dilettante, connaissant à fond les questions économiques, parlant sans morgue ni ostentation, orateur adroit aux réparties mordantes, humour d'or, tenues sobres, ressemblant davantage à un businessman de Glasgow qu'à un homme d'État.

Flegme au Parlement. Aujourd'hui même, à la Chambre des lords, qui ouvre à 16 heures 15, le marquis de Landsdowne intervient à propos de nouveaux troubles en Irlande et Lord Devonport demande des précisions sur les négociations en cours, entre Berlin et Londres, par l'intermédiaire de l'ambassadeur américain en Allemagne, quant à un échange de personnes civiles entre les deux pays. Aux Communes, à partir de 14 heures 45, c'est sans tempête que Lloyd George se fait interpeller par le Commander Wedgwood (Newcastle) sur la manière dont est donnée l'alarme en cas d'attaque d'un zeppelin, pris par le député de Galway Hazleton sur certains exemptés du service militaire et par G. Terrell (Wilts, Chippenham) sur la situation de certains mobilisés, plus exactement ceux qui ont quarante et un ans.

Autre symbole de cette incomparable impassibilité: le quotidien *The Times*. Il vous annonce sur le même ton triomphes comme défaites. Ainsi aujourd'hui le naufrage de neuf nouveaux bateaux coulés par les sous-marins, quatre britanniques, le *Cluden*, le *Midland*, le *W. Harkees*, et le *Barbara*, et cinq norvégiens, *Le Secundo, Le Gronhang, Le Gunn, Le St-Estad* et Le *Rensfliel*.

Et si tous les journaux publient de longues colonnes de « *killed in action* » ou de « *died of wounds* », les colonnes voisines vous signalent les dancings les mieux achalandés: par exemple, on donne de remarquables leçons privées de one-step et de fox-trot à Londres chez Miss Alice Hall, 32, George Street, et chez Miss Thackara, 10, Clifford Street. C'est la pleine saison de grand opéra à l'Aldwyck Theater: à l'affiche ce soir *Tristan et Iseult*, chanté en anglais, avec à la baguette Julius Harrison, qui prend la relève du fort regretté Sir Thomas Beecham, décédé hier. Vous avez de somptueux programmes de variétés à l'Alhambra (*The Bing Boys are here*) comme au Coliseum (*La Belle Leonora « assisted by Sig. Valentino »*), à l'Empire (*The Monster Revue: Razzle Dazzle*) comme à l'Hippodrome (*Flying Colours*). Les théâtres et les cinémas font le plein, du Kingsway au Playhouse, du Duke of

York's au Haymarket. Londres reste éternellement semblable à elle-même. Elle ne s'affole pas. Jamais de panique. Jamais de réactions excessive. Jamais de transport brutal d'un extrême à l'autre. En bref, Albion.

Chapitre XXI

A Paris

Beaucoup de femmes en noir. Le peuple les regarde, hoche la tête. Ces vivantes sont le seul moyen qu'on ait de compter les morts. La circulation s'est appauvrie. On a réquisitionné toutes les automobiles. On va en fiacre, à bicyclette, à pied. Rares sont les taxis qui roulent, tels les taximètres Unic, créés par les Rothschild et dirigés par Jacques Bizet.

Les statues se cachent sous des sacs de sable. On ne voit plus le portail de Notre-Dame ni la *Danse* de Carpeaux à l'Opéra. Il y a donc un certain visage de Paris en guerre.

De vastes affiches appellent à souscrire au deuxième emprunt de Défense nationale, sur quatre modèles. L'une, de Bernard Naudin, est sobre : sous drapeaux tricolores flottant au vent et sur fond de paisible village rustique, avec son inévitable clocher, on lit : « Français, souscrivez au deuxième emprunt de Défense nationale, vous hâterez la victoire et vous aurez fait votre devoir envers la patrie ! » La seconde, signée Abel Faivre, montre un soldat montant à l'assaut, tenant d'une main son fusil, levant l'autre en signe d'appel. « On les aura ! Souscrivez ! » explique la légende. La troisième, en couleurs éclatantes, du peintre Robaudi, un enthousiaste poilu à l'appui, porte l'inscription : « En avant, armée de l'épargne, c'est pour la patrie ! » Seule, la quatrième, une composition de l'Imprimerie nationale, d'un pur et noble typographisme, donne des détails : prix d'émission à 87,50 F; rendement net à 5,70 F; les souscriptions sont reçues partout; la souscription ouverte le 5 octobre sera close au plus tard le 29 ; la Banque de France admettra cette rente en garantie d'escompte et d'avances.

On manque de charbon — ainsi les « experts du soldat » préconisent l'usage de l'« autocuiseur » que l'on peut fabriquer soi-même avec du carton, du papier et de la toile ; cela ne va pas sans grognements, même si la ville de Paris annonce pour le 1er novembre de nouvelles distributions de combustible, et si on nous assure que le « stock de précaution », deux cent mille tonnes, est en grande partie constitué, soit sur les chantiers, soit sur wagons, chalands et steamers. Les journaux ne s'en prennent pas moins aux « cinq anabaptistes charbonniers », Bernot, Pingault, Provost et deux autres au nom en « O », plus ou moins responsables selon l'opinion publique de la mauvaise distribution de charbon en Seine et Seine-et-Oise.

Le ravitaillement est convenable. Pas de privations draconiennes. Les éléphants et les chameaux du Jardin des plantes ne seront pas mangés comme en 1870. On n'aura pas à servir des civets de chat ou des steaks de chien, comme sous la Commune. Néanmoins, le sucre manque. Il est recommandé à tous les écoliers de France de planter beaucoup de pommes de terre.

La viande ne fait pas défaut, mais se vend à des prix prohibitifs. C'est ainsi qu'intervient un nouveau venu : le « frigo ». Non le diminutif d'une marque de réfrigérateur. Mais l'appellation qui désigne la viande congelée nous arrivant d'outre-Atlantique. On dit un rôti de frigo ; du frigo en sauce ; une tranche de frigo. Aujourd'hui, un reporter de l'*Œuvre* peut même déplorer que « les gens chic ignorent le frigo » alors que le XIXe et le XXe arrondissements « se régalent de belle et saine viande d'Amérique qu'on a congelée sur place et qu'on décongèle au moment de la vendre ». Quant à ceux qui déclarent qu'ils ne l'aiment pas, « ce sont ceux qui ne l'ont pas goûtée ou qui auront mangé du frigo mal apprêté ».

On expédie aux soldats, en franchise, le « réchaud du soldat », une « merveilleuse » boîte en fer blanc, pleine d'alcool solidifié, qui s'allume sans mèche et cuit tout ce que l'on veut. On tricote beaucoup, chez soi comme dans les ouvroirs, les écoles, les usines. « Pour eux. » Les orphelins en orphelinat et les midinettes au chômage confectionnent des « pansements individuels », avec ouate, taffetas, bande, et épingles de nourrice, le tout dans un emballage en papier.

Aux vitrines des marchands de tabac, la plupart des cartes postales montrent des soldats et leurs fiancées s'envoyant des baisers qu'une colombe immaculée transporte dans une enveloppe délicatement tenue dans son bec. Moins romanesque : un marbrier de Belleville expose des médaillons en émail qui, tous, représentent de jeunes soldats.

La silhouette féminine se militarise ou se masculinise. La robe raccourcit légèrement : on peut désormais apercevoir nettement la cheville. Elle chausse des bottes « lacées à l'aviateur ». Elle arbore volontiers une sorte de calot militaire ou de béret alpin crânement incliné sur l'oreille. Qu'elle est loin, très loin, comme au-delà d'un siècle, l'atmosphère de l'élégante de 1912, avec ses coquettes ombrelles aux motifs africains, ses chapeaux à la tonkinoise, ses plumes d'autruche, ses franges, ses pompons, et les pages savoureuses de *Modes et Manières d'aujourd'hui*, offrant la « femme aux fruits », la « femme au manchon », la « femme sofa », la « femme fakir » ! C'était l'époque de rêve où le dessinateur de mode en appelait à la nature, à l'alcôve ou à la loge de théâtre pour mieux présenter l'« arc rouge », l'« oiseau volage », la « belle patineuse » ou la « reine des grands soirs ». La femme pouvait être un savoureux point d'interrogation inversé ou un point d'exclamation pour extases. Grâce à Paul Poiret, elle venait de se libérer du corset.

Tout en elle était joie de respirer et d'inventer et de se donner, d'où l'ivresse de danser le tango argentin, lequel au Petit-Balcon comme à la Montagne, au Sabot comme à la Grille, détrônait même la valse lente.

Les temps de Verdun imposent d'autres règles. Madame joue au monsieur et au soldat. Car les femmes doivent assurer la relève des hommes, mobilisés pour le front. Parmi les « remplaçantes » qui suppléent à l'absence de nos soldats, nos almanachs populaires, Hachette ou Vermot, peuvent citer toute une liste de « méritantes » au tableau d'honneur de la relève, les livreuses des grands magasins, les « fourgonnettes » des gares, les conductrices, receveuses ou poinçonneuses des tramways et du métro, les releveuses de boîtes postales et les distributrices de dépêches. Encore aujourd'hui, la presse cite au palmarès Marcelle Damien, seize ans, petite boulangère d'Exoudun qui, aidée de son jeune frère Louis, a remplacé son père, mobilisé, afin d'assurer le pain des douze cents habitants du village, et Raymonde Richard, dix-sept ans, qui gère au nom de son père une importante ferme à La Chapelle-en-Vexin.

Les magazines féminins en sont venus à proposer des « modes nouvelles pour métiers nouveaux »: comment coquettement habiller la femme-chef de gare, la porteuse de journaux, la jardinière des squares de grandes villes, la vérificatrice des manchons à incandescence, l'employée aux recettes de la société des Gaz, la nettoyeuse de wagons ou Madame garde-voie. Il y en a bien d'autres. Les femmes ouvrières d'usines commencent à faire masse. Il n'y a point, comme dirait Barbusse, que les « veuves qui, en bottines hautes et salopettes, tournent les canons et les obus qui feront les veuves du Rhin allemand ».

Il y a désormais des «travailleuses» de toutes catégories. Le travail des femmes dans les usines de guerre n'est d'ailleurs pas sans soulever des protestations chez certains docteurs, au nombre desquels des puériculteurs éminents, qui redoutent tant pour les nourrissons des jeunes mères employées que pour les femmes tout près d'accoucher, les effets de conditions de travail défectueuses. Ainsi Antoine Borrel, député de la Savoie, pour pallier de telles difficultés, a-t-il saisi ses collègues d'une proposition de loi tendant à attribuer à toute mère allaitant son enfant une allocation mensuelle importante. Ainsi Mme Pierre Budin, veuve du célèbre puériculteur, mène-t-elle pour sa part une excellente campagne, inspirée des vues de son mari, en faveur de la création de salles d'allaitement annexées aux usines.

Il est même devenu courant d'embaucher des ingénieurs féminins. Des jeunes filles sont élèves de l'École centrale ou de l'École supérieure de chimie. La « dactylo » commence à imposer un type social caractérisé, qui tend à remplacer le « vieil employé », qui fut si cher, en rond-de-cuir, à Courteline. La sténo-dactylo bilingue, français-anglais, est très demandée. Les œuvres de guerre et l'exemple de nombreuses Américaines volontaires pour œuvrer dans notre « service de santé » auront multiplié les travailleuses sociales spécialisées, telles les infirmières-visiteuses, attachées aux dispensaires antituberculeux, aux sanatoriums, et aux stations sanitaires. Désormais des femmes sont directrices d'hôpitaux, de foyers ou de coopératives, ou secrétaires de mutualités et de syndicats, voire « chefs d'entreprise ».

Une formidable promotion de la femme s'engage : d'où le fait que la mode 1916 ne saurait être comparable à celle de 1912. Il faut des tenues plus pratiques, des jupes moins larges, des chaussures moins acrobatiques, des coiffures moins encombrantes. Verdun aura même changé ça : le visage et la silhouette des femmes.

L'Internationale des infirmières marque partout sa présence, au front comme dans les villes où elles passent leurs permissions. L'ensemble des ambulances russes dans la bataille représente cent vingt-cinq voitures automobiles, avec salles d'opérations remarquablement installées dans les baraquements des sections auto-chirurgicales, particulièrement actives sur le front de Verdun. Sous la présidence d'honneur du duc de Portland, le « British Ambulance Committee », qu'administrent notamment Sir Francis Bertie, ambassadeur de Grande-Bretagne à Paris, Paul Cambon, ambasseur de France à Londres, et Arthur Stanley, président de la Croix-Rouge britannique, rend d'inappréciables services, entretenant à la disposition des armées françaises cent quarante voitures d'ambulance qui auront transporté des dizaines de milliers de blessés de la ligne de feu aux ambulances de base. D'exemplaires infirmières anglaises servent dans « The French Flag Nursing Corps » que dirige Miss Grace Elliton. Le « Scottish Women's Hospital », que dirige Mrs Harley, sœur du maréchal French, n'est pas moins renommé. Mme l'ambassadrice Iswolsky est simple infirmière dans un hôpital russe ; la princesse de Battenberg œuvre à l'hôpital anglais de Nevers ; la richissime Américaine Mme Vanderbilt a l'hôpital américain de Neuilly ; la princesse Ourousof porte la cocarde d'infirmière-major à l'hôpital russe de Nice ; Miss Morgan, fille de Pierpont Morgan, coopère à l'administration de l'« American Fund for French Wounded » ; Mme de Loys-Chandieu paie d'exemple et de bravoure à l'hôpital alsacien de Saint-Amarin. Mme l'ambassadrice Tittoni et la duchesse de Camastra patronnent de nombreux hôpitaux italiens. Le professeur nippon Shihota anime une très active Mission sanitaire japonaise. La Croix-Rouge portugaise ne se dépense pas moins que l'Institut militaire belge de rééducation professionnelle des mutilés, dû à l'initiative de l'excellent M. de Broqueville. Nous avons un hôpital danois et un hôpital suédois. Des infirmières d'un corps d'Oslo accompagnent les skieurs norvégiens qui se vouent au transport des blessés dans les montagnes de l'Alsace et des Vosges. Nous devons au professeur Treub une ambulance néerlandaise, à la marquise Del Muni un hôpital espagnol. Nous ne saurions oublier les Œuvres suisses, l'hôpital de la colonie hellénique à Paris, l'hôpital chilien, l'hôpital roumain si cher à la princesse Ghyka à Bidart. Il y a même un hôpital anglo-éthiopien, un hôpital australien et un hôpital équatorien !

Comme le dit *L'Illustration*, « c'est le tour du monde de la charité ; l'impôt universel d'étanchement du sang !... » Tout le monde, pourtant, ne s'en satisfait pas. Par exemple, et non sans raison, Emmanuel Brousse, député des Pyrénées-Orientales, rapporteur de la Commission des économies, déplore dans un éditorial pour *L'Excelsior* les incohérences qui président à la répartition des blessés à travers les différents hôtels réquisitionnés comme hôpitaux. « Quelques hôtels sont pleins, sans doute, de blessés, et sagement utilisés, écrit-il ; mais d'autres en ont vingt ou trente tout au plus, pour deux cents lits ; d'autres encore ne sont réquisitionnés et donc immobilisés que pour quelques médecins sans travail et quelques infirmiers qui bâillent au milieu d'un confort de premier ordre, lequel serait mieux employé à loger de riches touristes à et à faire rentrer en France notre or vagabond... »

De telles protestations mises à part, reste par-dessus tout un superbe mouvement d'entraide. Il existe à l'hôpital de Royaumont une jeune Norvégienne, Helga Gill, conductrice automobiliste, qui ne craint pas d'aller chercher des blessés jusque sous le bombardement des secondes lignes. Des infirmières des pays alliés servent d'un même cœur dans les multiples châteaux, manoirs et hôtels transformées en hôpitaux, tels le château de Duramont, près de Blanquefort, l'hôtel Carlton à Paris (au rythme de sept mille hospitalisations par trimestre), le Grand Hôtel à Biarritz, sous la magnifique autorité des docteurs Bandeline et Jacques de Poliakof, ou à l'Élysée-Palace à Paris, pour lequel la haute couture a créé une ambulance (avec à son service Paul Poiret en personne).

Les campagnes patriotiques utilisent les moyens les plus inattendus. On rend hommage sur hommage aux « animaux héroïques », les pigeons de Verdun, aux « poilus à quatre pattes », les chiens de tranchées, les bourricots d'Afrique, les chevaux artilleurs, même tel chameau qu'on a cru (à tort) combattant de la Marne, trouvé égaré près de Provins, conduit au Jardin des plantes, où il est choyé aux frais de la République reconnaissante. Dans les cafés, autour de la grenadine, de l'absinthe, du vin chaud ou du mazagran, c'est à quel stratège au petit pied commentera le plus héroïquement et le plus génialement le communiqué du GQG : « Aile gauche... aile droite... nos troupes... violent tir de barrage... » Toute une littérature populo-héroïque naît et s'affirme. Elle peut même s'exalter jusqu'à la frénésie. Ainsi l'émulation patriotique va-t-elle si loin qu'on va colportant que l'aveugle du pont des Arts est devenu pilote aviateur et que certains manchots professionnels de la place Maubert « n'y vont pas de main morte » sur les hauteurs de l'Argonne ou à l'assaut de Douaumont.

Il est recommandé de chanter « militaire ». Au demeurant, les airs martiaux ou entraînants ne manquent pas. A nous, en toutes occasions, à tous les coins de rue, *La Madelon* (qui commence à s'affirmer), *La Brabançonne*, *On les aura ! On les aura !*, *La Chanson du poilu*, *Tipperary*, *Le Cri du poilu*, *Tu l'reverras Paname*, *Les boul'vards... Les Bell's Madames*, *Ta p'tite femme*, *Il était une boulangère*, *C'était un hussard de la garde*, *Si tu veux faire mon bonheur, Marguerite, Marguerite*, *Rose of Picardy*, *A nos poilus qui s'en vont sur l'front qu'est-ce qu'il leur faut comme distraction ? Une femme, une femme...*

On ne veut plus entendre la « musique des Huns ». A bas Beethoven ! La musique ne sera plus jamais allemande. Bravo aux luthiers de Paris qui remplacent l'horrible cithare allemande par une gracieuse cithare française !

C'est à qui récitera les vers du poète Léon de la Morinerie sur *La Visite des zeppelins*.

C'est le vingt et un mars et le printemps se lève.
Paris dort quand soudain, comme à travers un rêve,

Retentit dans l'espace un bruyant : « Garde à vous ! »
La horde des vautours se dirige vers nous...

Dieu merci, les raids des zeppelins sur Paris sont devenus rarissimes.

Bravo pour Adolphe-Marie Messimy, colonel breveté de réserve, député, ancien ministre de la guerre, qui vient d'être promu officier de la Légion d'honneur, avec une citation singulièrement brillante : « A montré à la tête d'une brigade de chasseurs à pied les plus solides qualités de commandement. S'est distingué tout particulièrement en enlevant avec sa brigade tous les objectifs qui lui étaient assignés, a remarquablement exploité son succès en dépassant ses objectifs et en s'emparant de haute lutte d'un village fortement organisé. »

Bravo au colonel J.-V. Campbell, commandant du Coldstream Guards qui, nous apprend le *Daily Chronicle*, a reçu la Victoria Cross pour être monté à l'assaut des tranchées ennemies à la tête de son régiment et en jouant du cor de chasse.

Scène typique de ces temps de guerre : la publication du communiqué du Quartier Général. Il est donné deux fois par jour, entre 14 heures 30 et 15 heures, et le soir entre 22 et 23 heures. Cela se passe au ministère de l'Instruction publique, 110 rue de Grenelle, où sont installés depuis près de deux ans les bureaux de la Direction générale des relations avec la presse. Scène toujours rapide, bruyante et mouvementée. Avant l'heure de distribution, les représentants accrédités des quotidiens de Paris, ceux des grands organes de province, des journaux de l'étranger et des agences se rassemblent dans une salle spéciale, tandis que, dans la cour du ministère, attendent de multiples plantons militaires et les cyclistes qui, à toutes pédales, porteront le texte du communiqué aux imprimeries des journaux. A heure dite, le communiqué est distribué, en feuilles détachées. C'est alors une ruée folle, à quel journaliste trouvera le plus vite son porteur, à quel porteur parviendra parmi les premiers au télégraphe le plus proche. Déjà des commentaires s'échangent, fiévreusement. Les cyclistes s'envolent. Les automobiles vrombissent. Les chevaux piquent un galop.

Ainsi est distribué le communiqué du jour.

Communiqué officiel

24 octobre, 3 heures après-midi. Sur le front de la Somme, lutte d'artillerie assez violente dans la région de Biaches et d'Ablaincourt. Aucune action d'infanterie. Aviation: sur le front de la Somme, un de nos avions a attaqué à la mitrailleuse les tranchées ennemies dans le bois de Saint-Pierre-Vaast. Sur le front de Verdun, hier, malgré une brume épaisse, notre aviation s'est montrée active et a livré une vingtaine de combats. Trois avions ennemis ont été abattus : l'un au nord d'Azannes, le second près d'Ornes, le troisième a été vu tombant avec une aile brisée au nord de Romagne, à la suite d'un combat livré par une de nos escadrilles à un groupe adverse. Dans la région de Verdun, un de nos pilotes est descendu à cent mètres du sol pour incendier un hangar et mitrailler une automobile. En Lorraine, deux appareils allemands ont été contraints d'atterrir avec des avaries. En Alsace, un de nos pilotes a abattu un aviatik qui est tombé près de Cernay. Dans la journée du 23 octobre, nos bombardiers ont jeté trois projectiles de gros calibres sur la gare de Spincourt et une vingtaine sur des bivouacs ennemis à Azannes. »

Parler de la situation financière est encore parler de guerre. Or, elle devient infiniment préoccupante, d'autant plus qu'elle s'aggrave d'une crise de confiance entre Paris et Londres dans un moment où, si nos bons et obligations de Défense nationale, inventés par Alexandre Ribot et résorbés en partie chaque année par un emprunt à long terme, assurent, sans doute pour longtemps, l'aisance de notre trésorerie, nos paiements à l'étranger deviennent singulièrement difficiles. A une conférence tenue à Londres en juillet, on convenait que les ministres des Finances des deux pays, se borneraient provisoirement à vendre des titres étrangers ou à emprunter sur titres, soit à des banques, soit au public, par l'intermédiaire d'une société qui ne mettrait sur le marché que ses propres obligations. Il fallait ménager le crédit propre de la France et de la Grande-Bretagne en vue d'un nouvel emprunt envisagé aux États-Unis après l'élection présidentielle du 4 novembre.

Pour autant, les embarras financiers de Londres ne cessaient de s'alourdir et, dès le 18 août, le chancelier de l'Échiquier, rompant toute solidarité et accords avec Paris, et se mettant plus ou moins volontairement en opposition même avec les termes des conventions de juillet, empruntait publiquement aux États-Unis 250 millions de dollars sous la signature de l'Angleterre, moyennant le dépôt en nantissement de titres des États-Unis, du Canada et de pays neutres.

Alexandre Ribot écrivait derechef à Londres : « Si nous nous sommes servis de l'intermédiaire compliqué et coûteux d'une corporation, c'est après réflexion et étude sur place, à la fois pour éviter d'émettre dans le public des obligations directes de la France, garanties par un collatéral, et aussi et surtout pour réserver la possibilité d'un nouvel emprunt conjoint anglo-français. Si l'Angleterre emprunte directement dans le public américain, en donnant, elle-même, en gage à ce public des valeurs américaines avec vingt pour cent de marge, que pourrons-nous faire, désormais, soit seuls, soit associés ? En dépit de nos besoins pressants, de nos difficultés grandissantes, nous avions pris soin de ménager des étapes, de graduer les concessions, d'économiser le plus possible un crédit qui nécessairement s'épuise. Si elle est exacte, cette initiative, prise en contradiction de nos accords, vient bouleverser tout cela. Je ne saurais dissimuler l'anxiété que j'en éprouve. »

On rattrapait de justesse cette gaffe grâce à la conférence de Calais à laquelle assistaient Asquith et Briand en personne.

Naturellement, les problèmes de guerre dominent les débats parlementaires. Au Sénat, la Commission de l'armée, réunie sous la présidence de Georges Clemenceau, entend et discute un rapport sur le problème des effectifs et des classes mobilisables. La Chambre, dès 15 heures, tient sous la présidence de Paul Deschanel, jusque tard dans la soirée, une séance consacrée à l'étude et au vote des articles du projet de loi portant réparation des dommages de guerre : l'article 9, qui propose que les dommages causés aux meubles soient réparés sous les mêmes conditions que les dommages causés aux immeubles, c'est-à-dire en totalité pour l'outillage agricole et industriel, et en partie pour les matières premières, donne notamment lieu à une discussion animée opposant Albert Lebrun, député de Meurthe-et-Moselle et Lenoir, député de Reims, qui sont pour, à Ernest Lafon, député de la Loire et Bonnevay, député du Rhône, qui sont contre. Reprise des débats demain.

Autres nouvelles plus ou moins directement liées à la guerre : le conseil municipal de Verdun se réunit cet après-midi dans les locaux où ont été établis provisoirement les bureaux de la municipalité verdunoise, rue de Bellechasse, avec à l'ordre du jour la situation toujours angoissante des réfugiés verdunois. Le groupe parlementaire des députés représentants des départements envahis, sur l'initiative de Pasqual, député du Nord, adopte un vœu demandant au gouvernement d'effectuer les démarches nécessaires pour obtenir l'internement en pays neutres des hommes appartenant aux classes 1889 et 1888 (donc âgés de quarante-neuf et cinquante ans), prisonniers de guerre depuis deux ans. Barthes, député de l'Hérault, dépose une interpellation au ministre de la Guerre sur la consommation des vins du Midi dans l'armée.

Le *Journal officiel* publie un décret aux termes duquel Lucien Fourneau, gouverneur de 3e classe des colonies, lieutenant gouverneur du Moyen-Congo, est « délégué aux fonctions de commissaire de la République française dans les territoires de l'ancien Cameroun ». Il y prend la relève des autorités militaires. Voici maintenant six mois que nous avons pris le Cameroun aux Allemands. Il est temps de le franciser, d'autant que nous pouvons, comme nous dit le chroniqueur Gustave Babin, « laisser courir avec satisfaction nos yeux sur les six cent mille kilomètres carrés de terre africaine dont s'est agrandi le domaine de la France ». Autre commentaire : il est trop exact que, du lac Tchad à la mer, sur deux mille kilomètres de distance, voici, entre notre AEF encore naissante, et la Nigeria anglaise, une superbe proie — même s'il faudra la partager entre Paris et Londres.

Une circulaire du ministre de la Guerre, abrogeant les précédentes, réglemente les permissions des « soldats de l'intérieur ». Un certain nombre de dispositions intéressantes sont prévues. A partir d'aujourd'hui, tous les officiers et hommes de troupes de l'intérieur bénéficieront d'une permission de sept jours (délais de route non compris) avant le 1er février 1917. Les permissions des cultivateurs devront, dans toute la mesure du possible, coïncider avec les époques de travaux agricoles. Des permissions exceptionnelles sont prévues « pour une durée strictement limitée à la cause l'ayant motivée, soit pour décès ou maladie grave de père, mère, femme, enfant, ou frère blessé à l'ennemi ou mort pour la France, soit pour mariage, naissance d'enfant, ou pour revoir des parents — père, mère, femme, enfants — de retour de captivité ou évacués des régions envahies. » (Un certificat de la gendarmerie assurera la conformité.) La gratuité du voyage est assurée par chemin de fer comme par paquebot, aussi bien pour la métropole que pour l'étranger et toutes colonies françaises. (Pour celles-ci, la permission est portée à vingt et un jours.)

Guerre, guerre, guerre...

Cependant, à Paris, comme dans toutes nos autres villes libres, ce qu'il est convenu d'appeler la « vie quotidienne », la vie platement ou joyeusement quotidienne, continue.

Un Paris de la Paix est inséparable du Paris de la Guerre. 1916 aura vu naître un parfum de haute classe, *Shalimar* de Guerlain, tandis que Coty nous prépare dans ses laboratoires un *Chypre* qui ne pourra que beaucoup faire parler de lui. Tous les grands couturiers gardent pignon sur rue, Jeanne Lanvin, Molyneux, Vaudelle, Doucet, Callot, Molard. Fourrures à la mode: taupe, astrakan, loutre d'Hudson, breitschwanz, caracal noir.

Elle résiste à la rigueur des temps, la femme femme. Cavaliers et amazones n'ont pas quitté le chemin des allées. Le concours de roses n'a pas déserté Bagatelle. On pratique un sport nouveau, l'autoped, trottinette à moteur sur laquelle on se tient debout, comme un Romain sur son char.

Même les veuves sont sommées d'être gaies. Henri Lavedan, éditorialiste de *L'Illustration* l'a dit en termes catégoriques: « Les veuves de guerre n'ont pas à avoir honte d'être gaies; leur gaieté candide a la force d'une vertu. »

On vous annonce avec allégresse qu'en raison d'une précoce affluence de visiteurs la saison d'hiver sur la Riviera italienne va être avancée de quelques semaines. San Remo s'apprête à ouvrir déjà ses portes, ainsi que les autres stations du littoral. L'exemple de Pellegrino, Salzo Maggiore, Viareggio, où l'on a joué pendant la saison d'été, comme à Monte-Carlo et à Saint-Sébastien, prouve simplement qu'une importante colonie de neutres, principalement des Américains, a l'intention, cette année, de prolonger son séjour sur nos côtes méditerranéennes. L'espérance se lève de voir la Côte d'Azur se mettre de la partie.

Les Courses continuent d'occuper la vedette, ainsi aujourd'hui et demain le meeting de Mont-de-Marsan. Certes, Good Luck, le crack de Saint-Sébastien, ne sera pas vu cette année en France : il faut en faire son deuil. D'autre part, Verine entend rester sur ses lauriers de Moulins. Mais, chez les chevaux de deux ans, nous aurons sur les lignes de départ les plus beaux cracks de ces années, Peter Piper, Pnyx, Crow Price, Carbonaro, et quant aux trois ans, tout le gratin est annoncé dans la capitale des Landes, Rabanito, champion de l'écurie Cohn ; Yveline, admirable pouliche d'Henry Count ; Antivari, le crack de l'écurie du duc de Tolède, ou, pour parler plus clairement, du roi d'Espagne. Du beau monde, sans oublier les cracks de quatre ans, Jus d'Orange, Xylophage et Sans-le-Sou.

Nos *sportsmen* spécialistes d'athlétisme commentent abondamment le sensationnel exploit du coureur suédois Bolin, qui vient de battre à Stockholm le record national du kilomètre sans toutefois battre le record du monde, depuis 1908 propriété de l'Italien Emilio Lunghi en 2'31".

On nous assure que malgré la guerre l'Académie française pourrait décider d'entrebâiller ses portes, tant les candidats se pressent en foule. *Turba ruit* ou *ruunt*. On peut faire valoir que durant la guerre de 1870 et le siège de Paris, l'Académie fut moins hermétique. Dès le 7 décembre 1871, elle procéda à quatre élections : Loménie, en remplacement de Mérimée ; Camille Rousset, au fauteuil de Prévost-Paradol ; le duc d'Aumale au siège de Montalembert, et Littré, succédant à Villemain.

A nous le chapelet des faits divers. Telle automobile, boulevard Voltaire, heurte une blanchisseuse de Montreuil, qui traverse imprudemment la chaussée et qui est projetée sous une autre automobile. État grave. Saint-Antoine. Un M. Bardet, rue Gustave-Lepeu, s'asphyxie chez lui au réchaud à gaz. Un M. Santein, rue du Pont-de-Bercy, absorbe par mépris du vitriol. État désespéré. Un M. Conte, commissaire du quartier de la Chapelle, doit envoyer à la morgue le corps d'un vieux cocher, victime d'une chute de voiture. Une Eugénie Eon, de vingt et un ans, se fait surprendre en train de rafler dans les chambres voisines de la sienne tous les objets transportables, qu'elle engage ensuite au Mont-de-Piété. Dépôt. Un Louis Jacob, marinier à bord d'une péniche amarrée quai de Javel, est arrêté pour vol de sacs au préjudice de l'intendance militaire. Dépôt.

A nous le long défilé des petites annonces. Principaux métiers demandés, aux offres d'emploi : tourneurs, rectifieurs, outilleurs, laveurs de voitures, aides comptables, sténo-dactylos, dames placières, contremaîtres sérieux, opérateurs de cinéma, chauffeurs d'automobiles connaissant l'ajustage, secrétaires ayant « bonne écriture courante vite », voituriers capables de conduire deux chevaux, ferblantiers, cartonniers, cochers-livreurs, tricoteuses, femmes de chambre « fortes, connaissant bien couture et repassage ».

Une surprise aujourd'hui : « On demande veuve ou femme de mobilisé pour soigner et traire six vaches, sérieuses références exigées. » Une curiosité : jamais on n'aura vu proposer dans les petites annonces autant d'achats de vieux bijoux, de vieilles machines à coudre Singer et de vieux dentiers.

L'Opéra-Comique vient d'inaugurer à grand bruit un ascenseur derrière le contrôle de la rue Marivaux. Mais oui, un « lift », qui dessert à la fois les étages des baignoires, de l'orchestre, des premières loges et des deuxièmes loges.

Paris fait honneur à une délégation de savants espagnols, en visite en France, que conduit le duc d'Albe. Ils sont reçus à déjeuner par Aristide Briand au Quai d'Orsay. (Briand travaille et reçoit au Quai d'Orsay, tout en habitant personnellement dans les appartements de fonction du ministre de la Justice, que lui laisse Viviani, lequel préfère passer ses nuits chez lui, boulevard de Courcelles.) Ils y rencontrent Son Altesse le prince de Monaco ainsi que Ribot, Denys Cochin, Painlevé, Pichon et Georges Leygues. A 3 heures de l'aprèsmidi, ils sont reçus à l'Hôtel de Ville en présence de deux ministres, Painlevé et Denys Cochin, celui-ci représentant l'Union de propagande latine. Au salon des Arcades, M. Mithouard, qui souhaite la bienvenue au nom du Conseil municipal, y va d'un discours vibrant, où il n'oublie surtout pas de rappeler la glorieuse victoire de Lépante, par laquelle l'Europe fut sauvée. Le préfet de la Seine, Delaunay, rappelle avec force le goût commun de la France et de l'Espagne pour les belles-lettres et les arts. Le préfet de police, Laurent, rend hommage à la science espagnole. De surcroît, le duc d'Albe, sénateur par droit de famille après avoir siégé deux fois aux

Cortès, n'est-il pas cité partout comme l'un des plus grands amis de la France ?

Un regret unanime : le mauvais temps. Il pleut sur toute la France. On aura recueilli en fin de journée 7 millimètres d'eau au cap de la Hague, 11 à Clermont-Ferrand, 41 à Perpignan ! La température est en hausse sur tout le nord de la Loire. Au parc Saint-Maur, ce matin, on en est à 8 et 9° C.

Verdun ou pas Verdun, la vie civile se poursuit. Ainsi la « réclame » se constitue-t-elle comme l'une des forces essentielles du siècle et du quotidien, envahissant des colonnes entières de nos journaux, s'étalant triomphante sur les pages des suppléments de *L'Illustration*, couvrant par affiches tous nos murs.

Il y en a pour tous les goûts. Un vrai feu d'artifice, avec d'innombrables fanfares. Apéritifs ? Vous avez le choix entre Cinzano, Clacquesin (« seul véritable goudron hygiénique »), ou Byrrh, ce cher Byrrh, « vin généreux, très riche en quinquina, qui se consomme en famille comme au café », ou Dubonnet, ou Fernet-Branca (« amer, tonique, apéritif, digestif »).

Crèmes de beauté ? « Toute femme peut rajeunir son teint : vous n'avez qu'à lui recommander de la cire *Aseptine*, ou alors *Floreine*, parce que seule *Floreine* rend la peau douce, fraîche, parfumée » ou encore : « Faites comme la comtesse de Chavannes. Elle a soixante-dix ans, et a pourtant gardé un teint de jeune fille. Mais c'est qu'elle utilise la crème *Tokalon* ».

Les duvets superflus au-dessus des lèvres et sur le menton, affliction des femmes, peuvent rapidement disparaître, et sans grande souffrance. Il suffit de recourir à la *sulthine* préparée, produit que fournissent tous les pharmaciens. Autrement dit : fin de la femme à barbe.

« Une aube nouvelle se lèvera pour vous ! Vous qui vous sentez lentement dépérir ; vous dont le sang est appauvri et dont les nerfs sont déprimés par le surmenage, les veilles, les soucis, les chagrins, et qui, après avoir en vain cherché un remède, n'avez plus la force de réagir contre la langueur qui vous accable, ne désespérez plus ! Les jours sombres s'évanouiront. Les pilules *Pink*, en régénérant votre sang, en rendant à votre système nerveux toute sa vigueur, vous feront retrouver santé, force, activité. Consommez les pilules Pink, régénérateur du sang, tonique des nerfs ! »

Dans tous les hôpitaux, pour migraine, névralgie, lumbago, fièvre, grippe, influenza, le remède-miracle, l'*Aspirine* « Usines du Rhône ».

« Ne traitez pas par le mépris ce petit rhume qui peut devenir une grosse grippe. Arrêtez-le tout de suite, et, pour cela prenez du *Grippecure*. »

Avant de sortir, ayez toujours en bouche une pastille *Valda* ! « Une pastille Valda, c'est la préservation idéale pour tous maux de gorge, rhumes de cerveau, bronchites ; c'est le soulagement instantané des accès d'asthme ; c'est le bon remède pour combattre toutes les maladies de la poitrine ; demandez, exigez dans toutes les pharmacies les véritables pastilles Valda, vendues seulement en boîtes ».

Seul le *Thermogène* « combat merveilleusement rhumes, douleurs, points de côté, lumbagos », c'est « un remède facile et propre, ne dérangeant aucune habitude ».

Il n'est pas, pour se raser, de lames plus fines, plus tranchantes, plus parfaites, que celles du *Gillette*, « rasoir de sûreté », en vente partout. Sauvez vos cheveux par le *Pétrole Hahn*, produit français.

Les corsets de A. Claverie sont adoptés par toutes les dames « délicates de l'estomac ou de l'abdomen ». Offrez à votre poilu le *Parapluie du soldat*, « grande pèlerine imperméable en toile cirée se transformant en couverture », ou, si vous avez un parent sur les fronts coloniaux, toujours sous cette même marque, « la moustiquaire coloniale de poche, en tulle grec ».

N'oubliez surtout pas d'ajouter à vos colis pour le Front quelques cubes de bouillon *Oxo* et, en matière de vêtements, au choix, les gilets ou les tricots de *La Belle Jardinière*.

Et, plus vivantes les unes que les autres, les réclames pour la *Samaritaine*, le chocolat *Meunier* et le chocolat *Cantaloup*, la machine à coudre *Singer* et la bicyclette *Peugeot* !

Et notre célèbre *Almanach Hachette*, « petite encyclopédie populaire de la vie pratique » — toujours présenté avec sa couverture à colonnettes garnies de feuillages, et portant en médaillon un profil de jeune femme rêveuse et vêtue de vert sur fond de nef parisienne qui ne fait jamais naufrage — farci de réclames comme nul autre, de glorifier l'alcool à la menthe *Ricqlès*, ou « notre meilleur journal financier, *La Semaine financière* », ou la phosphatine *Falières*, ou « les meilleurs bras artificiels du monde, *Émile Haran*, pour nos chers mutilés »...

Certaines réclames sont mondialement connues, telles le bonhomme *Thermogène* crachant le feu, le bon abbé Soury tout sourire pour offrir sa *Jouvence*, ou le *Planteur du Caïffa* offrant le café le plus parfumé de toute la planète, ou encore ce cher tirailleur sénégalais qui, les yeux joyeux, la dentition éclatante, vous lance « *Y'a bon Banania* »...

Les grands silences sont terminés : il y a toujours quelque part, où que ce soit, une grande marque qui vous saute aux yeux...

Chapitre XXII

Grands de ce monde

Benoît XV rêve d'être le pape de la paix. Quelques jours après son intronisation, le 8 septembre, en 1914, il adressait un message, *Ubi primum*, aux catholiques du monde entier pour formuler l'espoir que l'on verrait bientôt se terminer cette guerre affreuse où s'anéantissaient tant de jeunes chrétiens.

Le 1er novembre suivant, la première encyclique du nouveau pape, *Ad beatissimi apostolorum principis*, était un nouvel appel à la paix.

Comme secrétaire d'État, à la place du bouillant cardinal Merryl del Val, il nommait un *homo novus*, plus encore pacifiste que diplomate, en la personne du cardinal Domenico Ferrata, modeste archiprêtre du Latran et préfet de la congrégation des Sacrements. Mgr Ferrata étant mort quinze jours après sa nomination, il le remplaçait par un prince de l'Église non moins connu comme pacifiste à tout prix, le cardinal Pietro Gasparri, un montagnard d'Ussita, aux confins de l'Ombrie et des Marches, dont on ne peut dire comme de Merry del Val : « *E un bel cardinale !* », tant il fait rustre, avec son visage rugueux et sa silhouette d'ours, mais virtuose du droit canon et passionnément décidé à mettre fin à cette guerre civile européenne.

Beaucoup d'Européens pensent dès lors que Benoît XV pourrait être un très grand pape, bienfaiteur de l'humanité, prix Nobel de la paix. Il a soixante-deux ans. Il est fils de marquis, d'une vieille famille de Gênes, né Giacomo della

Chiesa, baptisé dans la paroisse de Sainte-Marie-des-Vignes et ordonné prêtre dès ses vingt-deux ans.

Bien que chétif, voûté, voix hésitante, myope, discret, voire effacé, il va rapidement gravir les échelons, car il sait se lever tôt et se coucher tard. Archevêque de Bologne en 1907, cardinal en mai 1914, il succède à Pie X un mois après la déclaration de guerre, le 3 septembre 1914.

Il a choisi ce nom de Benoît en hommage à Benoît XIV, grand pape du XVIIIe siècle, auquel Voltaire dédia sa tragédie *Mahomet* et dont le très protestant Horace Walpole lui-même fit l'éloge. Il reste tout frêle. Peu avantagé par la nature, présentant un visage trop irrégulier, même légèrement contrefait, il inspire comme toujours au premier abord un certain malaise. Il n'a jamais pratiqué le moindre exercice physique : il en paraît tout gauche, tout déprimé.

Il est cependant d'une telle ardeur au travail — avec quasiment une audience générale chaque jour, ne prenant que quelques instants de repos pour une promenade dans son jardin — , il est si bon avec les employés subalternes et il exprime une telle sainteté dans le regard, qu'il en arrive à jouir d'une extraordinaire autorité.

Surtout, il a le génie de l'arbitrage. Déjà quand Mgr della Chiesa était substitut à la secrétairerie d'État et même si on l'y appelait *il piccoletto*, le petitissime, les familiers de la maison, chaque fois que se présentait un litige, disaient : « Allons voir *il piccoletto*, lui seul trouvera moyen de tout arranger. »

Plus encore, il y a cette passion de la paix qui le transporte. Il souffre des prêtres qui exaltent en chaire les fureurs nationalistes. Il condamne à toute occasion la guerre, « son spectacle affreux et désolant, ses engins épouvantables, ses raffinements dans la barbarie... » Il proclame que « mêler l'autorité pontificale aux disputes des belligérants ne serait ni convenable ni utile. »

Il s'oblige à une universelle et perpétuelle politique de neutralité — d'ailleurs non sans ménager au Saint-Siège une place à la future conférence de la paix. Il fait déjà préparer tout un plan de paix avec, comme base de négociations, l'évacuation des territoires occupés, la reconnaissance de la liberté des mers, et la renonciation à toute indemnité et tout dommage de guerre.

Il a, avec Mgr Gasparri, la plus haute conscience de la mission pacificatrice des papes, comme l'attestent de multiples exemples dans l'histoire: Innocent 1er face au roi wisigoth Alaric; saint Léon le Grand, sauvant Rome de la fureur d'Attila, roi des Huns, puis de Genséric, roi des Vandales; saint Grégoire le Grand, protégeant les provinces italiennes des pillages des Longobards; Étienne III conjurant la guerre civile entre le roi Longobard Astaulf, son frère Requis et Désiré, duc de Toscane; les papes du haut Moyen Age, Grégoire IV entre autres, jouant un rôle fondamental de pacification en Europe carolingienne; tous les papes au long de la guerre de Cent Ans; Alexandre VI arbitrant entre Espagnols et Portugais après la découverte des Amériques; plus près de nous Léon XIII intervenant pour départager l'Espagne et le Reich allemand au sujet des îles Caroline.

Dès Noël 1914, il proposait à tous les bélligérants une trêve, rappelant le chant des anges: « Paix sur la terre aux hommes de bonne volonté ».

Il était le premier, dès la fin de 1914, à se préoccuper du sort des prisonniers de guerre, confiant la charge de s'en occuper à un jeune prélat du plus brillant avenir, Mgr Eugenio Pacelli, (futur Pie XII), quarante ans, secrétaire de la congrégation des Affaires extraordinaires à la secrétairerie d'État.

Le 15 janvier 1915, il publiait un décret prescrivant une journée de prières pour le rétablissement de la paix, journée fixée au 7 février pour toute l'Europe, au 21 mars pour les diocèses plus lointains. Le 28 juillet 1915, pour le premier anniversaire de la déclaration de guerre, il adressait un pathétique appel aux belligérants: « Béni soit celui qui le premier brandira le rameau d'olivier et tendra la main à l'adversaire en lui offrant des conditions de paix raisonnables ».

Mais, en vérité, il a une position très délicate et un magistère moral très difficile à exercer du fait de deux données essentielles: d'une part, ses rapports sont excellents avec Berlin et Vienne; d'autre part, les relations diplomatiques sont rompues avec la France depuis plus de dix ans et peu de liens officiels existent entre le Vatican et Moscou, comme entre le Vatican et Londres.

Du coup, il se trouve souvent en porte à faux. Les Français

ne l'épargnent pas. Le « pape boche », l'appelle Clémenceau — oubliant que Ludendorff, lui, le traite de « pape français ». « Judas XV », crache Léon Bloy. C'est un tollé d'indignation quand le pape déclare, fort maladroitement, que reprendre un territoire comme l'Alsace et la Lorraine ne vaut pas tant de sacrifices.

Les caricaturistes le clouent au pilori à qui mieux mieux. On n'oubliera pas de sitôt un implacable dessin de Willette pour une couverture du *Rire rouge*: une femme éplorée frappe en vain à un portail marqué des clefs de saint Pierre et gardé par un hallebardier suisse, disant : « Ouvrez, par pitié, c'est l'infortunée Belgique... »

Un dessin de Louis Métivet, choisi entre mille de la même veine, montre le pape avec l'aigle allemand sur l'épaule parmi tous les « forfaits » commis par les troupes allemandes: invasion de la Belgique; bombardement de la cathédrale de Reims; guerre sous-marine. Légende: « Interviewé en français, le souverain pontife, qui est italien, a répondu en allemand. »

Tous les anticléricaux de France tiendraient presque le pape pour le premier responsable de la guerre. Le Vatican, à les entendre, aurait eu depuis longtemps partie liée avec l'Autriche-Hongrie, empire catholique, et rêvait avec Vienne d'un écrasement de la France et d'une défaite de l'Italie impliquant la rupture de son unité encore relativement récente, pour aboutir au rétablissement du Saint-Empire romain de nation germanique, au rétablissement du pouvoir temporel de la papauté et par là même à une véritable revanche aux dépens de la Réforme du XVIe siècle.

Même des journaux catholiques italiens, le *Secola* de Milan et le *Corriere della Sera*, prétendent que le pape favorise les empires centraux: source bénie pour les campagnes antipapistes de Paris.

Enfin, une polémique souterraine tend à dénoncer Mgr Pacelli comme le véritable inspirateur des sentiments pro-germaniques du Vatican. Inévitablement, une hostilité aussi générale gêne beaucoup le pape dans l'expression de sa neutralité. Elle paralyse considérablement les initiatives de paix qu'il pourrait prendre. Ainsi, pour désarmer ses adversaires, essaie-t-il de multiplier les preuves de sa bonne foi, en déployant une activité inlassable en faveur de toutes les victimes de la guerre.

Il supervise personnellement l'œuvre magnifique du Bureau des prisonniers de guerre, installé dans les locaux mêmes de la secrétairerie. Sous la direction administrative du père Huisman, mineur conventuel et pénitencier de Saint-Pierre, celle-ci emploie quelque deux cents personnes et travaille en liaison avec les nonces ou délégués apostoliques de Vienne, Bruxelles, Munich, Sofia, Manille, les services de la Croix-Rouge (que préside superbement Gustave Ador), les œuvres de l'ordre de Malte et même le Croissant-Rouge de Constantinople.

Il négocie inlassablement la libération de certains internés civils, l'hospitalisation des plus grands blessés en Suisse, le rapatriement des prisonniers tuberculeux, ou des pères d'au moins quatre enfants. Il a obtenu en faveur des prisonniers le repos dominical obligatoire et absolu. Il intervient auprès des divers souverains en faveur d'innombrables cas individuels. Il aide beaucoup Herbert Hoover, président américain du Comité national de secours à la Belgique. Il veille au ravitaillement des nations occupées, Monténégro, Belgique, restant notamment en liaison permanente avec le cardinal Mercier, primat de Belgique, et Mgr Tacci, nonce à Bruxelles, multipliant à leur demande les inverventions en faveur de citoyens belges détenus ou condamnés à mort.

Il envoie fréquemment des ambassadeurs spéciaux, tels les nonces Scapinelli et Valfré di Bonzo, parcourir *stalags* et *oflags*. (Le stalag est un camp de soldats prisonniers ; l'oflag un camp d'officiers prisonniers.)

Reste tout de même à savoir le principal : pourra-t-il se libérer du piège des polémiques pour intervenir avec pleine efficacité au service d'une éventuelle « négociation de paix européenne ».

L'empereur François-Joseph 1er aura sûrement accompli le plus long règne de l'histoire. Il a déjà régné trois ans de plus que Victoria. Il fut couronné empereur d'Autriche en 1848, (roi de Hongrie en 1867). Il aura occupé le trône durant presque trois quarts de siècle.

Il a quatre-vingt-six ans. Enfant, il jouait sur les genoux de

Marie-Louise et saluait Metternich. Il aura incarné la plus grande Autriche, étant en même temps qu'empereur d'Autriche, roi apostolique de Hongrie, de Bohême, de Dalmatie, de Croatie, d'Esclavonie, d'Illyrie, de Galicie et de Jérusalem.

Mais il n'est plus qu'une ombre, un vieillard recru de fatigue, comme las de survivre, même s'il essaie de cambrer encore sa puissante taille et de se garder un regard souverain. Les lourds favoris et les fortes moustaches, qu'il continue de soigner, lui mangent maintenant le visage, squelettique et livide. Il communique un tel sentiment de pitié, que l'on en arrive à trouver indécentes les multiples caricatures qui le représentent en gaga, en vieux monstre assoiffé de sang ou en « increvable, comme le pneu X ».

Il a beau rester le souverain consciencieux et travailleur qu'il a toujours été, il n'est plus en vérité qu'un automate sans âme qui a subi trop de malheurs : son frère Maximilien fusillé par les Mexicains ; sa belle-sœur folle ; son fils unique Rodolphe scandaleusement mort à Mayerling ; sa femme Sissi assassinée à Genève par un anarchiste italien ; sa sœur tuée dans un incendie à Paris ; son neveu François-Ferdinand, héritier du trône, assassiné à Sarajevo ; et l'humiliation de Sadowa. Il n'a plus de larmes.

Aujourd'hui est encore pour lui un grand jour de deuil. Les obsèques du comte-chancelier Stürgkh, assassiné d'un coup de revolver par un jeune socialiste autrichien, ont lieu à Vienne, en la chapelle Saint-Michel. Le cardinal-prince-archevêque Pfiffl officie. L'empereur est représenté par l'archiduc Léopold Salvator. Tous les grands officiers sont là, chamarés d'or et d'argent. On croirait assister aux obsèques de l'empire lui-même. C'est d'autant plus saisissant que l'assassin n'est pas un fou. Il s'agit de Fritz Adler, le leader de l'aile pacifiste et extrémiste du parti socialiste autrichien, rédacteur en chef du principal journal social-démocrate, *Le Combat*, l'un des journaux socialistes les plus renommés. Il est le fils de Victor Adler, l'un des fondateurs du parti socialiste autrichien et semble loin d'être un « déréglé », comme voudrait le faire croire une certaine presse nationaliste. William English Walling, envoyé spécial du *New York Times* sur place, assure que c'est un homme de courage, d'intelligence et de self-contrôle, bien plus doué sur le plan personnel que le leader du pacifisme allemand, Karl Liebknecht, autre fils d'un père célèbre. Du coup, autant voir l'avenir assassiner un insupportable passé.

Il n'y a pas que l'affaire Stürgkh à donner de noirs soucis au vieil empereur : il y a le problème du successeur à trouver au chancelier. Qui ? Un militaire ? Le docteur Koerber, ministre des Finances ? Bilinsky ? Il y a le problème toujours lancinant du système politique. Faut-il le conserver ? Faut-il le réformer ? Peu de personnes hors d'Autriche réalisent à quel point les conditions politiques y diffèrent des autres grands pays. On ne peut les rapprocher que de la Turquie ou de la Bulgarie. L'Angleterre, la France, l'Allemagne, l'Italie, la Russie, et même la Hongrie ont conservé leur parlement. Seule l'Autriche est une autocratie totale.

Il y a ces socialistes qui s'agitent de toutes parts. Les voici même à présent persuadés, comme Adler, qu'une défaite des Habsbourg serait un avantage pour la classe sociale la plus défavorisée, tant la victoire de Schonbrunn donnerait un gouvernement arrogant et intransigeant. Donc, à bas l'empire !

Le pire est à redouter de l'actuel héritier du trône lui-même, dur, taciturne, jamais aimable, peu aimé, aussi pessimiste que misanthrope, piètre orateur, uniquement passionné de tir et de jardinage.

Il y a tous les tracas, de plus en plus accablants, de cette guerre, mal engagée, mal conduite, et qui, à coup sûr, finira mal, après avoir occasionné déception sur déception. Même les succès remportés sur les Roumains ne suffisent pas, c'est évident, à remonter le moral d'un peuple qui semble avoir perdu jusqu'au sens de sa grandeur et de son importance.

Les minorités s'agitent comme aux pires heures. En Hongrie, on craint beaucoup du mouvement pacifiste créé par le comte Karolyi. Les désertions des soldats d'origine slave se multiplient d'autant plus que le haut commandement militaire est quasi disqualifié. La Bohême est de plus en plus rétive. Le nom de « Tchécoslovaquie » a été inventé l'an dernier, en Suisse, quand Thomas Masaryk, Edouard Benès et Milan Rastislac Stefanik y ont fondé un Comité national tchécoslovaque et ont pris la décision, après le démantèlement de l'Empire austro-hongrois, d'appeler à la constitution d'une entité indépendante, constituée de Tchèques et de Slovaques, avec Prague pour capitale. Masaryk, qui a épousé une Américaine, est précisément à Washington, pour essayer de rallier à sa cause le Président Wilson et le colonel House. Benès « intrigue » à Paris. Stefanik, le leader slovaque, docteur en philosophie de l'université de Prague, assistant à l'observatoire de Meudon, naturalisé français, chargé par la France de nombreuses missions scientifiques sur tous les continents, promu officier, en est à constituer un corps tchécoslovaque qui se battra aux côté des Alliés. Ainsi peut exploser un empire. Ainsi peut naître une patrie. Personne ne s'étonne d'ailleurs de voir Thomas Masaryk l'incarner avant même qu'elle puisse exister : ce mage de soixante-six ans, personnage assez impressionnant avec sa longue silhouette osseuse, son visage d'ascète et sa belle barbe blanche, est d'une si naturelle majesté qu'on oublie que, fils d'un cocher et d'une servante, il a d'abord été forgeron et serrurier. Né à Hodonin, sur la ligne de démarcation entre les deux peuples, il est de surcroît à la fois tchèque et slovaque, et proclame sur tous les tons être venu au monde avec la volonté implacable d'abattre l'empire et la dynastie des Habsbourg.

C'est ces jours-ci que prend corps la volonté de bâtir une « Yougoslavie » qui sera un royaume englobant Serbes, Croates, Slovènes et Monténégrins. Certes, à première vue, il ne s'agit pas d'une patrie, mais d'une aventure, car le territoire envisagé aura à traiter avec de très fortes minorités d'Allemands, de Hongrois, de Roumains, d'Albanais, de Turcs et d'Italiens qui entreront difficilement dans un nouveau nationalisme. Tel est pourtant le rêve puissant qu'anime et incarne Nicolas Pachitch, le mage des Balkans, soixante et onze ans, fils de paysans de Zajecar, ancien étudiant en Suisse, chef du gouvernement serbe depuis 1910, l'homme qui a conduit la Serbie à la guerre ; l'homme qui, par son refus de céder la Macédoine, a contribué par son intransigeance à l'entrée en guerre de la Bulgarie aux côtés des Austro-Allemands ; l'homme qui, actuellement installé à Corfou, au demeurant fort remarquable par sa haute taille, son profil même et sa majestueuse barbe blanche, à la fois pape et empereur de la patrie à inventer, habile et subtil sous ses dehors autoritaires et ses véhémences anti-autrichiennes, met patiemment en train le scénario qui, dans son esprit, doit glorieusement aboutir à la constitution réelle d'une Yougoslavie — mot pour mot « pays de Slaves du Sud », appellation inventée dès le XIXe siècle par les écrivains Gaj, Kopetar et Karadzic. Elle aura à se créer avec des morceaux d'Autriche, Hongrie, Slovénie, Slavonie, Croatie, Dalmatie, des morceaux d'Empire ottoman, Bosnie, Herzégovine, Monténégro, Macédoine, et le royaume indépendant de Serbie. On sait même que le premier roi en sera Pierre 1er Karadjorjevic, soixante-douze ans, ancien élève de Saint-Cyr, ancien combattant de 1870 dans les armées françaises, qui, roi de Serbie depuis 1913, pour mieux se battre parmi ses soldats, a provisoirement confié la régence de Serbie à son fils Alexandre, vingt-huit ans.

Tout semble jouer contre Vienne. Sous l'action aussi d'un certain protestantisme anti-romain et d'un certain anticléricalisme, existent à Paris, Londres et Washington des milieux actifs qui considèrent la monarchie austro-hongroise comme une citadelle de la féodalité et de l'obscurantisme, n'ayant plus sa place dans le monde moderne. Principaux ennemis de l'empire à abattre : Georges Clémenceau ; le chef de cabinet de Briand, vrai maître tout-puissant du Quai d'Orsay, Philippe Berthelot ; le professeur d'université Ernest Denis, spécialiste de l'histoire de Bohême ; l'hebdomadaire anglais *New Europe*, fondé avec la collaboration de Masaryk par Wickham Steed. Le Président Wilson lui-même, très puritain, est un ennemi irréductible des Habsbourg. Ne saventils donc pas que cet empire aura été longtemps la clef de voûte de toute la sécurité européenne ? Que le glas de Vienne peut sonner le glas de l'Europe ? Peu leur chaut.

Ainsi le crépuscule du vieil empereur, proche de la mort, est-il triste entre tous. Par avance, très facilement, il pourrait déjà lire dans la fatalité la désagrégation du formidable trésor qui lui fut confié.

Victor-Emmanuel III règne en Italie depuis 1900. Il a quarante-sept ans. Saint-Simon aimait dire : « Le prince de Savoie finit rarement sa guerre dans le camp où il la commença. » En voici en tout cas une preuve nouvelle : Victor-Emmanuel a bel et bien fini, le 23 mai 1915, par déclarer la guerre à l'Autriche, à laquelle pourtant il s'était précédemment allié par la « Triplice ». Du moins les armées italiennes se battent-elles depuis lors avec vaillance, sous l'intelligent commandement en chef du général Louis Cardona. Mais cela vaut au roi une campagne des caricaturistes allemands d'autant plus cruelle que sa silhouette s'y prête trop facilement, avec sa taille quasiment naine, ses regards extasiés et ses képis monumentaux, et que, de surcroît, sa femme, Hélène de Monténégro est, quant à elle, plutôt de style colossal. Ainsi le Berlinois Johnson peut-il dessiner le roi en mièvre mercenaire recevant le prix de sa trahison des mains d'un John Bull hilare, sous le regard attentif d'un soudard français, d'un bandit russe, d'un partisan monténégrin, d'un terroriste serbe et d'un contrebandier roumain. Olaf Gulbranson, dans *Simplicissimus*, ne se lasse pas de le figurer en précieux ridicule, à mines efféminées, ou de le peindre au plus tendre avec sa nouvelle idole, le poète guerrier Gabriele d'Annunzio.

Constantin 1er règne en Grèce. Il a quarante-huit ans. Il est l'époux de la princesse Sophie von Hohenzollern, sœur de Guillaume II. Il règne depuis trois ans. Il fait très martial, avec sa forte stature, son visage carré sous un front chauve, sa mâchoire de fer sous de fières moustaches relevées. Son rêve: être le Kaiser du Levant. Ainsi multiplie-t-il les intrigues pour gêner en toutes occasions les actions de notre armée commandée par Sarrail. C'est même carrément, ouvertement, que, par tous les moyens à sa disposition, il joue la carte allemande. Il se sert avec efficacité de ses trois frères, installés à Paris, Londres et Pétrograd, pour endormir les trois grands gouvernements alliés: le prince Nicolas, marié à une grande-duchesse russe, est l'intermédiaire tout indiqué auprès du tsar; le prince André, marié avec une Anglaise, agit à Londres; le prince Georges, qui a épousé la princesse Maria Bonaparte, se répand beaucoup dans les milieux parisiens. Par bonheur pour nous, nous pouvons compter, face au roi, sur son ennemi juré, Venizelos. Guillemin, notre chargé d'affaires français à Athènes, dans une récente dépêche au Quai d'Orsay, l'aura mieux dit que quiconque: « Il n'y a plus que deux hommes en Grèce, le roi et M. Venizelos. Le premier est le champion des Allemands; le second est le nôtre. » Encore un personnage d'exception que cet Eleuthérios Venizelos, cinquante-deux ans, l'homme qui, alors premier ministre, fit voter la Constitution "libérale" de 1911, a modernisé le pays, animé la guerre de 1912 contre la Turquie, et obtenu par le traité de Londres la réunion à la Grèce de sa Crète natale, puis par le traité de Bucarest de considérables agrandissements du territoire après la deuxième guerre balkanique. Enfin, il a été congédié, l'an dernier, par le roi, pour avoir voulu engager l'armée grecque aux côtés des Alliés aux Dardanelles. Tout le personnage n'exprime que vigueur et passion du pouvoir, même s'il professe volontiers un certain démocratisme. Le voici résolu à faire abdiquer le « roi maudit », et à mobiliser à fond la Grèce aux côtés des Alliés, avec le songe d'une Acropole retentissant à nouveau des plus éclatantes gloires, et le rêve de ressusciter une Grèce aussi respectée qu'aux temps d'Aristote et de Périclès. Pour ce faire, il a même décidé, tout dernièrement, de quitter Athènes avec les principaux chefs de son parti, disant : « Ce n'est pas une révolution ; c'est la constitution de deux Grèces ; je dois répondre à l'appel de ceux de mes compatriotes qui veulent rester fidèles à l'honneur et au passé de leur patrie. » Il a quitté le Pirée sur un vapeur de la compagnie Embiricos, sous la protection d'un torpilleur français. Après de brèves étapes en Crète et à Mytilène, il a rallié Salonique, et a formé, avec l'amiral Coundouziatis et le général Danglis, le Triumvirat qui constitue, en face du gouvernement de Constantin, ce qu'il appelle un gouvernement d'Union nationale, entreprenant sans délai de lever une armée hellénique.

« Ce jeune homme qui va si vite, c'est un nouvel Edouard VII qui s'impose au temps. » Le mot est d'un diplomate anglais. L'intéressé est Alphonse XIII, trente ans, qui règne depuis vingt ans sur le trône d'Espagne. Jean de Bonnefon confirme : « Aucun souverain n'est en apparence plus éloigné des traditions, des rites, des solennités monarchiques. Ce roi s'habille comme tous ceux qui s'habillent bien. Il aime les sports. Il se tient avec aisance sur les champs de course, sur les terrains de golf. Il mène son auto avec la hardiesse d'un coureur. » Il y a toutefois un *mais*. Le témoignage continue : « Mais regardez cette figure tandis que la course se dispute, tandis que, au volant, il brûle la route. La tête est longue comme sont longues les têtes des princes peints par Velasquez. Les lèvres immobiles ont cette forme d'arc qui donne aux paroles des airs de flèche. » Il est trop vrai que sous les uniformes d'un ultra-moderniste, Alphonse XIII, même simple roi constitutionnel, aura su maintenir la plus haute tradition de Castille: fierté et haut sens de la cérémonie. Plus encore, cependant, il est habile. Jusqu'ici il a bien conduit sa goélette à travers les mille récifs de la politique intérieure espagnole. Il fait penser à Louis-Philippe disant: « La monarchie constitutionnelle n'est pas compliquée. Quand mon ministère a la confiance des Chambres, je vais me promener. Quand il perd cette confiance, c'est le ministère que j'envoie se promener. » Il est même si habile qu'il a réussi à sauvegarder la neutralité totale de l'Espagne dans ce terrible conflit: un exploit, pour le roi d'un pays carrefour.

On a bien oublié à Paris la couverture du supplément illustré du *Petit Journal* de l'année 1896 conçue en l'honneur de Ferdinand, roi de Bulgarie, qui était alors reçu par la France avec un maximum d'honneurs, et d'autant plus qu'il est Français de race et de naissance, puisque fils de la princesse Marie-Clémentine d'Orléans, elle-même fille de Louis-Philippe. Nos journaux ne le désignent plus que comme « le roi félon » ou comme « le tsar du revirement ». Il faut objectivement reconnaître qu'il y a de quoi. Allié à la Grèce et à la Serbie en 1912 pour attaquer la Turquie, il se retourna dès 1913 contre ses alliés (et il se fit d'ailleurs battre). On pouvait espérer en 1914 que, fils d'une Orléans et du prince Auguste de Saxe-Cobourg, il rallierait le camp de la France: quelques mois plus tard, il entrait en guerre aux côtés des empires centraux, trop sûr d'avoir une grosse part du gâteau. Encore une cible idéale pour les caricaturistes français. Ils s'en donnent à cœur joie, tel Paul Iribe avec un fameux dessin: « Le Kaiser abat sa dernière carte... c'est un valet. » Il n'en reste pas moins que Ferdinand — cinquante-deux ans, quelque trente ans de règne — tient solidement son peuple, est rigoureusement loyal vis-à-vis de ses alliés et engage une armée qui sait se battre.

Dans son beau livre sur *Albert 1er, le roi sans terre*, l'historien belge Carlo Bronne rappellera que, lorsque Léopold de Saxe-Cobourg, élu roi des Belges, était venu prendre possession de son royaume, en 1831, c'est à la Panne, une modeste station balnéaire de quelques milliers d'habitants, bâtie en Flandre occidentale parmi un vallonnement (une « panne ») de dunes, qu'il avait été accueilli par les délégués du Congrès national. « On voudrait, peut dire à présent Albert 1er, me faire sortir de Belgique par où mon grand-père y est rentré. » Le roi des Belges, quarante et un ans, a en effet, comme dit l'historien, « planté la tente de l'exil dans les dunes de La Panne (arrondissement de Furnes, sur la mer du Nord) et il s'y accroche comme le chardon dans le sable ».

« Rien ne ressemble moins à une résidence royale que la villa étroite, appartenant à un diplomate, où il a fixé son domicile. » Tout est modeste, le cadre comme le rythme de vie. Une construction voisine, de style vaguement italien, sert de dépôt pour les vivres et les cadeaux que la reine, Elisabeth de Bavière, quarante ans, distribue aux soldats. Les officiers logent dans une bâtisse en briques, la villa Orban, où parfois se tient le Conseil des ministres. Le déjeuner, toujours très sobre, y réunit la comtesse Ghislaine de Caraman-Chimay, dame d'honneur et les membres de la suite. Non loin, un cottage, long et bas, rempli de livres, est occupé par les gendarmes. (Ironie du hasard: « Un Allemand, maintenant interné, y a travaillé jusqu'à la guerre à un ouvrage sur la paix universelle. ») Tout autour, un maigre jardin dispute ses bosquets rabougris au vent du Nord. Seules, quelques giroflées mauves mettent une touche de couleur dans la grisaille. « Les fleurs me manquent beaucoup » confie le roi à son grand ami le virtuose Ysaye. La vie animale n'est pas mieux représentée. « A part cinq chevaux de selle, un unique mouton broute les oyats, pénétrant quelquefois jusque dans le salon de la reine. » Il n'y a d'autres splendeurs que celles de la mer et de la légende. La mer? Sur la plage immense ourlée d'écume, le roi harangue d'une voix mâle les régiments montant au front. De grand matin, il commence sa journée en galopant le long du rivage sur son cheval bai Mazan, un gendarme s'épuisant à le suivre de loin à vélo. A son retour, jusque très tard dans la saison, il prend « un bain dans le flot brumeux ». Après le déjeuner de midi, il part, flanqué d'un officier d'ordonnance, pour une promenade sur la plage qui dure rarement moins de deux heures. Il marche en silence, mains croisées derrière le dos, à longues enjambées. La légende? La Panne est devenue un symbole. C'est sur « cette esplanade incertaine » que le roi a confié au 12e de ligne son fils aîné, le duc de Brabant, le futur Léopold III, âgé de quinze ans. Il faut encore rappeler que le roi a décidé de ne jamais quitter le sol national. « L'océan accorde sa grandeur au destin de celui que les folliculaires ennemies appellent par dérision le "roi sans terre" ; il est omnipotent sur le lambeau de sol qui lui reste ». Pas une seule fois Albert Ier ne se sera rendu au Havre, où se trouvent ses ministres : ceux-ci viennent tenir conseil à La Panne, ou bien alors au siège du GQG, dans le salon du presbytère de Houthem, le petit village voisin, au reste si typique avec son église romane, son paisible canal et sa modeste cure à tourelle pointue.

Le soir, après le dîner, le roi lit. « De moments en moments, les vitres tremblent, une lueur troue la nuit ; l'escadre anglaise, mouillée au large, tire sur les lignes allemandes. Le liseur ne lève pas la tête. » Près de lui, la reine est d'une identique sérénité : la voici même à apprendre à tricoter...

Mais si humble que soit le décor, Albert Ier assume son devoir de roi avec la plus haute conscience. C'est souvent au détour d'une tranchée que sa haute silhouette apparaît soudain. « Je viens voir, dit-il, si vous n'avez pas trop froid. » Ou il s'en va inspecter une escadrille de chasse. Ou bien, car il a horreur du débraillé, du « toudi bon » (toujours bon) comme il dit à la manière wallonne, il tient des réunions pour faire strictement observer toutes les formes de la discipline extérieure. Il lui arrive même, avec Jacquet, de prendre place à bord d'un biplace Farman, pour survoler les lignes allemandes et découvrir Bruges dans le lointain.

Ici seront venues les plus hautes personnalités de la coalition des peuples alliés, Georges V, le prince de Galles, le prince de Teck, le maréchal French, le colonel Repington, du *Times*, l'émir Halkeb, petit-fils d'Abd-el-Kader, le somptueux maharaja de Bikanir, en kaki et turban, « sauvage et magnifique à faire tourner la tête à toutes les dames d'honneur », Lord Curzon, toujours aussi rogue que grand seigneur, mais aussi Poincaré, Joffre, Millerand, Wladimir d'Ormesson. On aura même vu passer Pierre Loti « fardé et cambrant sa petite taille sur de hauts talons » et l'extravagante Lady Asquith, vêtue d'un tailleur bleu horizon et débarquant à Sainte-Adresse avec deux pékinois, dont elle annonce sans plus attendre qu'ils ne mangent que de la volaille.

Les dons affluent à La Panne du monde entier. Lord Aston envoie quinze millions de cigarettes, le journal japonais *Asahi* une épée d'honneur, le tsar des croix de Saint-George apportées par le prince Youssoupoff, le colonel Bridges un lionceau baptisé Poilu — sans compter une quantité indigeste de jam, de marmelade et de plum pudding. Les grands écrivains et artistes se groupent, Bergson, Anatole France, Rudyard Kipling, Blasco Ibañez, Johan Bojer, Paderewski, Bourget, Robert de Flers, Maeterlink, pour composer un *King Albert's Book*, qui est le plus bel hommage aux mérites du roi.

Pour sa part, à longueur de journée, la reine Elisabeth, que les poilus français surnomment la Fauvette, malgré une santé précaire, déploie une activité inlassable. Une flamme inextinguible anime son corps frêle. Séparée de ses fils élevés en Angleterre et de sa fille en pension à Florence, délivrée des corvées protocolaires, elle a vite trouvé un champ d'activité où se dépenser entièrement : le soin aux blessés. Aidée par le docteur Depage, président de la Croix-Rouge, domicilié à La Panne dans une maison faussement nommée Sans-Souci, elle multiplie les bienfaits, en particulier en faisant transformer l'hôtel de l'Océan à La Panne en hôpital chirurgical.

Ainsi se fixe la silhouette glorieuse d'un bon roi, — vite devenu « une figure de proue, une sorte de Bayard sans peur et sans reproche », modèle d'application à son métier, « missionnaire de la plus juste des causes »...

En trois grandes figures polonaises s'incarnent les trois alliances possibles de la Pologne à venir. Jozef Pilsudski joue la carte autrichienne ; Yan Ignacy Paderewski, la carte des pays de l'Ouest ; Roman Dmowski, la carte russe.

Jozef Pilsudski est le chef du parti socialiste polonais. Il est proche de la cinquantaine. Né à Zulowo en Lituanie, ancien étudiant de l'université de Cracovie, il était déporté dès ses vingt ans en Sibérie pour complot contre le tsar Alexandre III. Fondateur à vingt-cinq ans du parti socialiste polonais, il était à nouveau déporté en Sibérie au début du siècle. Évadé des bagnes, il fondait à trente ans la « Section secrète de combat » dont l'action terroriste vise à la création d'une armée polonaise structurée. Il est déjà responsable d'un millier d'attentats. Il irradie un charme puissant, porte beau, même sous un sobre uniforme gris sans galons ni médailles, avec son front haut et large sous des cheveux coupés en brosse, son regard noir, sa bouche sarcastique rehaussée d'une moustache bien fournie. Grand consommateur de tabac, d'alcool et de femmes, il a plus encore la guerre dans le sang. Il pourrait passer toute sa vie à se battre. Credo : « Je ne sers qu'une Pologne, ni celle des Habsbourg, ni celle des Romanov, ni celle des Hohenzollern, celle du roi Jagellon. » But : l'indépendance à n'importe quel prix. Il n'en a pas moins opté, pour le camp du Kaiser. Il a constitué dès août 1914 les Légions polonaises, qui se battent aux côtés des empires centraux. Il a même accepté d'être chef du département militaire dans l'État satellite polonais créé par l'Allemagne. Disons que c'est par haine du Russe qu'il a décidé de collaborer avec les Allemands et les Autrichiens.

Le grand pianiste Yan Ignacy Paderewski est aussi un grand patriote. Il a cinquante-six ans. Il est fils de Kurylowska. Il est marié avec la très belle Helena Gorska, professeur d'histoire à l'université de Cracovie, veuve d'un « patriote », Alfred Gorski, déporté puis fusillé il y a près de deux ans en Sibérie pour « activités subversives ». Pour l'immédiat, accompagné de son Helena, il termine une tournée de cent trente-deux jours à travers les État-Unis, avec à l'affiche trois cent quarante concerts, tous suivis de discours fervents sur les destinées d'une Pologne enfin libérée. Il voyage avec son orchestre dans ce que les journalistes nord-américains appellent « le plus célèbre wagon de chemin de fer des État-Unis » — le wagon Polonia — orné de l'emblème du roi Jagellon sur le flanc. L'opération est patronnée par l'ancien Président William Toward Taft, président du Comité de soutien pour une Pologne libre, Georges Pullmann II et Henry Steinway III. A coup sûr, c'est une opération qui sera positive. James Notthingham, du *Chicago Tribune*, écrit : « Je crois avoir entendu tous les grands orateurs de notre temps à l'exception de Gladstone et je pense qu'aucun d'entre eux n'aura atteint la puissance et la sincérité de Paderewski. Les Grecs et les Romains les plus célèbres devaient être de cette trempe. » Julius Ostermeyer du *Los*

Angeles Star note: « Paderewski parle comme il joue. Son charme magnétique fonctionne puissamment avec autant de mystère, que ce soit au piano ou par sa voix. » Alfred G. Avery, du *Houston Sun*, souligne: « Je ne pensais pas que je verrais le jour où une cinquantaine de journalistes texans, de tous bords et de toutes tendances, pleureraient à l'unisson en écoutant un *Nocturne* de Chopin et des paroles sur la Pologne: pourtant ce Paderewski m'a tiré larmes et dollars comme à tous mes confrères... » Paroles de Paderewski qui ne s'adressent pas qu'aux quatre millions de Polonais répartis sur le territoire des État-Unis ; paroles pour l'Histoire: « Comme vous, je suis Polonais, comme vous je viens de ce pays envahi, morcelé, déchiqueté, annihilé, rayé de la carte, qui sans cesse renaît de ses cendres... Patrie, pour nous, est un mot plus important que sol natal... La Pologne n'est ni aux Allemands, ni aux Russes, ni aux Autrichiens, elle est aux Polonais... » Et, au passage, de rencontrer les Américains les plus puissants ou les plus influents, du Président Wilson lui-même à son conseiller personnel Edward Mandell House, du cardinal Farley de New York au cardinal Gibbons de Baltimore, du Président Taft à Melville Estone, président de l'Associated Press, des chefs militaires américains à Walter Lippmann, éditorialiste du *New York Times*. En fait, il aura choisi le camp occidental en tant que démocrate convaincu, avec l'espoir que, par l'appui de Londres, de Paris et de Washington, il pourra forger une démocratie polonaise.

Roman Dmowski — celui qu'Helena Paderewski appelle « le Polonais le plus odieux de toute la vie politique polonaise » — a cinquante-deux ans. Il est né à Varsovie. Diplômé d'études universitaires supérieures, très influencé par Paul Déroulède et sa Ligue des patriotes, d'une admiration sans bornes pour la France, anti-dreyfusard impitoyable, d'une haine sans bornes pour l'Allemagne, il transforma la vieille Ligue polonaise, plutôt folklorique, en Ligue nationale dès 1893. Puis, au plus vite, il fonda un parti national-démocrate, essentiellement anti-juif et anti-socialiste, et devint du coup l'interlocuteur privilégié des milieux tsaristes. Plus exactement, il est convaincu qu'une victoire des empires centraux n'aboutirait qu'à un nouveau partage de la Pologne, alors qu'une intégration pure et simple sous le sceptre tsariste, affaibli par les révolutions et la défaite face au Japon en 1905, permettra à une Pologne unifiée d'asseoir progressivement son indépendance. Malheureusement pour lui, il fait trop dans le style faisan. Beau comme une gravure de mode, même trop beau, cheveux blonds bien plaqués avec raie au milieu, fine moustache amoureusement soignée, fortement parfumé au *Je-reviens-de-Paris*, il ne rend pas ses thèses crédibles. Tel est pourtant le cas : c'est sa haine des peuples germaniques qui amène Dmowski à jouer à fond la carte du tsar.

Où va l'Empire ottoman ? Dans les précédentes décennies, il a perdu la Grèce, la Roumanie, la Bulgarie, la Serbie et l'Albanie, puis Chypre et la Crète, puis la Bosnie et l'Herzégovine, puis Rhodes et la Tripolitaine. Il est atrocement gangrené de l'intérieur. Il est vraiment l'« homme malade » dont tout le monde parle, éveillant l'appétit aux grandes puissances, à la Russie qui découvre enfin l'occasion de s'annexer Constantinople et les Dardanelles ; à l'Angleterre plus que jamais décidée à mettre la main sur une route terrestre des Indes qui passerait par Damas, Bagdad et Téhéran ; à l'Italie qui convoite la Cilicie ; à la France qui a des visées sur la Syrie ; à son alliée, l'Allemagne elle-même, qui voudrait faire de la Turquie le simple socle d'un empire allemand au Moyen-Orient.

Même la personnalité du maître des lieux, Enver pacha, prête pour les Turcs aux pires déceptions. En vain, aura-t-il été durant quelques années l'idole des Jeunes-Turcs, levant haut les étendards de la résurrection de la nation. A trente-cinq ans, il traîne la lassitude d'un vieillard. Il a connu trop de défaites. Allah ne le protège plus.

Enfin se lèvent contre l'empire de grands princes de l'Arabie, tel Hussein, ce vieux chacal des sables, chérif de La Mecque, pourtant fils d'une Circassienne et époux d'une Turque. C'est que Lawrence est intervenu, le fameux Lawrence d'Arabie, héros chéri des belles dames du West-end londonien et de Mayfair, si typé en style de grand seigneur des oasis, toujours coiffé d'un agual à cordelettes de soie, impressionnant en son burnous immaculé et ses bottes rouges, poignard d'or incurvé des princes de La Mecque négligemment passé dans sa ceinture. En plein accord avec Sir Henry Mac Mahm, haut-commissaire britannique en Égypte,

Lawrence a tout bonnement promis à Hussein la présidence de la grande confédération arabe à créer après la guerre, et s'est même engagé à faire donner à l'un de ses fils, Fayçal, l'Irak et la Syrie en royaume, à l'autre de ses fils, Abdallah, la Transjordanie et la Palestine.

Sans oublier, qu'à son tour Ibn Saud Alid Al-Aziz, émir de Rhyad, roi du Nedjd, iman des Wahhabitas et futur grand roi d'Arabie, irréductible « Léopard du désert », vient de prendre le parti de Londres contre la Sublime Porte.

Pas étonnant que « nous plumerons la volaille ottomane » devienne le sujet favori des caricaturistes anglais — d'autant plus qu'en anglais dindon se dit *turkey*.

On aura même vu le dit dindon, dans un dessin humoristique, en train de se tuer lui-même à la hache, sans doute une hache allemande, son maigre cou étiré sur un billot.

Chapitre XXIII

Où en sont-ils ? Hitler, Gamelin, de Gaulle, Churchill, Schweitzer, Einstein...

C'est aussi l'heure où le père Charles de Foucauld explore avec intrépidité le Sahara, magnifie la sainteté des missionnaires et trappistes, illumine de toute la pureté de sa foi l'oasis de Tamanrasset — où il sera assassiné sous quelques semaines.

C'est l'heure où, dans Bruxelles occupée, le cardinal Désiré-Joseph Mercier, soixante-cinq ans, archevêque de Malines et primat de Belgique, illustre une dignité et un courage exemplaires. Le ministère pastoral et la recherche scientifique ont pourtant rempli jusqu'à la guerre toute sa carrière. Essentiellement philosophe et théologien, il répondit l'un des premiers à l'appel de Léon XIII lorsque ce pape résolut de remettre en honneur dans les écoles catholiques et dans le monde la doctrine de saint Thomas. Mgr Mercier, déjà connu pour quelques ouvrages d'érudition pure ou de vulgarisation, fonda alors en Belgique *La Revue néo-scolastique*, et ce fut pour distinguer le savant, autant que pour honorer le siège, que Pie X, au consistoire de 1907, donna à l'archevêque de Malines le chapeau de cardinal. Voici que l'immense épreuve fait du savant prélat une haute figure de l'héroïsme. Il n'a quitté qu'une fois la Belgique envahie : pour aller à Rome informer directement le pape contre tous les méfaits ou forfaits commis par les troupes d'occupation. Encore il y a cinq jours, il protestait avec vigueur contre les déportations de populations qui viennent d'être décidées par les autorités allemandes.

Tant il est vrai que le peuple belge vit comme un peuple

emmuré, bloqué sur un territoire verrouillé au sud et à l'ouest par un mur de feu, à l'est par l'Allemagne, au nord par une frontière hermétique. Certes, aucune modification n'altère son statut d'État indépendant; la Belgique reste un royaume; sa constitution n'est pas suspendue; le pouvoir législatif reste délégué au roi par la décision du Parlement du 4 août 1914, mais l'occupant a vite mis toute la population sous les chaînes. Le Kaiser a confié la Belgique au colonel-général von Bissing, baron prussien incarnant les vertus de sa caste, morgue, sens de la hiérarchie, culte pour l'empereur, obéissance aveugle — peu d'hommes, du reste, auront autant que lui suscité pamphlets vengeurs, caricatures insolentes et malédictions de toutes sortes. L'histoire n'enseignera que bien plus tard qu'il aura souvent, face aux exigences du haut commandement allemand, défendu les populations qu'il a en charge. Pour l'immédiat, il fixe le portrait même du maudit. Installé au château des Trois-Fontaines, à Vilvorde, il paraît voué à laisser un souvenir exécré.

C'est qu'une chape de plomb tombe sur la nation belge. Les universités ne rouvrent pas leurs portes; leurs auditoriums sont affectés aux besoins militaires. Le Palais des académies, à Bruxelles, est transformé en lazaret, la salle des périodiques de l'université de Liège en écurie et le bureau des professeurs en boucherie. Des arrêtés menacent de six mois de prison les « vociférations, acclamations ou invectives séditieuses » ainsi que le port de couleurs ou de signes concertés, et de deux ans toute tentative de nuire à ceux qu'animent des sentiments germanophiles. La répression ne réussit qu'à augmenter le ridicule que provoque le délit.

Carlo Bronne, le biographe d'Albert 1er en donne plusieurs exemples frappants. « Un 21 juillet, les Allemands aperçoivent le pavillon national belge flottant fièrement au sommet d'un grand arbre; ils ne peuvent l'abattre car les branches ont été à demi sciées; la ville encourt une très lourde amende... A Berlare, une fillette de six ans est arrêtée pour avoir copié dans son cahier une chanson flamande irrévérencieuse pour le Kaiser... A Liège, un perroquet, soupçonné de propos subversifs, appréhendé et mis en observation, reste muet durant vingt jours... »

Bien sûr, des résistances à l'occupant s'organisent.

L'exploit le plus spectaculaire est réalisé par la *Libre Belgique*, « régulièrement irrégulière », s'imprimant dans une une « cave automobile » et donnant pour adresse télégraphique la Kommandantur: son tirage atteint 16 000 exemplaires, distribués par près de cent porteurs. Par ailleurs, des escouades de « passeurs d'hommes », se jouant des quatre-vingt-dix-neuf kilomètres de câble électrique à cinquante mille volts tendus le long de la frontière, au prix de ruses et de précautions extraordinaires, auront aidé près d'un demimillion de jeunes gens à gagner la Hollande. « Sous l'apparent engourdissement du pays, témoigne Bronne, espionnage et contre-espionnage tendent leurs invisibles réseaux... L'Écluse, à la frontière hollando-belge est un lieu de rencontre d'agents secrets rivalisant d'astuce. Au début, les messages sont lancés par-dessus la ligne de démarcation au moyen d'arcs et de flèches; les arcs saisis, on use de pigeons voyageurs; une sapinière, près de Moerbeke, en compte quatre-vingts. » Plusieurs centaines de jeunes Belges paient de leur vie leur courage ou des actes retentissants de sabotage. Héroïne entre cent: Miss Edith Cavell, fille d'un clergyman et directrice d'une clinique privée, qui organise le « rapatriement » de soldats anglais, est arrêtée à Bruxelles, condamnée à mort et passée par les armes. Il n'en reste pas moins que la population belge traverse une terrible épreuve, aggravée par la faim — d'où le rôle infiniment précieux que, face au général von Bissing, et face au nonce Tacci, surnommé Nonce-Pilate, tient le cardinal Mercier, qui, à maintes reprises, monte en chaire à Sainte-Gudule pour dénoncer l'iniquité des envahisseurs et proclamer la pérennité de la patrie.

Gustave Ador est président du Comité international de la Croix-Rouge. Il l'est depuis six ans, troisième dans le titre. Solide bourgeois qui a franchi sereinement toutes les étapes de la hiérarchie suisse, maire, député, conseiller d'État, chef de gouvernement, il est tout à fait capable, comme le grand Henri Dunant, même simple citoyen d'un petit pays, de traiter d'égal à égal avec les gouvernements les plus puissants. Non seulement il aura déployé une prodigieuse activité humanitaire — dénonçant sans peur violations du droit et atrocités, condamnant avec autorité tous les abus dont peuvent être victimes les populations civiles, protestant avec vigueur en toutes occasions contre l'emploi des gaz, la guerre sous-marine et le bombardement des hôpitaux, fondant dans l'étonnement général une Agence des prisonniers de guerre qui, servie par plusieurs milliers de collaborateurs plus ou moins bénévoles, rend les plus beaux et plus sûrs services, obtenant à force de persévérance le rapatriement des prisonniers grands blessés, grands malades et invalides, assumant au total une œuvre titanesque à l'idéal le plus élevé — , mais il serait tout aussi capable de présider une négociation qui engagerait une vaste trêve, voire la paix elle-même.

Marc Chagall, vingt-neuf ans, est à Pétrograd. Marié il y a un an devant le grand rabbin de Vitebok avec Bella, il a trouvé en elle la fée, la muse, la « tête pensante » dont il ne saurait se passer pour s'épanouir. C'est d'ailleurs grâce à Bella — et à son frère, Jacov Rosenfeld, lequel dirige un service à l'Économie de guerre — qu'il n'a pas été envoyé sur le front, et se trouve mobilisé dans un bureau, à gratter du papier, sans uniforme ni heures de service, libre d'aller retrouver Bella chaque soir dans une chambre louée, et disposant d'assez de temps pour continuer de peindre, pouvant ainsi exposer à Moscou comme dans la capitale. C'est du reste encore grâce à elle, et au socialiste Démian Bedny, un ami de Lénine, qui partage son bureau, qu'il peut entrer dans la brillante confrérie des poètes et écrivains demeurés à Pétrograd, Pasternak, Alexandre Blok, Essenine, et le pétulant et truculent Maïakovski, qui lui dédicace à sa manière, toujours humoristique, son dernier recueil: « Plaise à Dieu que chacun chagalle comme Chagall. »

Chaïm Soutine, vingt-deux ans, fils d'un tailleur de cafetans et de lévites de Smilovitch, en Lituanie, évadé adolescent de son ghetto balte, réfugié il y a quelques années à Paris, peintre maudit, traîne savate de Montparno, « l'Affreux » comme on l'appelle, disgracié, difforme, hirsute, famélique, sale, n'en a pas moins été mobilisé, et le voilà requis, travaillant dans une usine de munitions — moyennant quoi, d'ailleurs, pour la première fois de sa vie, il mange à sa faim.

Amadeo Modigliani est à la perdition, alcoolique en plein délire — à se demander comment il aura eu, ces temps-ci, la force de nous donner un superbe *Nu couché* et un hallucinant portrait de Soutine.

Peintres engagés volontaires : Moïse Kisling, Ossip Zadkine, qui sert dans une section de brancardiers de la brigade russe, le jeune Norvégien Yvan Lunberg, qui sert au 1er étrangers.

Mohandas Karamchand Gandhi a quarante-sept ans. Après avoir servi dans l'armée britannique comme infirmier d'ambulance et même en tant qu'engagé volontaire, jusqu'en février 1915, voilà déjà un an qu'il a pris la décision de rejoindre son peuple et de consacrer toute sa vie à le libérer, fort du prestige que lui ont valu ses croisades anti-racistes en Afrique du Sud. L'Inde commence d'ailleurs à se familiariser avec cette silhouette mince et chétive, presque ridicule avec son turban trop large et son pagne flottant pour un corps squelettique, si gauche sans ses costumes londoniens. Peu importe qu'il soit aussi peu tribun que titan : il a une voix hésitante, si faible qu'elle en devient parfois inaudible. Il n'en aura pas moins rapidement frappé les esprits, n'hésitant pas à pratiquer « une exemplaire pauvreté », semblant connaître tous les dialectes, hindi, ourdou, tamil, télougou, aussi simple que le dernier des paysans, aussi humble que le plus esclave des intouchables, faisant de la non-violence une invincible règle de vie et donnant des conseils purs et clairs qui semblent jaillir comme d'une source sacrée. Il en vient à évoquer un saint de l'Antiquité, ressuscité du fond des millénaires pour s'asseoir parmi les arbres. « Nous vaincrons par la simplicité et la prière », annonce-t-il. Dans l'Inde énorme, cette formidable citadelle du mysticisme, tour de Babel grondante des plus vastes peurs et toujours assoiffée de promesses gigantesques, un tel message prend d'emblée une sorte de puissance magique.

Eamon de Valera, futur président de la république d'Irlande, leader du Sinn Fein, trente-quatre ans, né à New York de mère irlandaise et de père hispano-cubain, élevé en Irlande, professeur de mathématiques tranformé en chef du terrorisme irlandais, irréductible ennemi de l'Angleterre, indomptable agitateur, grand, émacié, austère, tête de pasteur et yeux de prophète, portrait même d'un patriotisme sans répit ni pardon, arrêté, condamné à mort, ne doit qu'à sa citoyenneté américaine de n'avoir pas été exécuté. Il n'en reste pas moins dans ses chaînes.

Mustapha Kemal, le futur Atatürk, surnommé par les journaux turcs « le Sauveur des Dardanelles et de la capitale », le plus souvent appelé le Loup gris, pour ses yeux d'acier, ses cheveux clairs et son courage indomptable, se trouve dans l'immédiat sur le front du Caucase, à la tête de la IIe armée turque, à Diabekir, livrant la bataille contre les Russes. Il a trente-cinq ans, l'allure raide et dure d'un Prussien, même s'il hait autant les Allemands qu'Enver Pacha les admire. « Un chef de brigands » dit de lui Lord Balfour. Un brigand qui sait se battre. Il reconstitue comme par magie une armée qu'il trouva en guenilles, sans canons, ni fusils, ni vivres, ravagée par le typhus et la dysenterie. Aidé de son fidèle chef d'état-major, le colonel Ismet (futur Ismet Inönü), un petit homme silencieux et un peu sourd, mais sec comme une trique — tête ronde, yeux mobiles, grand nez busqué, organisateur de grande classe — , il réussit à regrouper les unités dispersées, à renforcer les cadres, à réprimer les brigandages, à améliorer l'état sanitaire, à trouver des armes. Le Loup gris commence à entrer dans l'histoire.

Adolf Hitler a vingt-sept ans. Il est ce que les Allemands appellent *ein armes Frontschwein*, un pauvre cochon du front, nous dirions un simple troufion de première ligne. Du temps où il menait une vie de clochard à Vienne, il avait échappé à la conscription dans l'armée austro-hongroise. En janvier 1914, livré sous escorte par la police bavaroise au consul d'Autriche à Munich, il dut en sa présence écrire une longue lettre pour se justifier de s'être dérobé à ses obligations militaires de citoyen autrichien. Le 5 février 1914, il se rendait à Salzbourg pour un examen médical. A cette époque toujours mal nourri, il était inévitablement déclaré « inapte au service militaire » car « trop faible pour porter les armes ». Mais, six mois plus tard, il se portait volontaire pour partir à la guerre et, le 16 août, était déclaré « bon pour le service », aussitôt incorporé au 16e régiment de volontaires bavarois. Dès le 20 octobre, il montait en première ligne sur le front des Flandres. Dès le 2 décembre, avec une poignée de survivants de son régiment décimé, il recevait la croix de fer de seconde classe. Indiscutablement, c'est un bon soldat, qui se bat vaillamment, même si rien n'annonce en lui un grand destin. Il est classé, dans les tranchées de Bapaume, face aux Anglais, comme un excellent *Meldegänger*, agent de liaison entre le bataillon et la division, donc extrêmement exposé, toujours prêt, aux appels du sergent-major Max Amann, à se porter volontaire pour toutes les missions périlleuses. Il a même été blessé, il y a exactement dix-sept jours, d'un éclat d'obus dans la jambe. Ainsi, pour l'heure, est-il soigné à l'hôpital de Beelitz, près de Berlin. Il consacre ses journées à lire Clausewitz. Seul signe particulier, noté par le médecin-major : se déchaîne en véhémentes colères pour dénoncer le défaitisme des socialistes et des juifs...

Benito Mussolini, trente-trois ans, sert comme caporal, sur le front, au 2e régiment de Bersaglieri, depuis août de l'an dernier. Il a décliné l'offre de son colonel qui lui proposait de travailler à un journal de guerre au PC du régiment. Il avait d'ailleurs effectué dix-neuf mois de service militaire au retour d'un exil en Suisse, en 1905 et 1906, et avait alors prouvé que malgré sa réputation d'anarcho-socialiste antimilitariste, il était capable de faire un soldat discipliné. Il avait déjà montré, avec un vif désir de plaire à ses officiers, une nette volonté de mettre en évidence son goût et même son enthousiasme pour les plus dures corvées. A plus forte raison maintenant qu'il a abdiqué toute conviction marxiste. Encore en octobre 1913, candidat du parti socialiste dans la circonscription de Forli, il condamnait bruyamment militarisme, nationalisme et impérialisme. Encore en août 1914, quand l'Autriche déclara la guerre à la Serbie, il tonnait, dans les bureaux d'*Avanti* : « A bas la guerre ! A bas les armes ! Vive l'humanité ! » Il y a exactement deux ans, le 26 octobre 1914, après une conversation brutale, il rompait avec le parti socialiste, démissionnait d'*Avanti* et entreprenait de lancer *Il Popolo d'Italia*, d'inspiration à la fois socialiste et nationaliste. Dans les tranchées de l'Isonzo, il ne se plaint que de la tenue loqueteuse dont sont vêtus les soldats italiens : lui-même est habillé presque de haillons ; des bouts de fil de fer remplacent les boutons de sa capote. Sans doute continue-t-il de faire beaucoup trop d'épate et reste-t-il porté à se donner en spectacle. Il n'en demeure pas moins que, ce qu'il a à faire, même au feu, même sans héroïsme excessif, il le fait convenablement.

Les Rothschild restent les Rothschild. Multinationale modèle, ils continuent, imperturbables, de mener leurs affaires à l'échelle universelle — sans pour autant jamais jouer les oiseaux de proie. Des cinq branches d'origine — Angleterre, France, Autriche, Francfort et Naples — deux ont disparu depuis plusieurs années. La banque Rothschild de Naples ferma ses portes, au temps de Garibaldi, dès qu'il n'y eut plus de monarque napolitain à qui prêter : Adolphe, fils du fondateur Karl, peu soucieux de traiter des affaires avec des subalternes, rallia la branche française. De sa femme Julie (intime de l'impératrice Sissi), il n'avait pas d'enfant. La maison de Francfort s'est arrêtée à la mort d'Amschel qui n'avait pas lui non plus d'enfant ; il confia en vain son héritage aux deux Rothschild napolitains, frères d'Adolphe, Wilhelm et Mayer, qui n'eurent que des filles. Or, chez les Rothschild, les filles n'héritent pas ; Mayer fut bientôt trouvé mort, la tête appuyée sur une colonne de chiffres ; en 1901, on enterra Wilhelm ; trois mois plus tard, Edmond, gendre de Wilhelm, et Natty, gendre de Mayer, annonçaient qu'en raison du décès du baron Wilhelm-Karl von Rothschild, la banque M.A. von Rothschild und Söhne entrait en liquidation.

Les trois maisons restantes n'en sont que plus actives. En Angleterre, N.M. Rothschild and Sons aura investi, avec de somptueux profits, des capitaux énormes dans les mines indiennes ou le rubis de Birmanie, financé l'empire du diamant de Cecil Rhodes en Afrique du Sud (un plantureux diamant repose toujours sur la cheminée du Bureau des associés à New Court et la maison est toujours apparentée à la De Beers), et effectué de formidables opérations de banque et de prêts à travers toute l'Amérique du Sud ; l'avenir est radieux. En France, Rothschild-frères aura quasiment monopolisé les industries électriques, non sans exploiter puissamment le chemin de fer de la Méditerranée, exercer un contrôle tel sur les champs pétrolifères de Bakou en Russie que la famille française aura mérité le surnom de « Rockfeller français » et être enfin les banquiers exclusifs du roi

Léopold 1er de Belgique. (Les Rothschild auront toujours préféré dans leur clientèle un monarque à cent mille épiciers.) En Autriche, S.M. Rothschild und Söhne aura littéralement régné sur la famille des Habsbourg : c'est tout dire. Le *mishpoche* aura ainsi maintenu la tradition de pieuvre, dans l'esprit même du fondateur, un siècle auparavant, le très célèbre et divinatoire Meyer Amschel Rothschild.

La guerre n'aura ici rien troublé en profondeur. Verdun n'est qu'une péripétie dont il faut s'accommoder. Naturellement, les Rothschild restent toujours aussi passionnés de courses de chevaux, de beaux tableaux et d'élégance, comme Lord Natty Rothschild, si typique avec son haut-de-forme, sa barbe, sa chaîne de montre, sa jaquette et son œillet. Il est également toujours bien porté dans la famille de cultiver quelque pittoresque, avec le sourire discret qui convient, comme le fils aîné de Lord Natty, Lionel Walter, qui a fondé sur le domaine de famille le grand Muséum zoologique de Tring, avec un quart de million d'oiseaux, deux millions d'insectes et... la plus rare collection de puces jamais connue. A parier qu'il n'y manque même pas les puces des cagnas... Il n'en convient pas moins de reconnaître que les Rothschild, à Londres comme à Vienne, auront déployé de gigantesques efforts pour éviter la guerre, notamment Alfred, depuis sa somptueuse résidence de Seamore Place, un temps véritable QG de la paix.

Le courage ne manque pas non plus à la famille : côté anglais, le commandant baron Evelyn Achille de Rothschild, fils de Leo le grand, se bat en première ligne en Palestine contre les Turcs, et côté autrichien, son cousin Eugen von Rothschild a eu une jambe fracassée par une balle russe.

Marcel-Ferdinand Bloch, qui sera un jour plus connu sous le nom de Marcel Dassault, a vingt-quatre ans. Ancien élève de l'École supérieure de l'aéronautique, il est attaché au laboratoire d'aéronautique de Chalais-Meudon. Il anime une petite industrie qui fournit le quart des approvisionnements en hélices de l'aéronautique nationale, non sans dessiner aussi ses premiers avions en compagnie d'Henri Potez.

Marcel Boussac, vingt-sept ans, fils d'un confectionneur drapier de Châteauroux et beau-fils du poète Catulle-Mendès, s'occupe à affréter des navires neutres, suédois ou norvégiens, pour rapporter des Amériques le coton indispensable à ses fabriques.

Ernest Cognacq et sa femme Louise Jay administrent leur Samaritaine comme si rien n'avait changé, elle toujours à tenir rigoureusement les caisses, lui, soixante-dix-sept ans, aussi massif, lucide, méfiant et férocement dictatorial qu'à ses débuts. Ils continuent de collectionner des tableaux de maîtres du XVIIIe siècle du plus haut prix. Le soir, seuls dans leurs vastes et fastueux salons de l'avenue du Bois, peuplés de meubles rares, ils disputent face à face leur cher vieux tric-trac, à moins qu'ils ne rompent la routine, par un inattendu caprice, en jouant aux dominos ou au bésigue. Ils affectionnent toujours aussi profondément leur neveu, Gabriel Cognacq, qui doit être leur héritier et aura été leur collaborateur préféré. Simplement, quand il a été mobilisé, ils ont suspendu son traitement, lui disant : « Puisque tu t'en vas défendre la France, débrouille-toi donc avec tes nouveaux patrons... »

André Tardieu, député de Seine-et-Oise, futur président du Conseil, après avoir été capitaine d'état-major aux côtés de Joffre, a été affecté sur sa demande il y a un an au commandement de la 7e compagnie du 44e bataillon de chasseurs à pied.

Pierre Laval, futur président du Conseil, est député socialiste SFIO d'Aubervilliers depuis mai 1914, très proche des anti-bellicistes et notamment de Joseph Caillaux.

Édouard Daladier, futur président du Conseil, agrégé d'histoire et de géographie, même s'il a été battu aux élections législatives à Marseille, reste considéré dans le parti radical comme « l'une des valeurs les plus sûres » : en attendant de le prouver, il se bat avec courage, sur des fronts toujours exposés.

Émile Loubet, soixante-dix-sept ans, le président de la République de la Belle Époque, dit Mimile, dit le président au nougat, car il est fils de Montélimar, premier président à terminer normalement son mandat en 1906, se partage entre son château de La Bégude, dans la Drôme, et son appartement parisien du boulevard Saint-Germain, non sans s'occuper beaucoup de la Société nationale d'encouragement à l'agriculture et de l'Association nationale de soutien à une Pologne libre.

Armand Fallières, soixante-quinze ans, successeur de Loubet à l'Élysée, toujours massif, chevelure blanche en houppe, florissante barbe blanche, corps volumineux, aussi chaleureux que le veut sa renommée, se partage entre sa province et Paris, entre le calme refuge de son domaine du Loupillon, en Lot-et-Garonne, et son appartement de la rue Clément-Marot. Un irritant problème : les rhumatismes.

Albert Lebrun, futur et dernier président de la IIIe République, quarante-cinq ans, est député de la Meurthe-et-Moselle, républicain de gauche.

Vincent Auriol, futur premier président de la IVe République, trente-deux ans, socialiste SFIO, est député de la Haute-Garonne depuis mai 1914.

René Coty, futur et dernier président de la IVe République, trente-quatre ans, est combattant volontaire et sert dans les rangs du 129e régiment d'infanterie, au cœur de la « division de fer » de Mangin. Seule promotion : soldat de 1re classe, mais déjà croix de guerre.

Antoine Pinay, futur président du Conseil, se bat lui aussi sur le front, ainsi que Jacques Duclos, futur député de la Seine et futur lieutenant de Maurice Thorez à la tête du parti communiste français : Duclos grièvement blessé, manque d'être amputé des deux jambes.

A cinquante-quatre ans, Joseph Caillaux est sans doute l'homme le plus haï de France. Il n'était pourtant pas fait pour la tragédie. Tous les succès et toutes les fiertés paraissaient l'attendre. Fils de ministre, comblé par l'intelligence et la fortune, il était ministre des Finances à trente-six ans, président du Conseil à quarante-sept ans. Sûr de lui, il affichait un sincère mépris pour ses nombreux rivaux. Il était si béni des fées qu'il en avait la morgue candide.

Mais, brutalement, début 1914, alors qu'il était ministre des Finances dans le gouvernement Doumergue, la situation se retourna. Tout vint d'un retentissant drame passionnel. Caillaux avait divorcé en 1911 de sa première femme, devenue Mme Gueydan. Il s'était aussitôt remarié avec la femme divorcée de Jules Claretie, Henriette. Or, Gaston Calmette, directeur du *Figaro*, pour mieux abattre l'inventeur de l'impôt sur le revenu, publiait des lettres intimes de Caillaux à sa première femme extrêmement compromettantes pour lui, ministre. La seconde Mme Caillaux réagit avec fureur: elle se rendit au *Figaro* et abattit Gaston Calmette de plusieurs coups de revolver. Arrêtée, elle fut internée dans la même cellule qu'avait occupée Meg Steinheil, l'aventurière au baiser de laquelle ne survécut pas le président Félix Faure. Évidemment un immense scandale s'en suivit et le ministre dut démissionner du gouvernement. Caillaux parut écrasé.

En vain réussit-il pour un temps à rebondir, se faisant réélire triomphalement député en mai 1914 dans sa Sarthe et obtenant l'acquittement en cour d'assises de sa femme (le 31 juillet). Pendant ce temps Viviani, dans son gouvernement, promettait l'impôt sur le revenu et l'organisation des réserves, tout le programme de Caillaux. On pouvait rappeler, le mot de Jaurès à Conrad Hausman: « L'homme le plus capable que nous ayons en France, c'est Caillaux. » Au reste, nombre de députés et de ministres en sont persuadés, même s'ils ne le disent pas.
A nouveau, les vents soufflent contre lui. Pourquoi?

Il est plus facile de faire circuler des rumeurs en temps de guerre qu'en temps de paix. Il faut bien réaliser quelle psychose collective engendre une telle guerre. Tout vaste bouleversement s'accompagne d'une fantastique exagération de la sensibilité commune. L'émotivité intense de l'heure fait accréditer des faits qui, de sang froid, ne provoqueraient que sourires. Les on-dit les plus absurdes peuvent devenir de véritables credos. Ainsi, tout pacifiste passe-t-il facilement pour un couard ou un traître. C'est ce qui advient à Caillaux, unanimement reconnu, face à Poincaré-la-Guerre, comme chef du clan de la paix.

Chaque époque bouleversée exige des boucs émissaires: à force de voir partout des traîtres, il faut bien en trouver. Pourquoi pas Caillaux? Il fut toujours partisan du rapprochement franco-allemand: à lui d'être dénoncé dès lors comme l'homme de l'Allemagne. En 1911, président du Conseil, après le coup d'Agadir, il sauva la paix en procédant avec Berlin à une sorte de donnant-donnant, à nous le Maroc, aux Allemands une bande de territoire découpée dans notre propre empire d'Afrique noire: à lui d'être maintenant dénoncé comme l'homme qui livra le Congo, donc capable, s'il retrouvait le pouvoir, de brader — ou de vendre — une nouvelle partie de l'empire. Il s'opposa au service de trois ans, de même que tous les radicaux et les socialistes firent croisade contre : aujourd'hui, il est le seul à être accusé d'avoir voulu saboter cette loi de sauvegarde nationale. Au cours d'un procès retentissant, il a fait acquitter sa femme : il n'en reste pas moins le pleutre qui a trempé ses sales mains dans l'assassinat du grand patriote et journaliste exemplaire qu'était Calmette.

Alors les ragots les plus fous se donnent libre cours, d'autant que la censure militaire laisse passer le torrent de boue. Ajoutons que Caillaux, qui n'a rien abdiqué de sa morgue, facilement insultant et méprisant, multiplie les maladresses. Ainsi s'alimente une phénoménale campagne contre lui. On discute tout ce qu'il fait. En 1914, inspecteur des Finances, est-il parti aux armées, à cinquante-deux ans, mobilisé comme payeur principal de 1re classe ? On n'arrêtait pas de dauber sur son « bel uniforme vert, à cinq galons d'argent », d'imaginer tout haut à quelles fructueuses spéculations il pouvait se livrer sur uniformes et képis.

Est-il affecté à l'état-major du général Brugère à Doullens ? On assure, sans la moindre preuve, qu'il a été mis « en quarantaine » par les autres officiers et le général, lui-même, lui aurait refusé jusqu'à l'accès de sa table.

Est-il placé dans l'état-major de l'armée Maunoury ? Il est puni de huit jours d'arrêt pour avoir envoyé un télégramme à sa femme, « avec indication d'origine ». La rumeur avait totalement raison de l'accuser d'être traître et espion.

Un payeur, nommé Desclaux, qui appartint à son cabinet et qui fut son ami de jeunesse et de nouba, est-il compromis dans un ridicule trafic de gigots ? C'est qu'il a agi en sous-main pour Caillaux l'infâme. Accepte-t-il du gouvernement mission de se rendre au Brésil pour étudier la question des « câbles sous-marins » et l'ensemble des relations Paris-Rio ? Décide-t-il de pousser jusqu'en Uruguay et en Argentine ? Louche, ce séjour, beaucoup plus long que prévu. Ils ont eu raison, les jeunes gens qui, à son embarquement à Bordeaux, l'ont copieusement insulté au pied de la coupée.

Certains journaux sociaux-démocrates allemands citent-ils son nom, à la recherche d'un Français « modérateur » qui pourrait éventuellement négocier des formules d'arbitrage entre Paris et Berlin ? Il s'agit d'une pensée de lourdauds. A l'évidence, Caillaux refuserait de négocier avec un ennemi occupant une partie du territoire national. Mais d'être cité avec complaisance dans les « journaux boches » justifie tout le mal qu'on peut penser du misérable.

Dit-il dans les couloirs de la Chambre, puis dans sa circonscription de Mamers, qu'au lendemain de la victoire de la Marne, la paix eût été possible ? Ajoute-t-il un mot dur sur « les imbéciles qui gouvernent la France » ? La droite n'est pas seule à attaquer ce champion d'une « paix sans victoire ». Conseille-t-il que la France se défie des appétits de l'Angleterre ? Il est accusé de vouloir casser le front des Alliés. A Rome, s'abandonne-t-il à des déclarations imprudentes, dans un cercle d'amis, où figurent des indicateurs de police, sur l'exécrable manière dont le gouvernement français conduit « cette folle guerre » ? C'est exprimer des doutes sur la victoire des peuples libres.

Ainsi devient-on le maudit des maudits. Joseph de Maistre disait : « Pour tuer les idées, il faut tuer les hommes qui les représentent ». Les royalistes ne sont pas seuls à appeler littéralement à la mort du traître. En août dernier, à Vichy où Henriette faisait une cure, on a vu une foule hurlante assaillir le couple au moment où il allait boire ses gobelets d'eau à la source. Le lynchage fut évité de justesse.

Pour aller ensuite prendre les eaux à Montecatini en Italie, les Caillaux ont dû demander à Berthelot des passeports sous un faux nom, Rainouard, nom de jeune fille d'Henriette.

A l'heure actuelle, le couple se trouve à Rome, où il prolonge son séjour beaucoup plus longtemps que prévu. Pourquoi demande la rumeur ? On prête dès lors à Caillaux des propos défaitistes dans les salons romains, et on lui reproche de ne pas contrôler d'assez près des personnages louches qu'on lui fait rencontrer, style Bolo.

Bolo est un aventurier lyonnais dont un ancien khédive d'Égypte aurait fait un pacha, d'où son surnom Bolo Pacha. Ancien dentiste, ancien importateur, ancien représentant en champagne, frère du pronotaire apostolique Mgr Bolo, c'est une sorte de nabab d'opérette, escroqueur tartarinesque, qui, au service de l'Allemagne, sert des thèses pacifistes. Il aurait entrepris d'acheter pour la Wilhelmstrasse le *Journal*, quotidien en faillite du sénateur de la Meuse Charles Humbert. En vérité, tout le jeu de Bolo consiste à s'approprier l'argent des Allemands, tandis que Charles Humbert, patriote parfaitement intègre, reste dans l'ignorance totale de l'entreprise.

Ainsi est mis sur la touche — en attendant d'être déféré devant la Haute Cour — le seul homme politique français capable, incontestablement, de négocier une issue pacifique entre Paris et Berlin et de mettre fin à cet innommable massacre.

On prédit le plus étincelant avenir au colonel Maurice Gamelin, quarante-quatre ans, fils du contrôleur général des armées Zéphyrin Gamelin et de la fille du dernier gouverneur français de Strasbourg, Pauline Uhrich, d'une vieille lignée d'Alsace et de Lorraine. Le grand-père paternel, Auguste Gamelin, était lui-même général. D'autres généraux Gamelin figurent dans les annales de la famille. Maurice se garda donc de suivre le conseil de sa mère, qui rêvait qu'il fût peintre. Il aura été l'un des plus brillants élèves de toute l'histoire du collège Stanislas avec notamment pour professeur de lettres le futur académicien René Doumic et pour professeur d'histoire le futur cardinal Baudrillard — obtenant un accessit au Concours général d'histoire, puis l'année suivante en philosophie. Entré quarantre-quatrième à Saint-Cyr, il en sortit major, avec les plus flatteuses appréciations : « remarquablement doué, appliqué à ses devoirs », « une très grande facilité de travail », « toutes les qualités désirables pour le commandement ».

Il était admis en 1899 dans les premières places à l'École de guerre, noté par Lanrezac comme « une intelligence supérieure, très vive et ouverte; esprit fin, lucide, méthodique, cultivé ». En 1906, il devenait officier d'ordonnance du général Joffre alors commandant la 6e division d'infanterie, sur recommandation de son père et du lieutenant-colonel Foch, alors professeur d'histoire et de tactique à l'École de guerre. Il suivait Joffre au Conseil supérieur de la guerre. Après trois ans passés à commander le 14e bataillon de chasseurs à pied à Grenoble, il le retrouvait en 1914 au plus haut poste des armées, devenant, comme commandant du Troisième

Bureau, son homme de confiance, occupant une chambre voisine de la sienne, recueillant toutes ses confidences et étant souvent son inspirateur. On assure même que c'est lui qui a rédigé le mémorable « Ordre du jour de la Marne », à peine corrigé que signé par Joffre. Il n'a quitté le GQG qu'à sa demande, pour commander des unités d'avant-garde, dès novembre 1914. Il se sera distingué sur de multiples fronts, méritant les plus élogieuses citations, en Alsace, dans les combats de Maurepas, de Curlu et de Cléry, noté en particulier par le général Pouydraguin comme « un tacticien remarquable et un chef d'état-major parfait, au jugement sûr et à la conception rapide ». Il ne saurait guère tarder à être promu général de brigade. De surcroît, taille moyenne et trapue, voix nette articulant et martelant les mots avec une certaine recherche, regard clair, visage agréable, il n'a jamais été vu en colère, et il a les plus fins talents de diplomate pour accompagner les parlementaires ou les ministres en mission. Alors, oui, bien sûr, l'avenir le plus ensoleillé l'attend...

Qui donc pourrait jamais imaginer que le généralissime Gamelin, à la tête des armées alliées en 1939, aura en mai 1940 la responsabilité de la plus humiliante et terrible défaite jamais connue par la France au cours de son histoire ?

Charles de Gaulle, futur champion d'une autre libération du territoire et futur fondateur de la Ve République, est prisonnier. A vingt-six ans, avec le grade de capitaine, il est interné derrière les épais remparts du fort n°9, à Ingolstadt, en Bavière. A la tête de la 10e compagnie du 33e régiment d'infanterie, il tomba, l'an dernier, blessé et inanimé, aux mains de l'ennemi, au village de Douaumont. Évacué d'abord sur Pierrepont, puis sur la citadelle de Mayence, il fut expédié fin mars au camp d'Osnabrück en Westphalie. Soupçonné de vouloir s'évader, il fut relégué ensuite au camp de représailles de Sczuczyn, en Lituanie, où il passa cinq mois. Il y a un mois, il fut envoyé en direction du fort n°9, réservé aux officiers qui ont tenté de s'évader et font l'objet d'une surveillance renforcée. En revanche, l'hôpital militaire de la garnison, situé dans la ville même, comporte une annexe, affectée aux prisonniers de guerre qui, pour surveillée qu'elle soit, offre d'assez grandes chances de fuite.

Le voici donc depuis septembre à mener la vie d'officier

prisonnier. Il passe ses jours à travailler son allemand. Il relit la plume à la main une *Histoire grecque* et une *Histoire romaine*. Il écrit régulièrement à sa mère, à Paris, 3 place Saint-François-Xavier, dans le VIIe arrondissement, ainsi qu'à sa sœur Marie-Agnès, épouse d'Alfred Cailliau, laquelle, avec ses quatre jeunes enfants, habite à Charleroi occupé par les Allemands ; ainsi, il y a quelques jours, a-t-il demandé à sa mère une paire de gants, du papier à lettres, des crayons, du savon à barbe Gibbs et des bougies.

Il converse sur l'avenir avec ses compagnons d'infortune, le journaliste Rémy Roure, l'éditeur Berger-Levrault, un officier russe du nom de Toukhatchevski. Il emprunte de nombreux livres à la bibliothèque, qui est bien fournie, et tient un carnet où il note des réflexions sur ses lectures ou ses méditations. Exemple : « Il faut être un homme de caractère ; le meilleur procédé pour réussir dans l'action est de savoir perpétuellement se dominer soi-même... » Autre exemple : « Il faut parler peu, il le faut absolument. L'avantage d'être un causeur brillant ne vaut pas au centième celui d'être replié sur soi-même, même au point de vue de l'influence générale. Chez l'homme de valeur, la réflexion doit être concentrée. Autrui ne s'y trompe pas... Le chef est celui qui ne parle pas. » Troisième exemple : « Si dans l'épée de la France la lame est bonne et bien trempée, que la poignée l'est mal ! »... Au passage, il peut méditer sur Verdun, « ce nid d'erreurs », ou bien il relève des phrases qui le frappent, telle cette réflexion de Mme Roland en 1793 : « La France était comme épuisée d'hommes, c'est une chose vraiment surprenante que leur disette dans cette Révolution : il n'y a eu guère que des pygmées. » Ou cette formule de Rivarol : « Malheur à celui qui remue le fond d'une nation ; il n'y a pas de siècle de lumière pour la populace. » Ou ce mot de Chamfort : « Les raisonnables ont duré, les passionnés ont vécu. »

Mais, pour l'immédiat, il projette essentiellement de s'évader. Il a tout programmé minutieusement. Date choisie : le 29, dimanche. Il s'administrera une forte dose d'acide picrique (reçu dans un colis de la maison, soi-disant pour soigner les engelures). Dans les vingt-quatre heures, il présentera les symptômes d'un ictère sérieux, teint brouillé, yeux jaunes, urine foncée. Toutes les chances seront réunies pour être envoyé par le major allemand à l'hôpital, au régime de la diète et du lit. Il y retrouvera le capitaine Dupret, du 18e bataillon de chasseurs, qui doit être son compagnon d'équipée.

Rempli de blessés allemands de Verdun et de la Somme que parents et amis viennent voir, l'hôpital militaire est le théâtre de nombreuses allées et venues. Avec Dupret, il a projeté de quitter l'annexe et de rejoindre le coin de l'hôpital où il sait trouver des habits civils, que leur rassemble dans un cagibi un soldat français électricien de son métier, qui fait souvent la navette entre l'hôpital et son annexe. Plus exactement, l'un des deux officiers revêtira un uniforme d'infirmier allemand et fera comme s'il accompagnait l'autre à une visite pour soins spécialisés. (Le soldat n'ayant pu trouver des vêtements à la taille du grand escogriffe, c'est Dupret qui se mettra en civil, équipé d'un superbe tablier d'infirmier.) But : sac au dos, gagner l'enclave suisse de Schaffhouse, à trois cents kilomètres ; pour cela, marcher de nuit, se cacher de jour dans les bois. On emportera des biscuits et du chocolat. Mais hélas, les deux fuyards seront ralentis par la pluie, et, le dimanche 5 novembre, huitième jour de leur évasion, après avoir parcouru les deux tiers du trajet, ils seront arrêtés à Pfaffenhofen, aux environs d'Ulm, et ramenés au fort d'Ingolstadt.

Winston Spencer Churchill, quarante-deux ans, est au creux de la vague. Après avoir commencé la guerre comme premier Lord de l'Amirauté, il sombra l'an dernier dans le désastre des Dardanelles, dont il reste tenu pour responsable. Même s'il a fait un peu oublier ses infortunes stratégiques par une conduite héroïque sur le front français à la tête du 6e bataillon des Royal Scots Fusiliers à Ploegsteert près d'Hazebrouk, il demeure durement marqué par son échec. C'était pourtant une idée de génie. « Il faut — proclamait-il — couper l'empire turc en deux et changer la face de l'Histoire mondiale. » On était au tout début de 1915. Il réussit à convaincre de son projet Lord Kitchener qui dit à son tour au général Sir Jan Hamilton en lui remettant le commandement de l'opération ; « Si Constantinople tombe, vous n'aurez pas gagné une bataille ; vous aurez gagné la guerre ». L'enjeu était donc capital. Plan : débarquer des forces britanniques sur la côte occidentale de la presqu'île de Gallipoli, tandis qu'un corps expéditionnaire français effectuerait une manœuvre de diversion sur la rive asiatique des Détroits. Forces engagées : quelque 60 000 Britanniques, avec comme corps de débarquement quelques régiments hindous, les ANZAC (Australia and New Zealand Army Corps) et la 29e division de la Royal Naval Division, composée de marins d'élite ; et quelque 20 000 Français, commandés par le général d'Amade, puis par le général Gouraud, puis par le général Bailloud, Gouraud étant grièvement blessé en cours d'opération. L'offensive fut déclenchée à l'aube du 25 avril 1915. Par malheur, un fort courant déporta les bateaux. Les Australiens ne purent débarquer sur les plages prévues. Les vagues d'assaut furent précipitées sur des rivages abrupts, dominés par des hauteurs coupées de profondes failles faciles à défendre. Le général Mustapha Kemal, qui commandait la 19e division turque, fit étalage des plus sûres valeurs militaires. « L'enfer des Dardanelles » coûta aux Alliés près de 15 000 hommes. Tous les assauts échouèrent, du mois de mars 1915 au mois de janvier 1916, sous les coups des solides défenseurs de Gallipoli, aidés par des troupes allemandes confiées au général Liman von Sanders. Pierre Drieu La Rochelle, qui participa aux combats, garde un souvenir ineffaçable et atroce de ces plages étroites où les unités, fourbues, à bout de souffle, s'entassaient les unes sur les autres dans une chaleur de fournaise, pêle-mêle avec des monceaux de cadavres en putréfaction. Finalement, il fallut sonner la retraite. Le 9 janvier, par temps voilé, le cuirassé *Prince-George* emporta les derniers 2 000 hommes et l'état-major d'une 29e division vainement héroïque. Désastre sans nom. Churchill eut à payer. Pourra-t-il jamais retrouver un chemin de retour vers le pouvoir ? La plupart des observateurs en doutent. Lui pas. Voici qu'on évoque de plus en plus un éventuel départ d'Asquith. La succession reviendrait à Lloyd George. Lloyd George est un ami de Chruchill. Pourquoi Lloyd George, avec un poste ministériel, ne donnerait-il pas au personnage, énergique entre tous, l'occasion nouvelle de servir, l'occasion d'une revanche ?

L'Internationale des médecins, honneur du siècle, poursuit son inlassable et sublime travail contre la maladie, la souffrance et la mort. Même en 1916, ses prouesses se multiplient. Le physicien et inventeur américain William David Coolidge fait accomplir de puissants progrès à la radiologie en construisant des tubes émetteurs à l'intérieur desquels le vide se crée. Georges Guillain et Jean Barré, neurologues français, détectent les polyradiculonévrites virales. Le physiologiste américain William H. Howell mène de remarquables travaux sur les anticoagulants; l'Alsacien Leo Ambard, sur la concentration de l'urée dans le sang; le phtisiologue allemand Karl Ernst Ranke sur les trois grands stades successifs de la tuberculose. Le grand médecin américain Edward Calvin Kendall découvre la thyroxine. Le docteur russe Serge Voronoff, apôtre du rajeunissement, pratique les premières greffes des glandes.

Mais le docteur Albert Schweitzer, quarante et un ans, est prisonnier au Gabon en tant que citoyen allemand, et ne peut plus exercer la médecine. Grand idéaliste, prédicateur de l'église Saint-Nicolas à Strasbourg, ancien professeur à la faculté protestante de Strasbourg, il fonda à Lambaréné, au Gabon, il y a trois ans, un hôpital voué à soigner toutes les maladies, et plus particulièrement les maladies africaines: paludisme, lèpre, sommeil, dysenterie, framboesia et ulcères phagédéniques. Surpris au passage de rencontrer beaucoup de cas de pneumonie et d'affections cardiaques, et d'avoir à opérer beaucoup de tumeurs éléphantiasiques, il fondait une œuvre d'une universelle exemplarité.

Voici tout le travail de trois ans interrompu, ou cassé. Le prisonnier doit cesser d'entretenir des rapports avec les Blancs comme avec les indigènes et doit obéir sans discussion aux soldats noirs qui le gardent. Il doit rester strictement interné, soit dans les bâtiments mêmes de la mission, soit, comme c'est le cas ces jours-ci, au bord de la mer, dans la maison d'un négociant en bois, à N'Tienghe, puis de Cap-Lopez, à l'estuaire d'un des bras de l'Ogoué, où se charrient les « trains » de troncs d'okoumé.

Interdiction absolue lui est faite de soigner le moindre malade. Unique faveur: il n'a pas été séparé de sa femme. Un vieil indigène qui le sert lui demande: « Pourquoi trop de morts dans votre guerre? Pourquoi les tribus ne se rencontrent-elles pas pour la palabre? » Il n'a pas de réponse.

Albert Schweitzer, philosophe, sans rien exprimer de son

désespoir, se console à sa manière. Privé d'instrument de musique, il joue à apprendre par cœur des fugues de Jean-Sébastien Bach et la *Sixième Symphonie pour orgue* de Widor. On sait qu'il est un très grand organiste de la Société J.-S. Bach.

Il travaille à son ouvrage sur *La Philosophie de la civilisation*. Qu'est-ce que le respect de la vie et comment naît-il en nous ? Que penser des sages indiens persuadés que l'effort en vue de conquérir le savoir et la puissance, d'améliorer la condition de l'individu ou de la société, est folie ? Comment ne jamais mépriser l'enthousiasme pour le progrès universel qui est désormais inséparable de la pensée européenne ? Comment sauver la dignité de l'homme ? « Je puis penser, dit-il. C'est déjà beaucoup. »

Albert Einstein, « le Copernic du XXe siècle », comme l'appelle Max Plank, modeste, et si typé avec son cou puissant, ses joues pleines, son menton pâle, ses yeux brillants aux globes bombés, sa moustache noire qui tranche sur la peau ambrée et le chandail de laine anglaise qu'il a coutume d'endosser pour travailler, écrit, en Suisse, la *Théorie de la relativité générale*, qu'il compte publier dès l'an prochain. Il est, de plus, un des rares savants à être pacifiste dans l'âme. Il est bouleversé par le fait que deux des plus grands savants allemands aient mis leur intelligence au service de la mort, Walther Nernst, en inventant les gaz de combat, et Fritz Haber, en réussissant d'extraordinaires synthèses d'explosifs. Dès mars 1915, il écrivait à Romain Rolland : « Les siècles futurs pourront-ils vraiment glorifier notre Europe, où trois siècles de travail culturel le plus intense n'ont abouti à rien d'autre que de passer de la folie religieuse à la folie nationale ? Même les savants des différents pays européens se démènent comme si on leur avait, depuis huit mois, amputé le cerveau. »

Jean Perrin, l'un des futurs pères de la science atomique, mobilisé comme officier du génie, se voue au problème de la détection des canons, en attendant de se passionner pour l'une des données essentielles de l'univers, la source de l'énergie du soleil. Il sera le premier à émettre l'hypothèse que dans notre astre les atomes d'hydrogène se condensent pour se transformer en atomes d'hélium.

Paul Langevin, petit-fils d'un serrurier, fils d'un ouvrier métreur-vérificateur, est l'un des savants les plus admirés au monde, l'un des cerveaux les plus puissants jamais connus, de la dimension du regretté Henri Poincaré. Auteur de la théorie mathématique du magnétisme, il aura été le premier, en 1913, à prédire la possibilité de libérer la terrible énergie contenue dans la matière. Il étudie les moyens, par ultrasons, de détecter les sous-marins ennemis.

Louis de Broglie, autre sondeur de l'insondable, jeune savant de vaste avenir, est mobilisé comme radiotélégraphiste, affecté à la tour Eiffel — où il travaille sous les ordres du général Ferrier, l'un des pionniers de la TSF — , et installé dans les caves des bâtiments militaires pour surveiller l'émission et la réception des dépêches, dira : « Je ne suis donc pas tout à fait exilé de la science. »

Georges Claude, père de l'air liquide, installé à Boulogne avec sa femme, une ravissante créole, haut symbole de l'entêtement général et de la passion créatrice — ses amis le surnomment Saint Georges Claude tant il met de zèle à domestiquer ses dragons — aura mis au point durant la guerre les explosifs à oxygène liquide, les « bombes d'Arsonval-Claude », le repérage des canons de tranchées par le son, le canon à brai et la liquéfaction du chlore.

Chapitre XXIV

17-18 heures. En première ligne

Le sergent Ducom peut raconter au bivouac avec délectation le moment où la garnison du fort de Douaumont s'est rendue : « L'état-major allemand est présenté au commandant Nicolaï ; les quatre officiers sont d'une correction extrême et ils paraissent ahuris de notre succès. S'adressant en bon français au chef du 8e bataillon : "Monsieur, dit le commandant allemand, je suppose que vous serez heureux de vous intaller dans ma propre chambre ; elle est à votre disposition. — Monsieur, lui répond Nicolaï en le toisant de haut, le commandant français couchera cette nuit à la porte du fort, avec ses hommes." J'ai entendu cela. Mais je n'ai pas les mêmes scrupules que notre chef et, en compagnie du sergent Béreaud et de quelques camarades, je prends possession du lit et de la chambre si courtoisement offerts ; je prends même possession du sabre, un sabre courbe d'artilleur, du commandant allemand. Et comme il a eu la précaution, en prévision du départ prochain pour la captivité, de préparer sur son lit sa plus belle tunique, je fais main basse sur les magnifiques pattes d'épaule, souvenir de valeur. Quelle tristesse dans les yeux de notre prisonnier lorsque, revenant dans sa chambre quelques instants plus tard, il retrouve ainsi son uniforme ! J'en suis si touché que je lui aurais volontiers rendu ses insignes, si, entre-temps, un camarade ne me les avait déjà subtilisés. »

Quant à l'état des lieux, il suffit d'écouter le bon Ducom, en la circonstance le plus scrupuleux des reporters ; il note avec étonnement que le fort est d'une extraordinaire propreté, qu'aucune puanteur ne s'en dégage et que les Allemands, avec ce souci qui les caractérise, surent décidément bien organiser leur conquête. « Des lampes électriques à réflecteurs répandent à l'intérieur du fort une brillante lumière; des lits confortables ont été aménagés dans tous les locaux; toutes sortes d'appareils (téléphones, TSF, appareils à oxygène Draeger contre les gaz, tous de marque allemande) ont été installés; les couloirs sont propres et l'atmosphère n'est nullement empuantie; le fort possède un *Lazarett*... (hôpital) bien organisé, et même un *Kasino*. Visiblement ces messieurs étaient installés d'une façon définitive; notre arrivée foudroyante, à laquelle ils ne s'attendaient pas, ne leur a pas donné le temps de se défendre sérieusement. Quelques-uns pourtant ont essayé de résister dans les couloirs; plusieurs cadavres gisent de-ci de-là, complètement carbonisés par nos lance-flammes. » Le fort n'en est pas moins dans un état de parfaite tenue.

Puis, une scène peu imaginable se produit. C'est toujours Ducom qui parle:

« Un incendie a été allumé par un de nos obus dans une casemate effondrée. Le commandant allemand, qui ne doit partir vers l'arrière qu'à l'aube, quand le bombardement diminuera d'intensité, offre de l'éteindre avec ses hommes. On le lui accorde et je suis chargé de le surveiller. Il se munit, ainsi que ses pionniers, d'appareils Draeger à oxygène et s'emploie activement à l'extinction du feu trop menaçant. Il faut voir avec quelle promptitude les hommes obéissent aux ordres qu'il leur donne. Ainsi, pour toute cette nuit du 24 et 25 octobre, le fort de Douaumont aura possédé deux commandants: un Allemand, et un Français. »

Le soir descend. Un couchant rougeâtre dans un ciel gris. Seul, un canon s'acharne encore, puis se tait à son tour. Vient un énorme silence, si lourd qu'il en paraît malsain. A ne plus croire que, dans la seule journée, deux cent quarante mille projectiles de tous genres et de toutes dimensions, auront été lancés sur les positions allemandes.

A peine perçoit-on au loin le roulement sourd d'une autre bataille, sur un horizon qu'illuminent de temps à autre des fusées lumineuses. Les combattants de Verdun reprennent souffle. Scènes classiques. Ici, au fond de sa sape, le colonel a repris son poste entre ses cartes et son téléphone. Là, des hommes s'emploient à désembourber un attelage, calmant les chevaux, maniant la pelle, poussant aux roues. Ici, on rebâtit le PC détruit d'un commandant. L'abri a reçu de plein fouet une grosse torpille, laquelle violant une source souterraine, a provoqué une inondation. Les sapeurs s'activent avec de l'eau jusqu'aux genoux.

Là, en son QG de la mairie de Souilly, fièrement, le général Nivelle peut entreprendre de rédiger l'ordre du jour qu'il rendra public demain :

Officiers, sous-officiers et soldats du groupement Mangin, en quelques heures d'un assaut magnifique, vous avez enlevé d'un seul coup, à votre puissant ennemi, le terrain hérissé d'obstacles et de forteresses du Nord-Est de Verdun, qu'il avait mis huit mois à arracher, par lambeaux, au prix d'efforts acharnés et de sacrifices considérables.

Vous avez ajouté de nouvelles et éclatantes gloires à celles qui couvrent les drapeaux de l'armée de Verdun. Au nom de cette armée, je vous remercie.

Vous avez bien mérité de la patrie.

Signé : *général Nivelle*

Ici, de Lardemelle est penché sur ses cartes. Il peut être déçu : il n'aura pas repris le fort de Vaux, assiégé par les Allemands dès le 9 mars, tombé début juin, poste précieux entre tous, car il occupe une situation stratégique capitale, avec vues inestimables sur Bazil, Fumin, les Fontaines, les fonds de la Horgne, les fonds de la Cayette, Tavannes, Souville et le bois de Vaux-Chapitre. Les Allemands auront su bâtir leur défense sur quatre lignes solides et intelligemment choisies. La première fixe une tranchée continue allant du Nez de Souville aux pentes sud du fond de la Cayette (tranchées Hindenburg, Brochmuch, de Moltke, Clausewitz, Seydlitz, Mudra, Steinmetz, Werder et von Klück). Environ à un kilomètre en arrière, court une ligne de soutien partant du ravin des Fontaines pour rejoindre le village de Damloup (tranchées Gotha, Hanau, Siegen, Brunehild, Saales). Entre les deux, on a prévu une ligne de soutien non continue, avec, comme principaux point d'appui au départ, la Sablière, la grande carrière, le petit Dépôt et la batterie de Damloup. Enfin, on a installé toute une ligne faite de trous d'obus garnis de mitrailleuses. Les Allemands se sont battus là avec une abnégation beaucoup plus grande et plus efficace que les autres unités face à Passaga et Guyot de Salins. Ainsi de Lardemelle n'a-t-il obtenu que quelques succès partiels, modestes, qu'il n'a pu exploiter stratégiquement. Il aura fallu huit heures de combat sur les tranchées Clausewitz et Seydlitz, puis quatre heures de nouveaux combats, corps à corps, dans le seul but de contourner le petit Dépôt, pour que les hommes du commandant Picandet parviennent enfin à encercler les aires qui résistent: encore faudra-t-il, la nuit tombée, leur envoyer en soutien les chasseurs du 50e BCP (commandant Imbert, puis capitaine Magner).

Les pertes subies sur le front de la division de Lardemelle auront été calamiteuses. Certaines compagnies ont perdu les trois quarts de leurs effectifs. Le 50e BCP aura eu onze officiers tués ou blessés. Les unités ont tellement souffert que de Lardemelle demande au 299e de se fortifier sur place, et appelle les 50e et 71e BCP en réserve de division. Surtout, malgré la valeur éminente du général et l'héroïsme des troupes, du Nez de Souville aux pentes nord du fond de Beaupré, la 74e DI aura été incapable de réaliser ce rêve des rêves: reprendre le fort de Vaux. On comprend que de Lardemelle, qui ne se laisse jamais décourager, se penche sur ses cartes et calcule déjà comment prendre sa revanche, avec quels moyens, quelle stratégie.

Là a lieu une simple relève des sapeurs de garde. Ainsi Ducom s'en va-t-il se payer quelques heures de « sieste », confiant son poste au sergent Béreaud.

— Dors bien, lui dit le capitaine. Demain, au fort, on doit obstruer les entrées, avec aménagement de créneaux de tir et emplacements de mitrailleurs.

C'est qu'une contre-attaque reste à redouter.

Ici, un grand nègre, la figure couverte de terre grasse qui coule en sillons jaune clair sur le noir de sa peau, arbore autour de la tête et du cou une écharpe à la mode arabe, d'un rouge éclatant, à se demander comment, sur un tel échafaudage, le casque, tout bosselé, arrive à tenir en équilibre. — Y'a pas bon Verdun, dit-il. Il prononce « Védeûn ». Le corps affiche un amas de linges jaune sale, sur lequel la boue s'étale en larges croûtes. Il n'y a de propre et de net que le gros pansement blanc qui a été ficelé sur la main droite.

Là, entre 17 et 18 heures, le dernier défenseur allemand du fort de Douaumont se rend : le sous-lieutenant Mohring. Il pleure. L'écrivain Werner Beumelburg n'a plus qu'à sangloter sur la belle et ardente colline perdue : « Nous la voyions à l'aube, quand le rouge sombre de l'aurore se levait du sud et que de noires fumées, semblables à des panaches sortant de grands cratères, s'élevaient dans la pâleur du jour... Nous la voyions par pluie et par neige, en ces journées d'hiver glaciales quand nous gisions tremblant de froid dans nos trous, au nord de la colline. La couche de neige la recouvrait comme un suaire maculé et sale... Les plaques noires sous neige apparaissaient sous le voile comme les ossements d'un squelette... Nous la voyions dans la nuit, quand les jets de feu ardents laissaient apparaître son sommet en rouge sombre pendant quelques secondes... Cette colline était devenue notre destinée... »

Ici, passe une colonne de ravitaillement, à la lueur de falots et de lanternes : petits ânes d'Algérie avec leurs bâts, hommes vêtus de peaux de bêtes, goumier qui peste contre un mulet récalcitrant. On transporte des barbelés, des piquets, des outils, des vivres. Car le ravitaillement se pratique toujours de nuit : aux approches de l'aube, tous ces fantômes auront disparu, pour revenir la nuit suivante.

Là, sur les tranchées Clausewitz et Seydlitz, front de Lardemelle, les combats à la grenade durent toujours.

Ici, on fait des comptes. Dans la seule journée, nous aurons pris quinze canons, dont cinq de gros calibre, cinquante et un canons de tranchée, cent quarante mitrailleuses et un important matériel militaire comprenant fusils, munitions, outils et deux postes de TSF. Le général Passaga, lui, est en train de déclarer devant ses officiers que l'artillerie française, à elle seule, dans le seul secteur de Verdun, aura tiré vingt-trois millions de projectiles de tout calibre.

Là, le commandant allemand de Douaumont s'abandonne à des confidences. Il dit s'appeler Prollius. Il a trente-deux ans. Capitaine d'artillerie d'active, il sert au front depuis le début de la guerre. Il est décoré de la croix de fer. Il est en charge du fort depuis seulement la nuit dernière.

Il dit que la garnison a évacué l'ouvrage dès le début du grand bombardement, mais a calculé d'y revenir une fois l'ouragan terminé. Il ajoute que les mitrailleuses du fort, restées intactes, n'ont pas fonctionné, parce que les pionniers restés sur place ne savaient pas s'en servir. S'il admire en connaisseur le travail de notre artillerie, il garde bon espoir que l'Allemagne gagnera la guerre.

— Après tout, dit-il avec un sourire, vous avez sauvé Verdun, mais nous, nous avons pris Bucarest... Et nous prendrons Verdun...

Il donne même son opinion sur la valeur des combattants en guerre : l'Allemand et le Français sont les meilleurs de tous ; non seulement l'Anglais ne vaut rien comme guerrier, mais encore il est le militaire le plus détesté du monde ; « le Russe, ordinairement brave, attaque en masses trop compactes et subit de trop lourdes pertes. »

Ducom, qui recueille ses propos, est cependant davantage attentif à un autre problème : voici qu'il découvre que les poux allemands sont différents des poux français ; « les poux boches portent sur le dos une drôle de tache, en forme d'une croix de fer », dit le loustic. Quelqu'un demande s'il y aura la guerre entre poux français et poux boches. Allez donc savoir !

Ici, se déroule la relève. Personne ne l'aura mieux décrite que le lieutenant Georges Gaudy, du 57e RI, qui, désespéré, regarde passer les troupes qui « descendent » de l'enfer : « ces squelettes de compagnies que conduit un officier rescapé, appuyé sur une canne... ces fantômes qui s'avancent à petits pas, les genoux en avant, ployés sur eux-mêmes, comme pris de boisson... puis d'autres groupes, qui sont peut-être des escouades, peut-être des sections, on ne sait pas, avec des gars, la tête penchée, le regard morne, accablés sous leur barda, tenant à leur bretelle leur fusil rouge et terreux... C'est à peine si la couleur des visages diffère de la couleur des capotes... Les vêtements comme la peau sont incrustés de boue... Des autos se précipitent en grondant, par colonnes serrées, éparpillant ce flot lamentable des survivants de la grande hécatombe. » On ne pense que plus intensément au mot de l'aumônier Thellier de Poncheville : « Jamais ne se sera appesantie sur les épaules des hommes de guerre une telle accumulation de souffrances. Ceux de Verdun auront été condamnés à endurer toutes les fatigues, toutes les privations, toutes les angoisses, toutes les formes d'agonie portées à leur maximum pendant dix mois. »

Là, les brancardiers ramassent les blessés : tableaux atroces.

Ici, on fait le point sur les principaux résultats du jour. La division Guyot de Salins a donc enlevé dans la journée le bois de Nawé, le ravin de la Couleuvre, la ferme de Thiaumont, le village de Douaumont et le fort de Douaumont. Au centre, la division Passaga a repris le bois de la Caillette, le ravin du Bazil, le ravin de la Fausse-Côte et la moitié ouest du bois de Vaux-Châpitre. Quoique moins heureuse, la division de Lardemelle a reconquis la moitié du bois de Vaux-Châpitre, le bois Fumin, le bois du Chênois, le bois de la Vaux-Régnier, et le bois de la Laufée.

Là, on fait le point sur le rôle des principales armes. L'infanterie aura inscrit l'une de ses plus belles pages de gloire. L'aviation, tout l'après-midi, après la levée du brouillard, aura dominé absolument l'adversaire : l'escadrille 31, commandée par le lieutenant Couret de Villeneuve, aura eu sans discontinuer la pleine maîtrise du ciel. L'artillerie n'aura pas été en reste : le fort de Douaumont, à lui seul, aura encaissé dans cette seule journée deux mille six cents coups de 155, quatre cents coups de 270, deux cents quatre-vingt-dix coups de 370 et cent coups de 400 ! Elle aura même été la vraie triomphatrice du jour. « Je suis satisfait » peut dire sobrement, le général Paloque, qui commande l'artillerie de la 38e DI, celle de Guyot de Salins. En particulier, on a vu fonctionner « à la perfection », comme dit le rapport, un barrage mobile en obus à balles de 75, comportant quatre coups par pièce et par minute, et s'avançant à la vitesse de cent mètres par quatre minutes. Les Allemands ont été « étouffés » avant même l'assaut de l'infanterie. Les batteries ont remarquablement engagé l'attaque. D'autres ont su nettoyer efficacement les zones où des réserves auraient pu être postées. Les liaisons infanterie-artillerie n'ont prêté à aucun incident. « Tous les soixante-quatorze chefs d'artillerie exécutants sont à féliciter » peut en conclure le général Mangin.

Ici, dans telle cagna, on se met à discourir sur nos meilleurs officiers de première ligne : Alexandre, Dessendré, Goubeaux, Dorey, Croll, Nicolaï... Hauts visages de ce grand jour. Question d'un poilu :

— Dis-moi donc pourquoi qu'on s'ferait tuer pour eux, et pas pour d'autres ?

Secret des vrais chefs : se faire suivre jusqu'en enfer. En définitive, quant à désigner le plus méritant, on hésite entre deux, le capitaine Alexandre, tout feu tout flamme, mais cependant capable d'un intraitable sang froid, et le capitaine Goubeaux, vingt-quatre ans, commandant une compagnie de mitrailleuses, très grand, joues lisses, à peine un soupçon de moustache, style héroïque, joyeux, rire clair d'enfant, voix nette d'un indiscutable entraîneur d'hommes, l'idole de son régiment, étincelant chevalier de légende, impressionnant de calme et de courage, quand, sous les tirs les plus violents, cigarette blonde aux lèvres, calot sur l'oreille, canne à la main, il inspecte ses postes, sans même un pistolet, sans casque...

Là, le caporal Damoiseau essuie une larme : le pitaine vient de lui annoncer qu'il allait être promu sergent.

Ici, à longueur d'heures, s'affaire l'aumônier, tel cet abbé Thellier de Poncheville, aumônier divisionnaire, que « même les mécréants révèrent », dit un poilu, ou ce révérend père Martin, lieutenant au 30e RI, « comme un chien de garde... allant et venant au long de la première ligne, visitant les sentinelles, épiant l'ennemi, tout en récitant des chapelets... »

Là, un tirailleur sénégalais écrit à son épouse : « Je donne bien le bonjour, car je vous dire que je n'ai pas mort. Je suis porte bien... J'espère que tu sois de même... Si tu as camarade quand j'arriverai, ça ira pas du tout. Moi te mettrai tout de suite à la porte. » Un autre, à un oncle : « Tu donneras ma femme à mon petit frère, parce que je ne sais pas quand je rentrerai... »

Chapitre XXV

Le soir du général Mangin

Le général Mangin, une fois retourné à son P.C. de Regret, fait le point. Il écrit à sa femme avoir été « dans un bon jour, comme celui où le vénérable chérif el-Omrani disait à l'envoyé de Lyautey, après sa conversation avec moi : *ce chef sent la poudre* ». En tout cas, le bilan de la journée du 24 octobre est bien conforme à ce que Mangin avait annoncé à Joffre : les vingt-deux bataillons allemands de première ligne sont entièrement anéantis ou capturés, et quatorze autres ont subi des pertes considérables. La capture de six mille prisonniers, dont deux cents officiers, souligne l'étendue de la victoire. Il peut sourire : comme les dits officiers estimaient avoir à se plaindre de leurs conditions d'installation, il vint leur présenter ses excuses, leur disant : « Je ne vous attendais pas si nombreux. »

Dans son beau livre sur *Le Général Mangin*, Louis-Eugène Mangin pourra raconter pathétiquement cette journée et cette soirée de son père. Ce n'était pourtant pas gagné d'avance ! Pour la double attaque de Douaumont et de Vaux, il disposait d'une artillerie massive, 289 pièces de campagne et de montagne (calibre 65 à 95) et 314 pièces, mais les Allemands disposaient d'au moins 209 batteries, soit 800 pièces environ. Il avait, pour attaquer, trois divisions en première ligne, avec deux bataillons sénégalais et un bataillon somali, trois divisions en seconde ligne et, en outre, les divisions voisines du front d'attaque, engageant chacune un régiment, mais la défense allemande lui opposait sept divisions disposées très en profondeur : seize bataillons en première ligne, six en soutien immédiat dans la zone à conquérir, onze à proximité qui auront été finalement engagées au soir de l'attaque. Il ne commandait que des troupes d'élite. (Ce matin encore, il écrivait à sa femme : « Tous sont merveilleux d'enthousiasme ; hier les Sénégalais ont traversé Verdun ; ils brandissaient leur coupe-coupe en criant : "Douaumont ! Douaumont !" Je ne suis pas très certain qu'ils comprennent, sauf que pour eux, Douaumont sera la dernière tranchée qu'on leur permettra de prendre — avant d'aller hiverner à Fréjus — et après tout, ils ont raison. ») Mais les généraux allemands eux aussi disposaient là de leurs meilleures unités. Les chefs appelés à illustrer cette formidable journée, tous des amis, Guyot de Salins, Passaga, de Lardemelle, en attendant qu'intervienne Andlauer, étaient des officiers d'une exceptionnelle valeur, mais les chefs allemands eux aussi étaient d'admirables guerriers.

Les troupes françaises montraient un formidable allant. Pierre Teilhard de Chardin le notait, le 14 dernier, mieux que quiconque : « Dans quelques jours, nous allons être lancés pour reprendre Douaumont, geste grandiose ou presque fantastique... Je vais aller à cette foire religieusement, de toute mon âme, porté par un seul élan dans lequel je suis incapable de distinguer où finit la passion humaine, où commence l'adoration. » Mais le soldat allemand n'a pas moins d'âme.

Mangin avait la confiance totale de Joffre. A la fin de juillet, son remplacement était envisagé, un général ne pouvant conserver plus de deux mois la responsabilité « harassante, épuisante, du commandement d'un secteur à Verdun ». Le généralissime venait sur place le 28 juillet et, après avoir conféré avec Nivelle, décidait que le général Mangin, qui commandait le secteur le plus délicat, ne serait pas muté, comme s'il était en quelque sorte le seul général combattant à pouvoir assumer une telle charge. Joffre avait tenu en personne à signifier à Mangin sa décision. Mais Hindenburg n'accordait pas moins de confiance à ses propres officiers sur place.

La stratégie à appliquer du côté français était lumineuse. De petites offensives du type de celles qui avaient jalonné les mois de juillet, août et septembre ne pouvaient plus apporter de résultats significatifs. La ligne conquise durant cet été d'enfer était encore trop proche de Verdun. Au prix d'un effort qui n'excédait pas leurs capacités, il était manifeste que les Allemands gardaient la possibilité de gagner le kilomètre de terrain qui leur permettrait d'emporter dans un deuxième temps les défenses françaises. Il fallait absolument « donner de l'air » à la place, et, de l'avis unanime, « seule la reconquête de la ligne jalonnée par les forts de Douaumont et de Vaux lui assurerait une sérieuse protection ». Mais les Allemands aussi savaient à quoi s'en tenir sur l'importance de l'opération : impensable qu'ils pussent rester inertes, ou tout comme.

Il n'en reste pas moins que le résultat dépasse toutes les espérances : seuls, les damnés défenseurs allemands du fort de Vaux, grâce à leur héroïsme, auront su résister à l'offensive.

Surtout « nous avons pris Douaumont, nous avons pris Douaumont »...

Mangin peut se rappeler avec l'émotion la plus profonde ce qu'il disait ce matin même à Joffre et à Nivelle venus le voir à son poste de commandement : « Dans trois heures je vous donnerai vingt-deux bataillons boches qui sont devant moi en première ligne. Ils ont chacun trois compagnies dans la tranchée et une compagnie en soutien dans des abris profonds. Mon 75 engage la tranchée boche, et j'ai un bouchon en projectiles de gros calibre à l'entrée de chaque abri. Personne ne peut bouger, faute de boyaux. Des isolés sont venus déjà se rendre hier, puis des fractions constituées, gradés en tête. Actuellement, la préparation bat son plein, le 155 et le 58 font rage, et les redditions doivent augmenter. A l'heure H, dans deux heures, l'infanterie sortira et enlèvera la tranchée d'en face ; puis elle se mettra en route, précédée, à soixante-dix ou quatre-vingts mètres devant elle, de la nappe d'acier formée par les projectiles de 75. L'artillerie lourde ira compléter les bouchons sur les abris. Quand elle sera rejointe par la vague de 75, elle ira frapper sur les réserves. A l'arrivée des poilus aux abris, quelques grenades, asphyxiantes au besoin, amèneront les garnisons à se rendre. On continuera vers les réserves, selon la même méthode et elles seront mûres à l'arrivée de nos fantassins. Quant au fort lui-même, ce sera une affaire d'heures ; j'ignore le détail de son état actuel, mais il est malade, bien certainement. » Il fallait une âme solidement chevillée au corps pour tenir un tel raisonnement — d'autant plus que Mangin prévoyait que les pertes seraient relativement faibles et se disait partisan acharné d'une économie de vies humaines. Allez donc savoir ce que Joffre et Nivelle avaient pu penser, à entendre pareils propos, s'ils n'avaient pas douté, au plus profond d'eux-mêmes, d'une si forte assurance, s'ils n'avaient pas pris Mangin pour une sorte de moderne don Quichotte... Cependant, le résultat était là, et bien là: sauf pour Vaux, Mangin avait obtenu raison sur toute la ligne.

Tout n'était pas allé de soi, notamment avec Pétain. Non que Pétain n'eût pas confiance en Mangin. Loin de là. Il suffit de se remémorer le mot de Pétain à Clemenceau: « Mangin?... celui-là il nous fourre dans la mélasse, mais il sait nous en sortir comme pas un... » En mai, au plus fort des polémiques contre Mangin, surnommé « le boucher de Verdun » (ce terrible mot de Tristan Bernard, rapporté par Paul Morand: « Mangin? Oui, c'est un boucher, un boucher ambulant, les autres étant des bouchers sur place »), Pétain fut l'un de ses plus solides défenseurs. Il sut saisir les bonnes occasions pour expliquer la vaillance de ce général « prodigieux » qui, la nuit, allait voir ses unités engagées au plus près du front allemand, circulant hors des boyaux au mépris total du danger, rentrant couvert de boue à son PC, constamment maître de lui, faussement accusé de folie sanguinaire, et, contrairement à sa légende, appliqué sans cesse à ne faire avancer ses fantassins que sous le bouclier du feu de barrage. Pétain n'aura manifesté à aucun moment d'hostilité personnelle à l'égard de son subordonné — même s'il l'aura parfois considéré comme « un mal nécessaire ». A ses funérailles, en 1925, il lui rendra le plus vibrant des hommages: « Ce que d'autres eussent tenu pour impossible, lui l'aura exécuté avec une rare fermeté. Je crois l'entendre assigner leur mission à ses subordonnés. Le ton est calme, mais décidé. Et si les chefs de corps objectent que la tâche est irréalisable avec les forces dont ils disposent, alors Mangin regarde ses interlocuteurs droit dans les yeux et, avec une voix qui se fait d'autant plus douce que l'ordre est plus impératif, leur répond: "c'est bon, allez-y comme j'ai dit". Et on y va... »

Simplement, leurs avis variaient sur la tactique à suivre. Le 8 octobre, Pétain, Nivelle et Mangin s'étant réunis pour en discuter, Pétain demandait une halte de quatre heures à mi-parcours de l'offensive, Mangin devait faire appel à l'arbitrage de Joffre pour que la halte ne fût que de deux heures quinze. Dans la même réunion, Pétain conseillait de n'attaquer que Douaumont; Mangin réclamait d'attaquer à la fois sur Douaumont et sur Vaux; encore une fois, Joffre arbitrait en faveur du subordonné; « Laissez-le donc faire! » grognait-il à l'adresse de Pétain. Mangin n'oublierait jamais le haut-le-corps de Pétain le jour où il lui avait dit: « Faire la guerre, c'est attaquer. » Mangin estimait que l'offensive inlassable était l'unique moyen de raccourcir la guerre et, au total, de réduire les pertes de la nation en vies humaines; Pétain, temporisateur-né, était convaincu que la victoire ne viendrait que du poids de la « masse », associé au « temps ». Mangin pourra aller jusqu'à juger Pétain « affreusement restrictif », ajoutant: « Je me rappelle que l'on disait au XVIIIe siècle: *quand un général ne veut rien faire, il commence par réunir un conseil de guerre...* » Ainsi faisait souvent Pétain toujours réservé vis-à-vis des proposition d'un attaquant-né. Pour autant, jamais l'appui de Pétain n'aura fait défaut à Mangin dans les circonstances décisives.

Les polémiques avec le tout venant? Il n'en avait cure. Elles faisaient partie des risques à accepter. Oui, sans doute, aura-t-il souvent contribué à les provoquer lui-même. Un jour de mai, il s'avance sur la crête de Souville avec cinq officiers, suivi de son porte-fanion; l'explosion d'un obus allemand blesse les cinq officiers; un éclat troue le fanion; lui, indemne, dit pour toute réaction: « Curieux effet de souffle. » Un autre jour, dans les souterrains du fort de Souville, où il établit son PC, il déclare placidement à la ronde: « Au moins, ici, nous sommes certains de ne pas être faits prisonniers, puisque nous pourrons nous faire sauter. »

On répand vite dans ses troupes ces traits d'humour noir, qui le font apparaître comme un personnage au cœur de fer. Pour autant, il reste totalement froid aux critiques qui mettent en cause son sens de l'humain. Bien plus tard, le général de Gaulle pourra raconter au jeune Christian Fouchet, cette histoire vraie: « A Verdun, à un moment critique de la bataille, Mangin inspecta un jour une division d'infanterie qui montait en ligne. Elle avait perdu beaucoup de monde dans les semaines précédentes et certaines de ses unités avaient semblé démoralisées. L'inspection se passa bien. Les régiments défilèrent ensuite devant Mangin. Au fur et à mesure, les commandants des compagnies ordonnaient: "Tête! gauche!" devant le général, mais pendant tout le défilé, presque imperceptiblement, cependant audible, un sourd murmure accompagnait le bruit des pas: "Assassin, assassin, assassin!..." Près de Mangin, le général commandant la division était livide. Les officiers de l'état-major n'en menaient pas large. Mangin, immobile, une main appuyé sur la poignée de son sabre, l'autre sans cesse au képi pour rendre les saluts, ne pouvait pas ne pas entendre. Le défilé prit fin. La dernière compagnie s'éloigna sur la route. Mangin se tourna vers ses voisins: "Eh bien! Ils sont très gentils, ces petits, cela se passera très bien." Il ne fit aucune allusion à ce que chacun, et bien entendu lui-même, avaient entendu. C'était inutile. C'est qu'il avait jaugé les hommes qui passaient. Il savait qu'ils marcheraient. C'était comme ça, vous savez, entre les grognards et Napoléon. On en a fait des images d'Épinal attendrissantes. Mais en fait c'étaient des types qui passaient devant Napoléon en disant: "Assassin, assassin, assassin!..." Néanmoins, eux aussi marchaient. C'est exactement ce que veut dire la fameuse phrase: "Ils grognaient mais ils marchaient toujours". Ça ne veut pas dire autre chose. La guerre n'est pas un jeu d'enfant... Eh bien, oui, Fouchet, Mangin aura eu raison en 1916... »

Alain, face à l'image de Mangin, sur ce petit tertre au bord d'une route, regardant passer ses divisions qui défilent en l'insultant, n'en jugera pas autrement quand il fournira son commentaire: « Les soins du métier effacent la crainte. Sans doute le conducteur d'hommes évaluait-il, d'après ces signes terribles, le redressement qu'il devait opérer, par des moyens à lui seul connus... C'est ainsi qu'il reprenait le commandement dans un moment où d'autres l'avaient cru perdu; il se rassemblait dans sa force pendant que ses terribles enfants se fatiguaient à l'insulter; on comprend qu'il n'entendît même pas l'insulte. Et faisons bien attention à ceci, *qu'un danger si clair le lavait du terrible métier qui était son métier*... Il faut savoir ce qu'on veut... La poudre non plus n'est pas douce... et que pourrait-on faire de soldats qui ne seraient pas redoutables?... »

Par ailleurs, tout a été si remarquablement préparé que Mangin n'aura eu qu'à intervenir personnellement trois fois dans le cours de la bataille du jour. La première fois, il aura prescrit à un commandant de division de ne pas arrêter la progression d'une de ses brigades — peu importait le brouillard. La deuxième fois, il aura réduit à une seule heure la halte prévue de deux heures quinze avec Pétain et Joffre : au reste, à 17 heures, depuis Souilly, Joffre en personne lui téléphonait pour le pousser à exploiter à fond son succès et à ne pas perdre un temps excessif en route. La troisième fois, à 19 heures, il rapportait son ordre de 17 heures, consécutif à l'appel téléphonique de Joffre, prévoyant de garder contact avec l'ennemi : il était trop conscient de l'état d'épuisement des troupes.

De toute manière, comme l'écrira encore son fils dans son livre, « depuis la Marne, aucune victoire alliée n'aura revêtu autant d'éclat, en particulier parce que les Allemands auront donné à la prise de Douaumont le plus grand retentissement ». A preuve le mot du duc de Connaught à Nivelle : « A la nouvelle de la prise de Douaumont, le Kronprinz a beaucoup pleuré, puis beaucoup juré, et il a fait un grand serment de prendre tout ce que vous venez de lui enlever. »

Mais quel plus efficace entraîneur d'hommes trouver ? En juin, dans son style simple, le caporal Dutheil, sous-officier de son état-major à la 5e division, l'aura exprimé d'une façon définitive dans son livre étonnant, *De Sauret la Honte à Mangin le Boucher*. Mangin quittait alors le commandement de la dite division. Explication de Dutheil (de son vrai nom Henri Minguet) : « Lui parti... tout semblait s'assoupir... Nous n'étions plus stimulés par la présence d'un homme extraordinaire qui, vingt-deux mois durant, nous avait comme fascinés par le prestige et la puissance de son génie. L'âme de feu que nous insufflait sa vie ardente, multiple, trépidante, s'était éloignée de nous, et nous retombions sur le sol, lourdement, de tout le poids de notre fatigue soudain sentie et accrue... »

Et Mangin, ce soir, de rouler sans doute une nouvelle fois dans sa tête les idées qui lui sont les plus familières, méditant sur cette phrase d'un autre général, laquelle en dit long : « En 1915, nous nous sommes conduits comme des enfants, en 1916 comme des vieillards, en 1917 il faudrait nous comporter comme des hommes » ; calculant déjà tout ce qu'il faudra faire dans les prochains jours pour consolider la position, pour conquérir la côte du Poivre, Louvemont, Berzonvaux, enfin le fort de Vaux...

Dans ce paysage de boue, il rêve des temps ensoleillés où il figurait parmi les plus hardis conquérants du Maroc et de l'Afrique noire, de Fada n'Gourma à Bamako, d'Ouezzane à Tiznit, avec son régiment de tirailleurs sénégalais libérant Fez assiégée, maîtrisant les rebelles des tribus doukkala, couvrant la Chaouïa contre les partisans d'el-Hiba, menant l'attaque contre Marrakech, provoquant l'admiration de Lyautey qui n'avait jamais assez d'éloges pour ce chef à la fois « inattaquable et menaçant », remportant de main de maître la bataille de Sidi Bou Othman, pacifiant en quelques jours la région de Mogador, s'élançant pour conquérir le Grand Sud, s'affirmant déjà comme un chef dont l'intrépidité égalait le sang froid.

Et de prendre le dernier café servi par son fidèle ordonnance Baba Coulibaly. Et, avant de se coucher, d'écrire à sa femme, née Antoinette Cavaignac, fille du fameux général Godefroy Cavaignac (ministre de la Guerre de Waldeck-Rousseau), l'une des premières jeunes filles à avoir été bachelier, dont le savant mathématicien Charles Humbert aime dire que « si elle n'avait été une fille, elle aurait été major à Polytechnique » : « Deux mots en courant pour vous dire que je pense à vous ce soir. Le tout n'est pas de prendre, il faut garder. Et d'ailleurs, je n'ai pas terminé de tout prendre. » Il se réserve d'être plus explicite les jours suivants. Il le sera en effet.

Le 25, il soulignera sa principale déception : « Lardemelle m'a déçu. Il a été très difficile à mettre en branle et l'allure de la troupe s'en est ressentie, ainsi que toute la préparation : ainsi a-t-il eu beaucoup de pertes et des résultats moins brillants. »

Le 26, il indiquera : « Gouraud à reçu les dernières nouvelles de la bouche du chef d'État-Major de Pétain; il l'a embrassé sur les deux joues, les larmes aux yeux. Pétain m'a promis de l'envoyer me voir. Voici un bel ordre de Nivelle. (Il s'agit de l'ordre du jour adressé la veille par Nivelle aux officiers, sous-officiers et soldats du groupement Mangin, pour les féliciter de leur héroïsme.) Il y a mis mon nom, revenant à la dénomination primitive des groupements. Mais ce ne sont pas les troupes de mon groupement qui se sont laissées arracher le terrain actuellement reconquis. Tout de même l'intention y est — Nivelle est revenu aujourd'hui. Il adopte entièrement mon programme : c'est tout ce qu'on peut faire en cette saison sur la rive droite de la Meuse, tant qu'on n'aura pas avancé sur la rive gauche. Il reste à obtenir quelques moyens supplémentaires. Après quoi, on pourra agir. C'est le meilleur moyen de parer à la réaction inévitable de l'ennemi qui ne peut encaisser une gifle aussi magistrale. Le chiffre des prisonniers dépasse cinq mille. J'avais dit à Joffre, deux heures avant l'attaque, que je comptais lui servir les vingt-deux bataillons boches de première ligne, comme entrée de jeu ; il me regardait fort curieusement, n'étant probablement pas habitué à ce langage en telle circonstance. "Tout de même, dit-il à Nivelle en sortant, je crois qu'il exagère." Je crois bien que j'ai eu aussi les bataillons de deuxième ligne, trente-huit au total. »

Le 29, s'adressant toujours à sa femme, il notera : « C'est vrai qu'il y a quelque analogie entre la bataille du 24 et la prise de Marrakech, au moins dans la décision... Mais l'affaire continue et le temps est terrible. On ne peut se faire une idée de ce terrain où les trous d'obus font des étangs : deux bourricots noyés dans un seul trou. Nos hommes souffrent beaucoup mais les Boches davantage (heureusement) car nous avons tous leurs abris et toutes nos organisations du temps de paix. Le fort est très utilisable et c'est une précieuse ressource. Seulement, il faut le ravitailler, à travers mille difficultés que j'avais prévues, mais que je n'avais pas le moyen d'atténuer en poussant mes routes aux premières lignes. J'ai maintenant ces moyens (ou du moins je crois qu'on ne pourra pas me refuser le complément nécessaire à ceux qu'on vient de me donner). Nivelle est toujours très bien et fait ce qu'il peut. Il insiste pour ma plaque, qui est promise. Il a dit à Joffre que je ferais un bien bon commandant d'armée. "Pas encore, a-t-il répondu. Quand vous commanderez un groupe d'armées, vous comprenez ?..." J'ai répondu à Nivelle que je me trouvais parfaitement heureux. Et c'est vrai... »

Le 30, il n'oubliera pas de lancer l'une de ses chères piques contre Pétain : « Pétain m'a fait demander d'aller au QG de l'armée. Conférence. D'où il résulte que je m'arrête, faute de munitions... il faut faire des économies sur les allocations journalières, puis on pourra agir, modérément. Il est de moins en moins agressif. »

Mais c'est dans sa lettre du 1er novembre qu'il donnera ses plus claires explications sur la bataille du 24 octobre. La feuille est à citer en entier. « Vous me demandez l'histoire de mes vingt-huit ou trente bataillons. J'ai montré à Joffre la carte établie par mon service de renseignements, très exacte, par suite du grand nombre de prisonniers faits ces derniers temps. J'avais devant moi vingt-deux bataillons en première ligne, et six en réserve à hauteur d'Hardaumont, Douaumont, Vaux, Damloup. Les vingt-deux bataillons de première ligne avaient trois compagnies dans la première tranchée et une en soutien. J'ai exposé ma méthode, qui avait réussi (deux fois surtout, six compagnies prises par quatre compagnies françaises, trois bataillons et demi par deux bataillons français). J'engage avec du 75 la première ligne: rien ne peut passer à travers le barrage: puis on pilonne la tranchée avec du 155 et du 58 (bombes de seize et trente-cinq kilos). Quand la tranchée est bien retournée, nous partons. Et le Boche qui s'y trouve est à nous. Généralement, il en sort par fractions constituées et se rend. Pendant ce temps, les quatrièmes compagnies des bataillons sont maintenues dans leurs abris par un solide bouchon de gros calibre. Nos vagues de fantassins sont précédées par le barrage de 75; les 155 sont allés taper sur le bouchon des quatrièmes compagnies; la vague d'acier les rejoint et les poilus derrière à soixante-dix ou quatre-vingts mètres. Le Boche se rend. Restent les six ou huit bataillons de deuxième ligne. Ils ont été marmités convenablement pendant la préparation et la marche; ils doivent être mûrs quand les rejoint la vague d'acier et les poilus — c'est ce qui s'est passé, point par point. Toutefois, un peu avant l'assaut, le Boche est sorti parfois de sa tranchée trop marmitée, pour contre-attaquer. Mais c'était justement devant les marsouins (surnom de l'infanterie coloniale) qui l'ont abruti à la grenade et à la baïonnette. Il y a eu aussi une petite résistance dans le ravin de la Fausse-Côte, mais il fut très court et les Sénégalais se sont très bien montrés à ce moment-là. Vous voyez que c'est très simple. Le Boche était très mal placé, tout le monde en première ligne collant à nous, et presque rien jusqu'à Douaumont (seulement les quatrièmes compagnies). Il le sentait et projetait une ligne intermédiaire qu'il n'a pas eu le temps d'établir. Quand je le disais à Pétain, il me regardait avec étonnement. Il a trop de respect pour l'ennemi pour le croire capable de pareille faute. Malheureusement, à la division de Lardemelle, la préparation était moins bonne, et l'allure moins décidée. Le succès n'a pas été complet. Sans quoi nous aurions eu Vaux et Douaumont le même jour... »

On comprend que nombre de poilus pestent contre lui : quand il a un plan à exécuter, il est d'une volonté inexorable. Il n'en reste pas moins indiscutable que les sacrifices qu'il demande à sa troupe, il n'hésite pas à se les imposer à lui-même, et qu'il n'existe pas d'autres chefs plus capables de gagner sur le terrain des batailles.

Et Henri Bordeaux, à Verdun, d'écrire pour son *Journal*, le récit de la bataille. Hier, il avait déjà le privilège d'observer à travers une fenêtre la conférence des généraux responsables et notait : « A Regret. Les trois généraux, Pétain, Nivelle et Mangin, délibèrent. Le général Pétain a sa belle figure de bataille, avec ce léger battement des yeux qui indique chez lui la préoccupation. Le général Nivelle a ce mouvement des lèvres qui trahit son inquiétude, mais son visage, sauf ce trait, respire la paix. Le général Mangin a un peu de fièvre aux joues, mais les plis qui entourent sa bouche sont joyeux : le sanglier a flairé le gibier, il le renifle, il le tient. A défaut des paroles non entendues, il y a les visages : ils ont la tension de la décision à prendre, même s'ils sont visiblement satisfaits. »

Aujourd'hui, il a assisté à la bataille, perché au fort de Souville ; il en est rentré tout émerveillé de ce qu'il a pu voir une fois le brouillard levé ; il a eu l'impression d'assister à un ballet : « Les troupes précédées par le barrage roulant s'arrêtant à la minute prescrite et reprenant leur marche à temps compté, les petits détachements assignés à cette mission s'arrêtant seuls pour liquider les petites résistances locales. »

A présent, il livre ses impressions sur sa rencontre avec Mangin, il y a à peine quelques instants. « A Regret, où je descends, voici le général Mangin, épanoui, heureux, plus jeune que jamais, ses yeux clairs souriants, les petites rides plaisantes, la bouche moins contournée. C'est beau, le visage d'un général vainqueur. Il est très fier. Je lui dis : "C'est la gloire." Et c'est en effet l'une des plus grandes journées de la guerre : en quatre heures, nous avons pris sur une longueur de sept kilomètres et une profondeur de trois à peu près tout ce que les Allemands au nord-est de Verdun avaient pris en huit mois et au prix d'énormes sacrifices. Le général Mangin par son énergie a forcé le destin. Personne ne croyait un tel succès possible. Il l'a imposé. La foi rapproche les montagnes. Il a forcé le temps. Je viens de voir un vainqueur. »

Chapitre XXVI

Les écrivains

Il y a ceux qui ont été tués

Dès le 22 août 1914, Ernest Psichari était « tué à l'ennemi ».

Ce même jour, tombait Alain-Fournier, auteur du *Grand Meaulnes*.

Le 5 septembre suivant, Charles Péguy était foudroyé, d'une balle en plein front.

Gabriel-Tristan Franconi, poète, a eu la tête arrachée par un obus.

Il a fallu apprendre la mort de Jean-Marc Bernard, et celle des frères Bonneff, Léon, romancier socialiste, chroniqueur à *L'Humanité*, et Maurice, socialiste aussi, auteur de *Didier, homme du peuple*.

Nous aurons perdu Adrien Bertrand, prix Goncourt 1916; et Michel Psichari, frère d'Ernest, le plus jeune des chroniqueurs de *L'Illustration*; et Marcel Drouet, auteur d'un *Chateaubriand*; et André Lafon, auteur de *l'Élève Gilles*, et Léon de Montesquiou, chroniqueur à *L'Action française*; et Albert Malet, le grand historien, co-auteur des fameux manuels Malet et Isaac; et Max Doumic, tombé sous les murs de la cathédrale de Reims; et Augustin Cochin, fils de Denys Cochin; et Jacques Nayral, auteur de *La Dentelle des heures*, tué à la baïonnette.

Louis Destouches, qui sera plus connu sous le nom de Louis-Ferdinand Céline, vingt et un ans, tour à tour étudiant à Paris, à Diepholz, en Basse-Saxe, pour apprendre l'allemand (mais renvoyé pour avoir couché trop spectaculairement avec sa logeuse), à l'University College de Rochester, vendeur de rubans rue Royale, engagé en 1914 pour trois ans dans l'armée sur un coup de tête, héros de la guerre, blessé au bras à la bataille de Poelkapelle, décoré de la médaille militaire par Joffre en personne, se retrouve muté à Londres au bureau des passeports, jouant les faunes pour les délices des plus jolies danseuses de Piccadilly.

Jean Giono, vingt et un ans, « fils prolo d'un cordonnier et d'une repasseuse de Manosque » ne se sera pas moins héroïquement distingué.

Georges Bernanos, vingt-huit ans, éternel maudit, mal aimé de ses professeurs, souffre-douleur de ses camarades, collé trois fois à l'oral du baccalauréat, tourmenté dès sa jeunesse par la peur de la mort, un temps songeant à se faire moine, un temps rêvant de devenir un témoin du Christ, témoin laïque, un temps camelot du roi, faisant le coup de poing au quartier Latin contre les socialos, un temps complotant pour rétablir la monarchie au Portugal en attendant de se retrouver incarcéré à la prison de la Santé, puis collaborant par des articles de feu aux journaux royalistes les plus violents, se proclamant ennemi personnel du philosophe radical et pacifiste Alain. Il devait connaître en 1914 un suprême désespoir : il fut réformé. Cela ne pouvait évidemment pas aller avec son « nationalisme intégral ». On ne sait au juste par quels prodiges ou quels trucs il réussit à se faire mobiliser tout de même, faisant du coup lui aussi une guerre brillante, décoré et, inévitablement, blessé.

Blaise Cendrars, vingt-neuf ans, né Suisse à La Chaux-de-Fonds, fils d'un ingénieur suisse et d'une mère écossaise, encore plus bourlingueur qu'un navigateur portugais du XVIe siècle, engagé volontaire dans la Légion étrangère pour toute la durée de la guerre, vient de perdre un bras en Champagne.

Le poète Guillaume Apollinaire, trente-six ans, né Wilhelm Apollinaris de Kostrowitsky à Rome, auteur de fort beaux

Alcools il y a trois ans, principal héraut des peintres cubistes, aura été grièvement blessé à la tête. Pour l'instant, il est d'ailleurs au désespoir : sa bien-aimée Marie Laurencin, fée lumineuse, — « La Fauvette » l'a surnommée le vieux Rodin, « c'est moi en femme », dit Apollinaire, « un visage de chèvre aux paupières bridées, sur teint d'ivoire salé » dit Fernande Picasso, « mais non, proteste-t-elle, je suis un Clouet » —, a quitté Paris pour l'Espagne, et son poète pour le baron Otto von Wetgen, peintre-hobereau-allemand-pacifiste, qui a dû juger qu'elle serait, à Barcelone ou à Malaga, davantage à l'abri de tous dévoreurs de délicates fauvettes.

Marguerite Long, 42 ans, est au désespoir d'avoir perdu son mari, tué dès août 1914. Elle est anéantie. On la dit même aux bords du suicide. On se demande si on reverra jamais sur scène la prestigieuse pianiste — qui n'a pourtant pas son égale pour jouer les « sixtes » et les « notes répétées », composées par Roger Ducasse dans un hôpital militaire.

Maurice Genevoix, blessé, en convalescence à l'hôpital, est en train de nous écrire un très beau *Sous Verdun* — qui sera le premier livre publié sur la bataille.

« C'était fatal, nous serons d'un autre monde », en conclut Pierre Drieu La Rochelle en parlant de sa génération. Il est convaincu que, de ces longs mois passés sous les armes, dans la fascinante, l'épuisante solitude où la guerre aura fait vivre tant de jeunes hommes comme des moines, cette génération va en rester toute désarmée. C'est ce qu'il appelle le secret des tranchées, et ce que son ami Henri Massis définit comme « l'humilité, la sévérité taciturne, et, dans cette servitude, une sorte de liberté intérieure, faite d'austérité, d'effacement anonyme, de renoncement au bonheur matériel, aux choses extérieures... »

Blessé le 25 février à Douaumont par éclats d'obus et d'abord soigné à l'hôpital de Montbrison, il se trouve en permission de longue convalescence à Paris. On le voit beaucoup avec sa fiancée, Colette Jeramac, laquelle l'a présenté récemment à Louis Aragon. Celui-ci qui prépare quant à lui son PCN, et dont Colette est la voisine de laboratoire, est aussitôt devenu un grand ami.

Il a vingt-trois ans, ce Drieu, et une silhouette d'étudiant d'Oxford. On l'imagine aisément dans un costume de tweed écossais. Yeux bleux, sourire rapide, corps athlétique et fin, il communie cependant comme nul autre avec l'événement, même s'il n'arrive pas à haïr l'ennemi. A peine s'abandonne-t-il, le temps d'une seconde, à dénoncer « la caserne puante, la bêtise militaire, les diplomates idiots, les mal foutus qu'on a lâchés avec moi dans cette cafouillade cruelle !... »

Il préfère d'une manière générale retenir que la guerre est plutôt utile parce qu'elle « pose des problèmes à ceux qui la font, en précipite l'urgence, fait marcher les idées, les met à cheval, les motorise... » C'est d'ailleurs pourquoi il traîne toujours son Pascal et son *Zarathoustra* entre sa bidoche et son quart : il ne veut approfondir que le goût des choses fortes et grandes, la passion de la puissance. A mi-chemin entre Hamlet et Drumont, il sanglote sur la splendeur des durs royaumes perdus ou s'enflamme de rage contre les « défaitistes tous terrains », à l'occasion précisant : « Clemenceau m'a dit que s'il pouvait recommencer sa vie, il serait d'Action française. »

Ancien élève du collège mariste de Sainte-Marie-de-Monceau, et ancien élève de Sciences-Po, dès août 1914 il participait comme caporal d'infanterie à la bataille de Charleroi, où son ami André Jeramac, frère de Colette, juif riche et converti, était tué. Lui-même était blessé à la tête. Pour autant, promu sergent, il reprenait sa place au combat dès octobre, pour être à nouveau blessé, au bras gauche. En mai 1915, affecté au 176e RI, il était désigné pour les Dardanelles, mais, évacué pour dysenterie à Toulon, il était ensuite envoyé à Paris, pour être soigné à l'hôpital de l'École polytechnique. Affecté au 146e RI, c'est dès janvier 1916 qu'il prenait part à la bataille de Verdun.

Pour l'immédiat, il compose des poèmes qu'il compte proposer à la NRF de Jean Schlumberger sous titre de *Interrogation*.

A lui de partager l'humanité par la guerre.
Les combattants et les non-combattants,
Ceux qui sont blessés ou tués, ceux autour de qui l'air est tranquille

Ceux qui ont un lit chaud et dorment leur saoul

Ceux qui ont des veilles froides
Ceux qui aiment de loin et ceux qui aiment de près leurs aimés.

On y voit une prédilection pour Alfred de Vigny — préférence qui situe bien son lignage —, attitude hautaine vis-à-vis de la banalité de ses contemporains et des fanfreluches dont ils parsèment leurs écrits. Il regrette d'être « né trop tard dans une France trop vieille » et méprise plus que jamais les socialistes: « fi de leur révolution, nous avons restauré la guerre. » Pour lui, la révolution ne peut être que le fait de la racaille et de ces « fonctionnaires pusillanimes » qui incarnent l'État dévirilisé et « médiocratique ». Il abhorre déjà de tout son être ces « chimies dissolutrices de l'esprit » qui procèdent de la science, de l'athéisme et d'un univers sans mythes.

Issu d'une famille de petite bourgeoisie, catholique, conservatrice et nationaliste, élevé chez les pères, ayant peu pratiqué le peuple avant de le côtoyer dans les tranchées, ses réactions ne sauraient se limiter à la glorification banale du conflit. C'est Nietzsche qu'il invoque pour son dieu — non seulement le Nietzsche qui « jette un anathème écrasant et bientôt définitif sur tout le rationalisme », celui qui anéantit le *cogito* et l'unité du moi, mais le Nietzsche qui a chanté la guerre a-historique, la guerre immuable qui se pulvérise en éclats d'éternité.

Alors viennent des phrases fulgurantes, nietzschéennes en effet: « L'humanité ne perdure qu'en se reniant sans cesse, en tuant d'âge en âge sa vieillesse... La guerre est la manifestation du divin. Il faut la vivre comme une fatalité. Du moins y accepte-t-on de jouer aux dés avec les dieux... Je ne puis me situer dans les faibles... L'homme libre est nécessairement un guerrier... Le monde est fait pour le rêve des chefs. Simplement, ce rêve, c'est l'histoire... »

Il y a ceux qui servent

Jean Giraudoux se bat. Roland Dorgelès, engagé volontaire, médite dans les tranchées des pages qui constitueront *Les Croix de Bois*.

Georges Duhamel, médecin militaire, peut préparer un livre sur *La Vie des martyrs*, on devine lesquels.

Henry de Montherlant, vingt ans, déjà auteur d'une belle pièce, *L'Exil*, d'abord secrétaire à l'état-major du général de Castelnau, sert comme simple soldat d'infanterie en première ligne, après avoir refusé de suivre les stages d'officier. Ainsi sans doute peut-il mieux se rassasier de ce « pain des forts » qui nourrira son style. Au fond, c'est lui qui s'apparente le mieux à Drieu La Rochelle. Des « hauteurs battues par le vent », il apporte sens de la grandeur, goût des choses supérieures, élévation de l'âme par le sacrifice, mais aussi, précisera Henri Massis, « une lucidité impitoyable... une sorte de refus glacé devant les mirages de la seule durée ». Immortelle leçon: « Avoir été de plain-pied avec la mort dispose à être de plain-pied avec la vie. » Et cela nous donne, pour l'immédiat, *Le Chant funèbre pour les morts de Verdun.*

Jules Supervielle, d'abord affecté au service auxiliaire pour raison de santé, a été ensuite muté au contrôle postal de la correspondance en langues étrangères. Il est même l'un des décrypteurs chargés de surveiller toutes lettres et tous messages de Mata-Hari.

Alain Chartier, quarante-huit ans, plus connu sous le nom d'Alain, philosophe et pape du parti radical, a pour doctrine de maudire la guerre et de la faire. Donc, il la maudit et il la fait. Il n'a jamais été soldat, mais, quoique libéré de toute obligation militaire, il s'était promis de s'engager si la France devait se battre. Dès 1914, il s'engagea. Son maître Lagneau avait été fantassin dans l'armée Faidherbe en 1871: lui, d'abord canonnier, fut ensuite téléphoniste de batterie. Le voici brigadier. Il dit mener au front une vie de trappeur, logé dans des trous, suivant le fil de téléphone à l'heure de la rosée, « heure où la guerre elle-même dort, faisant lever le lièvre et la perdrix ». Il trouve que ses canonniers ressemblent aux guerriers d'Homère. Il n'est qu'admiration pour ce formidable poilu, « sentencieux toujours, observateur étonnant, sachant tout du ciel et de la terre, et embarqué pour les dix ans du siège de Troie ». Énigme: on peut se demander comment parmi tous les vacarmes, il arrive à écrire des chapitres pour les livres terriblement sérieux qu'il envisage de bientôt publier, *Sur l'esprit et les passions*, et le *Système des*

Beaux-Arts. Sans doute parce qu'il connaît la principale nouvelle : « Partout où les hommes libres discutent, Socrate vient s'asseoir en souriant, un doigt sur la bouche. » Il n'en doit pas moins se demander si après cette tuerie, l'idéalisme pourra jamais survivre. La preuve : il rumine aussi des phrases et des idées qui donneront un jour un pamphlet contre la guerre, *Mars ou la guerre jugée*.

Car, il a beau servir en soldat discipliné, tout ce dressage d'hommes l'aura écœuré. Il trouve qu'on forge une armée comme un charron le cercle de fer sur sa roue de bois. L'opération consiste à arracher l'homme jeune et vigoureux à ses pensées de paix, de travail tranquille, de prévisions libres et vérifiées, pour en faire un numéro matricule, un détail de l'énorme machine collective ; mieux ou pis, comme un détail qui consent à n'être plus que cela, qui ira jusqu'à aimer et exalter cette servitude. « La théorie optique du télémètre ? me disait cet officier-mitrailleur. Qu'est-ce que ça peut vous faire ? Nous sommes des brutes, mon cher... »

Il ne croit pas au héros. Il pourrait dire d'Alexandre le Grand ce qu'en a dit Anatole France : « Il avait l'esprit épais. » Il ne s'agit plus de choisir, mais de supporter. A nous l'anti-héros. Alain, dans cet éclairage, aime raconter l'anecdote selon laquelle Gallieni, à un général venu lui dire « Ma division est recrue de fatigue et n'en peut plus », répondit : « Je n'ai rien entendu de ce que vous venez de me dire ; refaites votre rapport. — Mes hommes sont immédiatement à vos ordres, mon général », fit aussitôt le subordonné.

Même au moment où les forces sont à bout, il faut marcher encore. C'est le dernier sursaut de l'animal collectif qui donnera la victoire. Aussi beau qu'écœurant.

Jean Cocteau lui-même est mobilisé. Vingt-cinq ans à peine, déjà inimitable, avec l'envolée de ses cheveux rebelles, ses tendres yeux mouillés d'impala, ses coups de nuque, sa voix de femme roucoulante, ses longs poignets minces, et sa capacité à magnifiquement pratiquer tous les arts, dessin, peinture, poésie, comme théâtre, musique d'avant-garde et vol d'acrobate (avec Roland Garros). Il sert comme brancardier dans une section de bains-douches aux armées, chaussé de bottines lacées et jaunes d'aviateur, vêtu de pantalon garance de Paulet, harnaché d'une vareuse d'un noir d'encre inspiré d'on ne sait quel corps germanique et, sur la tête, la bourguignote. Pour autant, il nourrit projets sur projets. Le voici même à rêver de monter un spectacle de ballets. L'œuvre s'appellera *Parade*. Elle sera une transposition d'un music-hall. Personnages qui y seront mobilisés : un Chinois, un acrobate, et une petite Américaine annoncée par une voix anonyme, qui débitera à travers un mégaphone les clichés publicitaires d'usage. Il compte gagner à son idée Diaghilev et Picasso. Reste simplement à savoir si, pour peindre le décor flamboyant inséparable des arlequins et des jongleurs, Picasso acceptera de braver la « dictature cubiste qui n'autorise d'autre fantaisie qu'une guitare sur une table ». Léonide Massine règlera la chorégraphie. Satie fera la musique, avec des « trompe-oreille », des bruits évoquant n'importe quoi, tant pis s'il y a scandale, un avion, une locomotive, une sirène, un appareil Morse, un cliquetis de machine à écrire. On fera danser la belle Olga Khoklova, fille du général. Le tout donnera « cette mélancolie du cirque du dimanche soir » qui peut être si bouleversante. Que diable ! Toute la journée ne peut pas se passer à parler de Verdun, de Joffre et d'héroïsme !

Que les patriotes se rassurent : l'anti-portrait de Cocteau existe. Il s'appelle Henry Bordeaux. Le romancier des *Yeux qui s'ouvrent* est en quelque sorte écrivain officiel aux armées. Voilà qu'il nous donne les pathétiques *Derniers Jours du fort de Vaux*, « assiégé durant trois mois et perdu momentanément le 3 juin ». Qui pourrait mieux l'écrire ? « Sa défense évoque par-delà nos siècles tout dorés de splendeur militaire nos vieilles chansons de gestes... Comme Roland sonnant de l'olifant raconte de loin le drame de Roncevaux à Charlemagne qui repasse les monts, le fort, jusqu'au dernier moment, aura tenu le commandement au courant de sa vie et de son agonie par le moyen de ses pigeons et de ses signaux... J'ai interrogé ses défenseurs presque à chaque relève. J'ai connu ses appels et ses dernières paroles. Ainsi ai-je désiré de transcrire les témoignages de sa gloire. »

Et François Porché, fidéle au symbolisme, d'évoquer la bataille de la Marne en vers alexandrins, *Aux commandements du destin*.

Et Jean Pellerin, venu de l'école dite « fantaisiste » (la bonne humeur d'avant 1914), à la fois lyrique et mystique, grave et amusé, de nous chanter « la désespérance dans le bleu horizon de sa capote boueuse ».

Et Pierre Loti de publier la *Hyène enragée* qui, comme le dit l'*Illustration*, « comporte jusqu'en son titre l'aspiration de haine qui soulève tous les nobles cœurs contre la bête germanique... »

Il y a ceux autour de qui l'air est tranquille

Paul Valéry, guerre ou pas, s'efforce de ne pas changer. Né en 1871, il n'a été mobilisé qu'un bref temps, affecté à Banyuls, au soleil de la côte Vermeille, où il a su délicieusement passer des « journées monacales ». Il a réintégré vite son douillet appartement parisien de la rue de Villejust auprès de sa chère Jeannie, avec toujours à son service la fidèle Charlotte Lecoq, que lui recommanda Mallarmé. Tôt levé, il passe toute sa journée, paisiblement, à écrire. Ainsi actuellement *La Jeune Parque*. Il est déjà tel que le gardera sa légende. Mince, taille moyenne, pommettes fortes, larges oreilles, front toujours très dégagé en triangle avec une pointe qui rejoint la raie partageant sa coiffure plate, cheveux virant au gris, moustache restée noire, longs doigts, monocle dansant à un fil, cigarette perpétuelle à la main, haut faux col à cravate sobre, pochette claire à carreaux, tout est là, fixé comme pour une immuable photo. Il a des yeux de bourrache éblouie, dit Anne de Noailles. Le seul alchimiste qui soit parvenu à fabriquer de l'or, dit Cocteau. Cette guerre n'y aura absolument rien changé. Même humour vif que depuis vingt ans ; mêmes livres de chevet (Henri Poincaré, Nietzsche, Schopenhauer) ; mêmes délassements (la musique de Wagner et sa chère propriété, elle aussi douillette, du Mesnil en Ile-de-France) ; même passion pour « le langage infiniment perfectible et infiniment imparfait ».

André Gide, quarante-sept ans, en attendant de réaliser son rêve d'être le Goethe de son siècle, vit bien au chaud dans son calme appartement de la villa Montmorency, à Auteuil. Frileusement enveloppé dans sa large cape de bure, masque un peu japonais, peau tendue et ocre d'Extrême-Oriental, allure aussi désinvolte que mystérieuse, douce voix étrange, dentale, « enjôleuse, confidentielle et grave », dit Roger

Martin du Gard, il n'arrêterait pas de savourer son intelligence. Il a le silence nécessaire pour se vouer à son régal. De fait, avec *Les Caves du Vatican*, publié il y a deux ans, il a formulé déjà ses thèmes essentiels : affranchissement total de l'individu, conquête de la vie sous toutes ses formes, morale de l'immoraliste, Prométhée se libérant de chaînes imparfaites, splendeur de l'acte gratuit de Lafcadio. Il n'a plus qu'à approfondir, de-ci de-là, quelques formules rétives, de son écriture nette et lumineuse, beaucoup plus nette et lumineuse que sa pensée. Quant à sauver cette humanité en détresse, comment faire ? Eh bien, il n'y a qu'une religion possible : celle de l'intelligence, puisque l'intelligence n'a pas de patrie. L'Internationale de l'esprit, voilà la seule Internationale valable. L'esprit, qui est Dieu lui-même, comment ne se moquerait-il pas de toutes les frontières du présent et de toutes les cicatrices du passé ? Gide dit : « Les applaudissements, les décorations, les honneurs, n'ont à mes yeux qu'un prix désiroire... Les faveurs me gênent... les avantages m'interloquent... les privilèges m'humilient... Mon royaume n'est pas de ce monde... » Au reste, il affecte même de n'être homosexuel, au désespoir de la très austère et digne Mme Gide, que pour mieux se battre contre le conventionnel. Ainsi peut-il assurer que la seule manière de rajeunir est de supprimer tout artifice : il efface obstinément sur son visage « les rides que mes ancêtres et mes parents trop assidûment y tracèrent ». Évidemment, la nation agace cet internationaliste, comme une mouche ou un faux pli. On devrait pouvoir la chasser d'une chiquenaude. Il s'y emploie donc, délicieusement, voluptueusement. Mais sans le moindre risque. Dans un fauteuil. Sans jamais s'énerver. Sans jamais élever le ton. Au vrai, il fouette la nation comme il fouette la femme, sa vraie ennemie, en les considérant l'une et l'autre comme des êtres qui ne devraient pas exister — et en ne les flagellant qu'avec des phrases de velours.

Marcel Jouhandeau, vingt-huit ans, « fils d'un boucher et petit-fils d'une boulangère de Guéret », mobilisé comme soldat auxiliaire, faisant fonction de secrétaire d'un capitaine trésorier, dit qu'il aura passé la guerre à apprendre le grec : effectivement, il semble côtoyer la bataille sans la voir.

On peut dire que Marcel Proust, quarante-cinq ans, présentement logé 102 boulevard Haussmann, aura, lui, passé la guerre au lit. Vous entrez dans une chambre vaste avec un haut plafond de quatre mètres. Les deux fenêtres sont rigoureusement closes quand il est là, et de plus dissimulées sous des rideaux de satin bleu doublés de molleton. Les grosses plaques de liège qui revêtent les murs et le plafond achèvent l'isolement. Le bleu domine : rideaux bleus, lustre bleu, deux candélabres à globe bleu sur la cheminée. La pièce est surchargée de meubles : une armoire à glace en palissandre à filets de bronze ; un piano à queue qui fut de Mme Proust mère, et sur lequel joue parfois le meilleur des amis, Reynaldo Hahn ; une forte table-bureau en chêne chargée de livres ; deux bibliothèques tournantes bourrées ; un petit meuble chinois, où tenir les papiers de banque ; un beau paravent à décor chinois ; une table à ouvrage aux initiales de la mère, J.P., Jeanne Proust ; et trois tables au chevet du lit, une en bambou sculpté à deux plateaux pour les livres, les bouillottes et les mouchoirs, une table de nuit ancienne pour manuscrits, notes, encrier, porte-plume, montre, lampe de chevet, et une en noyer, pour la bouteille d'Évian et le tilleul. « Ma cagna », dit-il de son sourire le plus dolent. Il est là, dans un très large lit, calé sur deux oreillers, en caleçon de laine et veste de pyjama blanc qui cache un tricot en laine des Pyrénées, choyé par une fidèle bonne lozérienne, Céleste Albaret.

Il écrit, ou il lit, ou il songe, ou il converse avec un visiteur qu'il installe en face de lui dans un fauteuil — le comte Étienne de Beaumont ; le vieux duc Agénor de Gramont ; la duchesse de Clermont-Tonnerre, belle et diaphane ; la comtesse Greffulhe, que quarante-cinq domestiques servent en son château ; le comte de Polignac, devenu duc de Valentinois en épousant une fille naturelle du prince de Monaco ; la princesse Murat, aux bottes haut lacées, à la manière cosaque de son premier mari ; ou Mme Marie Sheikévitch, ex-épouse du fils du peintre académiste Carolus-Duran, avec qui il parle de littérature russe, plus ou moins ex-maîtresse d'Anatole France, remariée avec un manchot, « héroïsme qui n'a pas duré », et qui aime montrer ses dents en disant : « Chez moi, tout est naturel... Elles sont à moi... »

Non que la guerre l'épargne totalement. Elle frappe autour de lui. Son frère Robert, médecin-major à Verdun, fondateur du premier bloc opératoire sur le front, a été blessé. Reynaldo Hahn est au front, « avec un côté *Mort du loup* » qui l'inquiète beaucoup. Bertrand de Fénelon, le Nonelef des *Ocsebib*, « l'être le plus intelligent », a été tué il y a deux ans.

Non que la guerre le laisse indifférent. Depuis qu'elle est là, ses personnages d'*A la recherche du temps perdu* deviennent plus noirs; une certaine dose de misanthropie intervient. Il s'irrite souvent de la sottise sans risques des chroniqueurs qui s'entêtent à appeler les Allemands les Boches, se gaussent de la *Kultur* et demandent qu'on n'apprenne plus l'allemand en classe. « Quand les Académiciens eux-mêmes disent *Boche* avec un faux entrain pour s'adresser au peuple comme les grandes personnes qui zézayent quand elles parlent aux enfants, c'est trop crispant... » Il garde une profonde répulsion de l'époque où, « rayé des cadres de l'armée pour maladie chronique », il avait à affronter d'odieux conseils de révision.

Voici douze ans qu'il vit pour ainsi dire au lit. Il ne sort presque plus. Cette pâleur extrême qui marque son visage, encore avivée par ses cheveux noirs, ses grands yeux noirs, et sa moustache noire, est celle d'un reclus autant que d'un malade. Il s'aime dans cette ouate. Il détesterait que des sentiments trop violents viennent le déranger. En définitive, il ne parle même jamais du front et des armées que dans les termes communément consacrés, en partie parce qu'il aura toujours accepté le cérémonial et les conventions de son temps, en partie parce qu'il aura toujours été « particulièrement sensible au sentiment de l'honneur et même du point d'honneur ».

Si reclus soit-il, il reste conformiste. Il s'en explique d'ailleurs lui-même dans une lettre à Paul Morand à propos de la guerre : « Je l'ai, hélas !, assimilée si complètement que je ne peux pas l'isoler. Je ne peux pas plus parler des espérances et des craintes qu'elle m'inspire qu'on ne peut parler des sentiments qu'on éprouve si profondément qu'on ne les distingue pas de soi-même. Elle est moins, pour moi, un objet, au sens philosophique du mot, qu'une substance interposée entre moi-même et les objets. Comme on aimait en Dieu, je vis dans la guerre... »

Si le mot d'Anatole France est vrai, et il l'est, à savoir que Marcel Proust est pour une part un Bernardin de Saint-Pierre dépravé, pour une autre part un Pétrone ingénu, il aura toujours été davantage porté à l'amertume qu'à la féerie. Pas étonnant qu'il tienne à « ordinariser » même le sublime et la tuerie.

Il y a les pacifistes

C'est une petite ville helvétique au bord d'un lac que hantent encore les ombres de Wagner et de Liszt. Elle s'appelle Thoune. Deux châteaux la dominent, celui du XIIe siècle, et celui du XVIe. La rue principale, Hauptstrasse, expose curieusement des boutiques superposées. C'est là que vous pouvez rencontrer, en exil, Romain Rolland, prix Nobel 1915 de littérature et chantre du pacifisme universel.

Silhouette haute et mince, légèrement voûtée. Visage oblong et douloureux. Yeux d'un bleu de ciel d'hiver. Un front haut et dénudé. Des mèches maigres qui s'accrochent aux tempes creuses. Sourcils retroussés. Fine moustache blonde. Vous en feriez un personnage du Greco ou de Clouet. Le cou toujours frileusement enveloppé d'un foulard, il semble dérisoire ou mièvre, voire morbide, tant il est blafard.

Il est l'incarnation d'une invincible mélancolie. Il semble traîner tout le désespoir du monde. Son goût pour la musique va « jusqu'aux larmes ». Il ne sait apaiser ses tourments d'intellectuel angoissé que devant son piano. Pas étonnant que cet hypersensible, mi-Pascal, mi-Hamlet, déteste les grandes villes, « organismes monstrueux où pullulent ainsi que les microbes de toutes les maladies, tous ceux de l'intelligence ». Ne reproche-t-il pas à Paris de corrompre tout ce qui est beau et pur ? Tel Rousseau, il repousse même le « rire impur ». Il irait jusqu'à s'abandonner au pessimisme le plus profond, comme Beethoven et Michel-Ange, qui se débattaient « dans le noir absolu ». Impitoyables, les frères Tharaud peuvent écrire qu'il vit dans « l'emportement d'une imagination qui ne trouve à se satisfaire qu'en revivant l'existence des plus illustres forcenés de la politique et de l'art ». Effectivement, Romain Rolland a déjà donné *les Loups*, *Les Léonides*, et un *Danton*, et projette un *Robespierre*. en attendant de faire triompher un grand théâtre sublime et pathétique, car il n'a que mépris pour le théâtre bourgeois

« réservé à dix mille privilégiés, ce théâtre de coucheries mondaines signé Donnay, Bernstein ou Porto-Riche » et il ne se sent rien de commun avec le théâtre « inepte », le style bravache à la Cyrano,tout cet héroïsme en carton-pâte des Rostand, des Sardou et de leurs imitateurs.

De fait, c'est l'idéaliste-né. Le montant de son prix Nobel, il l'a partagé entre la Croix-Rouge internationale et les œuvres sociales de Clamecy, sa ville natale. Il ose dire que dans l'Europe guerrière, l'intelligence « rivalise *partout* de violence et d'insanité ». Il s'indigne que la France en soit à fustiger ces bons esprits secondaires: Kant, Goethe, Heine, comme il se désole que l'Allemagne boycotte Carl Spitteler, grand poète de la Suisse alémanique, génial auteur du *Printemps olympien*. A la déclaration de guerre, il préfère s'exiler en Suisse plutôt que participer, pour quoi que ce soit, à ce qu'il appelle une guerre civile.

Au demeurant, il ne combat pas que la guerre. Avec la même rigueur et la même vigueur, il défie l'ignorance. Il n'a d'ailleurs jamais séparé la cause de la culture de la cause de la paix. Déjà Voltaire couvrait de sarcasmes ce Youssouf-Chéribi qui faisait de l'ignorance « la gardienne et la sauvegarde des États bien policés ». Il reprend le flambeau. Nul plus ardemment que Romain Rolland n'aura voulu rendre les hommes « meilleurs » en les rendant « plus instruits ». Il se veut une sorte de « légionnaire de la vérité ». On croit l'entendre prendre à son compte le mot de Péguy: « Dire la vérité, toute la vérité, rien que la vérité, dire bêtement la vérité bête, ennuyeusement la vérité ennuyeuse, tristement la vérité triste. » Rappelez-vous donc ce qu'il fait dire à l'un de ses héros, dans *Jean-Christophe*: « Que César conquière la terre s'il le veut, nous, nous conquérrons la vérité. »

Tel est en tout cas l'homme, si amer soit-il, qui, par *Au-dessus de la mêlée*, l'ouvrage qu'il est en train de publier et dont le titre est à lui seul un programme, campe l'apôtre du pacifisme et l'ennemi numéro un de la guerre.

Du coup, se plaçant, par sa haute protestation contre cette guerre aussi monstrueuse qu'idiote, au centre du drame de son Europe, c'est comme s'il voulait se situer au centre même de l'univers. Interdit en Allemagne, maudit comme un traître en France, mais traduit dès sa publication à Londres, New York, Rome, Stockholm, Copenhague et Madrid, ses thèses aimantent l'attention du monde entier. De la sorte l'appelle-t-on partout « le plus grand ami de tous les misérables, Boers humiliés et Dreyfus accablés, parias et moujiks, Lituaniens opprimés et Arméniens traqués. »

Mieux que quiconque, il s'élève contre la fatalité de la guerre, ose affirmer que « la civilisation de l'Europe sent le cadavre », et refuse d'englober dans la même réprobation le peuple allemand et ses mauvais génies, car « on fait la guerre à un État ; on ne la fait pas à un peuple ».

Quant à la paix, attention ! « Certes, l'Europe ne peut passer l'éponge sur les violences faites au peuple belge... Mais, au nom du ciel, que ces forfaits ne soient pas réparés par des forfaits semblables. Point de vengeances ni de représailles ! Ce sont des mots affreux. Un grand peuple ne se venge pas ; il rétablit le droit... Qu'y aura-t-il de changé à une revanche de plus ? Veillez à ce que la paix future n'engage pas la menace d'une autre guerre... »

En vérité, l'ensemble des mouvements pacifistes européens fut pris de court, en 1914, par l'adhésion des partis socialistes, et notamment du parti socialiste SFIO, à la politique d'Union sacrée et aux thèses de la « guerre patriotique ».

Les socialistes avaient été jusque-là les principaux animateurs de la croisade contre la guerre. C'est sur un programme de paix à tout prix que les socialistes français, aux élections législatives de mai 1914, avaient obtenu un résultat impressionnant, avec 1 350 000 voix et 102 sièges. Au Congrès de Paris des 14, 15 et 16 juillet 1914, Édouard Vaillant, contre Jules Guesde, faisait encore approuver une motion en faveur de la grève générale en cas de guerre. Slogan : les ouvriers français ne tireront jamais contre leurs camarades allemands, ni les ouvriers allemands contre leurs camarades français. A bas la guerre fratricide ! Vive la lutte des classes ! Tous unis contre la guerre capitaliste et impérialiste !

Tout changeait dès la déclaration de guerre. Les pacifistes ne pouvaient qu'en être désarçonnés. A notre date, quasiment tous les socialistes, quoique avec plus ou moins d'élan ou de résignation, soutiennent les gouvernements d'union et de défense nationale. Le parti est massivement pour la participation ministérielle, le vote des crédits de guerre, la primauté du devoir national. Rares sont les militants — Jean

Longuet, Betoulle, Pressemane, Fernand Buisson — à « traîner les godillots ».

Pourtant on sent renaître la tentation d'exploiter la lassitude populaire née du prolongement des hostilités.

Cette guerre est vraiment trop longue. Même le très nationaliste Paul Bourget le reconnaît. Elle impose des privations irritantes dont la somme devient exaspérante. Il faut attendre des heures le tramway ou l'autobus. Cafés et restaurants sont clos dès 8 heures du soir. Il faut faire la queue devant les épiceries et les boulangeries. Le pain « blanc » est remplacé par le pain « boulot », ou le pain « fendu ». Le médecin est encore plus rare que le tramway; le dentiste introuvable. Quand ce n'est pas le danger qui pèse sur les familles, c'est l'ennui.

Cette guerre n'est pas belle. Elle a perdu de son panache. Les guerriers d'aujourd'hui sont ternes et gris. Mis à part les aviateurs, il s'agit d'une guerre de taupes. On ne saurait comparer les luttes obscures des poilus, avec les charges éblouissantes des cavaliers de Murat ou de Blücher. La guerre enlaidit jusqu'aux villes de l'arrière qui, elles aussi, ne semblent vouloir s'habiller que de tissus rugueux, feldgrau ou kaki.

Pénible innovation: les statues emmaillotées. On voit les Dianes et les Walkyries des parcs publics cacher leur précieuse nudité dans des carapaces de sacs de sable, de poutres entrecroisées et de moellons de béton et de pierre.

Mais aucune campagne pacifiste ne s'organise. On ne sent monter aucun mouvement populaire qui puisse devenir massif. La croisade pacifiste, de fait, ne s'enorgueillit que de quelques brillantes personnalités, comme Romain Rolland — d'ailleurs en train de préparer un nouveau livre très engagé, *Aux peuples assassinés*.

Il y a aussi Bernard Shaw, le pacifiste provocateur. Son vrai destin est de mordre. Il aura accablé tout le monde, bourgeois et banquiers, partisans de la vaccination obligatoire et maniaques de la flagellation, clubs et vivisecteurs, fétichistes et soldats de toutes armes. Il n'est indulgent que pour lui-même, surtout depuis qu'il a enfin connu le triomphe avec sa comédie *Pygmalion*, créée le 11 avril 1914 au théâtre de Sa Majesté. Étrange personnage. Vous croyez découvrir un papa Noël, simplement amaigri: barbe de neige, cheveux de neige, yeux d'azur sous sourcils de neige. Vous retrouvez vite le diablotin. Il demeure aussi nerveux, à soixante ans, qu'au printemps de sa vie. Il ne peut jamais rester tranquille, surtout en conversation. Il n'arrête pas de croiser et décroiser ses bras et ses jambes, de tambouriner des doigts sur son genou, de s'agiter sur sa chaise. Faire beaucoup de bicyclette l'excite plus que cela ne le calme.

Il cultive systématiquement le paradoxe, le baroque, l'inattendu ou le scandale, comme si seul le défi pouvait épuiser son trop plein d'énergie et d'excitation. Il est singulièrement redoutable dans les salons, où il manie la provocation à jet continu. C'est cependant contre la guerre qu'il déploie sa verve la plus enragée. Il invective guerriers et uniformes. Il proclame tout net que si tous les soldats de toutes les armées étaient des sages, ils abattraient leurs officiers et rentreraient chez eux, et que si tous les citoyens des pays belligérants étaient raisonnables, ils ne paieraient pas d'impôts pour « ces sottes guerres diplomatiques ». Furieux de ne pas voir se créer l'« amitié inlassable » entre d'une part les pays de Shakespeare et de Newton, et d'autre part la patrie de Goethe et de Leibniz, il clame que les Junkers ne sont pas moins antipathiques en Angleterre qu'en Allemagne. Peu lui importe de déclencher contre lui une avalanche de haines et d'outrages (Herbert Hesquith, au mess de la Royal Navy, soutient que ce sordide individu devrait être fusillé). Il n'en a cure. Il est même sur le point de se faire radier de son club, le Dramatist's Club.

Ainsi Ramsay McDonald, un député socialiste qui se pique de savoir écrire. On croit rencontrer un clergyman, avec son regard de ciel, ses beaux cheveux blancs qui encadrent en perruque son visage cérémonieux, sa voix de prédicateur un tantinet pédant. Il dit haïr « physiquement » la guerre, se proclame ennemi aussi acharné de ce nouveau conflit européen qu'il le fut autrefois de la guerre sud-africaine. Il a refusé un poste de ministre dans le cabinet de guerre et accuse le parti travailliste de prendre l'esprit esclave des guerriers.

Le Belge Maurice Maeterlinck est de la corporation. Ce colosse est la vie même. Toujours en mouvement, larges épaules et figure mâle, menton de granit et regard d'acier, adorant étudier, inlassable sur bicyclette comme sur motocyclette, horticulteur, apiculteur, savant, linguiste, aussi passionné de botanique que de zoologie, il sillonne le monde entier, des Amériques aux Indes, d'Égypte en Perse, tel le poète grec cité par Jaurès et qui demande : « Pourquoi ne pas aller jusqu'à l'extrémité des vents et des flots ? » Précisément, il prône une sympathie globale pour tous les peuples sans exception et explique que, s'il est devenu pacifiste, c'est par spiritisme, parce qu'il croit à la survie de chaque homme sous une forme quelconque.

Le Suisse Ferdinand Ramuz, fils du canton de Vaud, est le pacifiste bucolique. Après avoir douze ans durant, connu à Paris « trop de travail et de déceptions », il a décidé de passer la guerre au calme de son pays natal. On le retrouve dans son village, Cully, où il écrit son *Grand Printemps*. Il n'y a pas plus montagnard, avec sa silhouette sèche et nerveuse, ses traits taillés à la hache, ses yeux bleus, ses rides épaisses, sa vénération pour les arbres et les hauts lieux. Il éprouve une telle répulsion pour la guerre, qu'il résiste mal à la tentation de mépriser une Europe aussi paniquée.

Mais tous ces hommes, ces écrivains, toutes ces consciences ne soulèvent pas les foules.

Il y a les nationalistes et les militaristes

Car tout se passe comme si la France était devenue militariste et même conquérante. Nous n'en sommes plus à nous contenter de réclamer « le retour de l'Alsace-Lorraine ». Le patronat et la banque rêvent d'une expansion en Sarre et au Luxembourg. Paul Claudel, au Quai, rédige une note demandant des prises de participation françaises dans les charbonnages de la Ruhr. Aux termes d'une note signée par Joffre en personne, les militaires exigent à présent « la frontière de 1790 », plus la Sarre et deux têtes de pont sur la rive droite du Rhin. Même les juristes amis du sage Léon Bourgeois demandent la neutralisation de la rive gauche du Rhin et le retour aux frontières d'avant Valmy. Seuls, Jules Guesde et la SFIO réclament une paix sans annexions. (Précisons que l'Allemagne du Kaiser n'est pas moins affamée : elle songe à un protectorat « économique » sur la Belgique, la

Hollande et le Danemark, à l'annexion du Luxembourg, à la prise sous contrôle du Maroc et de notre Afrique équatoriale.)

De surcroît, un indescriptible mélange de passions nationalistes se répand à travers l'Europe. Paris et Londres ont promis l'indépendance aux Slaves du Sud, aux Polonais et aux Tchèques, au risque de mécontenter les Russes, qui veulent la Pologne, et les Italiens, qui ne sont pas près de renoncer à la côte dalmate. Vienne rêve d'un grand royaume polonais, intégré à l'Autriche-Hongrie. On a nettement l'impression que l'Allemagne irait jusqu'à préparer l'annexion de la Belgique. En tout cas, le baron von Lancken, à Bruxelles, chef de la section politique du gouvernement général, agit en conséquence. Il « travaille » puissamment la population flamande. Environ 3 200 000 Belges ne parlent que le flamand, contre 2 800 000 français seulement, 900 000 sont bilingues. Appuyé par un parti « jeune flamand » très actif qui multiplie les manifestations séparatistes, il flamandise ouvertement jusqu'à l'université de Gand et met en place un « Conseil des Flandres », constitué de personnages désignés par le gouverneur général von Bissing.

Fatalement, dans un tel climat, les écrivains nationalistes français ont libre jeu pour développer leurs thèses anti-pacifistes. Leur raisonnement semblerait presque aller de soi. Ils rappellent aisément qu'il y aura toujours des fauves sur terre, qu'on ne saurait se battre contre eux les mains nues, ni l'âme désarmée. Ils répliquent aux neutres qu'ils ont le bonheur de l'être parce que d'autres ont le courage de ne l'être pas.

Certains vont plus loin encore, divinisant la patrie pour mieux la faire aimer, glorifiant l'État pour mieux le faire servir, ou célébrant les mérites de la force et de la virilité face aux troupeaux de moutons bêlants qui seront toujours des esclaves ou des victimes expiatoires.

Un Maurice Barrès, prince d'une jeunesse avide de renouveau, n'aura, au fond, jamais cessé d'écrire son *Roman de l'énergie nationale*, qui donne forme au nationalisme antiparlementaire, dénonce l'influence délétère de toute doctrine d'origine étrangère et célèbre essentiellement le culte de la « terre et des morts ». En son bel hôtel du boulevard Maillot, à Neuilly, à cinquante-quatre ans toujours aussi mince et brun qu'aux premiers temps où il s'illuminait du patriotisme de ses Lorrains, fière mèche sur le front, œil étoilé de noir, taille cambrée de matador, il continue de soutenir la même thèse. Pour lui comme pour Henri Vaugeois, son ami, la saine intelligence comme le plus naturel sens critique conduisent inéluctablement au nationalisme intégral. Théorème : la patrie s'adore en soi. Il ne cesserait pas d'en faire la démonstration, dans ses chroniques à *L'Écho de Paris*, de ce merveilleux style raffiné qui sait si bien concilier l'élan romantique et la tradition latine d'ordre et de raison.

De nombreux théoriciens en viennent à prôner les vertus du militarisme pur. Ils ne voient pas meilleur moyen de développer le culte du héros et d'enseigner le courage. Ils veulent à l'instar de Hegel, voir d'abord dans la guerre « la trempe des peuples » : sans son feu, toute race s'amollit ou se rouille.

Ils estiment que la guerre est importante pour la culture elle-même, « tant il est juste qu'il n'y a de culture qu'aux dépens de l'existence paisible » : la paix endort le talent ; la guerre seule réveille, exalte, ou forme le génie ; l'homme ne devient sublime et ne se dégage de toute médiocrité que dans le triomphe du grandiose ou le vacarme de l'apocalypse.

Ils assurent que la guerre a dans l'Histoire davantage uni que divisé les hommes. L'Allemagne peut admirer Guynemer, et la France Richthofen. En internationalisant le héros, la guerre rapproche les peuples. Elle seule crée une « humanité unifiée » parce qu'elle seule produit des valeurs universelles que tous les peuples peuvent contempler avec la même ferveur. Enfin, « la guerre est juste », parce que, comme disait Pascal, « il y aura toujours des méchants ».

Ainsi pense en tout cas Charles Maurras. Il ressemble jusqu'à la caricature à cette Florence qu'il décrit dans *Anthinéa* : « Murs épais, assises puissantes, ouvertures peu prodiguées... elle ferme, défend et cloître, c'est tout son service. » Il lui ressemble d'autant plus dramatiquement qu'une maladie d'enfance l'a laissé complètement sourd. On en oublierait que ce Provençal, admirateur de Mistral, épris de lumière pure et d'idées claires, sait chaque fois réserver à l'ami, dans sa maison, un accueil tout de bonté. Solitaire et farouche comme un donjon, c'est pour mieux servir la bataille qu'il se fait encore plus rugueux et hargneux qu'un militant. Tous les jours, depuis près de dix ans, il harcèle sans répit républicains, internationalistes, libéraux, universitaires, juifs, socialistes, sionistes et bergsoniens. Au vrai, son monarchisme même n'est qu'un élément tactique : le retour du roi lui apparaît simplement comme le plus subtil moyen de disqualifier le cosmopolitisme et le « bâtardissement » des républiques. Le but fondamental est de restituer le goût de la patrie charnelle et de la patrie spirituelle. Il est encore plus moral que politique. Car, la Liberté, il ne suffit pas de la vouloir pour qu'elle soit. Il faut la protéger. Elle suppose de toute manière que la Force garde la Cité, et que la Sagesse guide la Force. C'est bien cela : la politique n'est que le gouvernement des forces.

Et d'écrire, ce soir encore, pour *L'Action française* de demain matin, un long article de la même veine. Titre : « Constantza et Douaumont ». Phrases clés : « Le sacrifice des Latins de Dacie n'aura pas été inutile.... C'est grâce à Constantza que nous avons pu reprendre Douaumont... L'entrée en ligne de l'armée roumaine et la nécessité de sauver l'Autriche et la Bulgarie obligeant l'ennemi à décongestionner une partie de notre front nous a rendu une liberté d'action que le commandement français a utilisé avec la rapidité de l'éclair... Trois mille prisonniers constatent notre avance et les poilus français se répètent l'un à l'autre le grand mot familier du général de Castelnau : nous les tenons par les oreilles et nous les secouerons jusqu'à ce que leur cervelle soit en bouillie. Gardons par conséquent pleine confiance... Il est impossible, *si nous tenons*, si l'on ne nous décompose pas de l'intérieur, que l'ennemi tienne jusqu'au bout... L'œuvre de dissolution et de dénigrement philoboche ne s'accentue au-dedans des pays alliés que parce qu'il n'y a que nos propres divisions pour fertiliser les mouvements militaires qui restent permis à l'Allemagne... La victoire sera ou ne sera pas. Si elle est, elle donnera tout ce qu'on pourra lui demander d'utile et de sage. Face au sophisme pacifiste, qui, sous prétexte de stériliser la guerre, la ferait renaître avant peu, nous ne cessons de répéter de cette victoire bénie : qu'elle paie ses hommes ! Qu'elle paie ses nations ! Qu'elle dédommage ses tristes victimes jusque dans la cinquième ou sixième génération !... De ce côté-ci de l'Europe, les choses vont certes bien. Elles iraient peut-être mieux si l'on eût parlé davantage aux armées et aux peuples de la splendeur des dépouilles, de la richesse des butins. Bonaparte était Bonaparte : il n'en montrait pas moins à ses soldats l'opulence des plaines à conquérir... Et nos troupiers qui sont les plus idéalistes des hommes n'en chantent pas moins qu'il y aura la goutte à boire là-haut... »

Comment le plus rude nationalisme ne se chanterait-il pas en France ? L'Europe s'en exalte, l'Angleterre avec Rudyard Kipling ; l'Italie avec Gabriele d'Annunzio ; l'Espagne avec Miguel de Unamuno ; le pangermanisme, à Vienne, avec Houston Stewart Chamberlain. Cet Anglais de naissance, naturalisé allemand, marié avec une fille de Wagner, il appelle à une Europe allemande.

Les nationalistes français se mêlent de toute leur force, à ce formidable concert. Et Georges Sorel, qui à soixante-dix ans, n'a rien perdu de sa vigueur pour dénoncer la décadence des élites bourgeoises et prôner l'usage continu de la violence, seule régénératrice, d'entrer à fond dans les polémiques du temps. On aura pu l'appeler « un Socrate qui distribue la ciguë au lieu de la boire ». Son apparence est tout à fait celle d'un homme tranquille, avec sa voix douce, sa redingote bourgeoise et son cher haut-de-forme. Son style est celui d'un professeur en retraite qui ne se lasse pas de disserter sur l'État, la chasteté hygiénique, le bergsonisme ou l'Acropole, ayant pour livres de chevet Renan et la Bible. Il loge et travaille dans un humble grenier minuscule et surchauffé, envahi de bouquins et de papiers. Mais il manie la foudre, pour appeler les nouvelles Sparte contre les nouvelles Athènes, préconiser la révolution aristocratique totale et annoncer tous azimuts le règne de la force.

Et Léon Daudet, aussi arrondi, ouvert, tonitruant que son maître Charles Maurras est maigre, rébarbatif et taciturne, pratique, quant à lui, le nationalisme truculent. Il tire sur les « Excellences » de la République, comme dans les baraques de foire on tire sur les marionnettes en chiffon. Il ne fait aucune grâce, même s'il est implacable à coups de grands éclats de rire gargantuesques. De fait, ce formidable païen aime la nation comme la vie même, de toute sa voracité, de toute sa gourmandise. « Ni matérialiste, ni réaliste, ni spiritualiste : vivant, voilà ma devise » fait-il dire à son porte-parole, Langlade, l'un des héros du *Lit de Procuste*. Après tout, pourquoi ne serait-il pas le nationaliste le plus vrai ? Nationaliste de bonne humeur, allègre, fier de soi, « irrésistible ».

Même les poètes, au service de la nation sacrée, prennent leur plume la plus guerrière, témoin Pierre Chapelle, publiant dans le recueil *Camouflets* ce sonnet, illustré par Charles Leandre, sur le Kronprinz.

Né d'un vautour bâtard mi-manchot mi-bancal
Portant sur votre front la tare héréditaire
Vous empruntez à tous les monstres de la terre
Quelque attribut hideux, et ce n'est point banal !

Le cou, vous l'avez pris au busard ; au chacal
Le mufle humide et vil ; à l'hyène qui déterre
Les cadavres, la griffe outre le caractère
Au triste oiseau des nuits l'œil vitreux et fatal.

Pour vous classer je cherche une catégorie.
Vous formez, à vous seul, une ménagerie
Dont, je le gagerais, n'eût pas voulu Bostock.

Mais qu'importe ! Un hibou — tenez ceci pour règle —
Eût-il volé bec et serres d'un aigle,
Altesse, croyez-moi, ça ne vaut pas un coq.

Chapitre XXVII

A Paris, ce soir

Il est 10 heures du soir. Paris dort depuis une heure, dans un silence impressionnant.

Aucune lumière : dans un rayon de deux kilomètres autour de la tour Eiffel, tous les réverbères sont éteints. Au-delà, ils brûlent en veilleuse.

Sinistre, ce Paris lunaire, plus encore lorsque le long pinceau des projecteurs électriques balaie, d'un rythme obstiné, le ciel, à la chasse des oiseaux ennemis.

Dans trop de foyers, comme dans bien des maisons d'Europe, pendant cette abominable tourmente, on pleure ou on tremble. Car ici aussi, c'est la guerre, l'angoisse et les larmes. Le danger est devenu perpétuel. La guerre était jadis un fantôme qui venait soudain vous défier et disparaissait aussitôt. Mais cette guerre a des épouvantails qui ne disparaissent jamais. A chaque instant, vous êtes menacés d'apprendre la mort de l'un des êtres que vous chérissez le plus au monde. Jamais on n'aura vu autant de blessés, dont certains porteront à jamais des cicatrices hideuses ou supporteront de terribles infirmités. Il ne peut qu'en résulter une répulsion générale pour l'ensemble de la guerre, encore que la censure interdise aux journaux de publier les photos de blessés « qui font peur ».

Que de prières, prononcées dans la nuit, pour que les dieux de la guerre épargnent tel père ou tel fils ! Comme elles sont loin, les soirées joyeuses des premières années 1910 ! A croire que nous avons changé de planète. La saison 1912 fut particulièrement éblouissante. Ainsi, les inoubliables fêtes persanes qu'on ne se lasserait pas de raconter, où la comtesse de Chabrillan et la comtesse de Clermont-Tonnerre se disputaient « avec une charmante angoisse » l'honneur d'organiser la plus belle réception. C'était à quelle Parisienne serait la plus belle Schéhérazade. La princesse Guy de Fancigny-Lucinge exécutait la danse du sabre avec une grâce exquise — la comtesse Jean de Castellane, en blanc lamé d'argent, étincelante de diamants, la danse du serpent.

Les saisons actuelles proposent de tout autres bals. Ou alors Schéhérazade se fait espionne. Il en est probablement ainsi de Mata-Hari. Elle est d'ailleurs placée sous haute surveillance. Logée à l'Élysée Palace Hôtel, 103 avenue des Champs-Élysées, elle est pistée jour et nuit.

Telles sont désormais nos nouvelles reines de l'ombre. Et dire que le nom de Mata-Hari signifie en français « Pupille de l'Aurore » !

On la dit née au sud de l'Inde, sur les côtes de Malabar, d'un père brahmane et d'une mère bayadère. On raconte qu'étant enfermée fillette dans la grande salle souterraine du temple de Kanda Swany pour être initiée aux rites de danses sacrées, la grande maîtresse des bayadères, frappée de ses dons exceptionnels, décida de la consacrer à Siva et lui révéla savamment et voluptueusement les mystères de l'amour — et de la foi — une nuit de la Sakhy-Poudja de printemps. Plus prosaïquement, elle est née Margareta Gertruida Zelle, le 7 août 1876 à Leuwarden, en Frise, aux Pays-Bas, sous l'humble toit d'un vendeur de casquettes. Seul luxe de naissance : le même signe astrologique que Teresa Cabarrus, George Sand et Cécile Sorel. Après avoir connu ses premières aventures avec de jeunes officiers à Scheveningue, elle épousa, un peu par hasard, un certain capitaine Rudolf Mac Leod. Alors âgée de vingt ans, elle offrait une beauté parfaite, corps félin d'une émouvante harmonie, visage d'un irréprochable ovale, yeux d'or sous de longs cils, bouche gourmande, teint mat et velouté, cheveux très noirs répartis en deux bandeaux à la Cléo de Mérode. Le temps de donner naissance à un fils, Norman, à Amsterdam, et la belle s'embarquait avec son époux pour Java, à bord du *Prinser Auralia*. Hélas ! L'époux était plus jaloux qu'un tigre du Bengale, maniait à l'excès la cravache, tirait la belle par ses longs cheveux, menaçait de la défigurer, lui arrachait même un jour d'un coup de dent le mamelon gauche, (dorénavant elle ne montrera plus jamais à personne sa poitrine nue). Divorce. Puis époque noire : une maison de passe à Scheveningue, des écoles minables de théâtre, un quartier mal famé de Van Woustraat. C'est Paris, paradoxe, qui aura redonné à l'enchanteresse toutes ses chances, le Paris 1903, la « capitale du péché », « Gomorrhe de l'Occident ». Elle s'y produisit dans des cafés-concerts et des cirques, exécutant des danses « brahmaniques » dans les déshabillés les plus lascifs. Sans danser divinement, elle sut tenir les mâles sous un lourd charme érotico-artistique. Elle multiplia les amants, dont on va racontant qu'elle les abreuve de philtres magiques, composés « de poivre Chaban, de racines d'onchala, de graines de sanseviera, de rox bourguiana, de jus de kshira et de branches de Shadavanstra ». Parmi ces amants, dès 1911, on compta le prince von Radolin, ambassadeur d'Allemagne, le maître de ballets Saracco, espion notoire, et un certain von Hintzen, « l'homme aux cent masques », roi de l'espionnage allemand en Espagne. C'est depuis lors que notre Deuxième Bureau l'a sous surveillance, renforcée encore après un long séjour de la belle outre-Rhin. On ne la quitte plus d'une seconde, sous l'autorité vigilante du capitaine Ledoux. On la suit même jusqu'à Vittel, où elle est censée effectuer des cures. La conviction du Deuxième Bureau est solidement établie que la si troublante, si ensorcelante Mata-Hari est un élément fondamental de l'espionnage allemand à Paris. Feuilleton à suivre, d'autant que les preuves de la trahison ne sont pas évidentes. Black-out ou pas, Mata-Hari coupable ou pas, Paris n'est cependant pas complètement assoupi.

C'est l'heure des éditorialistes, écrivant en toute hâte, leur papier, Clemenceau, Cachin, Maurras et pour le très pacifiste *Bonnet rouge*, le journal le plus censuré de tous, le général Percin.

Verdun ou pas, c'est aussi l'heure des théâtres. Ils affichent tous salle comble. La Comédie-Française a donné cet après-midi *La Course du flambeau*, de Paul Hervieu, en répétition générale. Il s'agit d'une pièce profonde et trouble, atrocement mélancolique, créée il y a douze ans par Réjane, et où Bartet, notre grande, notre incomparable Bartet, est, dans le rôle de l'héroïne, une jeune veuve se sacrifiant pour sa fille, sublime de tendresse et de passion contenue. Berthe Bovy est tout à fait convaincante dans le rôle de l'égoïste fille.

La Comédie-Française joue ce soir *L'Avare* et *Un Caprice*. L'Opéra-Comique offre dès 20 heures 15 *La Traviata*. Le Gymnase affiche une ravissante opérette, *La Petite Dactylo*, qui, aux côtés d'un toujours formidable Harry Baur, révèle une adorable artiste, à la voix d'or, nommée Yvonne Printemps. De fait, c'est une reprise de *Aimé des femmes*! un vaudeville que donna le Palais-Royal. Intrigue : deux couturiers ont des femmes légères ; leur commanditaire a des bontés pour la petite dactylo ; le directeur de la maison est un séducteur dont la clientèle féminine se dispute les faveurs ; à la fin, après avoir failli cocufier ses deux patrons, ce don Juan de la confection épouse la dactylographe.

Les Capucines donnent une revue, *Tambour battant*. Une fois encore ce petit théâtre démontre qu'il garde toujours de la tenue, pour mieux plaire au public délicat de la maison.

Le théâtre Antoine, sous la direction de Gémier, propose une pièce d'actualité due à la collaboration de deux jeunes auteurs belges. Un ingénieur s'en va aux Amériques pour fonder une usine de guerre, mais est poursuivi par la haine des Allemands résidant à Boston. Il finirait par succomber si une actrice américaine, *L'amie d'Amérique*, ne le prenait sous sa protection. Le hasard permet même à cette Égérie transatlantique de dénouer les fils d'une infernale machination. Nécessairement, les damnés Boches sont mis en déroute et l'usine fabrique, à plein rythme, canons et munitions.

Le Théâtre Réjane propose *Mister Nobody*, (énorme succès), l'Ambigu *Le Maître de forges* (on refuse du monde). Ne pas manquer surtout le jeune Sacha Guitry dans *Faisons un rêve* aux Bouffes-Parisiens, ni Lavallières à l'Athénée dans *L'Ane de Buridan*.

Au théâtre Michel, Spinelly, Raimu et Louis Maurel jouent *une Femme, six hommes et un singe*, trois actes de MM. Pierre Veber et Yves Mirande. C'est même ce soir, à 8 heures 45, la « générale privée », la première étant prévue pour demain.

Grand frisson au Grand-Guignol avec *La Marque de la Bête*. Fou rire au Dejazet avec une inénarrable *Nuit de noces*. Pléïade de jolies femmes à la Scala qui, dans une salle modernisée, offre *La Dame de Chez Maxim's*, avec le comique Michel Simon.

Il est rare de trouver une troupe d'un talent et d'un ensemble aussi parfaits que celle qu'a su réunir Max Dearby au Théâtre-Nouveau pour interpréter *Kit* (dernière ce soir).

L'archiduc des Folies-Bergère continue d'attirer le public en foule au splendide music-hall de la rue Richer : tous les soirs, les spectateurs acclament enthousiastes les brillants interprètes de l'exquise opérette de Louis Ganue, Jane Marnac en tête. Mayol chante chez Mayol.

Nos salles de cinéma, même si le septième art est encore adolescent, ne connaissent pas moins de succès. S'il nous faudra attendre vendredi pour voir le grand film de Gabriele d'Annunzio, *La Joconde*, à l'affiche des Nouveautés-Aubert-Palace, boulevard des Italiens. On peut du moins vous recommander, chers permissionnaires, au Gaumont-Palace, *Remember*, puis *Alsace*, pellicule superbement impressionnée par Réjane, et au Vaudeville, *Les Chasses du duc de Montpensier*, ainsi que *Crésus*, d'après Henri de Rothschild.

Quoi que vous choisissiez, vous êtes assurés de passer une excellente soirée. Puis, avant de vous endormir, si vous n'avez pas pris deux heures pour aller souper, par exemple Chez Maxim's, où nos aviateurs se donnent régulièrement rendez-vous, vous n'avez qu'à lire notre grand journal du soir, *Le Temps* — le journal qui passe pour le plus sérieux du monde. Vous y lirez notamment le principal article de la Une, voué au nouveau régime fiscal dont sont menacés les professions libérales, le journal s'insurgeant surtout contre les nouveaux moyens d'investigation accordés au fisc.

Avant de sombrer dans un quiet sommeil, sous le duvet de votre édredon, ayez tout de même une pensée pour les gars qui, là-bas, du côté des Hauts de Meuse, veillent sur vos conforts, vos libertés, vos théâtres.

Chapitre XXVIII

On parle dans les tranchées

Il doit être 11 heures du soir.

C'est l'heure où les salons parisiens bruissent de toutes sortes de potins, de nouvelles et de grâces.

Nos plus exquises poétesses continuent d'y faire leur miel, Lucie Delarus-Mardrus, aussi amoureuse que toujours de Parisiennes callipyges ; la très nationaliste Gyp, née Sibylle Gabrielle Marie Antoinette de Riquetti de Mirabeau, comtesse de Martel de Janville, non moins fougueuse que son historique arrière-grand-oncle, mais aussi réactionnaire qu'il fut révolutionnaire, qui nous écrit actuellement *Les Flanchards* ; Gérard d'Houville, épouse d'Henry de Régnier, fille de José-Maria de Hérédia, belle-sœur de Pierre Louÿs, et belle-sœur de René Doumic, à elle seule toute une académie ; Myriam Harry, fille d'une comtesse allemande et d'un juif russe orthodoxe converti à l'anglicanisme, née et élevée à Jérusalem dans une maison sarrazine, parlant couramment l'anglais, l'allemand et l'arabe, qui adore paraître dans les soirées le visage voilé, qu'on pourrait imaginer évadée d'un harem et qui compose *Siona chez les Barbares*.

Anne de Noailles continue de régner tout en soupirant sur un cénacle de dévots et de dévotes. « L'abeille de l'Hymette » l'appelle Moréas. Claudel, moins gentil : « Une colombe en bois avec un œil blanc. » Elle ne quitte son lit, rue Scheffer, qu'au crépuscule. Elle ne griffonne ses poèmes que couchée. Beaucoup de peintres continuent d'être requis pour saisir ce regard améthyste, ce nez fleuret, ces rondes épaules « couleur neige rose du Fuji Yama » comme dit Foujita.

Tout ce qui doit se savoir se répand dans nos salons : que le général Foch souffre d'une rétention d'urine et que l'abbé Mugnier, fort aimable pasteur des ouailles du faubourg Saint-Germain, si mondain et si dîner-en-ville que l'on dit de lui « qu'on l'ensevelira dans une nappe », va être décoré ; que Diaghilev songe à faire interpréter un ballet, *Le Chant des bateliers de la Volga* et que le docteur Maurice Girardin qui se dit « dentiste la semaine, peintre le dimanche et collectionneur le reste du temps » — ce qui laisse entendre que le dentiste soigne peu de clients et que le peintre laissera peu de tableaux —, vient d'enrichir sa prodigieuse collection du *Saint-Tropez* de Signac et de *L'Oiseau-paille-en-cul* de Rouault ; que le grand sculpteur américain Chapman Chadler vient de s'engager dans l'aviation française et que la disgrâce de Joffre serait imminente.

Mille sujets passent au crible, en désordre. André Antoine, cinquante-huit ans, ruiné avant la guerre par le Théâtre Antoine et si angoissé pour la suite de sa carrière, aura connu des épreuves plus suppliciantes encore : son fils Henry, engagé volontaire malgré ses convictions anti-militaristes, blessé, émasculé par un éclat d'obus, ne pensant plus dès lors qu'à disparaître, se fait incorporer dans la sanglante « division de fer » de Mangin, et tué à la Targette ; son second fils, André-Paul, blessé trois fois, est aviateur dans le groupe des Cigognes.

Coco Chanel, ancienne enfant naturelle née à l'hospice, élevée en orphelinat, livrée aux pires hasards, débutant dans le caf'conc est vite devenue l'une de nos princesses de la haute couture. Toujours aussi irréelle. Toujours aussi bavarde. Il n'y a que Cocteau pour être plus bavard qu'elle. Mais elle accomplit ce miracle, durant la guerre, de passer, en bruissant, comme une libellule — non sans se préparer à lancer une phénoménale nouveauté, la robe jersey...

Liane de Pougy, l'une des cocottes et reines de la Belle Époque, princesse Ghika depuis 1910, a perdu son fils, né d'un premier mariage, l'aviateur Marc Poupe, engagé volontaire, tombé fin 1914 à Villiers-Bretonneaux, mais a décidé de tenir tête au destin. Restée très belle, longiligne, cou long, visage ovale, bras longs, longues jambes, elle reçoit beaucoup, malgré son deuil, en son hôtel particulier qui appartint au duc de Noailles sous Louis XIII.

Vous ne rencontrerez pas Sarah Bernhardt : elle est en tournée outre-Atlantique ; elle a visité hier les chutes du Niagara ; elle se dit heureuse de fêter son soixante et onzième anniversaire au milieu du peuple américain, mais vous pouvez aisément rencontrer Cléo de Mérode qui défraya la chronique par ses amours avec le roi Léopold — Cléo et Cléopold, disaient les humoristes — et donne à présent des leçons de danse rue de Téhéran, non sans recevoir elle aussi beaucoup.

Quand elle n'est pas chez elle à Londres, au 213 de King's Road dans le quartier de Chelsea, Winnaretta de Polignac, née Singer, fille d'Isaac Singer, l'inventeur richissime de la machine à coudre qui porte son nom, donne rue de Berri de fastueux dîners où se rassemble le gratin du Tout-Paris et à l'issue desquels elle fait régaler ses invités d'un quatuor de Borodine, ou des commentaires de Joseph Reinach sur les rapports de Briand avec la Chambre, ou la meilleure manière de contrecarrer la montée des sentiments pro-allemands qui gagnent les États-Unis.

Claude Debussy, depuis trois ans ravagé par un cancer, désespéré d'avoir été déclaré inapte au service militaire, n'aura jamais été plus anti-allemand. Il ne cesse de vociférer contre les « métèques », tous bons à fusiller ou à expulser, et proclame inlassablement que les « miasmes austro-boches » (y compris Wagner, bien sûr) devraient être à jamais proscrits de l'art. Cruellement opéré il y a un an, abîmé, on se demande d'ailleurs par quel prodige il arrive encore à travailller ; compose actuellement une sonate pour violon et piano.

Ah ! Ces socialistes convertis à l'Union sacrée ! On assure que ce mécréant de Jules Guesde, au ministère, a pour chauffeur un prêtre mobilisé. On rappelle que le camarade ministre Sembat, qu'on dit luxueusement domicilié rue Cauchois à Montmartre, fut un excellent élève du Collège Stanislas. On s'interroge beaucoup sur le sort du camarade député Joseph Paul-Boncour, engagé comme simple soldat, déjà lieutenant, lieutenant d'état-major à Paris, dont on vous glisse dans l'oreille qu'il doit ses galons au fait d'avoir su négocier avec la CGT pour obtenir les terrassiers chargés de creuser des tranchées autour de Paris.

Savez-vous que Gustave Eiffel, le père de la tour, est toujours vivant ? Il a quatre-vingt-quatre ans. Il vit en patriarche en son bel hôtel de la rue Rabelais. Il conserve assez de vigueur et de lucidité pour passer encore des heures dans son laboratoire à animer des expériences sur les corps fuselés, les ailes d'avion, les cellules bi-places, le jeu des hélices et la pression du vent.

Quelle est la femme la plus extraordinaire de notre temps ? A coup sûr, l'Américaine Marie Marvingt, première femme à obtenir un brevet de pilote de ballon libre, l'une des premières à obtenir celui de pilote d'avion, puis de pilote d'hydravion, alpiniste sans peur, mécanicienne de locomotive, virtuose du canoë, première femme à traverser Paris à la nage, accomplissant un Tour de France en tricycle, championne de ski et de bobsleigh, as du sabre et du fleuret, première femme à avoir accompli à cheval le saut périlleux au galop, pratiquant avec autant de maîtrise le golf et le jiu-jitsu que le polo et le waterpolo, parlant couramment cinq langues, diplômée de droit, certifiée de médecine, cordon bleu gastronome, experte en hypnotisme, personnage rabelaisien. La voici infirmière sur le front. Avec la complicité d'un jeune officier, elle aura même servi sous uniforme masculin, au 31e bataillon de chasseurs alpins. On comprend mieux la phrase de Gandhi : « Appeler les femmes le sexe faible est une diffamation. »

On commente tel mot de Jean Cocteau : « Charlot, c'est l'esperanto en images » ou ce jugement terrible de la Bovy, de la Comédie-Française, disant de la Robinne, sa rivale, également de la Comédie-Française, plantureuse et dodue à souhait : « Elle a l'air d'un agrandissement. »

Savez-vous que Marie-René Alexis Saint-Léger (futur Saint-John Perse pour la littérature) fils de l'îlot de Saint-Léger-les-Feuilles à la Guadeloupe, devenu l'un de nos jeunes diplomates les plus distingués, vient d'embarquer pour la Chine comme secrétaire de la légation de France ?

Des nouvelles de nos musiciens ? Florent Schmitt, Lorrain de naissance, a bouclé dès août 1914 son sac de territorial. Manuel de Falla, fuyant la guerre, a quitté Paris pour Madrid où il composerait un triptyque pour piano et orchestre, *Nuits dans les jardins d'Espagne.* Arnold Schoenberg est mobilisé dans l'armée autrichienne. Igor Stravinski passe sa guerre en Suisse romande, où il nous prépare des *Noces*, quatre tableaux dans un décor ukrainien : la toilette de la fiancée, la préparation du futur, le départ de la mariée et un repas de noces à tous points de vue copieux. Maurice Ravel, plus célibataire que jamais, plus solitaire que jamais, plus misogyne que jamais, et plus que jamais s'exprimant par brèves boutades ou aphorismes, vit replié dans sa maisonnette de Montfort-l'Amaury au milieu de ses petits automates, de ses jouets rares et de ses bibelots saugrenus, parmi le petit peuple qui lui reste très cher.

Des nouvelles de Renoir ? Il est sur la Côte d'Azur. Supplicié par les rhumatismes, condamné à des nuits de souffrances atroces, incapable de marcher, piquant des rages contre une infirmière trop autoritaire qu'il appelle la Médecine, chaque soir retardant le supplice du lit (« Pourquoi donc les os des fesses sont-ils aussi pointus ? »), hanté par les mouches qu'il ne sait pas chasser (« Elles sentent mon cadavre »), il n'en garde pas moins son regard pour tel coquelicot qui flamboie ou telle rose attendrissante, et n'en a pas moins assez de poignet pour, de son pinceau ligoté à sa main qui ne peut plus le saisir, continuer de chanter le corps de la femme. « Rubens s'en contenterait » grogne-t-il face à ses dernières baigneuses.

Et le rationnement d'huile ? Ou de sucre ? Et le jeune Abel Gance, ancien poète et acteur qui, caméra au poing, ne quitte plus les tranchées ? Et les distributions de charbon ? Et les nouvelles charges de Mangin ? Et cet article de *L'Illustration* consacré par Henri Lavedan à celles qu'il appelle les « Veuves blanches » ? Problème. Car « entre beaucoup des cas de conscience qu'aura créés la guerre, en voici un des plus fréquents et des plus douloureux, c'est celui de la jeune fille dont le fiancé est tué. Doit-elle se refiancer ? » Oui, elle le doit, pense Lavedan.

Ou bien l'on commente à gogo les principales caricatures — pour la plupart vouées à entretenir « le moral de l'arrière ». Témoin le fameux dessin de Forain. Deux soldats parlent dans une tranchée. « Pourvu qu'ils tiennent ! » soupire l'un. « Qui ça ? » demande l'autre. « Les civils » répond le premier.

Là aussi, il y a tous les tirs possibles et imaginables. Une véritable « guerre de crayons » se déroule. C'est à qui, des dessinateurs en bataille, nous livrera les images les plus terribles de mains coupées, de langues arrachées, de crânes défoncés, de cervelles qui éclatent, d'églises éventrées, de monastères profanés. Germania devient de toutes parts une ogresse vorace, ou « la Circée prussienne » ensorcelant un peuple d'esclaves.

Sir Philip Burne-Jones, pour le *Sketch* de Londres, adapte au goût du jour *Le Chevalier de la Mort d'Albert Dürer*: sur fond de tour Eiffel, les têtes des chevaux reproduisent les visages de François-Joseph et du Kronprinz, le chien a la face du sultan, le Kaiser en selle porte un petit enfant belge embroché sur sa lance.

Willette emprunte aussi à Dürer, mais cette fois à *Melancolia*, pour mieux figurer l'Alsace prisonnière sous la surveillance d'un reître à casque à pointe.

Évidemment, de leur côté, les dessinateurs allemands ne sont pas moins féroces. Marianne devient une prostituée pantelante dans les bras des moujiks (Guillaume aime dire que la France est un pays femelle), ou Cléopâtre une victime du serpent anglais. Britannia est toujours squelettique et triste. Une double page des *Lüstige Blätter*, intitulée « Nous les Allemands, craignons Dieu et personne d'autre », et illustrée par W.A. Wellner, nous montre un Hindenburg transformé en chevalier de justice terrassant la Mort (l'Anglais) et le Singe (le Français) tandis que de preux fantassins allemands chassent à coups de crosses des Sénégalais éperdus. On retrouve Joffre en haltérophile au regard mauvais, Lloyd George en jongleur sinistre, Viviani en illusionniste, Poincaré en singe savant japonais, Grey hypnotisant Briand, la flotte anglaise en équilibre précaire au bout d'une plume piquée sur le nez d'un Pierrot qui ressemble à Winston Churchill, et cela est censé constituer le grand cirque *franco-anglais*.

Dessin de Peterson pour les *Lüstige Blätter*. « Amenez-moi vos prisonniers! » demande un adjudant français à ses Sénégalais. Réponse: « On les a bouffés, chef! ».

Dessin de Karl Arnold dans *Kladderadatsch*: Une négresse en train de préparer son fricot, dit à ses deux négrillons: « Votre papa est parti au-delà des mers combattre le Hun barbare, et, si vous êtes bien sages, il vous ramènera un steak d'Allemand ! »

Heilmann s'est fait une spécialité de caricatures de nègres en train de violer ou de séduire des élégantes du Bois de Boulogne.

Mais, de ce côté-ci du Rhin, le festival est encore plus flamboyant. A nous, les uhlans décapitant des gosses, éventrant des femmes, torturant des vieillards, fusillant des prêtres. Même le peintre Jean-Gabriel Domergue — qui se révèle un caricaturiste de talent — est requis pour illustrer les atrocités commises par les « Huns », les « Barbares », les « Uhlans tortionnaires ».

Jeux de mains, tel est le titre d'un dessin de Jean Cocteau pour *Le Mot*, journal du dessinateur Paul Iribe. Six grands gaillards teutons sous casque à pointe, décorés de la croix de fer, armés de poignards, s'approchent d'une fillette sans défense qui pleure toutes les larmes de son corps. Légende : « N'ayez pas peur, fillette, nous venons simplement vous demander votre main. »

On ne se lasse pas de rappeler par le dessin le bombardement de la cathédrale de Reims ou « l'assassinat du paquebot *Lusitania* ». Le Kaiser aura été caricaturé sous les traits des animaux les plus ignobles, hyène, chacal, putois, caïman, scorpion.

Et Paris, cartes et dessins en mains, de papoter, de papoter...

C'est pourtant l'heure aussi où on parle dans les tranchées. Une fois organisé le terrain conquis, des carrières d'Haudromont au ravin de la Fausse-Côte, les poilus ont un temps de répit pour échanger des impressions.

Aux officiers et aux observateurs de faire le point. Ils s'y emploient.

« Notre succès, note André Tardieu pour *l'Illustration*, rétablit la protection de Verdun sur la ligne où la nature indique qu'elle doit être assurée. Il lui rend de l'air et de la liberté. Il lui permet de se transformer demain en offensive, si le commandement le juge utile. Il nous restitue tout l'essentiel de ce que le Kronprinz avait conquis du 21 au 25 février. » De plus, « la victoire de Douaumont, avec ses six mille prisonniers et ses inappréciables résultats locaux, démontre que nous sommes désormais en mesure de porter à l'ennemi des coups qu'il ne peut parer ni rendre. C'est ce que les hommes appellent "du beau travail" et c'est en effet une œuvre harmonieuse de prévoyance, de décision et d'énergie, où se manifeste avec éclat le progrès de nos méthodes offensives... Ce que nous avons fait à Douaumont, nous pouvons le faire ailleurs — avec plus de profit encore, puisque l'ennemi, dans nombre de secteurs, est moins fort que sur la Meuse... »

On n'en a que plus d'admiration pour la résistance héroïque du commandant Raynal et de ses hommes, lorsque les Allemands conquirent le fort de Vaux. De la mi-mars au 1er juin, l'artillerie allemande avait écrasé nos positions sous des masses de projectiles lourds : huit mille obus lourds étaient lancés quotidiennement sur nos défenses. L'assaut final avait commencé le 1er juin. Les Français repoussaient successivement dix-sept attaques, opéraient six contre-attaques à la baïonnette, sous un bombardement incessant de quarante-huit grosses pièces, sans oublier l'action des liquides enflammés et des gaz asphyxiants. Mais les communications étaient coupées. Les défenseurs se retrouvèrent privés de ravitaillement. C'est la soif qui finit par avoir raison d'eux. Le 7 juin au soir, le commandant Raynal, ayant résisté au-delà des forces humaines, était obligé de se rendre, après un dernier combat acharné, dix-huit heures durant. Un bougre d'homme, Raynal ! Menton de fer. Front haut. Peur de rien !

Et l'aspirant Buffet, le prodigieux aspirant Buffet, le 5 juin, chargé de porter un message, quittant Vaux tout seul, franchissant les lignes allemandes, traversant le no man's land, manquant se faire tuer par les Français en arrivant dans leur première ligne, faisant le point de la situation au général, et acceptant de rapporter à Raynal une communication urgente, reprenant l'infernal chemin, retrouvant l'odeur des charognes, bondissant d'entonnoir en entonnoir, traqué par les mitrailleuses, traversant le barrage des 210 allemands, se demandant aux approches du fort de Vaux si Raynal ne l'a pas déjà perdu, s'il ne va pas se trouver nez à nez avec les Allemands, et s'entendant dire par le commandant Raynal, qui l'embrasse : « Ce que vous avez fait là est épatant, mon vieux... » !

Il n'en reste pas moins qu'il faut aussi dresser les plans

pour demain. Car, demain, on attaque encore. A prendre: la tranchée Gotha, la tranchée Siegen, la tranchée Saalle.

On a Douaumont. Il faut bien libérer son frère, Vaux. On y arrivera, c'est sûr.

(Le fort de Vaux ne tombera que le 2 novembre, le soir du jour des Morts.)

Et nos officiers de consulter leurs cartes et d'envisager les moyens matériels à mettre en œuvre, et avec quels effectifs. Les simples poilus eux, sous un parapet de tranchée ou dans une cagna allemande, parlent « de tout et de rien ».

Roulant une cigarette, tirant sur la pipe ou fumant un des cigares pris à l'ennemi, ils évoquent pêle-mêle les sujets qui les obsèdent ou leur tiennent à cœur.

Exemple: quel effet ça te ferait, à toi, d'être dans une saucisse d'observation? Paraît qu'on a le mal de mer. Encore plus qu'en aéroplane. A cause du câble qui vous relie au sol et qui ondule. Ou à cause du tangage sous le vent. On a pas le cœur à vider la musette de vivres ou la bouteille de thermos qu'on emporte pour le casse-croûte.

Dis, Martin, qu'est-ce que tu dirais, et quoi tu ferais, si là, tout à coup, en face de toi, à six mètres, vlan, tu te trouvais en face d'un tank?

Car le tank est devenu un nouveau sujet de terreur, au même titre que les gaz ou les lance-flammes. Le nom lui-même serait dû à l'exclamation d'un tommy qui, apercevant un char baptisé *Crème de menthe* en pleine action (les équipages baptisent leurs chars comme les artilleurs leurs pièces) s'écria tout naturellement: « A tank! » exactement comme un de nos poilus aurait dit: « Tiens! Une citerne! » En effet, écrit *L'Illustration,* « le tank présente l'aspect plus ou moins exact d'un de ces grands réservoirs métalliques destinés au transport des liquides et qui, suivant l'élément où ils évoluent et l'usage auquel ils sont destinés, prennent le nom de voitures-citernes quand ils transportent de l'eau aux grandes manœuvres, de wagons-réservoirs ou de wagons-citernes quand ils transportent du vin par voie ferrée, et de bateaux-citernes quand ils ravitaillent en eau les navires abrités dans nos ports de mer. »

Sauf que la dite citerne, crache à volonté, dans toutes les directions, les obus de petits canons de marine à tir rapide et les balles des mitrailleurs Vickers, que l'on aperçoit sur chacun de ses flancs ; que ces obus et ces balles s'envolent allègrement à la vitesse de 600 à 800 mètres par seconde ; que la cadence de tir est de 15 à 20 par minute pour les obus, de 500 à 600 pour les balles de mitrailleuses ; et que le monstre ne connaît pas d'obstacles. Il passe, paraît-il, partout. Précisons qu'il est haut de deux mètres, long de huit, qu'il pèse quelques dizaines de tonnes et qu'il est actionné sur de monstrueuses chenilles. En quelque sorte, comme l'explique ce reporter ébahi, « le tank transporte sa propre voie ferrée et la déroule sous lui au fur et à mesure qu'il avance. »

Et si nous parlions de la section sanitaire américaine ? Elle est cantonnée à la caserne Saint-Paul à Verdun. Les Américains outre des aviateurs, nous ont envoyé des infirmiers, ceux-là mêmes que commande un nommé Lovering Hill. Des gonflés, les gars ! Conduisent leurs ambulances comme t'as jamais vu, plus vite qu'une flèche de Sioux, simplement munis d'un sifflet entre les dents, pour alerter sur leur passage, comme le font les pompiers en ville. Et vont partout, en plein champ de bataille, de trou en trou, comme des acrobates. Parfois, ils passent sur un cheval mort. Ça gicle. Ça pue encore plus fort. Ça ne les intimide pas. En avant toute ! Passent quand même. Et faut les voir embarquer les blessés, en plein combat. Les blessés graves, bien entendu. Les blessés légers ont deux pattes, et n'ont qu'à s'en servir. Et je te ramasse que je te ramasse.

Le grand luxe : trouver un parachute. Vous emportez ça en perm. Votre femme ou votre fiancée n'aura jamais eu plus fin corsage de soie. Question, qui revient souvent : pour un troufion, quelle est la meilleure planque ? De l'avis général, c'est la cuistance. Travailler à la roulante, un rêve en or ! Ou alors servir dans une coopérative militaire. Ou être garçon dans un bar pour officiers.

Question encore : Quelle est la pire blessure ? Aveugle ? Emasculé ? Sans bras ? Sans jambes ? C'est dans le ventre, paraît-il, que ça fait le plus mal.

Encore faut-il connaître aussi le langage des tranchées. Il y faudrait quasiment un dictionnaire spécialisé.

L'*ordinaire* est le budget, alimenté par des primes de nourriture, qui procurent des suppléments aux distributeurs de l'intendance et parfois un bénéfice, dit *boni*. Il est en principe géré par le sergent-major, le « chef », sous contrôle direct du commandant de compagnie (cent à cent cinquante hommes), mais de fait par *le cabot d'ordinaire*, personnage fondamental, qui est chargé des achats, doit absolument être un as de la resquille, et, comme dit Bridoux, « détermine pour une bonne part le moral de l'unité, car l'homme, tout comme un sac, ne tient debout que s'il est plein ».

Une veine si on a un loustic comme cycliste de bataillon, un « type à la coule » qui sait vous ramener de l'arrière, en bandoulière, une vingtaine de bidons de *gnôle* (mi-alcool à brûler, mi-elixir parégorique).

Le *perlot*, ce sont de gros cubes de tabac « de troupe », enveloppé d'un grossier papier gris et distribué, trop parcimonieusement, sous le nom de « gros Q ». Utilisable autant pour bourrer la pipe que pour rouler dans du papier Job. Le *perco* ou *percot* est le café (sans doute abréviation de percolateur), et, par extension, l'homme chargé de faire le café. On envie les *cuistots*. On n'envie pas les *hommes de soupe*, ceux, qui, sous les bombardements, chargés comme des mulets, veillant à ne pas renverser les bouteillons, vous ramènent de l'arrière la nourriture salie, refroidie et trop souvent infecte dont il faut bien se contenter, mais portent aussi en bandoulière des bidons pendus en tas et des musettes bourrées de pain. Un boulot de bourricots, plein de risques. Et les poilus, mélancoliquement, remplissant leur gamelle, de manger cette ratatouille infâme, du bœuf bouilli, le plus souvent, avec des pommes de terres vinaigrées. Témoignage d'Henri Barbusse : « Ils ne disent rien, d'abord tout entiers occupés à avaler, la bouche et le tour de la bouche graisseux comme des culasses. » Récit de Cazin : « La marmite du jus circule... Chacun y trempe son quart et la moitié du bras. J'essaie d'être dans les premiers, histoire de sauvegarder l'apparence. Car on sait bien qu'en fait de propreté, tout est perdu dès que le cuisinier commence seulement à puiser l'eau. Les pommes de terre sont cuites. Je regarde le plat par curiosité. On dirait que c'est accommodé avec du cirage. Et ils sont deux ou trois, à tourner cela avec des morceaux de bois. Le premier bourgeois s'enfuierait tout tremblant à voir les caporaux plongeant, avec leur quart, la moitié de leur main sale dans la marmite de soupe. Et je ne parle pas de la table (quand il y a une table) qu'on nettoie avec un balai de lieux d'aisance. »

Il n'y a que la perm dont on ne parle pas. Toute la pudeur s'est concentrée là. On garde pour soi, dans son secret le plus intime, les affaires familiales. On ne raconte que ce qui peut être raconté. Les gosses, la partie de billard, le maire, le curé, les malades. Ce qu'il y a de plus cher, on l'enfouit au plus profond du silence, comme un trésor. On ne laisse aucune main sale le toucher, à plus forte raison des mains avec des ongles incrustés de toute la crasse des tranchées, d'un noir bleuâtre, à se dire que c'est du poison.

Mais on reparle infatigablement de la « boucherie » du 10 avril où des régiments comme le 79e RI perdirent quinze cents hommes et trente-cinq officiers, journée tout entière dévolue à « l'accrochage coûte que coûte » sur ce que le commandement appelait la « position unique de résistance ». En particulier, deux bataillons du 227e RI reçurent l'ordre de reprendre le bois Carré d'Avocourt. Un sinistre glacis, entièrement dénudé, long de huit cents mètres, précède ce bois et des mitrailleuses allemandes protégées par un réseau de barbelés en balayaient toute la surface. Les deux bataillons étaient sous les ordres du commandant Picard, qui, canne à la main et cigare à la bouche, fit signe « en avant ! » et s'élança parmi les éclatements d'obus, car, bien entendu, un barrage frénétique se déclencha dès que jaillit du sol notre vague d'assaut. Pas fini : à peine sortis de la zone écrasée par les obus, les survivants furent pris dans les feux croisés des mitrailleuses. Ils tombèrent par rangs entiers. Le croira-t-on jamais dans la postérité ? Eh bien, il n'y eut plus rien d'autre à faire, pour le commandant Picard et les hommes qui lui restaient qu'à « fuir en avant », attaquer quand même. Reculer sur le terrain découvert était impensable ! Ce mot du colonel de Lagger : « Comment rendre un hommage suffisant à tous les braves gens qui nous ont valu cette victoire ? A ce commandant Picart qui a traversé la ligne du feu avec une merveilleuse impassibilité, marchant sans se hâter, sans chercher le moindre défilement, défiant les dangers, donnant par son attitude, à son bataillon, le plus magnifique exemple de bravoure et de confiance dans le danger ? » Résultat incroyable : on reprit le bois Carré d'Avocourt. Mais résultat aussi : des attaquants qui tombent frappés à mort à raison de neuf sur douze...

Ah ! qui décrira le regard de « ceux qui vont mourir » — de

ceux qui, quittant les cantonnements pour monter en première ligne, traversent Verdun mutilé sous l'œil des « pépères », nos braves territoriaux, les vieux de la vieille, qui, tous les jours, comme ils disent, « voient monter des vivants et descendre des morts » !

Saloperie ! Vous avez pris quatre jours de repos dans les ruines de Vaubécourt. Vous faites halte, au passage, au village de Jubécourt, dans de larges salles, sans paille, hantées de gros rats. Vous êtes au plus près du front de Verdun, de l'enfer de Verdun, rive gauche. Le bombardement n'arrête pas. De jour et de nuit, ce bruit de tonnerre roule, roule. Impitoyable martèlement. Ça vous remplit les oreilles. Ça fait des échos dans le cœur. Vous vous dites que c'est en plein là-dedans qu'il faut aller. L'air tremble. Vous aussi. Le 27 avril, l'ordre arrive : « Le 77e montera le lendemain en secteur. Les chefs de bataillon et les commandants de compagnie effectueront ce soir même une reconnaissance et visiteront l'emplacement de leurs unités respectives. » Oui, ils appellent ça, « en secteur ». Le 28 avril, dans l'après-midi, vous quittez donc Jubécourt. Vous traversez Dombasle, dont la gare a sauté la veille. Vous traversez Montzéville. Vous tombez en plein dans votre cinéma. Hallucinant spectacle. Récit de Roger Bouteleu dans *Les Camarades* « Sur le bois Camard, la cote 304 et le Mort-Homme qui se silhouettent sur le ciel en feu, à moins de cinq kilomètres, les fusées se croisent, vertes, rouges, blanches, innombrables... Nos canons, des 75, des 105, des 155, jusqu'à des pièces de marine postées près du chemin où nous sommes, entrent à leur tour dans la danse. Le souffle chaud des départs agite les arbustes. Le bruit est effroyable. La poudre, les gaz empestent l'air. La fumée cache les étoiles. « Vous regardez, arrêtés sur la route, interdits, muets, impressionnés, la monstrueuse *nocturne de Verdun*. » Bon sang, qu'est-ce qu'ils doivent déguster les frangins ! Et on vous dit de surcroît que c'est là dedans qu'il vous faut aller, en plein dans le mille !

La colonne s'étire. Mieux vaut ne pas exposer trop de surface. Au galop, on vous fait traverser le village d'Esne. Faut bien. C'est connu : Esne, carrefour obligé, est bombardé d'une manière continue. Puis vous enfilez à la queue leu leu le boyau au bout duquel vous trouvez les guides qui doivent vous précéder jusqu'à ce paradis. Vous croisez les gars du 32e dont vous prenez la relève. « Bon appétit, les gars! » Mais quel spectacle, ceux que vous relevez ! Témoignage de Georges Gaudy, auteur d'un des livres les plus pathétiques sur les *Trous d'obus de Verdun*: « Ils ne disent rien, ne geignent même plus; ils ont perdu jusqu'à la force de se plaindre. On voit dans les regards un abîme de douleur quand ces forçats de la guerre lèvent la tête. Il semble que ces visages muets crient quelque chose d'effrayant, l'horreur de leur martyre... »

A peine arrivez-vous que des obus s'abattent pile sur la 10e compagnie. Tout de suite vingt-trois morts. Vous n'avez que le temps d'entendre le capitaine Delaître, un prêtre, crucifix à la main, réciter à haute voix la prière des défunts et donner l'absoute, sous les lueurs fugitives des fusées. Enfin, vous vous retrouvez là même où le destin et les chefs commandaient d'aller: en pleine cote 304. Récit de Boutefeu: « Cent quatre batteries allemandes de tous les calibres, du 77 au 305, soit plus de 400 canons, tirent pendant trente heures sans interruption, sur un front de deux kilomètres. Des batteries concentrent uniquement leur feu sur la cote 304, l'écrasant sous des tonnes de mitraille; la cote s'embrase et fume comme un volcan. Les aviateurs chargés de survoler cette fournaise, transmettent au commandement: « Atmosphère obscurcie jusqu'à huit cents mètres d'altitude; toute observation impossible... » Et c'est l'attaque allemande!

Trois heures de combat. Horreurs innommables. « Le jour qui se lève éclaire un spectacle lamentable de cadavres et de blessés graves intransportables. Les hommes, sous l'infernal bombardement, se sont terrés dans les trous. Le capitaine Delaître, plusieurs officiers et les liaisons se réfugient à leur tour dans une mauvaise cagna. Deux cadavres s'y trouvent, à moitié enterrés, sur lesquels une toile de tente est jetée. Les vivants doivent se presser contre les morts pour pouvoir tenir dans cet étroit espace... Nous avons allumé une bougie. A chaque instant, les secousses l'éteignent. Les fumées, l'odeur de la poudre rendent l'atmosphère irrespirable. Le cerveau vide de pensées, nous attendons... nous ne savons quoi... »

On vous amène des prisonniers ? Vous n'avez qu'à les faire asseoir « dans l'étroit escalier du gourbi en vous disant : si un obus éclate en face, leurs corps nous protègeront! » Puis, c'est du 210 qui tire. « Le sol vibre comme un navire en haute mer. Le capitaine Duret, autre prêtre, tire son chapelet et le dit à haute voix... » Et le lieutenant-colonel Odent, du 68ᵉ, qui tombe, une balle en pleine tête. Et l'adjudant Nellot de vous entraîner vers les abris de deuxième ligne. Et vous de découvrir dans un trou votre capitaine, oui, oui, le capitaine Duret, mains enchaînées à son chapelet, les jambes en bouillie comme deux autres officiers, ses voisins, et les agents de liaison...

Dis, Martin de quoi tu rêves, toi ?... Un demi de bière bien frappé, pris par petites gorgées à la terrasse de *Chez Tintin*, tout près d'une plage ensoleillée ?... Un gros plat de cassoulet qui fume, recouvert d'une croûte dont la vue, à elle seule, est déjà un régal ?... Au fond d'un grand lit, à draps tout blancs, sous un édredon rouge, une femme en chemise de nuit, qui te tend les bras ?... Un bal musette, où tu pousses la mazurka, tout en chatouillant la gonzesse au copain ?...

Dis-moi, Dieudonné, à ton avis, quand ça finira, tout ça ?... Long silence. Les pensées se concentrent. La réponse de Dieudonné est une question : « Et si ça ne finissait jamais ?... »

Et la jaunisse des vidangeurs ! C'est la maladie que contractent les hommes qui séjournent trop longtemps dans les cagnas ou les tunnels des forts, vrais marais fétides sur lesquels on jette de temps en temps quelques dérisoires pelletées de chaux vive. Et Fantomas ! C'est le nom de l'aviateur allemand au casque noir qui, en juin, venait tous les jours s'amuser à mitrailler ou bombarder la première ligne. Et l'histoire du tunnel sous le fort de Tavannes ! On en reparle aussi interminablement. C'était un fantastique dépôt de munitions. Cependant, les fils électriques n'étaient pas isolés. Le groupe électrogène fonctionnait à l'essence. Une des entrées était sous le feu des canons allemands. Il arriva ce qui devait arriver. Le 4 septembre, le dépôt sauta ; faisant sauter le fort lui-même. Il y eut six cents victimes. Deux mille, assurent les poilus. Cinq mille, racontera la légende.

A savoir et à méditer : Douaumont fut capturé le 25 février par quelques patrouilles d'avant-garde ennemies. Elles firent prisonniers une trentaine de territoriaux abasourdis et furieux, plus occupés de gardiennage que de défense et qui dirent ne pas savoir que « le front était si près ».

Observez bien sûr que, dans les tranchées allemandes, les

mêmes conversations se retrouvent. Les soldats Müller, Kropp, Baümer et Spielmann ne pensent guère autrement que les soldats Martin, Dupont, Durand et Baptistin. C'est encore Erich Maria Remarque qui l'aura le mieux raconté. Untel raconte sa visite à un camarade, à l'hôpital : « On lui a amputé une jambe... Gangrène... Fallait voir : un visage jaune, ou couleur de cendre. La mort y traçait déjà ses lignes... La mort était déjà dans les yeux... Lui, une chance, il ne savait pas qu'il n'avait plus de pied droit... ni qu'il allait mourir... » Un autre, qui a une grande prédilection pour les filles des bordels d'officiers installés en arrière du front, affirme ses grands dieux qu'« elles sont obligées, par ordre du commandement, de porter des chemises de soie et, pour les visiteurs à partir du capitaine, de prendre un bain préalable ». Un troisième raconte pour la trentième fois comment il a rencontré dans un bois un cadavre d'aviateur anglais et lui a pris ses bottes, « de superbes bottes, de cuir jaune et souple, qui montent aux genoux et qu'on lace jusqu'en haut... » Qu'est-il, celui-là, écrivain ? Et celui-ci, cordonnier ? Peu importe. Ils ont tous eu à apprendre, en dix semaines d'instruction militaire, qu'« un bouton bien astiqué est plus important que quatre tonnes de Schopenhauer ».

Ils disent tous de la même manière « mince comme un hareng maigre » ou « gros comme une punaise enceinte », ou « vache comme l'adjudant » (un *Feldwebel*, rosse finie, qui, à la caserne, pour punir, fait nettoyer chambrée et toilettes avec une brosse à dents), ou « l'canon à rata... »

On retrouve la même humanité que dans les tranchées françaises. *A l'Ouest, rien de nouveau*. Il y a l'instituteur qui s'appelle Clemens et qui est adjudant, lui n'est pas trop vache. Et le tambour de 1re classe Preis, dont on dit qu'un jour il a ramassé aux pieds de son capitaine une grenade française et l'a relancée aux expéditeurs de sang froid. Et Heinz, le tout jeunot engagé volontaire, qui chante si volontiers *O Strassburg, o Strassburg, du wunderschöne Stadt*, « O Strasbourg, toi, merveilleuse cité ». Et ce curieux Fritz von Unruh, Monsieur de Sans-Repos, romancier, qui écrit leur histoire. Et Kellner, garçon de café. Ces jours-ci, même les corbeaux se sont enfuis. « Une odeur de décomposition et de pourriture sort des décombres refroidis et humides, sur les monceaux desquels des lits tordent leurs carcasses de fer... »

Il n'y a plus personne pour chanter *Fredericus rex, notre roi et notre maître*, ou alors « Sèche tes larmes, Louise, essuie tes yeux, malgré les balles, Louise, je mourrai vieux... »

Les mêmes regards se portent sur l'artillerie qui passe en cahotant, fracassant les pavés... sur la cuisine roulante, à odeur de fayots... Et il y a le pionnier Kox qui, sur sa casquette, arbore une tête de mort en argent entre deux cocardes et manie avec une incroyable indifférence son matériel d'apocalypse, lance-mines légers, explosifs, lance-flammes. Et Fips, le cuistot, qui rêva de dépecer Verdun comme son bœuf, les forêts des bords de la Meuse comme son chou, et qui raconte de captivants souvenirs du temps où il servait dans les cuisines du roi de Grèce : « Je vous dis que si je posais un œuf sur du marbre, le temps de regarder la mer, ou d'éternuer, il était cuit comme un Nègre. Athènes, mes amis... »

Untel rêve à sa *Gretchen*, comme Martin à sa Marinette. Untel, autrement poète, pleure sur les arbres que l'artillerie pilonne : « Qu'avez-vous fait, pauvres bois ? Ne viviez-vous pas de la même sève terrestre que nous ? O Mère, prends donc la forêt sous ta sainte garde... N'effraye pas l'écureuil lorsqu'il jouera sur la mousse tiède... Caresse les milliers de fleurs : ce tapis d'étoiles de mon pays. Elles sont meilleures que nous... Garde bien les haies ! Ne brise pas les frêles pousses, lorsqu'elles déplient leur lumière couleur d'eau... »

Le même téléphone, en quelque sorte, sonne chez le même général de brigade : « Excellence, prononce le téléphoniste simplement avec un peu plus de cérémonial, c'est encore le GQG qui veut savoir... Excellence, c'est le divisionnaire... Excellence, Werner ne répond plus... » Il pourrait être français, ce Hermann ou ce Vogel qui se terre dans une église en ruines et qui croit ramasser un débris de vitrail, « comme s'il ramassait un morceau de ciel... »

Martin, tu penses qu'on va y avoir droit, à la fourragère ? Martin hoche la tête. La fourragère est une décoration collective décernée aux régiments et aux unités qui ont obtenu deux citations collectives à l'ordre de l'armée. Elle est aux couleurs de la croix de guerre. Elle consiste en un cordon tressé, vert et rouge, fixé à l'épaulette gauche, passant sous le bras, et revenant s'attacher, en traversant le torse, à un des premiers boutons de la tunique ou de la vareuse. Porté sur la tenue de campagne, le cordon ne fait que le tour du bras et reste fixé par les deux bouts à l'épaulette. Tous les officiers et hommes du rang, vétérans ou recrues, de l'unité ou du régiment récompensé, arborent l'insigne, qui fait désormais partie intégrante de leur uniforme. Seules, évidemment, des unités d'élite y auront eu droit.

Martin, dis-moi pourquoi faut-il qu'on se trimballe sur le dos pareil chargement ? Si les biffins sont satisfaits de leur casque, en tôle d'acier doublé d'une calotte de cuir, ils se plaignent d'avoir à transporter trente-cinq kilos de matériel, et déplorent, une nouvelle fois, que le drap de la tenue bleu horizon ne soit pas imperméable ou que le cuir des godillots résiste mal à la boue des tranchées...

Martin, qu'y a-t-il de pire ? Le manque de sommeil ? La pluie ? (Celle de l'hiver 1914-1915 fut singulièrement redoutable). Le froid ? On a signalé des -20° C, dans les Vosges, dans les tranchées à flanc de côteau du Linge et de l'Hartmannswillerkopf ; le vin et le pain y ont gelé. La boue ? Pas étonnant que les poilus l'affublent de tous les noms : mélasse, gadoue, gadouille, mouscaille. La saleté ? Comme le dit P. Champion, « les boyaux ne sont plus que des cloaques où l'eau et l'urine se mélangent ; la tranchée n'est plus qu'un ruban d'eau infecte ;... nous sommes nous-même métamorphosés en statues de glaise, avec de la boue jusque dans la bouche. Les microbes ? On les redouterait presque plus que les Boches. »

Les gaz ! Ah ! Les gaz ! Ils furent employés pour la première fois, lacrymogènes et suffocants, acculant les victimes à l'asphyxie, dans le saillant d'Ypres, le 22 avril 1915. Les Allemands furent les premiers à les utiliser, provoquant une indescriptible panique. Inoubliable récit d'Octave Béliard, médecin de bataillon au 66e RI. « Des régiments entiers avaient jeté leurs armes, tournant le dos à l'ennemi... On criait : sauve qui peut ! Nous sommes perdus !... Des hommes se roulaient à terre, convulsés, toussant, vomissant, crachant le sang. Et une terrible odeur, charriée par le vent, entra dans nos narines. La panique était extrême : on traînait des blessés ; des agonisants râlaient... »

Puis vinrent les gaz vésicants, comme l'ypérite, ou « gaz moutarde ». Il fallut promptement improviser des défenses. On y pourvut par toutes sortes de moyens : simples pompes du type Vermorel pour assainir l'air en chassant les vapeurs ; baquets d'eau hyposulfitée, qu'on vaporisait dans des pulvérisateurs et où on trempait des compresses qu'on distribuait aux soldats, à attacher sur la bouche avec deux cordons; des compresses spéciales contre les obus à base de chlore; une boîte parallélipédique enfermant une sorte de cagoule munie de deux viseurs en cellophane et d'un tampon « où se fourrer le nez ». Depuis quelques mois, on a mieux: le masque à gaz ou « groin de cochon ». Pauvres conventions de La Haye qui interdisent « tous gaz par obus et toute émission de vapeurs et de tous projectiles destinés à répandre des gaz en flammes »...

Et le lance-flammes ! Le réservoir de matière inflammable est porté sur le dos. On en dirige le jet par un tuyau assez voisin de celui des pompiers. Seul espoir: voir le réservoir sauter sous l'impact d'une balle et « enflammer l'enflammeur ».

Vieux, dis-moi ce que ça signifie, le mot *Boche*... Tout simple, l'ami... Boche n'est que le raccourci d'une vieille dénomination germanique, Alboche, qui désignait l'Allemand. Simplement, dans notre propre vocabulaire, Boche a pris le sens de Barbare, de sauvage, de mangeur d'hommes...

Et *fourbi*? Toujours les colonies. Sauf que, ce coup-ci, ça nous vient d'Afrique du Nord, par les *bicots*, qui eux-mêmes sont de pauvres diminutifs de « arbicos », les Arabes.

Le *rata*? Niçois. Diminutif de ratatouille. L'embusqué? Le planqué? Et cocu? Prononce jamais ce mot ici, vieux. C'est le mot le plus banni. Elles en ont tellement, des tentations, là-bas, les femmes...

Question éternelle: quel morceau t'aimes mieux dans la femme? Le haut ou le bas? La poitrine ou la croupe? D'la cheville mince, ça, ça a de la classe. Ou un cou long, très long. Ou une nuque bien dessinée. Paraît que les Japonais, ils préfèrent ça, la nuque... Moi, j'aime mieux les blondes. Moi, les yeux noirs, très noirs, tu t'y perds dedans. Moi...

Un sort à envier: celui de Sardanapale, le crack invincible qui gagna il y a deux ans à la fois le Grand Prix et le derby d'Epsom, maintenant étalon dans un harem de super pouliches. Ça, c'est de la bonne guerre.

De quoi parler de nos chevaux d'armes: Joffre monte, dit-on, Puritain; Bengali, qui fut à Gallieni, est passé à Foch; Gouraud a Gris-Vêtu; Coq-de-Roche, paysan noir qui a vu de près la bataille de Guise, est à Franchet d'Esperey.

Un phénomène qui vient du fond des âges : les poilus se connaissent mieux par des sobriquets que par leurs noms d'état civil ; au moins deux sur trois sont appelés par leur surnom, au point qu'on en oublie leur patronyme véritable. Le choix des dits surnoms révèle d'ailleurs une imagination fertile à l'infini. Durand est la Commère (autant pour sa voracité de cancans que pour sa voix légèrement efféminée) ; Delmotte est Ouistiti (parce qu'il en a quasiment les grimaces) ; Bongrand est Mange-Tout (on devine pourquoi). Il y a le Chat, le Tue-Chat, le Lapin (les dents !), le Loir (il ronfle), le Péteux (à ne pas confondre avec le Péteur), le Boxeur, Cédille (nul ne sait pourquoi), Haricot-vert (il est mince), Fayot (il en raffole), Patate, Banane, Tomate, Saccharine, Spaghetti, Vermicelle, Pétain (le stratège de l'escouade, toujours à vous expliquer des plans de bataille), Chanoine (Abdomen et tendance à sermoner), Pif (il n'en manque pas), Thermogène (il est volontaire pour tenir le lance-flammes), Boulange (il est boulanger), la Pluie (il est triste), Ronron, Dodo, Toto, Lolo, Titi, Nanan, Gratin, l'Anguille (se faufile partout), le Juge (prépare le procès de Guillaume), Boum-boum, Tic-Tac, Kaputt, Pénard (le roi des philosophes), Mon-Œil (sait dire que ça)...

Le soldat est intarissable sur sa nourriture. Ce soir encore, menu rituel : la viande de bœuf en conserve, très filandreuse, dite « singe ». On a en plus des paquets de potage condensé, des tablettes de café, des sachets de sucre, la boule de pain (dite fraîche, si elle a moins de huit jours) et un paquet de douze biscuits carrés, faits d'une pâte percée de minuscules trous, durs comme pierre. Une sacrée veine, les gars qu'ont un cuistot qui sait manipuler sa « barbaque », servie avec des « fayots », plus ou moins cuits, ou des « patates », plus ou moins épluchées. Le « rabiot » ou « rab de rab », est une sorte de supplément qu'un caporal plus malin arrive à distribuer entre les hommes de son escouade, étant bien entendu que, par exemple, « l'art du parfait caporal est de savoir diviser une boîte de sardines en quinze rations égales et de faire en sorte qu'il y ait un rab ».

Ce brave Dauvergne ! Le voilà qui se distingue encore en ramenant des blessés sous le feu. Un jour, il revient même avec une escouade de Bavarois qu'il a fait prisonniers. Son capitaine lui dit : « Dauvergne, tu es un brave, tu auras la médaille militaire... » Dauvergne reste impavide. « Mais dis donc, fait le capitaine, ça n'a pas l'air de te faire plaisir ! — Mon capitaine, répond Dauverne en se grattant la tête, puisque vous voulez me faire plaisir, voilà ce que j'accepterai. Nous allons au repos. Permettez-moi de me soûler pendant trois jours, sans que personne m'embête... » Aussitôt dit, aussitôt accepté.

Question mille fois posée : pourquoi tuer six mille hommes pour conquérir à peine un hectare de terrain ? Le lendemain encore six mille hommes pour le perdre ? Le surlendemain encore six mille hommes pour le réconquérir ? Un mois plus tard, douze mille hommes pour le reperdre ? Personne ne peut savoir, répond infailliblement Martin, en hochant la tête.

Vous vous rappelez, le 4 octobre, après quinze jours de pluie ininterrompue ? On découvrit le spectacle le plus étrange. Un colonel inspectant sa première ligne n'en crut pas ses yeux. Les tranchées allemandes et françaises, à peine à vingt mètres les unes des autres, étaient pareillement remplies d'eau. Voilà : d'un côté comme de l'autre, les hommes avaient quitté la tranchée inondée et s'étaient assis sur le parapet. Français et Allemands se regardaient avec résignation sous la pluie interminable. Étrange trêve.

Vous vous rappelez le cortège des réfugiés de Verdun, aux premiers bombardements ? La tempête soufflait. La neige tourbillonnait. On aurait dit une lente caravane russe, en route vers la Sibérie. On y voyait s'étirer toute une file de charrettes très longues, aux côtés faits de barreaux, comme devaient l'être à peu près celles des Francs, mais surchargées de ballots, de linge, de meubles, de matelas.

Tous les véhicules étaient représentées, chariots à bœufs, breaks, carrioles, tombereaux, voitures d'enfants. La caravane se garait pour laisser passer les convois de camions militaires. Alors, les soldats, le cœur serré, découvraient des visages d'enfants terrorisés ou de vieillards en sanglots. C'était la nuit. L'ordre de marche avait été donné à 10 heures du soir. L'évêque de Verdun, Mgr Ginesty, poussait lui-même une voiture d'enfant...

Chapitre XXIX

Le cahier du colonel de Barescut

Et le colonel Maurice de Barescut, chef d'Etat-Major de Pétain, puis de Nivelle, d'inscrire ses impressions de la journée, comme il s'y emploie tous les soirs depuis le premier jour de la guerre, sur de larges feuilles volantes[1].

Il naquit le 24 juin 1865 à Perpignan. Il est issu d'une longue lignée de chevaliers qui s'illustrèrent sur tous les champs de bataille de France. Il provient en ligne directe de la famille d'Argiot de Laferrière, dont les armes sont des gueules chargées de trois flèches de sabre posées en pal, symbolisant le bras que chacun des trois frères de la branche originale perdit respectivement en 1704 à la bataille d'Hoechstadt (Charles) et à celle de Kaiserwert (Louis et Henri).

L'un de ses aïeux était le troisième marquis d'Argiot de Laferrière, 1740-1819, colonel du Royal-Languedoc, héros de la guerre de Sept Ans. Son enfance fut bercée des récits des guerres de l'Empire par un grand-père, ancien élève de l'École militaire, capitaine à vingt-trois ans, fait chevalier de la Légion d'honneur à la bataille de Smolensk.

La défaite humiliante de 1870-1871 ne fit que fortifier en lui la vocation des armes héritée de ses ancêtres. Brillant

1. Son texte finira par composer deux gros cachiers d'un millier de feuilles, écrits avec une liberté totale, qu'il demandera à sa famille de ne jamais publier, que ses enfants conserveront pieusement et que j'ai pu consulter du fait d'une exceptionnelle amitié et indulgence, qui me va droit au cœur, de ses deux filles, Mme la générale Gobert de Barescut et Mme des Rochettes. Elles m'ont autorisé à faire ici référence à une vingtaine de feuilles particulièrement saisissantes concernant les journées autour du 24 octobre 1916.

polytechnicien de l'École d'application de l'artillerie et du génie, les plus grands espoirs lui étaient promis. Capitaine, il participait en 1895 à la campagne de Madagascar. Chef d'escadron d'artillerie, après avoir été affecté aux batteries alpines de la 15e région, il était en 1910 professeur à l'École de guerre.

Colonel, il entrait dans la guerre en 1914 aux côtés du général de Castelnau, d'abord sous-chef, puis chef de son État-Major, en attendant de servir à Verdun, dès les débuts de la grande bataille, sous les ordres directs du général Pétain, puis du général Nivelle.

Il ne tardait pas à s'affirmer dans l'épreuve comme l'un de nos plus remarquables officiers, doué du génie même du commandement et de l'organisation. Père de sept enfants, il compose avec son épouse, une Gasconne du Lot-et-Garonne, Jeanne Ducos de Saint-Barthélémy, un couple d'une unité exemplaire.

Il est devenu l'ami des plus illustres de nos généraux, qui l'admirent, non seulement ses compatriotes d'origine catalane comme Joffre et Passaga, mais aussi Castelnau, Foch, Herr, Franchet d'Esperey, Fayolle, Weygand et, naturellement Pétain.

Une fois enlevé le fort de Vaux, il méritera une magnifique citation : « ... Le colonel de Barescut a eu à fournir une tâche écrasante qui ne pouvait être menée à bien que par une haute conscience, un esprit de méthode rigoureux, et une puissante intelligence. En l'accomplissant et en la menant jusqu'au bout, il a forcé l'admiration de tous. Tous les corps d'armée qui auront passé à Verdun auront su ce qu'ils lui doivent. »

C'est un homme de taille moyenne, brun, sec et vif, d'une affabilité instinctive, quoique prompt aux colères d'indignation, et scrupuleusement rigoriste dans le contrôle des consignes qu'il donne.

Il s'exprime d'une voix réfléchie et lente, à peine marquée de l'accent rocailleux des Pyrénées catalanes. L'un de ses camarades de l'État-Major de Pétain exprime l'opinion générale : « d'une puissance de travail peu commune... sans morgue ni désir de s'imposer », catholique convaincu, sans cesse à soulager son prochain, à encourager tout le monde, à se dévouer... toujours plein de confiance... »

Le commandant Serrigny, chef du bureau des opérations,

binôme de Barescut auprès de Pétain, confirme : « Si les troupes auront finalement repris leur sang-froid, si elles auront tenu durant de longs mois, si elles auront accepté bénévolement de remonter plusieurs fois dans cet enfer, c'est parce qu'elles se seront senties nourries et ravitaillées, c'est surtout parce qu'elles auront vu régner partout l'ordre et la discipline. Tout cela, c'est l'œuvre de Barescut et la France devra lui en être reconnaissante... »

Pétain et Foch eux-mêmes le tiennent pour un personnage de la plus haute valeur, avec tous les atouts pour un jour commander en chef les armées françaises.

Il rédige quotidiennement ses impressions d'une écriture nette et parfaitement lisible, sans une seule rature. Ainsi sa famille recueillera-t-elle ce témoignage passionnant de bout en bout où, bien sûr, convictions et récits ne sont à aucun moment fardés. Un prodigieux film, où se retrouve non seulement son âme la plus profonde, avec ses angoisses et ses espérances, mais aussi toutes les préoccupations qui ont remué les armées françaises du 31 juillet 1914 au jour qui nous occupe.

Pour s'en convaincre, il n'y a qu'à remonter de quelques jours en notant au passage à quelles fastidieuses corvées, du fait des visites quotidiennes de personnalités au front, auront été soumis notre haut commandement en général et Barescut en particulier.

Le 12 octobre, il faisait état d'une visite inattendue de Georges Clemenceau au Quartier Général de Nivelle, à Souilly, le jour même où l'on attendait le haut commandement anglais. En l'absence momentanée de Nivelle, il était de corvée de réception. On se débarrassa du Tigre et de ses accompagnateurs en leur faisant visiter quelques tranchées durant la matinée, puis en les faisant déjeuner à Regret avec Mangin.

On put de la sorte déjeuner tranquillement avec les Anglais. Les officiers français présents avaient reçu la consigne d'exposer qu'« on nous traitait à Verdun comme des parents pauvres » que « tous les efforts étaient reportés sur la Somme » et que « lorsque nous devions ici faire une opération, nous étions obligés d'économiser longtemps à l'avance les munitions ». Dieu merci, « notre superbe compagnie territoriale avait rendu les honneurs » et il y avait au déjeuner le général de Maud'Huy, « homme admirable aux sentiments fort élevés », qui assurait le commandement de son armée « avec une foi et un entrain admirables, chose rare à signaler » et qui avait longtemps pratiqué les relations avec les Britanniques. A table, on fut très gais, même si le maréchal French « baragouine un français à peu près incompréhensible ». Le général de Maud'Huy raconta qu'il avait fait son testament sur un rouleau de phonographe. Le général Lowter le blagua un peu, en vrai Parisien de Montmartre, lui lançant que ses petits-enfants, quand ils feraient jouer le phonographe, diraient : « Tiens ! Il avait un drôle d'accent, ce coco-là ! », à quoi Maud'Huy répondit : « On voit bien que vous, vous n'avez pas d'enfants. » Ce qui était vrai, commentait Barescut dans son récit...

Après le déjeuner, Nivelle, de retour, amenait les Anglais visiter la ville de Verdun. On prit le thé à la citadelle. Nivelle fit demander à Clemenceau de se joindre à eux pour le dîner, mais le Tigre répondit que, « French parlant aussi mal le français que l'anglais », il préférait autant rester à Regret... Petit speech de Nivelle à la citadelle... Nouveaux baragouinages de French... Puis dîner avec les Anglais, « ravis de leur excursion ». Le maréchal French fit même cadeau à Nivelle d'une tabatière en argent ciselé, marquée à l'intérieur de cette inscription : « Souvenir du feld Marshall vicomte French en mémoire de sa visite à Verdun ». Il n'y avait plus à se préoccuper que du général Baillond, annonçant au téléphone son arrivée pour les 2 heures du matin et prévoir quelqu'un pour aller le quérir en auto à Bar-le-Duc.

Le 13 — un vendredi 13 — , dès 7 heures 30, Barescut conversait avec Baillond, « toujours le même, sec, maigre, sautillant, enjoué, portant allègrement ses soixante-neuf ans, » racontant « avec entrain sa campagne des Dardanelles et de Salonique ». On déjeunait avec Gervais Conetellemont, lequel « ne cessait de parler tout en mettant les bouchées doubles », racontait une nouvelle fois son voyage à La Mecque, évoquait sa mission reçue de Cambon d'arrêter un projet de frontières de la Tunisie et, non sans détails savoureux, narrait comment, avant son voyage en Arabie, il avait dû se soumettre à la circoncision... Dans l'après-midi, le commandant Armengaud faisait une conférence sur l'aviation de combat, « à la plus grande gloire de l'aviation actuelle et à venir ». Commentaire du chroniqueur : « Quel dommage que nos aviateurs, si admirables d'ardeur et d'héroïsme, soient si peu modestes ! Mais faut-il demander l'impossible ? »

Encore un problème avec Clemenceau : il était invité à dîner, mais il a refusé à nouveau, probablement parce qu'il ne tenait pas à rencontrer le général Baillond, « avec lequel il ne s'entend pas très bien. » Une chance que « le Tigre édenté ne soit pas à craindre en ce moment; il est embusqué ». Dernière remarque du jour : « La mauvaise visibilité ne nous a pas permis de faire nos tirs de réglage ».

Le 14 octobre fut une journée calme. Le plafond bas empêchait toujours de régler les tirs. On devait se contenter, à ce jour J moins 9, de procéder aux premiers pilonnages. Le matin, on recevait sœur Gabrielle, récemment décorée de la Légion d'honneur et de la croix de guerre. Elle souhaitait régler un problème de médecins et d'ambulances, et demandait une voiture pour Bar-le-Duc afin de s'y faire soigner : « elle est petite, boulotte, avec une figure franche et énergique » ; elle racontait à ravir ses souvenirs de Clermont où, avec une escouade de jolies et jeunes religieuses, elle avait à se faire respecter des prisonniers prussiens malades qu'elle avait en garde. Un peintre survenait pour croquer Nivelle et priait Barescut de poser lui aussi pour son tableau. Motif : la remise de la Légion d'honneur à la ville de Verdun. Comment cependant retrouver au font de cette casemate, à la lumière électrique, la grandeur de cette inoubliable cérémonie.

Dimanche 15 octobre : pluie toute la journée, « alors que nous en sommes à J moins 8 ». Commentaire : « Que faire ? Peut-on attendre que les troupes d'attaque qui sont déjà dans les tranchées aient besoin d'être relevées ? » Pour autant, il y avait encore à se débattre avec des problèmes de cérémonial. Le général Pétain annonçait au général Nivelle la visite d'Albert Thomas, du général Desaleux « et autres comparses », alors que l'on attendait déjà Paul Doumer et le ministre belge Vandervelde. Pire, Albert Thomas se refusait à rencontrer Doumer et faisait savoir aussi sec qu'il déjeunerait à

Verdun, où il convoquait Nivelle derechef, comme quoi, décidément, « les hommes politiques ont peur les uns des autres : taisez-vous, méfiez-vous ». Barescut ne pouvait pas éviter un incident à Souilly même, à sa propre table : il appelait à sa droite Vandervelde, en tant qu'hôte étranger, Paul Doumer, relégué à la place de gauche, ne dissimulait pas son mécontentement.

Occasion du moins pour Barescut de déplorer ces voyages d'Excellences, si inutiles, et qui « coûtent si cher à l'État en essence et en frais de déplacement... » Le seul enseignement de la visite de Doumer et de Vandervelde, était un inquiétant son de cloche donné par Doumer sur la question des effectifs, « la classe 17 allant entrer en ligne presqu'en entier d'ici à la fin de l'année » ; la conversation de Vandervelde, sourd comme un pot, était aussi peu intéressante que celle de ces gens qui, munis d'un carnet et d'un crayon, ne cessent de noter tout ce qui peut se dire autour d'eux.

Dans l'après-midi, Barescut pouvait cependant rejoindre à Verdun Nivelle et Albert Thomas. Mais le seul propos retenu du ministre était celui-ci : « Un socialiste ministre n'est plus un ministre socialiste. Le gouvernement a pour vertu d'assagir ses élus. C'est d'ailleurs chez ces derniers une preuve d'intelligence de se modérer. Et dire que M. Clemenceau continue de me prendre pour un socialiste ! » Et tout ce beau monde de repartir « brûler de l'essence à 0,15 franc le litre », laissant le général Nivelle éreinté...

Seul rayon de soleil dans cette journée grise : la visite d'un ami personnel de Barescut, le savant et professeur Fabry, venu avec l'enseigne du vaisseau de Broglie mettre au point des appareils de repérage aux lueurs et expérimenter au fort de la Chaume de nouveaux instruments.

« 16 octobre, J moins 7, il pleut toujours. » La grippe immobilisait le général Nivelle au lit. Joseph Reinach, ancien chef de cabinet de Gambetta, ancien directeur de *La République française*, dreyfusard notoire, auteur d'une *Histoire de l'affaire Dreyfus* en sept volumes, élu des Basses-Alpes, passait pour aller visiter l'Argonne. On avait à recevoir aussi M. Gervais en compagnie d'un député, illustre inconnu, envoyé pour les gaz asphyxiants. « Oh, expliquait le député, je ne veux pas vous embêter... vous avez depuis longtemps des gaz qui vous incommodent... Je suppose que vous avez des masques... alors... je... je viens... pour... la... la... terre !... » Barescut comprenait aussitôt et envoyait le personnage « sur notre petit polygone voir les effets des gaz chlorés sur la terre végétale... » Le général Pétain téléphonait pour savoir si Barescut n'oubliait pas la relève des troupes d'attaque déjà en secteur. Réflexion de notre chroniqueur : C'est exactement ce qui me préoccupe le plus en ce moment !... »

17 octobre. Le général Nivelle gardait toujours la chambre. La journée était triste et froide. On devait accueillir après déjeuner M. Gervais, qui demandait à être conduit à Verdun. « Je l'ai trouvé pessimiste. Vraiment, le monde parlementaire est angoissé par nos faibles progrès sur la Somme, par les échecs de la Roumanie qui crie au secours, par l'insuccès de l'emprunt, par la fonte des effectifs. Il parle de s'organiser pour une guerre de très longue durée, certaine dès maintenant. Il considère l'Allemagne comme pouvant tenir encore très longtemps. Bref, il ne voit que nos maux et pas ceux des autres. »

Par bonheur, le général Pétain, en présence de Barescut, faisait une violente sortie, lui disant que « c'était une honte pour les parlementaires d'avoir le secret absolu de la correspondance avec les hommes ». Car ceux-ci « en profitent pour leur raconter parfois des bourdes inimaginables et souvent des faits sciemment dénaturés ». Pétain, sur sa lancée, ajoutait que certains parlementaires ne craignaient pas de mener une campagne active contre l'emprunt ou pour la paix immédiate — sans compter que dans les lettres adressées aux poilus par les parlementaires, on trouvait « les mêmes phrases, la même expression défaitiste... »

Du coup, Barescut, disait : « Le grand homme ne comprendrait pas la guerre actuelle. Il n'attaquerait pas comme nous sur un front étroit, là où le Boche a accumulé tous ses moyens de défense. Il attaquerait sur un très grand front avec beaucoup d'artillerie et peu d'infanterie, et engagerait ses plus fortes réserves en un point bien choisi. Avec tous les moyens de transport appropriés, il les transporterait là où ça crèverait... Oui ! L'idée napoléonienne : s'engager partout et pousser à fond là où ça crève... Il est vrai qu'après tout Napoléon se tromperait peut-être. »

En attendant, à Souilly, on continuait de se morfondre.

18 octobre. Pluie battante toute la journée. « Je suis anxieusement le baromètre. Quand donc prendrons-nous Douaumont ?... » Le général Mangin venait au chevet du général Nivelle, toujours malade dans son lit. Nivelle, de son flegme habituel, dit : « Eh bien ! Il ne s'agit plus de préparer notre offensive en six jours... mais en moins de six jours... » Mangin, nerveux comme toujours, lançait à Barescut en sortant de la chambre : « En moins de six jours, moi je veux bien... mais c'est vous qui ne voulez pas... Vous ne pensez qu'au papier et pas assez à l'action ! » Pardonnons-lui cette boutade ! Même si une telle pique était trop injustifiée, à l'égard d'un homme « qui lui fournit tout ce qu'il demande ».

19 octobre. Toujours la pluie, toute la journée. Un baromètre qui ne cesse de monter et de descendre. Toujours l'anxiété. Commentaire des spécialistes du temps : « Très grave. Ça, c'est une bourrasque de la mer du Nord ! » Nivelle, quoique pouvant enfin quitter le lit, gardait la chambre. Il recevait le général commandant de la 67e division chargée de remplacer le 74e au lendemain de l'offensive. Celui-ci ne pouvant rester plus longtemps en secteur, on lui envoyait un régiment, de la 22e division (Bonyssou). Dès le lendemain, on lui en enverrait un deuxième. Cela permettrait à la 67e de se reposer. Il n'en restait pas moins que chaque jour apportait une sombre nouvelle, un nouveau deuil : après Mordant, c'est Alby qui tombait ; après Alby, Hollonin, commandant du 5e CA.

20 octobre. Dieu merci, temps superbe, malgré les pronostics, malgré la bourrasque de la mer du Nord. Le général Pétain partait pour Chantilly, rencontrer Joffre. Le général Nivelle avait repris du collier, quoique fiévreux et titubant. On décommandait la réunion des commandants de CA, qu'il n'aurait pu présider. On téléphonait en conséquence à tous les généraux de demander audience particulière à Nivelle en cas d'urgence. Le soir même, en présence de Mangin, de

Barescut et de Lebrun, Nivelle se décidait pour le jour d'attaque : J = 24. Sans délai, Barescut programmait les transports à effectuer dès le lendemain : il ne s'agissait pas de peu de chose, manœuvrer dix-huit mille hommes, soit vingt bataillons et demi ! Il fallait en particulier que les troupes fussent entrées en secteur entre le 21 et le 22. Dès lors, tout le personnel de communication était requis pour assurer l'ordre et la régularité des opérations de transport. Qui plus est : Mangin recevait consigne de Nivelle de réduire le temps entre les deux vagues d'assaut : prévoir H et H + 2, au lieu de H + 3. Barescut aurait préféré un temps plus long entre les deux attaques, de manière à bien préparer la deuxième, mais ainsi dit, ainsi fait. L'on discutait d'éventuelles reconnaissances et de groupes légers et offensifs à envoyer dès que l'on se serait emparé de la première position boche, encore que ce fût délicat et dangereux à envisager. On terminait la journée en dînant avec deux colonels russes venus visiter la IIe armée et qu'on enverrait le lendemain à Verdun vérifier que la bataille n'était pas loin d'être close, Barescut évitant pourtant de leur parler de la vaste offensive en préparation.

21 octobre. J moins 3. Temps magnifique, sauf qu'il fait froid : moins 8°.

Barescut se rendait à la station météorologique, où un ex-pharmacien l'initiait aux mystères des cyclones et ne promettait du beau temps que pour le lendemain, en aucun cas au-delà. Les tirs de 370, entrepris depuis déjà trois jours, continuaient leur « bonne besogne ». Le général Nivelle, ressuscité, pouvait déjeuner avec ses officiers et étaler une impériale confiance. On y entendait le commissaire régulateur rapporter un mot du général Hollonin, commandant le 5e CA, selon lequel : « En temps de paix, nous avons la paix armée ; en temps de guerre, cela devient la guerre désarmée. » Sauf que le mot était prononcé la veille du jour où Hollonin se faisait attaquer en secteur de l'Argonne et perdait douze mille hommes ! On avait le soir la visite de Pétain, qui ramenait du Grand Quartier Général la vision la plus noire des événements de Roumanie. Le Kaiser aurait même télégraphié à son beau-frère Constantin de laisser faire les Alliés, qu'il avait dix à quinze divisions prêtes à lui porter secours. Comble de tristesse pour Barescut : ses officiers lui annonçaient que les réglages ne seraient pas terminés pour le jour J, que les pluies avaient causé trop de dégâts, qu'il n'y avait plus de boyaux. Appréciation de Barescut : « Comme tout cela est loin de la magnifique assurance du général Nivelle ! »

22 octobre. Les météos avaient vu juste. Beau temps aujourd'hui (quoique beaucoup de pluie annoncée pour demain). Récit de notre colonel : « J moins 2. On fait du bon travail de contrebatterie et de destruction. » Le général Pétain venait assister au rapport du soir, avancé à 5 heures 30. Du moins y vérifiait-on que toutes les troupes seraient en place, malgré l'absence de tranchées et de boyaux. D'ailleurs, le général de Salins demandait en vain un jour de délai de plus. Au dîner, le général Fanché, du Grand Quartier Général, arrivait avec le major anglais Goldman. Commentaire : « Il est, je crois, député, n'a jamais été sur le front et appartient au service d'espionnage et de contre-espionnage. »

23 octobre. Barescut écrivait : « Temps clair le matin, tourmenté le soir. Aujourd'hui J moins 1. Demain jour J. Heure choisie : 11 heures 40. *Alea jacta est*, et, comme le dit le journal de Castelnau, il n'y a plus qu'à prier le Bon Dieu pour que ça colle. ». Le général Pétain venait à Souilly déjeuner avec Nivelle et son état-major. Il annonçait à Nivelle qu'il avait rayé Barescut des propositions de général de division et le proposait pour commander l'artillerie d'un corps d'armée. Dieu merci, il ajoutait plus tard qu'il allait, lui Pétain, être envoyé à Salonique commander le groupe des armées alliées et qu'il prendrait Barescut comme chef d'état-major en le faisant passer général. « Il assomme d'un côté, écrivait Barescut, et bénit de l'autre. » Effectivement, Barescut, au terme d'une conversation avec le général de Castelnau, avait pu apprendre que celui-ci détenait un dossier volumineux contre Sarrail, dossier qui d'ailleurs avait été présenté au président du Conseil, qui n'en avait pas voulu, puis à Freycinet qui, lui, avait prêté beaucoup plus d'attention. Point étonnant donc que l'on eût pensé en haut lieu à Pétain pour remplacer Sarrail... Quoi qu'il en fût, la guerre, elle, conti-

nuait, plus intense que jamais, et, le soir, malgré la pluie, Barescut allait voir tirer le terrible 400 contre Douaumont.

Et ce soir, 24 octobre, Barescut de relater point par point cette journée qui restera à jamais mémorable ; mieux vaut citer le texte in extenso :

« 24 octobre. Saint-Magloire. Le matin pluie très fine, plafond à deux cents mètres. Nous sommes anxieux. Le général Pétain vient. Le général Nivelle va à Regret. L'attaque est décidée. A Dieu vat ! Le général Joffre vient et on se met à table. Il y a aussi le général Raguenau. L'attaque doit partir à 11 heures 40. C'est à table que nous recevons les premiers renseignements. Excellents. Progrès partout, surtout à gauche et à droite. Pas de nouvelles encore de la division Passaga. On en a eu cependant un peu plus tard de très bonnes. Puis nous apprenons que tout va bien, très bien. Le général Joffre va voir les PC des autres groupements, il est plein d'espoir. Le général Pétain et Nivelle sont à Regret. Le général Pétain donne l'ordre formel de s'installer sur les positions conquises et de préparer l'attaque du fort de Vaux. Par contre le général Joffre qui dîne avec nous ce soir à Souilly dit au général Nivelle de pousser tant qu'il pourra, qu'il le couvre complètement. Le général Nivelle très embarrassé prendra peut-être une solution intermédiaire.

En somme, journée excellente. Nous avons progressé de plus de trois kilomètres sur un front de sept kilomètres. Le village et le fort de Douaumont sont à nous.

Pour le fort de Douaumont, j'avais rendu compte au GQG que nous étions de l'autre côté du fort dont nous tenions certainement la superstructure. Le général Joffre a tenu à ce que nous disions que nous nous étions emparés du fort. Tant pis, ajoutait-il, si les Boches demain nous le reprennent.

Le radio boche d'hier disait que pour soulager la Somme et détourner leur attention, nous avions attaqué sur la Meuse mais que par leurs tirs d'artillerie ils avaient fait avorter notre attaque. Le général Joffre fait téléphoner au général Pelle de signaler la fausseté du radio allemand, en disant qu'hier nous n'avions pas attaqué.

Le général Joffre était très gai. "Le Kronprinz est dans ses petits souliers, me dit-il. C'est bien son tour. Il ne dormira certainement pas comme moi cette nuit." Oui, c'est bien la réponse à faire à ceux qui disaient que l'armée de Verdun était incapable de bien faire.

Le général Nivelle téléphone le soir au général Mangin pour lui confirmer son ordre de pousser dès ce soir des reconnaissances offensives. Le général Mangin a renforcé ses premières divisions engagées par ses divisions de deuxième ligne de manière à pousser l'attaque en particulier sur le fort de Vaux... »

Dès le lendemain, comme le notera encore le colonel de Barescut, même si les contre-attaques boches sont vite repoussées, le général Pétain téléphonera pour dissuader de hâter l'assaut et le général Nivelle tiendra le même langage de prudence au général Mangin. L'offensive française sera ainsi stoppée dès le soir, non sans de sanglantes pertes. Même le 400, installé à Dugny, cessera son tir dès 13 heures. L'attaque ne sera reprise que quelques jours plus tard.

Au déjeuner qui rassemblera Pétain, Nivelle, Barescut et quelques autres officiers, on aura ainsi tout loisir d'évoquer à nouveau le dossier de Sarrail, les menaces de Freycinet de « manger le morceau » en plein conseil des ministres, et les avertissements de Castelnau décidé à le manger lui-même si Freycinet ne s'y décidait pas. Commentaire général : l'affaire Sarrail affaiblissait Briand et la prise de Douaumont ne faisait que renforcer plus encore la position de Joffre...

Et les cahiers de Barescut de se poursuivre, jour après jour, bien au-delà même du 11 novembre 1918...

« 27 octobre. Pluie toute la journée. Situation de nos troupes pénible. Difficile de les ravitailler, d'accumuler tout le matériel nécessaire et d'envoyer tous les moyens de transport possibles. A la réunion des commandants de groupement, le général Mangin fait une narration enflammée de son attaque du 24. Son commentaire : “La prise du fort de Douaumont est certes un magnifique succès, parce qu'il y a eu une bonne part de chance. Enfin, on s'est congratulé, félicité, c'est bien. Mais pour moi je ne vois qu'une chose. La reconquête de Douaumont marque la fin de la bataille de Verdun. Nous avons gagné cette bataille”. Dans cette même intervention, le général Mangin fait une sortie contre notre service de forts. C'est une erreur de sa part. Une des gloires de l'État-Major de l'armée aura été d'avoir reconstitué tout le système des forts de Verdun. Ce fut une réorganisation complète en pleine bataille. Si nous avions eu précédemment cette organisation, nous n'aurions pas perdu une première fois Douaumont. Si les Boches l'avaient eu, nous ne leur aurions pas repris Douaumont. Mais déjà Nivelle distribue ses instructions quant aux prochaines opérations sur le fort de Vaux. Hélas ! Le général Franchet d'Espérey apprendra la mort de son fils, Louis Franchet d'Espérey, aspirant au 401ᵉ d'infanterie de la 133ᵉ DI, tué le soir du 21 d'une balle en plein cœur après s'être brillamment battu durant quinze jours dans les tranchées de Fleury. Le général est venu assister à l'enterrement. Puis il a déjeuné avec nous, montrant une grandeur d'âme extraordinaire, causant de la guerre avec un grand calme et une parfaite maîtrise de soi. Je n'aurais personnellement pas pu !... Et l'on repense à Castelnau, qui perdit deux fils, à huit jours d'intervalle, maîtrisant lui aussi, avec un visage de marbre, l'immense douleur. »

« 28 octobre. Pluie battante. A midi, nous faisions défiler dans les rues de Souilly cinq mille prisonniers boches. Ils étaient filmés par un cinématographe. Toute la population était sur les portes. C'était très impressionnant. Les hommes étaient lourds. On comptait parmi eux beaucoup d'enfants et de malingres. Quelques-uns portaient de grosses lunettes rondes. Durant ce temps, la relève s'effectue, sous le contrôle des agents de liaison, la 9ᵉ relevant la 8ᵉ, la 7ᵉ, la 133ᵉ, la 22ᵉ, la 74ᵉ et la 63ᵉ. D'ailleurs, la 74ᵉ n'en peut plus... Le général Mangin passe le soir à l'ambulance de la ferme de Montjony où l'un de ses fils se trouve, blessé. Pauvre père !... Un reporter américain, correspondant de tous les journaux francophiles d'Amérique, est venu, accompagné d'un officier de la section d'information du GQG. Il visite Verdun, puis dîne à Souilly. Il dit au général Nivelle que la victoire de Verdun est surtout élégante et que cela rappelle celle de la Marne... Le général Joffre envoie au général Nivelle sa photo avec une flatteuse dédicace. Le général Pétain, alarmé par son service de renseignements, envoie à Souilly un télégramme demandant où nous en sommes de nos réserves. »

« 29 octobre. Suis fortement enrhumé. Pluie persistante, qui rend les ravitaillements trop pénibles... Le général Joffre refuse des munitions. (Il doit penser à la Somme...) Il n'y a plus qu'à solidement s'installer et se caler... Le général Nivelle reçoit une lettre d'un député lui annonçant que le ministre de la Guerre est parti pour Salonique afin de débarquer Sarrail — que le général Gouraud remplacerait. Nous enverrions deux divisions, les Anglais deux, les Italiens une, les Russes entre dix et douze, et nous lancerions une grande offensive... On reçoit à Souilly M. Godard, sous-secrétaire d'État au Service de la Santé. (Il s'agit de l'un des quatre sous-secrétaires d'État parlementaires. Albert Thomas à l'Artillerie, Joseph Thierry à l'Intendance, René Besnard à l'Aéronautique et Justin Godart au Service de Santé, chargés fin 1915 de flanquer Alexandre Millerand, alors ministre de la Guerre, pour calmer la nervosité d'un pays alarmé par les échecs des offensives lancées en Champagne et en Artois...) Discussions. Nous sommes en plein régime d'incompétence. »

« 30 octobre. Je souffre de migraines. Nivelle retombe malade... La pluie n'a pas de relâche... Le général Mangin demande de nouvelles divisions. On lui envoie le colonel d'Alenson lui dire qu'on n'en a plus qu'une à lui donner, qu'il doit tenir avec ses moyens, et qu'il doit envoyer à l'arrière et au repos les 38ᵉ et 133ᵉ... Le général Pétain réunit Nivelle, Mangin et moi-même, déplorant que l'on ait trop élargi le front et qu'il faut bloquer tout l'effort contre le fort de Vaux, ajoutant qu'il tient à être mis au courant de toutes les décisions, disant : “A quoi bon aller si loin alors qu'on ne peut pas se ravitailler là où on est ! Il faut savoir se limiter et attendre, non qu'il fasse beau, mais qu'on ait réalisé des économies. Donc pour l'immédiat, faire la trêve aux Boches, ne plus tirer, se caler, s'organiser, économiser les munitions, se préparer à un éventuel grand coup plus tard.” Je sors de la conférence complètement abruti. En vérité nous retrouvons dans les propos du général Pétain non seulement le grand temporisateur qu'il aura toujours su être, pour ménager des vies humaines, tenant à s'assurer les assises qu'il estime le plus solides, mais aussi un homme ulcéré d'avoir dû céder au général Nivelle le commandement direct sur le front de Verdun et ne manquant aucune occasion d'intervenir pour faire valoir ou imposer ses propres vues stratégiques. Il doit rester fortement marqué de la réflexion que lui a faite ces derniers jours le général Joffre, de son plus gros rire bourru : "Vous aurez beau faire, il en sera ainsi, vous serez le battu, Nivelle le vainqueur de Verdun !..." Comme quoi d'ailleurs la postérité en aura jugé autrement.

« 31 octobre. Voyage à Paris... Le général Nivelle m'annonce qu'il me propose comme commandeur de l'ordre de la Légion d'honneur... Le général de Salins vient à Souilly proposer des régiments à citer à l'ordre de l'armée. Le président de la République s'annonce pour dimanche... Il fait enfin beau... Du coup, loin de se calmer, l'on tire de plus en plus. Comment donc économiser des munitions pour une éventuelle grande attaque ? »

« 1er novembre. En route pour Paris. Halte à Châlons où le général Pétain, me recevant très amicalement, me dit son contentement d'avoir été finalement écouté dans sa conférence d'avant-hier relative à l'attaque de Vaux... Je reprends le train. Je gagne l'appartement. Je retrouve dans une malle sept louis d'or. Mes derniers. Je les donnerai au payeur de l'armée. »

« 2 novembre. Vais à Chantilly par le train. Vois différents officiers de l'entourage du général Joffre. Douaumont aurait rapporté un milliard à l'emprunt et sauvé le gouvernement Briand. Ainsi le gouvernement ne tarit-il pas d'éloges sur le général Nivelle. Pour autant, on me refuse les deux divisions demandées en remplacement des 74e et 130e. On nous intime de nous contenter de nos propres moyens... Nous avons les divisions qui vont être transformées en divisions à trois régiments d'infanterie.

En effet, l'enlèvement d'un régiment de la 28e nous a beaucoup trop gênés, étant ainsi pris à l'improviste. Eux aussi, d'ailleurs au GQG, ils auront été surpris. Ils ont dû envoyer à Salonique une brigade coloniale de la 16e DIC. Pour la remplacer, on avait pris la brigade Porte à la 154e DI et on a transformé cette division à trois régiments en enlevant un régiment à la 28e, laquelle s'est transformée aussi en division à trois régiments. Autrement dit, il faut tenir la rive gauche de la Meuse avec cinq divisions au lieu de six... Malgré l'opposition du général Pétain, qui demande lui aussi en vain des munitions, le général Joffre me confirme sa décision de refus... Autres renseignements recueillis à Chantilly : le roi de Roumanie aurait reçu un message de l'empire de Russie lui envoyant cinq corps d'armée et il est ravi — le général Cordonnier, de retour d'Orient (où il a commandé un temps les forces françaises), a longuement rencontré le général de Castelnau au GQG, et lui aurait fait un sévère rapport sur les mauvaises préparations d'attaques et les mauvaises attaques effectuées en Salonique ; pour autant, le ministre de la Guerre serait parti là-bas non pour châtier, mais pour absoudre ; on n'y enverrait pas le général de Castelnau (connu comme adversaire déterminé de la gestion du général Sarrail) ; Sarrail resterait sur place, et « continuerait de faire sa bonne politique » (sous-entendu, sa politique politicienne) — Quant à la situation générale, Chantilly se garde de tout optimisme béat. Plus exactement, à cet égard, on ne sait pas ce qu'on veut. Pour le moment, que la Roumanie se calme ! Mais Dieu, que vont faire les Boches ? C'est l'inconnu, d'autant plus que Falkenhayn, qui commandait là-bas, vient de perdre son commandement... Par ailleurs, on se perd en conjectures sur ce qui se passe sur les Carpates, en Bulgarie, quant aux attaques sur le Danube, les effectifs réels des Boches, les disponibilités vraies des Russes, les véritables intentions du haut commandement allemand. Tout Chantilly est en proie aux discussions : Renouard veut une nouvelle offensive, supérieure à celle de la Somme ; Claudel n'en veut pas, envisageant d'autres théâtres d'opérations, en Italie, en Roumanie, en Salonique. C'est si vif que Claudel se fait traiter de dilettante. En vérité, il ne sait rien, se limitant à réclamer un mémoire établissant l'état des possibles solutions militaires les plus avantageuses, à soumettre ensuite à la politique et à la diplomatie. En vérité aussi, tout cela n'est que du vent. Cela aboutit à ne rien préparer du tout. On fait du détail : donner aux Anglais une division portugaise qu'ils réclament au nom de la traditonnelle amitié portugo-britannique ; négocier avec les Japonais l'envoi d'avions et de personnel, sauf pour Tokyo à s'appliquer à se faire payer très cher ; se disputer sur ce qu'il y a à faire en Roumanie, la thèse de Claudel demandant une attaque sur Sofia, de Castelnau la voulant sur la Transylvanie. (Thèse : appuyons l'aile gauche pour envelopper les Hongrois ; les Roumains marcheront d'autant mieux qu'ils reconquerront leur chère Transylvanie ; les Autrichiens seront finis...) Seul résultat positif : nous avons déjà envoyé cent soixante officiers en Roumanie ; nous en enverrons encore. La conversation n'aura pu être gaie entre moi-même et Castelnau à notre retour à Paris en auto. »

« 3 novembre. A peine de retour à Souilly, j'apprends que le fort de Vaux est pris... J'ai cru au bateau... Mais bel et bien la radio boche l'a annoncé hier : les Boches évacuaient le fort. On a alors actionné Mangin qui a actionné Andlaver, lequel a poussé de son côté. Bref, on est entrés dans le fort de Vaux sans combat et déjà on s'y organise... La presse de Berlin fait un long communiqué aujourd'hui pour expliquer pourquoi les troupes avaient évacué Vaux, que le fort de Vaux n'avait plus d'importance, qu'on ne pouvait plus le ravitailler, que c'était un nid à bombes, que c'était suivant un plan mûri et réfléchi que les troupes se portaient en arrière sur une position reconnue et organisée...

Alors, le général Nivelle ne parle plus que de la décomposition des troupes boches... Il voit très grand en ce moment. Il parle d'attaque d'armées de plusieurs corps dans la direction de Rével, de prendre l'offensive dans la guerre de mouvement...

Curieusement, nous avons à dîner un couple américain, M. et Mme Warren. Il s'agit d'un architecte, très sympathique, causant bien le français, trouvant en tout le mot adéquat, jugeant exactement ses compatriotes, admirateur de Theodore Roosevelt, convaincu de l'élection de Hugues demain et croyant au nécessaire châtiment des Boches. Nous l'amènerons demain à Douaumont. »

« 4 novembre. Beau temps. On continue à progresser en avant du fort de Vaux... Cependant, au nord du ruisseau de Vaux, la 9e division qui attaquait a subi des pertes... Le général Nivelle ne pense plus qu'à ses vastes projets d'offensives. Pour lui, il n'y a plus que de la poussière de Boches. Il demande que l'on risque quelque chose. Il voudrait une ou deux armées de plusieurs corps d'armée pour crever le front quelque part, pour se rabattre ensuite... Toutefois, cela ne tient pas beaucoup, premièrement parce qu'il faudrait avoir les moyens en hommes et en munitions, et sûrement qu'on ne les a pas ! Deuxièmement, à supposer qu'on puisse pousser plus loin, comment ravitaillerait-on les troupes ? Pas de chemin de fer, pas de routes, les seules routes existantes étant impraticables à nos camions ; troisièmement, le déplacement de l'artillerie serait très dur, très long ; les Boches auraient tout le temps de rameuter du monde, de fermer la brèche, de se stabiliser de nouveau. Le général Nivelle dit que ce qui n'était pas possible jadis ou sur la Somme parce que les Allemands y ont réuni tous leurs moyens, sera possible là où ils n'auront justement pas réuni ces moyens. Mais précisément, l'ampleur de la préparation donnée à une telle attaque permettra à l'ennemi de concentrer les dits moyens. Le général Nivelle me dit qu'il faut battre l'armée ennemie, oui, mais l'armée ennemie, c'est la nation tout entière qu'il faut abattre, avec ses usines à munitions, ses usines à canons, des magasins, des chemins de fer, une capitale politique et nationale. Von Kluck l'oublia et nous permit la victoire de la Marne. Je préférerais prendre Constantinople que de faire cent mille prisonniers boches pour rien... Quant à M. Warren, il revient enthousiaste d'une visite au fort de Vaux. Il a déjeuné avec madame à la Citadelle. Il promet au général Dubois de lui envoyer du carton bitumé pour recouvrir tout Verdun. »

« 5 novembre. Visite, le matin, du président de la République... J'apprends en même temps que demain je serai commandeur de la Légion d'honneur. Le motif n'est pas très glorieux. J'en ai honte vis-à-vis des braves gens devant lesquels je serai décoré, c'est à mon État-Major hors ligne, remarquable à tous points de vue que je dois cette haute distinction. Sans lui je n'aurais rien fait de bon. Il a fallu tout un concours de circonstances heureuses pour que je sois récompensé. (On reconnaît tout à fait là l'extraordinaire modestie de l'homme sans compter que, piaffant dans un « travail de bureau » il ne cesse de réclamer au général Nivelle comme au général Pétain un commandement au feu.)... Raymond Poincaré fait le tour de Verdun accompagné du général de Castelnau... Déjeuner sur le pouce... Visite au général Mangin... On voit, de Marceau à Tumel de Tavance, toutes les positions qui ont vu tomber mes marmites! Quelle joie!... On dîne le soir à Souilly dans le train présidentiel. Le général de Castelnau m'embrasse pour me féliciter... Cependant, le général Andlance occupe le village de Vaux devant Damploup, le village de Damploup et toute la région de Vaux... Coup de téléphone du général Nivelle, tard dans la soirée, pour lui dire de ne pas manquer de faire mentionner la nouvelle dans le communiqué, ainsi que l'anecdote de la patrouille qui est allée avant-hier soir dans Damploup même capturer un poste boche de neuf hommes. (Un de ces hommes avait dit alors à nos poilus d'attendre parce qu'un autre poste allait venir pour la relève, la patrouille attendait, enlevait le nouveau poste à son arrivée et ramenait ainsi dix-huit prisonniers dans nos lignes.)... Mais sur la Somme nous prenons une tape. Nous ne faisons que cinq cents prisonniers sans avancer beaucoup. Les Anglais qui devaient nous aider n'ont pas attaqué. Le général Nivelle ne s'en dit que plus outré de voir qu'en haut lieu on n'a pas de plan arrêté, qu'on vit au jour le jour sans savoir ce qu'on veut faire. Le 15 octobre, à Chantilly, on se proposait de réunir les plus grands chefs des troupes alliées pour discuter de la conduite à tenir: le général de Castelnau dit à Poincaré qu'il était indispensable qu'il fût là. Le président de la République assure que c'est son avis et celui de Briand. »

« 6 novembre. Accompagne le président de la République visiter différents cantonnements, d'abord la 74e, puis la 133e, puis la 38e... Avec la 74e, cérémonies simples et émouvantes... A Reilles, avec la 133e, accueil superbe, drapeaux, fanions et fanfares: je reçois la cravate; le président m'embrasse; Castelnau, Nivelle, Pétain m'embrassent; on embrasse Passaga qui a droit lui aussi à la même cravate. Et encore des défilés, des photographes, des défilés entraînants, chasseurs à pied marchant de leur pas rapide, souple et nerveux, ou l'infanterie, sur marche plus ralentie, défilant lentement au pas cadencé et rythmé... A Samois, chez de Salins, qui commande la 38e, défilé dans une rue étroite, superbes zouaves et tirailleurs, le président de la République décorant un homme de la Légion d'honneur, cet homme pleurant comme un enfant, des jeunes filles lançant des fleurs et remettant des bouquets aux officiers... Plus loin, visite au reste de la 38e sur une place toute enguirlandée et ornée de drapeaux ; défilé des zouaves du lieutenant-colonel de Partonneaux, défilé des tirailleurs, émotionnant ; et c'est notre nationale Nelly chantant *La Marseillaise*, arc-boutée à un drapeau, cabotine, soit, mais dans cet instant, dans ce cadre splendide, c'est l'amour sacré de la patrie qui retentit dans le silence au fond de tous les cœurs... On déjeune dans le train présidentiel. Le président de la République parle de la guerre. Somme toute, est-il bien renseigné ? Il n'en a pas l'air, même s'il insiste avec raison sur les difficultés pour un général français de commander des troupes alliées à Salonique... Rien de nouveau sur le front. Mangin tire beaucoup et continue d'attaquer. Nous n'aurons plus bientôt ni un homme ni un projectile. »

« 7 novembre. Belle matinée. Soirée pluvieuse. Le prince de Connaught déjeune à Souilly : très sympathique, gentleman accompli, au profil bourbonnien. Il a le bon gros rire de l'Anglais blond. Il ne dédaigne pas la gaudriole. Il nous raconte que le kilt écossais est aussi bon pour la guerre que pour l'amour... Il a visité Verdun ce matin. Il a été reçu à la Citadelle par le général Dubois. Il nous arrive avec une nombreuse suite, dont le duc de Connaught, le colonel Sir Henry Steatfield, le général Yard Bullee, le major Thompson, des officiers français de la liaison avec le GQG britannique... Visites aussi de journalistes anglais accrédités par le gouvernement, et de journalistes canadiens, revenus fourbus d'un tour à Douaumont... Je confère avec différents importants officiers du secteur, dont le général Genin, navré d'être désigné pour le front de Salonique... Je prépare avec le général Nivelle et le général Mangin une attaque importante sur les ouvrages de Josemont et la cote du Poivre... Mais aussi le secteur de Douaumont reste assez bombardé et les Boches auraient six divisions à l'arrière. Prépareraient-ils un mauvais coup ? »

« 8 novembre. Belle journée. Calme relatif. Violent bombardement... Deux dames, dont Mlle Paul, accompagnées par Gaston Deschamps, du *Temps*, visitent les entrepôts d'éclopés et manquent à Verdun être tuées par un obus... »

La note du 11 novembre exprime à elle seule toute l'intensité des interrogations qui demeurent concernant Verdun et la situation générale :

« 11 novembre 1916. Temps très beau, mais très froid. Rien sur le front, sauf quelques canonnades... Le général Nivelle donne sa réponse aux questions du GQG posées par dépêche chiffrée au sujet d'une éventuelle nouvelle offensive. Il précise que, tout en ayant l'attitude agressive préconisée par le GQG, il s'agit surtout pour lui, premièrement, de nous débarrasser des observatoires gênants et qui nous occasionnent des pertes, deuxièmement, de nous donner de l'air au-delà du fort de Douaumont qui est en première ligne... On peut envisager d'attaquer avec huit divisions, au mieux avec dix... Pour l'attaque elle-même, il y a à choisir entre, ou bien entreprendre une attaque générale si tous les moyens le permettent et si tout le monde en est d'avis, ou bien opter pour une attaque réduite sur un vide central, soit en ne prenant que les deux tiers à droite avec Hardaumont, soit les deux tiers à gauche avec la cote du Poivre... Personnellement, je suis pour l'attaque avec vide central, mais une attaque qu'on peut réduire en ne visant sur la cote du Poivre que les objectifs strictement nécessaires... »

Épopée pas terminée.

Le 17 décembre, Barescut sera nommé général, quelques jours après que le général Joffre aura été limogé et remplacé au haut commandement par le général Nivelle.

Dans le même temps, une fois la défense de Verdun considérée comme assurée, il sera promu au commandement de la 6e DI.

Le 29 décembre, il refusera d'entrer au cabinet du ministre de la Guerre, le général Lyautey. Au cours d'un déjeuner au restaurant de la Légion d'honneur, celui-ci lui dira : « Je ne connais rien de la guerre actuelle, je veux avoir un chef de cabinet opérations qui me tienne mes cartes, me mette au courant de ce qui se passe. Je vous propose la place. » Le général Lyautey, très enjôleur avec sa majesté naturelle, ses gestes gracieux, son regard d'azur, sa manière raffinée de tenir sa cigarette blonde, insistera beaucoup. Mais Barescut en restera à son refus, conseillant de choisir pour le poste quelqu'un qui ait effectivement commandé en première ligne, expliquant ne pas avoir assez de souplesse pour manœuvrer les parlementaires, disant surtout : « Ma division est au feu, en pleine action, j'ai eu hier les larmes aux yeux en la quittant, mon premier devoir est de la rejoindre. »

Engagé sur le Chemin des Dames à la tête de sa division, il se révélera un chef d'une rare énergie, aux commandements clairs et précis, sans cesse économe de ses hommes.

Il sera l'un des rares observateurs à pressentir que l'opération se terminera mal. Cela se passera en avril 1917. Le nouveau généralissime engagera une vaste manœuvre consistant essentiellement, entre Soissons et Laon, de l'Ailette au plateau de Californie, en une bataille de rupture sur le Chemin des Dames, précédée d'une bataille de fixation en Artois et accompagnée d'une offensive sur les monts de Champagne. Il n'y aura qu'infortunes. L'ensemble des opérations, prévu pour mars, sera retardé d'un mois. L'attaque d'Artois, débouchant le 9 avril, sera loin de donner les résultats escomptés. L'offensive générale sur le front de l'Aisne butera sur des troupes allemandes qui, s'étant puissamment organisées de Vailly au plateau, opposeront une résistance sans faille. Les armées françaises — la VIe de Mangin et la Ve de Mazel — s'y épuiseront en peu de jours. Malgré de faibles gains de terrain, notamment à Laffaux, à Hurtebise, sur le plateau de Gaonne et à Berry-au-Bac, où les Français auront employé pour la première fois les chars de combat, l'offensive devra être suspendue dès le 21 avril.

Quand l'échec total, sur le plan stratégique, de la bataille du Chemin des Dames, aura porté un grand coup au moral des troupes françaises usées par près de trente mois de guerre de position, quand Nivelle sera congédié à son tour, quand la France semblera rouler aux abîmes, il ne pourra faire autrement que de répondre à l'appel du général Pétain qui, promu généralissime, lui demandera le 2 mai de venir travailler à ses côtés.

Il sera nommé aide-major général, installé près du nouveau généralissime, au château de Compiègne, avec comme major général, le général Debeney, puis le général Anthoine.

Il y assumera une besogne de titan. Chargé à la fois du Deuxième Bureau (renseignements) et du Troisième Bureau (opérations), il prendra à l'occasion les responsabilités les plus lourdes.

Rien de ce qui engagera le destin de la patrie durant ces dix-huit mois n'échappera à son domaine, indisciplines à corriger et mutineries à maîtriser, moral national à redresser et moral des armées à maintenir. L'armée américaine arrive un an trop tard, l'armée russe s'effondre un an trop tôt. Il aura à réunir de formidables moyens au printemps 1918 pour faire face à l'offensive Hindenburg renforcée par les armées allemandes venues du front de l'Est, il aura à s'occuper de stratégie et de ravitaillement, d'espionnage et de contre-espionnage, de l'extension du front anglais et de l'introduction des unités américaines dans le dispositif.

Les personnalités françaises et étrangères défileront dans son bureau, à moins qu'il ne les rencontre en visite sur les fronts, Poincaré et Clemenceau, Ribot et Painlevé, le roi des Belges et le roi d'Angleterre, Gouraud et Franchet d'Esperey, Maginot et Briand, Pershing et le maréchal Douglas Haig, Albert Thomas et Marcel Sembat, le major Parker de l'armée américaine et le général Galitzine, chef de la mission russe au GQG, soudain vieilli physiquement et moralement, qui parle de « retourner à Dieu ».

Il établira les mêmes relations de confiance avec Joffre, maréchal depuis décembre 1916, nommé inspecteur permanent des troupes américaines en France, qu'avec Foch quand celui-ci, nommé chef d'État-Major général, sera chargé d'aller au-delà des Alpes redresser le moral et la situation d'une armée italienne en pleine crise.

Outre les plus grands journalistes, il recevra nos écrivains, tels Henry Bordeaux et Marcel Prévost, lequel, par ces temps d'ogres et de loups, a tout de même le loisir, comme voisin de propriété dans le Lot-et-Garonne, de venir lui confier son projet d'écrire un nouveau roman d'amour, devant fort à propos s'appeler *Un ouragan dans l'ouragan*.

Il aura à porter témoignage sur les sujets les plus divers, perfectionnement des chars d'assaut et guerre toxique, guerre navale et guerre aérienne, remplacement de Sarrail par Guillaumat et nomination du directeur de l'Aéronautique, rapports au Comité de guerre de Versailles (qu'à Compiègne on appelle avec humour le « Soviet de Versailles ») et relations avec l'Élysée ou la rue Saint-Dominique.

Il travaillera durant de longues heures avec le général de Castelnau qui, au retour de sa mission en Russie, aura pris le commandement du groupe d'armées de l'Est, avec pour but la préparation de la « grande offensive finale » en Lorraine — Castelnau, ah ! le bon Castelnau, « souple, aux expressions si imagées, s'imposant par son bon sens, sa droiture, sa bonne volonté, son optimisme intraitable ».

A chaque instant, il sera le véritable homme de confiance du général Pétain, lui « froid, toujours maître de lui, sentant exactement la terrible responsabilité qui pèse sur ses épaules, voyant tout et avec juste raison », mais à qui il sera capable d'opposer son propre jugement chaque fois qu'il estimera que le généralissime est dans l'erreur ou qu'il commet une injustice.

Dans ses nouvelles fonctions, il piquera colères sur colères, contre toutes les choses qui ne vont pas, et il y aura beaucoup : trop de difficultés dans l'organisation, trop de lenteur dans les bureaux, trop d'obstacles aux acheminements, trop de pagaille dans le service de renseignements, en dépit de l'excellent travail fourni à la tête du Deuxième Bureau par son ami Cointet, face à l'excessive dispersion des responsabilités d'un commandement qui en mai aura été près d'abdiquer. Mais, d'une manière générale, il manifestera une excellente maîtrise de soi.

Enfin, en mars 1918 avec le général Weygand, le meilleur ami de Foch, il jouera un rôle majeur quand il s'agira de désigner le généralissime des armées alliées, et quand le Conseil suprême de guerre hésitera entre plusieurs noms pour assurer le commandement unique face à Hindenburg : Joffre, Foch, Pétain, Haig proposé par les Anglais, Cardona soutenu par les Italiens... Il saura avec Weygand utiliser des trésors de diplomatie et de tact pour finir par faire imposer le nom de Foch.

Il ne décrochera du GQG que le 4 août 1918, lorsqu'il pourra enfin réaliser son rêve des rêves, commander une division au feu et qu'il se verra confier une division d'élite, la 42ᵉDI. Il terminera la guerre à ce commandement. De son PC de Vouziers, après avoir attaqué victorieusement sur l'Aisne, il espèrera même prendre Sedan, ville symbole de la

Revanche. Simplement, il ne connaîtra pas cette joie, parce que sa division sera ramenée vers l'arrière en vue d'une invervention « ailleurs ». C'est à Courtisols, son dernier PC de guerre, à environ quinze kilomètres à l'est de Châlons-sur-Marne qu'il vivra les derniers jours de la tragique aventure, peu avant de gagner Morhange, puis la zone d'Allemagne à occuper.

Il n'aura plus alors qu'à écrire ses derniers feuillets de guerre, dans un égal esprit d'épopée, même si, au cœur de la tourmente, Barescut aura toujours su garder l'humour, la simplicité, l'optimisme et le tact inséparables, de sa personnalité...

Chapitre XXX

Ce soir encore...

Vers qui encore porter notre pensée? Vers l'une des trop nombreuses familles qui pleurent un mort de Verdun? Par exemple, vers les parents de Paul Derrien, jeune médecin aide-major de la 32e division de brancardiers, SP 140, filleul du général Guillaumat, descendant d'un médecin de Tonnelé qui combattit à Trafalgar sur un bateau corsaire parti de Rochefort, tué le 24 août? « Vivent les morts » criera, le 11 novembre 1918, dans Paris en folie, Roland Dorgelès, nu-tête, la mèche sur l'œil, bousculant tout le monde — Roland Dorgelès qui signe fièrement toutes ses lettres « caporal mitrailleur du 39e RI ». Pour l'heure, par-dessus tout, on les pleure. Ainsi, père et mère de Derrien feuillettent-ils interminablement les carnets de leur fils mort, reçus tout récemment, ou ses lettres... Phrases, entre mille plus bouleversantes les unes que les autres: « Ne vous faites aucune bile à mon sujet, la guerre sera bientôt finie (mars 1916 !)... Je suis plus heureux que jamais; j'ai reçu une carte d'Hubert qui me dégoûte de pessimisme; je t'autorise même à le lui dire quand tu lui écriras... J'ai reçu le stylo dont je me sers en ce moment: tout va bien pour moi, santé excellente, pas trop de fatigue... Et pourtant, nous avons été quelque temps trois médecins auxiliaires au lieu de huit, avec le double de travail à faire: la relève des blessés par des chemins tellement mauvais que des brouettes-brancards, faites pour aller partout, trouvent moyen de verser; sur des routes démolies par les obus et tellement battues par les balles, qu'il y a des blessés et même des tués parmi nos infirmiers... En plus de cela, nous sommes chargés de la désinfection du champ de bataille, c'est nous qui devons enterrer les morts... J'ai changé de résidence : maintenant, je suis dans les bois, tout près de la ligne de feu avec vingt brancardiers; j'habite à deux mètres sous terre; j'ai au-dessus de la tête deux mètres de troncs d'arbres, de sacs de terre et de terre en tas; je suis sous les marmites; tous les jours nous en recevons une cinquantaine qui nous tombent dessus, heureusement toujours à la même heure... Il n'y a que nos chevaux qui sont alors à découvert; par bonheur, jusqu'ici ils ont eu de la veine... »

Et de relire la dernière lettre, écrite au crayon, trouvée sur son corps : « Mes chers parents, je crois que c'est fini de rire. Moi qui ai vu les attaques de septembre, celle de mars et la Belgique en 1914, je n'ai jamais rien vu de pareil. Un paysage lunaire; un bombardement qui ne s'arrête jamais; d'ailleurs nous tapons plus que les Boches. Un chahut épouvantable et sans arrêt. Quand on entre là-dedans, on a l'impression qu'il n'est pas possible de ne pas être tué, et pourtant, on y vit, et beaucoup en reviennent. Par quel miracle ? Je n'en sais rien. Il y a trop peu d'abris solides. Ce que j'ai ou rien, c'est la même chose... En revanche, le ravitaillement est merveilleux. J'ai touché aujourd'hui des sardines à l'huile, du thon, du sucre, de la confiture, du chocolat, du lait concentré, de l'alcool solidifié, du vin, du rhum et le tout très largement. Du singe et du pain, on a tout ce qu'on veut. On nous soigne... Mais nous venons de monter en ligne, et il faut toujours craindre quelque obus maladroit... »

Il n'aura même pas eu le temps de donner sa missive au vaguemestre. Selon la lettre du docteur de Cazaubon, médecin principal à l'État-major de la 32e division, il a été tué au cours du bombardement, qui a suivi. « Avec son camarade Ducasse, il était parti toujours calme, toujours souriant, vers son poste de combat : il soignait un ennemi blessé... » Et voilà... Un obus... On l'a enterré quelques jours plus tard, sous Verdun, « dans le cimetière de Belleray dans la rangée qui est parallèle à la route », entre son inséparable ami Ducasse et le commandant Pauly, du régiment. Ah ! Ces armées de morts de Verdun ! Ces armées de croix !

Ou bien tournons-nous vers les plus illustres figures de notre industrie automobile, hauts symboles de cette industrie française qui, en 1910, était encore la première du monde ? Louis Renault a quarante ans. Il ne cesse de créer. Mobilisé comme soldat de deuxième classe au 106e régiment d'infanterie à Châlons-sur-Marne, à peine avait-il endossé l'uniforme qu'il suggérait des dispositifs nouveaux pour les exercices en campagne et l'automatisation des champs de tir. « Affecté spécial », vite restitué à la direction d'usines vitales pour l'ensemble du pays, il inventait les ponts démontables et le phare de campagne. C'est lui qui a imaginé de faire fabriquer des obus par les usines d'automobiles, puis des moteurs d'avion en série, à Billancourt comme à Lyon, dans les murs de l'usine Rochet-Schneider. On calcule qu'il fournit vingt mille obus par jour et sept cent cinquante moteurs d'avion par mois (de 300 CV, pour avions de reconnaissance), sans oublier ses productions records en matière de pièces détachées de fusils (gaines, relais, fusées) et de canons 115 longs (essieux, roues, supports de canon, bèches et culasses, avec usine principale à Firminy). L'usine mère couvrait en 1914 une superficie de dix-huit mille mètres carrés et occupait cinq mille deux cents ouvriers : elle s'étend sur plus de quatre cent mille mètres carrés et emploie plus de quinze mille ouvriers. « Et dire, soupire-t-il, que, encore en 1914, je n'avais vu ni canon, ni obus, puisque, lorsque j'étais à Châlons-sur-Marne, les canons étaient transportés sous des housses vertes, soigneusement cachés, et que les fantassins n'avaient pas le droit de s'approcher des artilleurs ! »

Le voici — aujourd'hui même — qui présente officiellement au ministère de l'Armement et au général Joffre un projet de char de combat jamais vu, de petite dimension et à grande vitesse. Il explique que les premiers chars fabriqués, douze à quatorze tonnes, trop lourds, trop vulnérables, trop peu maniables, ont été en définitive décevants et que des chars de sept à huit tonnes, plus souples, plus rapides, sont seuls capables de fournir des « effets décisifs ». Il lance au général Estienne : « Si ma maquette vous plaît, je m'engage à vous fournir, avant un semestre, un demi-millier de ces chars légers... par mois ! » (Il tiendra promesse.)

Le nom de Peugeot brille toujours. Comme elle paraît loin, l'époque, il y a cent ans à peine, où, en 1814, s'éteignait le

« premier ancêtre historique », Jean-Pierre Ier, simple tisserand teinturier à Hérimoncourt, et où, en 1810, les deux aînés de ses quatre fils, Jean-Pierre II et Jean-Frédéric, à l'origine des industries Peugeot, s'associaient pour créer une fonderie dans le moulin familial de Sous-Cratet, se spécialisaient dans le laminage à froid de l'acier pour la fabrication des lames de scie ! Comme ils paraissent loin encore, les temps, il y a à peine un demi-siècle, où la nouvelle génération des « Frères Peugeot » se mettait à fabriquer outre les lames de scie et de l'acier laminé, de la quincaillerie courante, de l'outillage agricole, de l'outillage industriel, des tondeuses mécaniques, des moulins à café, des cerceaux en fil de fer pour crinolines — tous produits de renommée européenne où primait « la religion de la perfection » — et, le fin du fin, des baleines d'origine animale pour les robes et les costumes féminins ! Avec Eugène, mort il y a neuf ans, et Armand, décédé l'an dernier, promoteurs de la fabrication de cycles et d'automobiles en France, disparait la « dernière génération épique », celle qui lançait le vélocipède Peugeot dès 1885, construisait en association avec Serpollet dès 1889 une voiture (à trois roues), fabriquait en 1890 les premières automobiles à essence de l'histoire (à moteur Peugeot dès 1897).

Il n'en reste pas moins que les nouveaux animateurs, Pierre, Robert et Jules, respectivement âgés de quarante-cinq, quarante-trois et trente-quatre ans, tiennent haut le flambeau, créant dès 1912 une fameuse usine à Sochaux, plus spécialement vouée aux poids lourds, et qui vient dans ces deux dernières années de s'agrandir d'une forge moderne, d'une fonderie et d'un atelier d'emboutissage. Comme, en plus d'automobiles, il faut fabriquer à présent des obus et des moteurs d'avion, l'ensemble a pris une dimension mondiale, complété par une vaste usine à Issy-les-Moulineaux, d'importants magasins à la Garenne et deux remarquables carrosseries, l'une à Manduire près de Beaulieu, l'autre à Clichy.

André Citroën a trente-neuf ans. Fils d'un diamantaire d'ascendance hollandaise établi à Paris, il se lança dans l'industrie au début du siècle à sa sortie de Polytechnique en fabriquant avec dix ouvriers et un dessinateur des engrenages à double chevron, sous un brevet acheté en Pologne.

Installé d'abord rue du Faubourg-Saint-Denis, puis à Essones, il prospéra vite — ne venant d'ailleurs à l'automobile que par hasard, début 1914, lorsqu'il eut à prendre la direction de « Mors », une vieille marque à bout de souffle : en un an, il sortait douze cents voitures, aidé par un remarquable directeur général, Georges-Marie Haardt. A la déclaration de guerre, il était mobilisé au Mans, comme capitaine du 31e régiment d'artillerie. Il aura vite connu l'épreuve du feu, depuis la marche vers la Belgique jusqu'au paysage de Douaumont. Il en tirera le jugement qu'il ne cessera jamais de répéter : « La guerre, ce surmenage criminel... » Il en aura même éprouvé son premier grand deuil personnel : dès le premier mois de la guerre, sur le front de l'Argonne, son meilleur ami, son frère Bernard, était tué ; c'était un garçon infiniment doux, dépourvu d'ambition, ni dépensier, ni turbulent, ni trouble-fête. Il était en train de soigner un blessé dont le nez avait été arraché par un éclat d'obus ; au moment où il approchait un pansement de la plaie de son camarade, il s'écroula net, frappé au front, « tué par une balle perdue ». Il fut enterré dans un repli de terrain ; on n'en retrouvera plus la moindre trace ; on ne recueillera que ces quelques lignes, sur son carnet de notes : « Ils m'ont envoyé faire la guerre. Ils disent que ce sera un grand nettoyage et puis après tout ira bien. Je me dis que cela doit fatalement arriver que l'on m'allonge pieusement. Mais je n'en souffre pas. Je ne veux rien regretter. Je m'explique : j'ai tellement profité de la vie... » André Citroën aura suffisemment côtoyé la guerre pour écrire à son fidèle Haardt, qui continue de diriger Mors : « Cette nuit, nous n'avons eu que trois obus à tirer. Les Allemands nous en ont expédié soixante-huit. Il y a eu vingt morts... L'armée française va donc servir de cible... J'ai des morceaux de cervelle dans les oreilles, et le cœur pressuré, essoré... » Et encore : « Cette guerre en dentelles va durer longtemps. On ferme un œil et on serre la détente comme un fonctionnaire... Qu'est-ce qu'ils attendent dans les bureaux ? Le cours du sang français est bien bas... Le rythme poussif de l'artillerie française risque de prolonger la guerre... »

Puis, en novembre 1914, muni d'une fausse permission, il s'en alla à Paris, voir son ami Louis Loucheur, quarante-deux ans, brillant polytechnicien comme lui, « grand homme » des Chemins de fer du Nord, de la Société roubaisienne d'éclairage par le gaz et l'électricité, des Tréfileries et Laminoirs du Havre, d'abord mobilisé au parc de Vincennes comme lieutenant d'artillerie, mais vite chargé par Millerand de la fabrication du matériel de guerre (en attendant de se voir confier par Briand le sous-secrétariat d'État aux Fabrications de guerre). Loucheur l'introduisit auprès du général Bacquet, grand maître de l'artillerie française. Dialogue : « Mon général, on nous demande de tirer moins souvent pour ménager les obus ; or, chaque obus, ce sont cent vies françaises massacrées. On ne gagne pas une guerre en ménageant l'acier — Que me dites-vous là ! Je le sais, monsieur Citroën. — Mon général, nous ne sommes plus en 1870. Les méthodes ont évolué. C'est une guerre de munitions ! — Monsieur Citroën, je suis là pour le savoir ! — Mon général, je connais très bien les Allemands. Avant guerre, j'ai donné ma licence de fabrication d'engrenages à la Berggheischestal, à Remscheid, en Westphalie et à la Skoda autrichienne. Je connais leurs moyens industriels. Si nous ne fabriquons pas en série, nous ne triompherons qu'en paroles. Mon général, il ne nous restera plus qu'une issue : fabriquer des stocks de croix de bois ! — Hélas ! Monsieur Citroën, si vous saviez comme je suis empoisonné ! Les députés assiègent ma porte. Ils voudraient obtenir des commandes d'obus pour leurs électeurs, petits mécaniciens qui possèdent deux ou trois tours. Ils veulent que je distribue partout des petites commandes. Ils ne se rendent pas compte qu'il faudrait immobiliser des transports, envoyer des barres de quatre-vingt-cinq à un trop grand nombre de petits ateliers. Il faudrait confier à d'autres usines des parachèvements qu'ils ne pourraient eux-mêmes exécuter !... Comment s'en sortir ?... Et le Quartier Général qui me demande dix mille shrapnels par jour... pour commencer !... — Mon général, conclut Citroën, faites-moi confiance, et moi je vous les fabrique, dix mille shrapnels par jour, et beaucoup plus encore !... »

Ainsi promis, ainsi fait. Le temps d'embrasser au passage sa jeune épouse, 5 rue de la Muette, et il se précipitait chez Mors se mettre au travail, avec d'autant plus d'impatience que, dans la même illumination, il venait également d'avoir une idée inspirée : non seulement fabriquer des dizaines de milliers de shrapnels par jour, mais profiter de l'occasion pour bâtir un vaste empire industriel, une énorme entreprise qui n'aurait pu sortir de terre sans la pression formidable des canons ennemis, ces mugissements de la mort aux frontières de la France ; non seulement ne pas se laisser déborder par la guerre, mais la canaliser. C'est qu'André Citroën se campe à l'opposé d'un Renault ou d'un Ford. Eux sont des mécanos-nés, avec le génie dans les doigts, ayant construit de leurs propres mains leur premier véhicule ; ils ont la froideur et la rigidité du métal qu'ils sculptent ; tous deux ont piloté en compétition ; ils en arrivent à symboliser tout à la fois l'apothéose du mécanicien et de la mécanique. Lui — grand front élargi par la calvitie, œil de penseur derrière un lorgnon sévère, long nez incliné, moustache sobre, menton glabre — est en vérité un prodigieux visionnaire, davantage amoureux de l'épopée que de la technique, un romantique de l'aventure et non un magicien des machines. Et voilà pourquoi il sera plus tard le plus grand révolutionnaire de l'automobile de tous les temps, premier constructeur d'une voiture de grande série ; constructeur de la première « voiturette » fabricant de la tout-acier dix ans avant tout le monde ; promoteur du moteur flottant et de la traction avant.

Pour ce qui est de l'immédiat, dès Noël 1914, il avait mis au point ses plans. « Le grand jeu, lance-t-il à Haardt. Le banco. Mettons toutes nos épingles bout à bout... » Dès le début 1915, il obtenait le concours du richissime diamantaire Eknayan — dont deux des trois fils viennent de « mourir pour la France », l'un tombé dès les premiers jours de la guerre, l'autre déchiqueté en pleine charge de cavalerie. Haardt, de son côté, traversait l'Atlantique en quête de machines-outils indispensables. On choisissait, comme terrain à construire, une misérable zone des bords de Seine, quai de Javel, paradis des chiffonniers, promptement « expropriés ». On rasait en quelques jours les trois hauts fourneaux, des Aciéries de France, qui encombraient les lieux. Le premier atelier était construit en deux mois, couvrant dix-huit mille mètres carrés. Les couvreurs étaient encore à l'ouvrage qu'en dessous les machines ronflaient déjà. Peu importe si Louis Renault se précipitait chez Albert Thomas pour poser des entraves et protester contre les cadeaux excessifs du gouvernement à cet intrus, disant : « Monsieur le Ministre, Renault était suffisamment outillé pour répondre à toutes les exigences de l'armée... Ce M. Citroën ne vous livrera que des torpilles en chocolat... »

Le général Bacquet et le gouvernement lui maintenaient leur confiance. Dès le printemps, l'usine Citroën du 143 quai de Javel tournait triomphalement, six mille hommes et femmes s'y activaient, pointés en dix minutes (pantalons bleus pour les spécialistes, pantalons noirs pour les manœuvres, blouses kaki pour les contremaîtres, blouses blanches et bonnets de couleur pour les femmes), cent wagons par jour arrivaient à l'intérieur de l'établissement sur un kilomètre et demi de voies intérieures, un pont basculant de vingt-cinq tonnes s'actionnait, d'énormes grues métalliques à longs bras encore jamais vus déchargeaient aciers et combustibles arrivant par péniches. Anglais, Russes, Japonais accouraient pour visiter les installations. Citroën faisait bâtir une cantine immense, une pouponnière, un service médical, d'énormes vestiaires à cases personnelles, une maison de repos pour les femmes enceintes, de vastes bains-douches, des cabinets de dentistes.

A notre date, quai de Javel, on peut parler de Citroën-Ville. Pari gagné. Simplement, ce que l'on sait moins, c'est que, dans les sous-sols, a été aménagé un laboratoire, « le laboratoire des caves », où l'on autopsie minutieusement toutes les voitures américaines et autres modèles, ainsi qu'une bibliothèque de vingt mille livres, où les chercheurs peuvent puiser des idées. Le présent a beau avoir ses terribles hantises, M. Citroën n'en prépare pas moins l'avenir, son avenir. Au plus fort de la tourmente, ce 24 octobre 1916, le formidable visionnaire a déjà un œil sur l'après-guerre... sur les futures heures étincelantes de la marque Citroën... au vrai, sur une autre bataille, celle qu'il faudra livrer contre ce « bourreau » de Renault, contre le génie de Peugeot Frères, contre Ford, contre la General Motors...

Ou bien allons-nous porter notre attention vers de tout autres domaines, par exemple ce qui se passe chez les sportifs ?

Nous aurons fête, dimanche, au Vel d'Hiv, qui va ouvrir ses portes : on se promet bien des joies, dans ce formidable cadre qui nous a valu tant d'émotions sportives ; les journaux de sports nous annoncent un somptueux spectacle : avec le prix Lartigue, où le champion belge Thys va se heurter au Suisse Suter et à notre national Marcel Berthet, l'attraction sera de premier ordre ; les spectateurs sont d'autant plus alléchés que, pour concourir, le soldat Berthet a obtenu une permission exceptionnelle, que Suter rentre d'Amérique où il a collectionné les triomphes et que l'on prête à Thys les plus sûres qualités sur son vélo ; le second « clou » du spectacle sera le match de motocyclettes en deux manches entre Pean, l'aviateur, en permission du front, et Lehmann, le « démon » suisse qui nous arrive comme Suter d'outre-Atlantique. Par ailleurs, au billard, après la neuvième séance, Dumans, quoique nerveux, mais réussissant une sensationnelle série de trois cent deux points, profite des malheurs de Cure qui brise sa meilleure queue, et conserve un net avantage de quelque neuf mille points contre six mille.

Quant à Henri Saint Yves, le fameux pedestrian, motocycliste et aviateur, de retour d'Amérique, il arrive ce matin même au Havre. Aussitôt, il explique sa situation militaire. Il est né en 1888 à Mont-Saint-Aignan, près de Rouen. Il est donc de la classe 1908. Simplement, lors du recrutement des jeunes gens de cette classe, le champion se trouvait en Angleterre, il ne procéda à aucune formalité et personne, par ignorance, ne s'en préoccupa pour lui. Ainsi fut-il omis. D'Angleterre, il vogua vers l'Amérique et là, se trouvant à San Francisco, et voyant qu'on ne l'appelait pas pour son service militaire, se rendit au consulat de France. Il ne put obtenir aucun renseignement utile. Ayant ses contrats à remplir dans différentes épreuves pour lesquelles il était engagé, il n'insista pas outre mesure. Au demeurant, on ne pensait pas à la guerre à cette époque et la France n'était pas en danger. Il gagna en avril 1909 le Grand Derby de New York, véritable championnat du monde et put établir en 1910 le record mondial du marathon (42,194 km en 2 h32 min 23 s). Puis, se reconvertissant quelques années plus tard à l'aviation, il se révéla vite un virtuose de l'air, premier notamment à franchir les montagnes Rocheuses, ce qui n'était point un mince exploit. Malheureusement, en atterrissant à Lancaster, New

Hampshire, il fut pris dans des remous et fit une très grave chute, à la suite de quoi il se trouva éloigné pour de longs mois de toute activité sportive — et toujours sans se préoccuper de faire légaliser sa situation militaire. Ensuite, il fut victime d'un autre accident d'aéroplane. Mais, que l'on se rassure ! Le voilà tout à fait prêt à prendre du service, d'autant qu'il a à venger son frère, tué en Champagne. Il a une feuille de route en règle. Il va rejoindre sans délai son unité, le 43e régiment d'infanterie, à Sainte-Anne-d'Auray.

Chapitre XXXI

Vers minuit, sur le front

On prend connaissance du communiqué du GQG, publié il y a environ une heure.

24 octobre. 11 heures du soir. Sur le front de Verdun, après une préparation d'artillerie intense, l'attaque projetée sur la rive droite de la Meuse a été déclenchée à 11 heures 40. La ligne ennemie attaquée sur un front de sept kilomètres a été crevée partout sur une profondeur qui, au centre, atteint trois kilomètres.

Le village et le fort de Douaumont sont en notre possession.

A gauche, nos troupes, dépassant l'ouvrage et la ferme de Thiaumont, se sont emparées des carrières d'Haudromont et se sont établies sur la route qui va de Bras à Douaumont.

A droite du fort, notre ligne passe au nord du bois de la Caillette, longe la lisière ouest du village de Vaux, la lisière est du bois Fumin et continue au nord du bois Chenois et de la batterie de Damloup.

Les prisonniers affluent ; le nombre décompté jusqu'à présent atteint 3 500, dont une centaine d'officiers. Le matériel capturé n'a pas encore été dénombré. Nos pertes sont faibles.

Le ton est moins claironnant que prévu : c'est que Vaux reste aux mains des Allemands. La dernière phrase est choquante — même si elle tend à rassurer les familles qui tremblent pour un fils. Mais, au total, le communiqué est digne.

Il sait ne pas insulter les vaincus — qui ont fait preuve du même héroïsme que les vainqueurs. Il aura évité le triomphalisme. Par ailleurs, il y a bien victoire. Reste que la guerre continue.

— Comptez-moi combien il y en a encore à reprendre, des Douaumont..., dit Chopeau à Taupin et à Damoiseau.

On se sera battu jusqu'à près de 11 heures du soir sur les pentes du ravin des Fontaines, quand les Allemands ont déclenché plusieurs contre-attaques inattendues, difficilement repoussées.

Le petit Dépôt aura résisté longtemps à nos furieux assauts: nous ne l'aurons pris qu'en le contournant. Des combats acharnés se sont livrés très tard dans la soirée depuis les carrières d'Haudromont jusqu'au ravin de la Fausse-Côte. Encore, entre 9 et 10 heures, on se bat à la baïonnette au bois Fumin. On continue de se battre aux approches du fort de Vaux: de Lardemelle aurait d'ailleurs piqué une grande colère en apprenant que les éléments avancés du 333e RI, qui avaient réussi à prendre pied sur les glacis du fort, se sont retirés, pris sous les feux de notre propre artillerie, ignorant hélas une telle avance. Le 299e reste immobilisé face aux tranchées Clausewitz et Seydlitz.

A part ces quelques accrochages importants, une relative accalmie s'est installée sur l'ensemble du champ de bataille à partir du crépuscule. Confirmée dès 10 heures, elle se prolonge encore. Les seuls pilonnages, au canon lourd, sont des tirs de représailles allemandes sur le fort de Douaumont. On profite de cette trêve fragile pour consolider les nouvelles tranchées, aménager de nouveaux abris, installer de nouvelles banquettes de tir. On retrouve d'identiques parasites, les mêmes rats et la même boue.

Ou bien, tandis que les sentinelles veillent, on prend un peu de répit: on fait une manille ou on se raconte des souvenirs.

Sur les arrières du front, l'activité reprend, intense. Non seulement, il s'agit de pourvoir à nouveau les combattants en armes, munitions et matériel de tranchée, notamment en barbelés et chevaux de frise, mais on tient pour assûré que notre haut commandement, dans les prochaines semaines, voudra reconquérir le fort de Vaux: autant mettre en place sans délai la logistique nécessaire. Aussi la Voie Sacrée conserve-t-elle plein trafic. Comme chaque soir, on revoit ces caravanes d'ânes, que les goumiers poussent ou tirent au long des boyaux.

Verdun n'aura pas eu le temps de pavoiser : même remue-ménage fébrile ; mêmes embouteillages ; mêmes visages sombres.

Dans les gares, les mêmes essaims de poilus s'amassent autour des cantines de la Croix-Rouge, tandis que dames et jeunes filles de la grande organisation internationale, en voile blanc, les célèbres « ravitailleuses », chargées de lourds paniers, de brocs, de boîtes et de sacs, se hâtent sur les quais, vont d'une portière à l'autre, distribuant café, vin chaud, pain frais, tablettes de chocolat, confitures, saucisson, pipes, cigarettes, crayons, cartes postales, chaussettes...

Les mêmes trains de « retour de perm » vident leur cargaison mélancolique. Les mêmes jurons fusent sur les routes, quand un moteur de camion cale, ou quand un attelage refuse d'avancer. Il en faut, des hommes et des hommes, pour nourrir une bataille. Les voilà, s'affairant à nouveau, fantômes gris dans la nuit brumeuse.

Verdun, n'est pas que la patrie du héros. Verdun est aussi cette gigantesque fourmilière, cette énorme fabrique vouée à manipuler des milliers de tonnes d'approvisionnement. Certes, il y a ici ample matière à sublimation. André Suarès, bouleversé, pourra parler des « saints bonhommes de Verdun ». Le poète Jean Superville, évoquant la « terre de Verdun » pourra y voir l'image d'un « temple » immense.

Ces grands plateaux couverts de ténèbres
Où l'orgue des vents souffle un chant mortel,
Étendront sans fin leurs tertres funèbres
Et nous serviront de table d'autel...

Rarement, on aura vu se concentrer une telle dose d'héroïsme. Il n'en est pas moins vrai que Verdun, c'est aussi cette usine-là, qui vient rappeler que la guerre est d'abord une industrie.

La guerre désormais est submergée de matériel, et tellement dépendante de la logistique qu'il y a de quoi se demander ce qu'une bataille moderne, si aveugle, si mécanique, peut garder de pureté. Cependant, il y a plus saisissant encore. On ne connaît rien de Verdun si l'on n'est pas entré dans un « poste de secours »...

Passons sur les postes de secours rudimentaires, tels qu'ont pu les connaître bien d'autres armées, au hasard des batailles comme ces deux infirmiers accroupis dans un trou, à l'abri de trois sacs de sable, avec un brancard, et un flacon de teinture d'iode.

Le plus impressionnant, c'est le « poste de secours » type, où l'on transporte d'urgence les blessés pour les premiers soins, avant de les faire acheminer sur un hôpital de campagne. Le sommet de l'horreur. La hideur sans égale. La chambrée n'étant pas chauffée, tous les blessés grelottent de froid, malgré les couvertures et peaux de mouton. Les morts y sont gardés durant des heures, recouverts de toiles de tente. Les brancards sont alignés les uns à côté des autres. Parfois, faute de place, deux blessés occupent un seul brancard. Certains couchent à même une paille infecte.

Le major dispose d'une table, au beau milieu. Avec quelques aides, voire un seul infirmier, il procède aux opérations les plus urgentes, sous le regard des blessés restés conscients, qui attendent leur tour.

Il arbore un tablier plus rouge que celui d'un boucher. Les pansements maculés de sang et de boue s'entassent à ses pieds. C'est un tableau d'abomination, parmi un concert de gémissements et de sanglots : tel, le ventre ouvert, retenant à deux mains ses intestins ; tel autre, gazé, crachant des choses infâmes ; tel, devenu aveugle, hurlant de désespoir ; tel, les bras broyés, avec les os qui sortent des chairs.

Celui-ci n'a plus de bouche.

Celui-là, à ne pas y croire, le crâne fendu en deux, a le cerveau qui se voit. Et aucune drogue calmante n'existe. La morphine, on ne l'administre qu'aux très grands blessés qu'il faut amputer : encore ne la leur donne-t-on que sur la table d'opération.

Récit du Catalan François Casselèbres, fils de Salses, près de Perpignan, criblé de cinquante éclats d'obus face à Douaumont, sorte de miraculé : « Quand je tombe, j'ai l'impression d'éclater en mille morceaux. Il est près de midi. Je viens de regarder l'heure. Je courais. Je n'avais rien vu venir. Je dois rester là jusqu'au soir. Je ne sais pas qui me ramasse. Je ne sais pas qui me donne les premiers soins. Je me réveille dans le coin d'une cagna. Je vois des bougies, des ombres. J'entends des pleurs, des cris... Je me retrouve sur le billard. Je devine un major. Il a quelques aides. On me déshabille. Tout nu. Je suis gelé, mais, de peur, je n'ai plus froid. Le major me regarde de partout. Il fait une grimace. Il dit : je n'ai jamais vu ça, une passoire. Il me regarde de partout encore une fois. Je vois qu'il se demande si c'est la peine de m'opérer. Opérera ? Opérera pas ? Il dit : "On opère." Il a un bistouri dans une main. Il dit : "Tu vas en baver, je n'ai rien pour t'endormir, mais je vais te sauver." Je réponds : "Bon !" Il me fait couler un coup de gnôle, avec le bidon, au goulot. Il dit qu'il n'a pas de quart. Et en avant pour le supplice ! Je ne sais pas combien de temps ça dure. Une éternité. De face. De dos. Par côté. Je m'évanouis. Je me réveille. Je m'évanouis de nouveau. Je ne sais plus qui je suis. Je crie. Il me dit : "Hurle, hurle, c'est tout ce que j'ai pour te soulager..." Je ne sais plus, une fois sur ma paille, dans mon coin, comment ça a pu se terminer... Ça doit être en pleine nuit... Les mêmes bougies... Les mêmes ombres...J'ai mal partout. Je ne peux pas bouger... La première chose que je vois, je te le jure, tout près de ma tête, là, c'est un gros rat qui, sur les pansements, suce le sang et le pus... »

Une inimaginable abomination.

Le chirurgien doit sans cesse chasser les mouches qui lui harcèlent le visage. Elles volent de toutes parts. Par nuées. Bleues. Vertes. Il doit travailler à la lueur des bougies ou des lampes à acétylène.

Maurice Genevoix, qui a connu cet enfer, assure que les médecins ont dû certains soirs travailler dans le noir. Verdun, c'est aussi et avant tout ces ténèbres : le poste de secours des Quatre-Cheminées, ou le poste de secours de château d'Esnes, dans les caves.

Certaines nuits, il y a tant de monde qu'on laisse tous les « cas » dits désespérés mourir là-haut, au froid, dans la cour d'honneur du château. A se demander comment il reste un atome de courage à l'aumônier qui se glisse de brancard en brancard avec un crucifix. Il faut des infirmiers spécialement désignés pour chasser, armés de bâtons ou de fouets, les rats, énormes, dits rats de Verdun, d'une incroyable audace, qui n'ont peur de rien ni de personne, et s'attaquent aux agonisants incapables de se défendre.

« Ah ! Ce poste de secours des Chambrelles !, peut s'indigner l'aumônier Schuhler. Quelle improvisation et quel défi à la plus élémentaire prudence ! Une ferme avec ses dépendances pour abriter nos blessés. Comme protection contre les gros obus, des rondins et des planches, et les tuiles du toit... Les blessés sont étendus sur la paille ou sur des brancards superposés d'où s'échappent des plaintes, des gémissements, des cris de souffrance et d'angoisse !... Et que d'absolutions données, de confidences et d'aveux recueillis sur cette paille sanglante ! »

Au château d'Esnes, une cave sert de morgue. Une remise abrite des piles de croix de boix. Encore faut-il attendre une accalmie dans les bombardements, parfois vingt-quatre ou quarante-huit heures, pour enterrer les morts et les... débris de la table d'opération.

Témoignage de l'aide-major Laby, du 294e RI, cité dans le *Verdun* de Péricard, parlant de l'un de ces postes de secours : « C'est un trou recouvert de planches et de branchages pourris... Un 77 y entrerait comme chez lui... L'évacuation de nos blessés constitue une tâche qui semble au-dessus des forces humaines. De jour, il n'y faut pas penser : le versant du ravin opposé est entièrement exposé aux vues de l'ennemi. Le transfert de nuit est seul possible, mais dans quelles conditions, et, malgré l'héroïsme de nos brancardiers, avec quelle désespérante lenteur ! Aussi notre poste regorge-t-il de pauvres gars, dont certains sont blessés depuis une éternité !...

Damnation : le bombardement, lui, ne cesse pas.

« Les feux de barrage se succèdent devant et derrière nous... Des blessés hurlent dans les trous d'obus ; nous allons les panser sans, bien souvent, pouvoir les en sortir... Notre PS regorge de blessés. Nous faisons des pansements sans discontinuer et nous disons par signes ce que nous avons à dire : on ne peut même pas s'entendre. Le lieutenant M... arrivé en renfort il y a quelques jours, vient d'être tué, mutilé affreusement, deux minutes après m'avoir serré la main : un éclat est arrivé sur sa musette pleine de grenades et l'a mis en bouillie... L'aspirant A... (dix-neuf ans) est tué. L'aspirant M... (même âge) et l'adjudant C... également. Plaies légères et délabrement affreux, je panse tout de mon mieux... Un malheureux dont j'essaie de garrotter la fémorale, est blessé d'un éclat profond dans la poitrine... Pendant que je le panse, un jeune caporal m'arrive, tout seul, avec les deux mains arrachées au ras des poignets. Il regarde ses moignons rouges avec des yeux exorbités. Je tâche de trouver un mot qui le console et lui crie: "Que fais-tu dans le civil?" J'ai alors la réponse, qui l'empêche de rien ajouter. "Sculpteur", dit-il... »

Ça pue la gangrène. Ça pue le vomissement. Ça pue l'excrément.

Le communiqué parle souvent de « troupes fraîches » ou de « divisions fraîches ». Celles qui ne le sont plus, voilà ce que cela donne.

Il faut voir une chambrée de gazés. Car il y a des hommes qui ne supportent pas le masque à gaz, y respirent mal, et commettent l'imprudence de l'enlever. D'autres se font surprendre sans masque par le nuage fatal. Celui qui est atteint se met à tousser. Il tousse tellement qu'il ne peut plus mettre ou remettre son masque. Bientôt, une mousse rouge perle à ses lèvres. On meurt étouffé, les mains serrées sur la poitrine en feu. Précisément, dans une telle chambrée, ce ne sont que vomissements, toux qui déchirent les poumons, corps qui se tordent, bouches hideuses cherchant un air qui n'existe plus.

Autre récit de l'aide-major Laby: « Nous avons déjà douze brancardiers hors de combat. Et, au jour, le bombardement, après une accalmie passagère, redouble. Un obus éclate en plein notre PS... Il y a une dizaine de tués et de blessés, là... devant nous... Puis on m'amène le capitaine F... grièvement blessé à la tête, au bras, à la jambe. Il me regarde et me dit simplement: "Tu vois, mon vieux, j'ai mon compte." Je fais son pansement à la tête, tandis que T... et L... pansent le reste. Je lui coupe la lanière de cuir de ses jumelles, qu'il a autour du cou, et il me dit: "Garde-les en souvenir de moi." De sentir son sang si rouge et si chaud couler plein mes mains, ça me fait mal. Je m'étrangle pour ne pas pleurer, et, dès que j'ai fini, je vais me cacher derrière le pare-éclats; et je ne puis retenir mes larmes... »

Les morts vont aux « cimetières de Verdun ». Des alignements de milliers de croix de bois toutes blanches, couleur de l'innocence. Les squelettes qu'on ne peut identifier, les os épars, crânes, fémurs, tibias, mains, pieds, sont amassés dans des ossuaires. Douaumont aura le sien.

De cette tragédie qu'est Verdun, on voudrait finalement ne plus se rappeler que la *Prière des tranchées*, de Sylvain Royé, tombé en mai devant Douaumont:

D'autres heures naîtront, plus belles et meilleures;
La Victoire naîtra sur le dernier combat.
Seigneur! Faites que ceux qui connaîtront ces heures
Se souviennent de ceux qui ne reviendront pas.

Où donc porter encore notre regard?

Côté Quartier Général? Il y a fièvre, exceptionnellement, ce soir. Jean de Pierrefeu, l'officier chargé de rédiger les communiqués de guerre, raconte que seuls le général en chef et les plantons auront gardé leur calme. C'est vrai, à l'évidence, pour les sentinelles, les deux gendarmes casqués, sanglés du baudrier, qui montent la garde sur le seuil de l'Hôtel du Grand-Condé, les « coursiers » assis autour d'une table ronde dans le hall, le gendarme en bleu horizon qui a en garde la cage de l'ascenseur.

C'est vrai encore pour le général en chef, dont la sérénité est légendaire, même s'il arrive à Joffre de piquer des colères torrentielles, s'il manifeste assez souvent une autorité très susceptible et si, les jours les plus dramatiques, on l'entend prononcer d'un ton plaintif, en passant sa main sur sa forte tête: « Pauvre Joffre! »

Partout ailleurs, ça barde et ça bouge. Réunions sur réunions. Plans sur plans. Le général de Castelnau préside. Petit, trapu, jovial, vif, symbolisant par sa parole alerte, son allure martiale et sa moustache blanche le type même du troupier français, il est devenu l'un de nos généraux les plus populaires. Les plus puissants « cerveaux » de la maison sont à l'œuvre — du général Dupont, chef du Deuxième Bureau (que ne l'a-t-on écouté quand, en décembre et janvier, il était le seul grand chef à prédire, que l'offensive allemande porterait sur le « portail de Verdun » !) à tous nos distingués stratèges du Troisième Bureau. C'est à qui trouvera la meilleure façon d'exploiter le succès de Douaumont. « Il est vrai aussi, dit encore Jean de Pierrefeu, que, ce soir, il n'y a que moi à avoir la besogne facile: il m'est plus aisé d'écrire sur une victoire que sur la moindre défaite... Il sera donc beau, mon communiqué, dès que j'aurai pu avoir confirmation. »

Oui, où donc porter notre regard? Vers l'état-major du général Nivelle? Voici le lieutenant Madelin, penché sur ses cartes au vingt millième, au point qu'il est possible de suivre littéralement sur le papier le chemin parcouru par une compagnie au cours d'une action, et de distinguer le moindre bouquet d'arbres, le plus mince filet d'eau, la plus chétive taupinière. Moyennant quoi Joffre, tout grognon, peut dire que nous faisons une « guerre de capitaines » ou une « guerre de myopes ».

Voici le capitaine Henry Bordeaux et son inévitable porte-plume à la main. Voici le général Nivelle lui-même, nerveux, impatient, furieux que Vaux n'ait pu être repris, le visage légèrement boursouflé par la fatigue.

Chez Pétain ? « Notre nouveau Sage » dit Jean de Pierrefeu, le premier étant Joffre. Il ajoute, dans ses carnets tenus au jour le jour : « Une statue de marbre... un sénateur romain dans un musée... grand, vigoureux, la taille imposante, le visage impassible, d'une pâleur de teint vraiment marmoréenne, le regard droit... sous l'uniforme bleu d'une majesté incomparable ». Lui aussi fait le point, avec son principal coadjuteur, le lieutenant-colonel Serrigny (élégance raffinée, intelligence pénétrante, vaste culture). « Nous n'aurons certes pas été inutiles » prononce Serrigny.

Chez Mangin ? Autant retrouver Murat, Pétain étant Turenne. A l'opposé du « Temporisateur », l'homme d'assaut, infatigable baroudeur. Cheveux drus et noirs. Regard clair. Irrésistible vitalité dans un corps de fer. Courage surhumain, que ses ennemis qualifient d'inhumain. Il ne dormira que quelques heures. Question qui est sur bien des lèvres : et si c'était lui, le futur généralissime, le futur grand homme des armées françaises ?

Chez Castelnau ? Ce lion de l'Aveyron , l'un de nos grands chefs, peut être satisfait et fier de lui, même si son rôle sera méconnu par les historiens. Nous lui sommes redevables pour la plus large part de la victoire d'aujourd'hui. C'est lui, qui, dès le premier jour de la bataille de Verdun, le 24 février, pourtant dans les pires conditions, intima l'ordre de ne pas perdre la rive droite de la Meuse, absolument indispensable pour tenir la place. Témoin, à Avize, au Q.G. du général de Langle de Cary, son fameux message du 25 février, à 5 heures 45 du matin, à destination du général Herr : « Comme confirmation des ordres du général en chef, le général de Castelnau (délégué sur place dans la nuit par le général Joffre) prescrit de la façon la plus formelle que le front nord de Verdun, entre Douaumont et Meuse, et le front est, sur la ligne des hauts de Meuse, devront être tenus coûte que coûte et par tous les moyens dont vous disposez. La défense de la Meuse se fait sur la rive droite. Il ne peut donc être question que d'arrêter l'ennemi à tout prix sur cette rive. »

C'est lui, Castelnau, qui donna l'idée à Joffre de confier à Pétain le commandement du terrible secteur, à la tête de la IIe armée, dont le QG était à Bar-le-Duc, avec pour première consigne d'« interdire à l'ennemi le franchissement de la Meuse ». Durant la journée capitale du 25 février, Joffre n'eut d'ailleurs qu'à approuver toutes les décisions prises sur place par Castelnau. Aussi, paraît-il, le général en chef aime beaucoup dire, en riant, que « jamais royaliste n'aura mieux servi la République ».

Chez le colonel de Barescut? Après avoir été chef d'État-Major de Pétain, il est resté, à la demande de ce dernier, chef d'État-Major de Nivelle. Il tient sans doute sur place le rôle le plus important, nœud de toutes les opérations. Ce petit homme brun, maigre et rude, d'une inégalable puissance de travail, Vulcain aux grandes forces, aura été le vrai moteur de la bataille.

Auprès du général Passaga commandant la division *La Gauloise* ? Il récapitule sa journée. Dès l'aube, il était à son poste de commandement, la tourelle de Souville. Dès huit heures, il recevait un coup de téléphone de Mangin, de son poste du moulin du Regret, qui voulait savoir si le brouillard était aussi épais autour de Passaga qu'autour de lui-même, et qui se demandait s'il ne faudrait pas retarder l'ordre de l'attaque. Passaga s'insurgeait aussitôt: « Nos hommes verront suffisamment pour savoir où ils poseront le pied, c'est-à-dire pour suivre les lèvres des entonnoirs... D'autre part, le moindre de mes gradés est armé d'une boussole... Quant à mon artillerie, dont l'action est réglée d'avance dans le temps et dans l'espace, elle peut se passer du concours des observatoires. Les Allemands, par contre, verront leur infanterie surprise, et leur artillerie manquer d'opportunité dans son intervention. » L'heure H restait fixée à 11 heures 40. « Allons-y donc! » dit Mangin. A 10 heures 30, un coup de téléphone du poste de commandement du ravin de la Poudrière faisait connaître que le général Anselin, commandant la brigade de gauche était tué, chef de la plus haute valeur, adoré de ses hommes. Mais Passaga nommait sur le champ à sa place le colonel Hutin, et le dispositif d'attaque n'en était pas perturbé.

A 11 heures 35, il était à son observatoire, un trou d'obus à une cinquantaine de pas de la tourelle de Souville, avec à ses côtés le capitaine Henry Bordeaux. A 11 heures 40 pile, l'attaque se déclenchait: du haut de son balcon, dominant la côte de Fleury, il voyait partir à l'assaut les vieux soldats du lieutenant-colonel Picard, le 321e régiment d'infanterie. A midi, il réintégrait la tourelle, où devaient arriver les renseignements, et pouvait vérifier que tous ses éléments avaient quitté leur base de départ à l'heure et dans les conditions prévues; mais, bientôt, les fils téléphoniques de l'avant étant coupés, il ne savait plus rien de l'attaque que par les coureurs, par l'aléatoire télégraphie au sol (aléatoire du fait du caractère lacustre du champ de bataille) et par les pigeons voyageurs (en attendant que le brouillard se fût dissipé et que les avions pussent prendre l'air). Rarement aura-t-on vu atmosphère si lourde que dans cette tourelle, où régnait un silence épais, uniquement troublé par le ronron du ventilateur, par quelques obus éclatant sur la calotte d'acier, et par quelques coups de téléphone de l'arrière, notamment de Mangin et de Nivelle impatients eux aussi de savoir... Les secondes paraissaient éternelles...

Le premier coureur ne se présenta qu'à 13 heures, épuisé, chancelant, suant à grosses gouttes, les vêtements couverts de boue. Dieu merci, il n'apportait que de bonnes nouvelles. Puis les coureurs se succédaient, ne délivrant que d'heureux messages. Un seul renseignement arrivait par la télégraphie au sol: le colonel Bouchez, commandant le régiment de l'aile droite, le 401e, annonçait que son régiment, arrivé sur son objectif intermédiaire à l'heure prévue, repartait pour son objectif définitif à l'heure dite, en liaison sur sa gauche avec les chasseurs constituant le centre du dispositif.

A 14 heures, par coureur, l'officier chargé des prisonniers de la division annonçait que les Allemands capturés étaient déjà au nombre de deux mille. Enfin, un officier se présentait, tout essouflé, déclarant que le brouillard se dissipait, chassé par une forte brise d'ouest vers la Woëvre, que la grande bosse du fort de Douaumont avait émergé des brumes et qu'il avait très nettement vu nos soldats courir en tous sens sur les remparts. En effet, comme par enchantement, le brouillard avait disparu. Dès lors, les avions pouvaient voler. L'un d'eux, survolait à basse altitude la tourelle, portant cocarde tricolore et flamme de *La Gauloise*, celui du commandement Passaga, piloté par le célèbre boxeur Carpentier en personne et sous responsabilité de l'officier aviateur Wiedemann. Il laissait tomber un message qu'un guetteur, bondissant sous les obus d'entonnoir en entonnoir, ramenait dare dare. Passaga déroulait le carton avec le maximum de calme. C'était un fragment de plan directeur. Un gros trait rouge réunissait la tourelle de 75 située sur l'est du fort de Douaumont à l'étang de Vaux. Avec cette mention : « *La Gauloise*, 16 heures 30 ».

Au-dessous de celle-ci, en grandes capitales, était écrit : « Vive la France ! » Signé : Wiedemann. En levant la tête, le général vit, penchée sur son épaule, la figure du guetteur. Ses yeux interrogeaient le mystérieux message ! Le général le lui expliqua : l'avion de commandement avait pu jalonner les lignes et constater, à 16 heures 30, que *La Gauloise* avait rempli sa mission, c'est-à-dire avait chassé les Allemands de la presque totalité du quadrilatère sacré.

« Une joie immense éclairait brusquement la figure du soldat, et nos mains se rencontraient dans une étreinte vraiment fraternelle, étreinte de reconnaissance du Soldat pour le Chef, et du Chef pour le Soldat ! (Général Passaga, dans son livre de souvenirs, *Verdun dans la tourmente*.) Au lendemain de Fontenoy, Voltaire avait cru pouvoir appeler la tactique : l'art d'égorger son adversaire... Plus exactement, elle est l'art de paralyser la volonté de son adversaire, au moment voulu et pendant le temps voulu, et cela par l'emploi judicieux et intensif, successif ou simultané des moyens, armes ou procédés qui désarment et permettent la surprise. »

Quoi qu'il en soit, tel était bien le principal résultat : Douaumont était pris.

Le soir venu, demeuré lucide dans le triomphe, le général Passaga fait ses comptes. Le voici même à bâtir ses plans pour les jours à venir : prendre le plateau d'Hardaumont et, « pour mettre cette position principale à l'abri d'une attaque par surprise, lui rendre sa couverture naturelle, c'est-à-dire la position cote du Poivre, Louvemont, cote 378, pentes sud du plateau des Caurières, village de Bezonvaux ». En vain le haut commandement allemand met-il à la disposition du général von Lochow, ex-glorieux vainqueur de Douaumont, commandant du front nord de la rive droite de la Meuse, toutes les ressources nécessaires : Passaga est déjà persuadé qu'au prochain assaut, sous quelques semaines, le front allemand s'étendant du village de Vacherauville au ruisseau de Vaux sera enfoncé ou du moins aura considérablement reculé. Et Passaga de coucher sur le papier les premières notes constituant son ordre du jour n° 39, ordre du jour d'une grande victoire, qui n'oublie pas de souligner que ce ne sont pas les marsouins, les hommes de Guyot de Salins, qui ont les premiers occupé Douaumont.

Officiers, sous-officiers, chasseur et soldats de La Gauloise
Le 24 octobre vous vous êtes couverts de gloire !
En précédant les marsouins en avant du fort de Douaumont, vous leur avez montré combien était justifié la confiance qu'ils mettaient en vous.
Vous avez fait plus de 2 500 prisonniers et pris un matériel de guerre considérable.
En quelques heures, vous avez enlevé le célèbre quadrilatère de Douaumont-Fleury-Chapelle-Sainte-Fine-Vaux, cirque infernal où, par milliers et par milliers, se sont entassés les corps glorieux des fils de France tombés pour nos foyers !
Soldats ! Quand vous direz que le 24 octobre 1916, vous combattiez dans les rangs de La Gauloise, *les fronts s'inclineront devant vous !* »

Que dire encore ?
1916, c'est aussi l'année où les poilus obtiennent le droit de se raser la moustache.

1916, c'est l'année des cartes postales coquines, celle par exemple où un poilu, casqué, serre dans ses mains une brune friponne au sein nu. Légende : « Toujours nos poilus tiendront le Casque et le Têton. »

Nouvelles des Lettres : Galtier Boissière, une fleur au fusil, commence la publication de son *Crapouillot* non conformiste ; Henri Barbusse, pour son roman de guerre *Le Feu*, est cité parmi les favoris du prix Goncourt ; le sous-lieutenant Kostrowitsky, plus connu sous le nom de Guillaume Apollinaire, serait le favori de l'académie suédoise pour le prix

Nobel de littérature; Guitry crée *Faisons un rêve* avec Raimu.

Les femmes sont près de lancer la mode des cheveux courts : Mme Letellier, la femme du puissant propriétaire du *Journal*, la débutante Coco Chanel et, inévitablement, Cécile Sorel y sont déjà décidées (ce qui fera dire à l'impertinent Jean Cocteau : « Cécile faisait encore Grand Siècle avec ses cheveux longs. Maintenant, cela ressemble à un vieux Louis XIV auquel on aurait enlevé sa perruque ».)

Pour chasser l'eau de Cologne, au nom décidément trop germanique, on en appelle à l'eau de Pologne ou à l'eau de Louvain. On se dispute les invitations aux salons les plus distingués, chez la comtesse de Chabrillan ou chez la comtesse de Beaumont, chez la comtesse de Chevigné ou chez la comtesse de Mun, chez Mme Alphonse Daudet ou chez Mme Philippe Berthelot. On papote beaucoup sur l'égérie de Diaghilev, la femme du peintre catalan Jean-Marie Sert, Misia, dont Cocteau dit qu'elle a l'air de marier sa fille à chaque première des Ballets russes.

La princesse de Polignac garde son allure de princesse en tenue d'infirmière. On parle interminablement des derniers scandales : Sacha Guitry songerait à quitter son épouse Charlotte Lysis pour s'enfuir avec une jeune actrice, Yvonne Printemps. « Allez, a dit Cocteau à Charlotte, il vous reviendra, votre Sacha : le printemps a toujours été une saison très courte. ». Des officiers anglais auraient fait scandale au Casino de Deauville, menacé de fermeture; et un dancing très olé-olé, avenue Niel, aurait eu l'audace de choisir pour mot de passe : « Victoire. »

Guillaume Apollinaire, tout frais opéré, est mis au courant du projet de créer sous quelques mois « le premier spectacle cubiste », le ballet *Parade*, qui groupera « le premier orchestre de Satie, le premier décor de Picasso, les premières chorégraphies de Massine et le premier essai, pour un poète, de s'exprimer sur plusieurs plans différents. »

On adopte les pyjamas, si pratiques lorsqu'on est réveillé en pleine nuit et que les avions ennemis vous précipitent dans votre cave. Il est de bon ton de connaître Apollinaire (vous pouvez le rencontrer, crâne bandé, en train de faire le tour des cafés de Montparnasse, à la recherche de ses amis), Jean Cocteau (reconnaissable à sa tenue mi-civile mi-militaire, veston étroit, foulard de couleurs vives, pantalon garance, bottes d'aviateur haut lacées, casque que le peintre Mouillot a peint en violet), le caporal Blaise Cendrars (engagé volontaire à la Légion ; depuis qu'il n'a plus de bras droit, vous le retrouverez sûrement au bistrot du boulevard Raspail tenu par le père Vigoureux et ses deux filles, qu'Apollinaire appelle les Vigourelles).

Ou irons-nous voir ce qui se passe chez Hindenburg et Ludendorff? On devine aisément ce qu'ils vont faire dire à l'agence Wolf à propos de Verdun: repli que l'approche de l'hiver a rendu nécessaire; opération de recul élastique sans caractère accablant. « Favorisés par le brouillard, les Français ont pu, le 24 octobre, progresser au moment même où notre repli s'effectuait; de la sorte, ils ont pu obtenir un petit succès local. » Il n'empêche que, dans la réalité, les Dioscures ne se dissimulent pas que les Allemands viennent de subir un échec qui va être retentissant, dans le champ clos qu'ils ont eux-mêmes choisi pour « le plus grand face à face de l'histoire ».

Hindenburg va même employer les mots de « grave et douloureux revers ». Par chance pour eux, ils trouvent sur les fronts de Russie et de Roumanie les lauriers qu'ils n'auront pu cueillir sur les hauts de Meuse. Il n'en reste pas moins que le coup est dur pour le prestige de la couronne impériale. En septembre dernier, à la conférence de Cambrai, Hindenburg ne soulignait-il pas auprès du Kronprinz la « nécessité d'éviter tout revers à Verdun » ?

En tout cas, voilà Hindenburg et Ludendorff qui tirent déjà des leçons pour la prochaine grande guerre. Elles ne sont guère éloignées de celles que le général Passaga dégagera dans ses *Mémoires*.

Premier enseignement : *une guerre franco-allemande pourra être désormais de courte durée.* Ce sera uniquement un problème de moyens. Celui qui les réunira le plus vite et massivement sera assuré d'une victoire rapide. La stratégie de la « cuirasse défensive » sera vite débordée. L'essentiel sera de mettre en œuvre la « cuirasse offensive », un irrésistible barrage roulant. Ludendorff : « Celui qui ne croit pas au Minenwerfer en mourra », le Minenwerfer étant l'arme de rêve pour assurer une « cuirasse mobile ». Passaga : « La mise en application de l'homme dans une cuirasse mobile (char de combat) à grand rayon d'action, capable de franchir les retranchements, d'écraser les réseaux de barbelés et d'affronter les projectiles des armes portatives alors en usage, pourra être décisive, sauf à bien disposer aussi d'une artillerie capable d'accompagner cette cuirasse de près, c'est-à-dire d'une artillerie à tracteurs automobiles protégés. »

Deuxième enseignement : *l'aviation est devenue l'arme maîtresse*. Car « le char de combat, si perfectionné soit-il, se heurtera toujours à ces obstacles naturels que sont pour lui les bois, les escarpements rocheux, les cours d'eau, les marécages, et aussi les obstacles artificiels tels que les larges fossés ou les champs de mines. Il faudra donc que l'artillerie mobile appuie le char. Passaga : « La cuirasse ailée — l'avion protégé — qui se meut dans les trois dimensions, est libérée de ces entraves ; elle ne redoute de la terre que les armes de la défense anti-aérienne d'efficacité fort aléatoire, et aussi les difficultés que le sol présente, actuellement du moins, à son envol et à son atterrissage. En conséquence « il est certain que le sort des armes se réglera de plus en plus par le ciel ; que l'aviation jouera désormais dans la bataille un rôle de tout premier plan, rapidement même, si l'un des deux camps possède de ce côté une supériorité accentuée. » (Cet ouvrage de Passaga sur Verdun sera publié en 1932.)

Troisième enseignement : *Les « gros bataillons » dominent par la valeur du matériel*. Napoléon, de son temps, pouvait proclamer que « la victoire appartient aux gros bataillons ». Tel n'est plus le cas. « Nous sommes entrés dans une époque où les progrès de la métallurgie, de la physique et de la chimie peuvent brusquement doter une puissance militaire d'un engin ou de moyens de guerre dont la mise en œuvre généralisée est capable de rompre, de manière décisive, l'équilibre en sa faveur. » C'est la principale signification de la bataille d'aujourd'hui : la victoire est allée à celui qui utilisait le plus grand nombre de canons. Cela sera encore plus vrai dans l'avenir, du seul fait du progrès hallucinant des sciences. Ludendorff : « C'est parce qu'elle est plus puissamment armée et équipée que l'Allemagne, alors que près des deux tiers de ses forces se trouvent immobilisées devant le front de France, réussit à briser le colosse russe et à prendre une part prépondérante à la défaite des alliés balkaniques de Saint-Pétesbourg. »

Quoi qu'il en soit, la soirée au Grand Quartier Général est fort morose. Certes, sur l'ensemble des fronts, les aspects positifs ne manquent pas. Le risque de dislocation qui menaçait les coalisés il y a quelques semaines est surmonté, la campagne de Roumanie ayant été, à cet égard, décisive. La rage de Broussilov est tombée. Les Russes paraissent réellement à bout de forces. Le spectre de la Révolution commence à se dessiner dans le ciel de l'Orient. Le calme s'est rétabli sur le front de Macédoine. Le général Sarrail ne sait quelles initiatives prendre et semble s'engluer. Le front germano-bulgare de Macédoine est solide. La Turquie tient. Au Caucase et en Arménie, il n'y a pas à désespérer. En Mésopotamie, les Anglais ne seront pas capables de vastes actions avant le printemps. Même blessée, l'armée autrichienne est encore assez forte pour contenir le danger italien. Sur la Somme, Français et Anglais sont épuisés. Mais voici, à Douaumont, une défaite qui peut atteindre durement le moral allemand. Les pertes sont lourdes, surtout en prisonniers. Questions angoissantes qui se posent aux deux grands chefs : les pertes subies par l'Allemagne sur la Somme et à Verdun peuvent-elles encore être comblées ? Ses ressources en hommes et en matériel pourront-elles encore être augmentées suffisamment pour tenir face à l'accroissement des forces ennemies ? Pourra-t-elle encore maintenir ses alliés en état de combattre ? Si l'on se voit contraint de donner à ces trois questions des réponses négatives, alors la guerre est perdue et il faut y mettre fin le plus tôt possible. Si, au contraire les réponses sont affirmatives, ce serait un crime de ne pas prendre les mesures les plus sévères pour utiliser toutes les forces disponibles. C'est d'un pas lourd et le cœur serré qu'Hinbenburf, vers 10 heures du soir, rejoint sa chambre à Bad Kreuznach.

Mais, instinctivement, le regard se porte sur les combattants directs, ceux qui prennent la plus grande part au danger.

Au Mort-Homme, le sergent François Richard, du « 125e d'infanterie, 34e brigade, 9e corps », seul rescapé avec deux camarades des deux cent cinquante-quatre hommes de son bataillon, va passer toute la nuit dans la fange d'un trou d'obus. « On aurait dormi sur des pointes, mieux même que des derviches » dit l'un de ses amis.

Philibert, engagé volontaire, un Savoyard de dix-neuf ans, du 1er bataillon du 30e régiment d'infanterie et sur le point d'être promu aspirant, a beau s'être battu durant des heures, avec des pertes très sévères pour sa compagnie, dès le crépuscule, il est chargé avec ses hommes d'évacuer des dizaines de blessés, puis de procéder à des travaux de terrassement. Seul problème pour le commandement : lesquels ont été les plus vaillants, quand on a enlevé au pas de charge la batterie de Damloup, des Savoyards ou des Dauphinois ? Grand silence. Déjà les discussions commencent, autour d'un seau de pinard.

Le lieutenant de vaisseau Yves Le Prieur, officier canonnier, en mission auprès de l'escadrille d'avions torpilleurs opérant sur le front de Verdun, peut être satisfait : en début d'après-midi, ses fusées ont abattu quatre *Drachen*, empêchant ainsi les Allemands de régler leur tir d'artillerie. Rares auront été les inventeurs d'un génie égal à cet infatigable fils de Lorient, d'une inépuisable imagination et d'une incroyable audace. Il aura inventé tous azimuts. Constructeur de ses propres avions et de ses propres planeurs, il aura été, en 1908, le premier homme à voler au Japon, à bord de son *Yvonnette II*. (Du coup auteur du premier ouvrage occidental sur l'art du judoka.) Puis, virtuose du réglage du tir en mer, il inventa les « conjugateurs graphiques » (appareils de réglage) équipant les grands bâtiments de la Royale, à commencer par le *Pothuau*, le *Jauréguiberry*, le *France*, le *Paris*, le *Provence*, le *Bretagne*, le *Lorraine* et le *Jean-Bart*. Il est aussi l'auteur d'un projet de « conjugateur anti-aérien » pour canon de 75, le seul canon à terre qui tire contre les avions. Il aura été le père des premiers tubes lance-fusées, montés sur Farman MF 30, si efficaces contre les zeppelins. Enfin, il a mis au point ces remarquables fusées anti-Drachen, qui, montées sur l'aile de *Nieuport*, ont fait merveille aujourd'hui. (L'expérience décisive eut lieu le 24 avril au Bourget en présence du président Raymond Poincaré, du général Roques et du général Dubail, gouverneur militaire de Paris.) Nungesser a pu lui dire : « Que ferions-nous, nous, les cochers, sans des sorciers comme toi ? »

Jacob Kaplan, reprend son souffle. Il est sergent-fourrier au 411e régiment d'infanterie, un régiment formé en Bretagne avec des Bretons, des Parisiens et des mineurs du Nord. Mobilisé fin 1914, engagé dès avril 1915 sur le front de Reims, blessé, il n'a quitté l'hôpital que pour retrouver directement ses camarades dans les tranchées de Verdun. C'est un agent de liaison. « On ne peut tout de même pas lui demander de remuer la pelle et de transporter des rondins, dit son adjudant. Il ne sait au fond rien faire d'autre que de tenir un porte-plume. Alors, on en a fait un facteur. » Il a galopé sans désemparer depuis l'aube. Le voilà affalé sur une paillasse, au fond d'une sape, dans les parages de la cote 304. Il confie qu'il n'aurait même pas la force de méditer. Il ne peut certes pas pressentir qu'il sera un jour grand rabbin de France. Il vient à peine d'avoir vingt ans. Elève de l'école rabbinique de Paris, il a même refusé il y a quelques mois d'être rabbin aumônier sur un navire hôpital, planque royale : il a préféré rester entièrement solidaire de ses camarades de tranchée.

Ici, au fort même de Douaumont, Louis le Play[1], organise déjà son travail de demain : il est caporal agent de liaison au RICM qui vient de s'emparer du fort. Normalement, il aurait dû servir dans la marine. En bon fils de Normand, il débuta en 1911 comme mousse, franchissant le redoutable Cap Horn à bord du trois-mâts carré le *Général Sonis*, puis embarqua sur le *Tiguea*, un trois-mâts, 1 200 tonneaux, 2 000 m² de toile, 90 jours sans escale pour charger du guano à Iquique et du nitrate à Valparaiso. Simplement, il a trouvé que, dans la marine, les combats étaient trop rares. Il voulait casser du Boche chaque jour. A dix-sept ans à peine, en octobre de l'an dernier, il signait un engagement pour la durée de la guerre au 20e régiment de Chasseurs à cheval. Il se retrouva artilleur, dans une batterie de Crapouillots, artillerie de tranchée, requis sur les fronts de la Somme, de la Champagne et de l'Argonne. Puis, blessé, il fut affecté au 1er régiment d'infanterie coloniale du Maroc, comme agent de liaison. Aujour d'hui, il aura été de tous les coups durs. Du Boche, il pourra en manger : il sert dans le plus illustre régiment de France. Et, pour l'immédiat, dans la sape où il prend quelque repos,

1. Comme le rabbin Jacob Kaplan, à quatre-vingt dix ans, il me racontera ses souvenirs de guerre avec la mémoire la plus sûre.

il parle de son dieu d'ici-bas, le général Mangin; ou bien il évoque les temps où, à bord de l'*Austral*, il participait à une aventure baleinière aux îles Kerguelen; ou encore qu'il compose une poésie, car il est poète et aime chanter en vers batailles et poilus, ainsi:

Verdun victorieuse à la sombre couronne
Qui en 16 cria: « Vous ne passerez pas! »
Fort de Vaux, Douaumont, et les boues de l'Argonne.
Combien d'ensevelis, de disparus là-bas!

Le soldat de 2e classe René Heisch, de la classe 14, l'un des héros du jour, s'endort, épuisé. Il est déjà couturé de blessures: il en aura subi douze au total durant la guerre. Ingénieur électricien mécanicien, il sert de téléphoniste agent de liaison dans l'un de nos régiments d'artillerie lourde les plus exposés, le 117e: il a bourlingué à longueur de journée, en première ligne, à raccorder ses fils, et rétablir ses lignes détruites, sous les tirs de l'artillerie ennemie et qui sont absolument vitales pour maintenir la liaison avec l'infanterie au combat.

Le sergent Henri Vergnaud a la passion d'écrire — en 1986 à 93 ans, il est l'une des plumes les plus distinguées des « Écrivains Combattants ». A l'époque il tient un carnet de route. Il rédige chaque soir, à la chandelle, ses impressions du jour. Surnommé par ses camarades « le Fregoli militaire », tant il aura changé d'unités, il n'aura quitté, tout récemment, le 10e groupe de chasseurs cyclistes, sur la Somme, que pour être affecté à la Division du général Passaga, la légendaire et populaire *La Gauloise* (en attendant, sur proposition de Passaga, d'avoir l'honneur d'être le porte-drapeau du 321e RI). Il fait partie du service de renseignements récemment créé aux échelons de combat, constitué d'un officier et d'un sous-officier. Au 107e bataillon des chasseurs, aux côtés du lieutenant Gros, lui commissaire de police à Paris, il a pris depuis l'aube les plus grands risques à explorer en avant du front les secteurs à conquérir.

Le sergent Salle, gai Gascon du 8e bataillon du RICM, l'un de ceux qui ont fait Prollius prisonnier, vient d'en terminer avec le nettoyage du fort et a fini par s'installer avec ses hommes, au cœur de la forteresse, dans une chambrée de la garnison, une grande salle carrée. De chaque côté, subsistent deux étages de lits rudimentaires, en fil de fer et en planches non rabotées. « Ça sent encore le Fritz » trouve notre Gascon. « Plutôt le rat mouillé » estime son voisin. Au milieu de la pièce, sur une table massive, on aperçoit un bric-à-brac de gamelles, de bidons renversés, de cuillers sales, de pains de guerre noirs et de pots de *Konfituren*. Ces marmelades, ou plutôt ces ersatz de marmelades, ne sont pas mangeables. On n'a trouvé d'intéressant que deux boîtes de saucisses.

Le capitaine Dorey, dit Crapouillot, et le jeune capitaine Goubeaux, vingt-quatre ans, ont choisi pour poste de commandement du 1er bataillon une double galerie du fort, dont l'unique entrée pourrait évoquer une caverne de brigands : dans la galerie de gauche s'alignent des corps enveloppés dans des toiles de tente, couchés à même le sol, les prisonniers, sapeurs de Prollius, qui ronflent à qui mieux mieux ; dans la galerie de droite, stationnent des poilus, qui croquent des biscuits et se font passer un bidon de schnaps, puis une bouteille de *Deutsch Kognac*. Dorey, crayon à la main, prépare ses plans. Goubeaux, en vareuse fantaisie, bonnet de police élégamment posé sur l'oreille, fume béatement des cigarettes anglaises.

Le sergent Gaston Gras se retrouve avec son 4e bataillon en soutien du 1er bataillon, lequel reste avec le 8e, le plus avancé. On prend quelques instants de repos dans les sapes, en arrière du fort. On voudrait bien fêter la victoire, d'autant qu'on vient de « faire passer » que Vaux aussi a été pris, par les chasseurs. « Hélas ! Nous n'aurons pas eu le moindre quart de gnôle ! Nous n'avons même pas d'eau à boire ! » Quelques gars, « imprévoyants, ont éventré une boîte de singe qu'ils vident de leurs gros couteaux carrés ; l'odeur fade de cette daube, les doigts sales qui l'extraient des boîtes peintes en rouge, tout répugne ! » Eux qui avaient rêvé, pour un soir pareil, de s'organiser « une orgie carthaginoise ou tout au moins quelque ripaille à la Paul Adam !... Hélas ! Les *Fraülein* aux yeux transparents sont trop loin... Nous sommes vainqueurs, l'estomac vide ! » De plus, il fait très froid. Et il y a cette énorme fatigue qui endolorit tout le corps. Sans compter que, vers 9 heures, on apprend que le capitaine Alexandre est blessé et doit être rapatrié sur ambulance. Et chacun de parler d'Alexandre, superbe entraîneur d'hommes, taille râblée de boxeur poids moyen, nez d'argile, courte moustache brune taillée en brosse, gros sourcils derrière lesquels brillent des yeux de feu, capote minable, revolver d'officier, musette de soldat, jugulaire de casque flottant sur la nuque, bref le combattant type, grognant, jurant, pestant, tempêtant, harcelant ses plantons, dix citations, rosette d'officier, vingt blessures, insurpassable dans l'art d'électriser ses troupes, de la même trempe que les Dorey, les Goubeaux, les Dessendié, les Van Volenhoven, — Goubeaux, « jeune dieu admirable » qui tombera dans quelques mois au Chemin des Dames; Dessendié, « le père militaire », comme l'appellent ses hommes, qui sera tué en juillet 1918; Van Volenhoven gouverneur de l'Indochine en 1914, arrivé sur le front comme sergent, relevé pour être promu à Dakar gouverneur général de l'AOF (Afrique occidentale française), puis revenant prendre sa place, comme lieutenant, au 1er bataillon du RICM, « de la race des Bayard et des Latour d'Auvergne » dira le communiqué du haut commandement quand il tombera à Longpoint en juillet 1918.

Par bonheur, on apprend vite que la vie d'Alexandre n'est pas en danger. Il ne souffre que d'une blessure à la main. Mais voilà qui vaut à Gaston Gras une drôle de mission. « Sergent, commande le lieutenant Brie, sans délai, vous joignez le fort de Douaumont et vous annoncez au commandant Nicolaï que notre bataillon n'a plus de commandement. » Et allez donc! Gaston prend son fusil, son masque, son casque, sa musette, et, flanqué de Taillade, un jeune de la classe 16 comme lui, en avant pour la balade! Mais ils risquent de tomber sur une cagna remplie d'ennemis qui ne s'étaient pas encore rendus et maniaient la mitrailleuse en grands spécialistes. « Des hommes morts parsèment toute l'étendue dont le vent du soir soulève doucement les capotes... des Fritz? des Français?... La nuit confond les races, comme la mort les a confondus... »

On peut marcher sur des cadavres. Rien ne guide les deux missionnaires: ils ne disposent même pas d'une boussole. Ils trébuchent, s'affalent dans de gros trous d'obus de 150 et de 210. Taillade manque s'enliser dans un amas de boue mouvante. De temps en temps, une bombe éclate, un tir d'artillerie se déclenche... Au bout d'une heure d'efforts, rampant comme des Sioux et des Apaches non seulement, ils ne s'égarent pas mais ils parviennent à une cave de Douaumont, « une sorte de grotte de boue où des hommes se tiennent debout et fument », des éléments de la 19/2 du génie, qui viennent de nettoyer le fort et attendent les ordres. Aussitôt les deux émissaires se glissent dans une casemate contiguë. Glisser est le mot. On patine sur une telle fange ! Des hommes sont entassés dans la boîte, tapis contre le mur, décrottant leurs godillots ou leurs molletières « avec leurs gros couteaux réglementaires à lames carrées, les vieux couteaux des marsouins, au manche de bois, sur lequel on grave des crans pour compter les jours. » Le commandant Nicolaï? demande Gaston. On l'attend, répond un capitaine, serré dans un bureau avec d'autres officiers, sous une bougie pendue à un fil de fer qui descend de la voûte. Des spectres, pense Gaston. Visages terreux, yeux terriblement enfoncés dans des orbites battues. Gestes las. Verbe irréel. Odeur fade de sardines à l'huile, de sueur mauvaise, de cuir détrempé... Heureusement, le commandant Nicolaï ne tarde pas. Il surgit, alerte, sûr de soi, l'œil vif, même s'il ne doit pas avoir dormi depuis quarante-huit heures. Double surprise, du reste: il est accompagné d'un mitrailleur comme garde du corps, un nommé Béal, qui se trouve être le meilleur ami de Gaston Gras, et d'un personnage de taille très élevée, qui arbore une splendide casquette au bandeau écarlate, tout rasé, guêtres jaunes cirées de frais, à l'évidence « junker de la plus belle eau », Prollius en personne. Alors ? demande Nicolaï. Il a une voix comme un coup de fouet. « Alors, explique timidement Gaston, le lieutenant Brie m'envoie vous dire que le capitaine Alexandre est blessé et qu'il faudrait aviser. Le lieutenant, précise le messager, croit rester le seul officier valide du 4e bataillon; par conséquent, il se met à vos ordres. Bien, petit, prononce Nicolaï en lui tapotant la joue, mais tu dois avoir soif, as-tu ton quart? — Comme si un marsouin pouvait jamais s'en séparer ! « Bien sûr, mon commandant, que je l'ai!... » Et Gaston de s'envoyer un fameux coup de gnôle, de la bonne! Il ne reste plus à Nicolaï qu'à écrire son message. Il s'y emploie avec le Waterman de Béal. Texte: « Commandant Nicolaï à commandant 4e bataillon. Le fort est pris et nettoyé. Environ deux cents prisonniers, dont le commandant du fort — Pertes insignifiantes: deux morts et une douzaine de blessés légers. Ai demandé renforts... »

Aussitôt, les deux jeunes hommes prennent le chemin du retour. C'est la même route harassante, avec les mêmes risques, la même boue, les mêmes trous à éviter, les mêmes tirs d'artillerie. Gaston Gras n'aura jamais mieux mesuré les mérites des agents de liaison. « On va moins vite qu'à vélo, grogne Taillade. Tout se passe comme si les semelles collaient au sol... » Ce n'est pourtant pas fini ! A peine Gaston a-t-il retrouvé le lieutenant Brie, a-t-il fait son rapport, et soupiré d'aise en pensant à la délicieuse paillasse qui l'attend, que le lieutenant ne fait ni une ni deux. « Aucun problème ! — annonce-t-il. Tout le monde debout ! Nous allons à Douaumont renforcer l'effectif du commandant Nicolaï ! » Tête de Gaston Gras. Tête de Taillade. Telle est pourtant la fatalité : repartir sans délai, reprendre le même chemin de croix, sauter d'entonnoir en entonnoir, trébucher quasiment à chaque pas.

Dans un abri, non loin du fort de Souville et du tunnel de Tavannes, le téléphoniste Marc Jumel, affalé sur son tas de paille, reprend son souffle, non sans livrer la chasse aux hordes de poux qui le persécutent, à la lueur d'une chandelle. Il a dix-neuf ans. Il s'engagea l'an dernier en juillet comme volontaire pour la durée de la guerre. Il est le fils d'un ancien député des Landes. A Paris, dans le salon de sa mère, l'un des plus distingués de la capitale, il a connu les personnalités les plus brillantes des saisons d'avant-guerre, Louis Barthou, Léon Bérard, Georges Feydeau, Massenet, Messager, Calmette, le peintre Bonnat. Dès décembre, il va signer une demande pour l'armée de l'air. Après quatre mois d'écoles diverses, il reviendra à Verdun comme pilote de chasse, au groupe de combat 15 de l'escadrille 97, patrouillant sur tous les points chauds du front jusqu'au 11 novembre 1918, livrant une quinzaine de combats aériens et d'attaques de saucisses, terminant l'aventure titulaire d'une victoire homologuée, chevalier de la Légion d'honneur, médaillé militaire, croix de guerre avec palme. A quatre-vingt-dix ans, gardant bon pied bon œil, retiré paisiblement à Biarritz avenue de Verdun bien sûr, il me racontera avec une impressionnante lucidité « ces jours d'enfer ».

Il sert comme téléphoniste ; il est de ceux qui, pour assurer la liaison entre infanterie et artillerie, ont la mission, périlleuse entre toutes, de réparer les lignes téléphoniques détruites ou détériorées aux avant-postes. Malgré sa taille, 1, 84 mètre, il s'y emploie avec souplesse et efficacité. Il relève du 82ᵉ régiment d'artillerie lourde, posté à environ un kilomètre et demi des premières positions. Il appartient plus précisément à une batterie de 100 de marine, modèle 1911, pouvant tirer un ou deux coups par minute, primitivement prévus pour contre-torpilles ou batteries côtières, montés pour la circonstance sur affûts de 155 longs. On n'a pu, faute de bonnes routes, amener les canons sur les tracteurs Panhard à quatre roues motrices. On les a donc acheminé en les tirant par attelages de six chevaux jusqu'à leur emplacement actuel, sur un terrain très plat, à l'abri d'une colline. « Nous aurons tiré trois jours et trois nuits sans discontinuer. »

Le jeune Jumel a passé sa journée à déambuler dans le secteur, traversant le village de Souville complètement rasé et uniquement peuplé de morts, manquant se faire tuer à midi par un obus fusant, ramenant deux pistolets d'officiers allemands, ramassés dans la boue. Pour l'immédiat, il est là, dans ce cagibi qui n'a certes rien de l'éclat du salon de maman, à faire la guerre aux poux, ou à répondre aux questions du commandant de batterie, le lieutenant de réserve Descamps, ou à écouter discourir dans leur parler chantant quelques camarades, — la plupart des gars de la batterie sont de Nice, de Toulon, ou du Gard —, ou encore à deviser, lui, le protestant, avec son maréchal des logis, qui est prêtre. Pour autant, là-haut, ça continue de tirer, quoique à une cadence plus ralentie que dans l'après-midi. « Qu'est ce qu'ils dégustent ! » fait le prêtre. Et il se signe...

Ici, dans un gourbi, à la lueur de la chandelle, le poilu, crayon en main, écrit à la maison, essaie de pousser une ronflette, ou feuillette un numéro vieux de trois mois du *Cri de Paris* ou de *La vie parisienne*, aligne sur des planchettes ses provisions de pain et de chocolat pour les mettre à l'abri des rats qui se révèlent de redoutables acrobates, ou encore lime des fusées fraîchement écloses, pour en faire des bagues et des « souvenirs du front » que les copains, moyennant un litre de pinard, pourront adresser à leurs bonnes amies.

Là, on raconte des conneries de l'arrière. Le poilu est même intarissable sur le sujet. Exemple : un poilu permissionnaire, sans galon ni décoration ni blessure, se présentant dans le salon de sa marraine de guerre, se demande, tant est visible le mépris général, s'il ne devrait pas dare dare déguerpir en première ligne, et s'entend dire : « Alors quoi ? Vous les en ferez sortir, un jour, de leur trou ? » D'ailleurs on n'aura jamais trouvé autant de stupidités patriotardes que dans les feuilles chargées de remonter le moral, moral d'ailleurs plus vulnérable à l'arrière que sur le front : *L'Espionne de Guillaume, La Fille du Boche, Les Poilus de la Neuvième, La Fiancée de la frontière, Le Fiancé de l'Alsacienne, Les Marchands de patrie, La Poilue...*

Le chasseur alpin Pierre Fourcault, classe 18, engagé volontaire en 1916, futur héros de la France libre du général de Gaulle, futur grand animateur de nos services secrets sous la IVe République, fait halte avec ses camarades sur le ravin du Bazil. Il est à bout de forces. Comme il dit, « je ne sens plus mes molletières ». Il vient de vivre une journée hallucinante. Avec les formations d'attaque de la division Passaga, il prenait sa position d'assaut hier soir. Il passait toute la nuit dans la tranchée, « avec de la boue jusqu'à la ceinture ». Il montait à la baïonnette, dans le brouillard, dès 10 heures du matin, sous un très fort tir d'artillerie. Il voyait tomber plusieurs camarades à ses côtés. Il naviguait d'un trou d'obus à l'autre, d'un entonnoir à l'autre, toute la journée. A se demander par quel miracle il s'en tirait sans une égratignure. Il s'écroule essouflé dans une fange noire. Il a l'impression de ne plus rien entendre. Ses yeux ne voient plus que des ombres. Jamais il n'aura aussi intensément ressenti combien l'homme est dérisoire quand les éléments se déchaînent. Il ferme les yeux, serre les mâchoires. Il se répète ce serment qu'il s'est fait, si par miracle il en réchappe : « Jamais plus je ne mettrai les pieds sur cette terre maudite, jamais, jamais... »

L'abbé Thellier de Poncheville, aumônier divisionnaire, a trouvé asile dans un poste de secours, sur une pile de sacs. On y accède par un trou creusé dans la paroi d'un boyau, « semblable à la soupente qui s'ouvre sous l'escalier des maisons ouvrières ». On y descend « en se laissant dégringoler sur les reins, de marche en marche ». Il s'est casé dans une niche. « Par l'ouverture de mon soupirail, j'aperçois quelques lueurs au ciel. Les nuages s'en sont allés. Des étoiles nous éclairent d'un rayon de miséricorde. Les ruelles de la tranchée doivent être moins obscures. J'en profite pour les parcourir avec Notre-Seigneur que je conduis, en dernière visite d'ami, près de ses communiants. Leurs taudis sont encore plus pitoyables que le mien... » Il n'en peut plus. Il halète. Il n'a cessé de se précipiter, de galop en galop. De plus, il a été blessé légèrement au front par un éclat d'obus — une belle estafilade. « A évacuer dare dare sur l'ambulance » a ordonné le toubib, qui a ajouté : « Faut bien que vous soyez en forme pour votre fête de dimanche ». Car dimanche, c'est l'inauguration d'une chapelle, à la Chiffour, en planches toutes simples, mais « échafaudées avec art par les soins d'un officier qui y a mis sa science d'architecte et son cœur de chrétien... » Il s'agit d'ailleurs d'une petite église vraiment ravissante. « Elle est la sœur de nos soldats, faite des mêmes matériaux que leurs bicoques de guerre, vêtue intérieurement d'un papier bleu qui lui donne la couleur de nos uniformes... Son mobilier est marqué du signe de nos batailles. La cloche, ramassée dans les ruines d'un village de la Woëvre, est percée de trois blessures qui, par bonheur, n'ont pas touché ses cordes vocales... »

Le sous-officier Paul Bosemüller, vingt-quatre ans, natif d'un village près de Neustadt, en Forêt Noire, se retrouve, après vingt-quatre heures de combats ininterrompus, au repos dans un abri souterrain dont l'entrée est barrée d'une simple toile de tente, au bout d'un escalier qui descend quasiment à pic. Allongé sur un matelas, il fredonne, « ô fille, reste-moi fidèle, à Stolzenfels sur le Rhin », ou un chant d'église, par exemple, « Sors, mon cœur, et cherche la joie dans cette belle saison d'été », tout en rêvassant à sa jeune femme aux longues tresses blondes, épousée il y a un an, ou aux sapins sur le Hochfirst, qui ont de si beaux reflets bleus. Près de lui, Otto Geppert, vingt et un ans, dont le capitaine a vite fait son agent de liaison tant il est futé, est en train d'écrire à une fiancée qu'il a trompé mille et une fois depuis leurs fiançailles. (Un veinard, de surcroît, ce Gippert, fils du plus riche boucher des Quatre-Vallées, un enfant gâté qui possède déjà à la maison, une motocyclette de 750 centimètres cubes). A peine auront-ils prêté attention au lieutenant, un géant toujours grognon, dont le rire grince, mais aussi héroïque qu'autoritaire, et qui, son col boutonné jusqu'en haut, est venu tout à l'heure conseillller de souffler les bougies et de ronfler un bon coup, car « demain, mes petits sapeurs, on s'expliquera encore avec ces putains de Sénégalais... » Seigneur Dieu, pense Bosemüller, en ce moment même, au chaud d'un édredon rouge, ma femme est dans son lit, les bras sous la tête, les bras nus, la bouche ouverte... ma femme avec qui j'aurai passé en tout et pour tout quatre nuits...

Le caporal Wammsch, pipe en bouche, brosse son « grattetête » (le soldat allemand nomme ainsi son calot de campagne ; en vérité, s'il y met tant d'ardeur, c'est qu'il est dans une rogne noire contre « le pique » (sobriquet donné à l'adjudant, le fameux *Fedlwebel*, parce qu'il est équipé d'une épée très longue). Car ce damné « pique » s'est mis en tête de l'empêcher d'être vaguemestre, au profit de cette merde de Grassmann, cette montagne de stupidité, avec ses yeux de vache, son crâne rasé et sa moustache retroussée « à l'empereur ».

Peter Schwartzkopf, aspirant secrétaire municipal dans une ville du Rhin, se lave les pieds, avant de les poudrer et de les envelopper soigneusement dans des chiffons propres, il sait pourquoi et ses voisins immédiats encore plus.

Le sapeur Leschle doit raconter, pour la millième fois, des histoires sur la diarrhée sanguinolante, qui ne le quitte pas, et sur les fantaisies de son intestin « qui peut se dresser tout à coup comme un serpent à sonnette indien ».

Werner Beulenburg, dans un coin, note ses impressions pour le beau livre qu'il fera éditer après la guerre, où il narra précisément les gloires et les servitudes des Bosemüller, des Wammsch et des Schwartzkopf à Verdun, non sans atteindre parfois aux effets les plus poétiques ; témoin cette page sur le paysage lunaire des environs de Douaumont, au bois du Chapitre : « Le bois n'a plus de bras ; on les lui a coupés ; le bois a disparu. Le paysage lunaire l'a dévoré. Rien à faire contre sa voracité. Il s'est installé comme pour l'éternité. Que n'a-t-on pourtant pas tenté pour apaiser son appétit ! Combien de milliers de rouleaux de fil de fer barbelé, combien de milliers de piquets à vis, combien de milliers de cadres, d'abris, combien de dizaines de milliers de sacs de terre n'a-t-on pas traînés ! Combien de pelles et de pics ont peiné, combien de pauvres hères ont travaillé ici, combien d'états-majors ont fait de beaux plans, combien de papier a été gaspillé pour faire des ordres ! Combien de colonnes ont attelé chaque nuit, combien de moteurs ont tourné, combien de trains sont arrivés, combien de parcs du génie ont été installés !... Combien de canons et combien de millions d'obus ont été dépensés ! Le paysage lunaire ne s'en est pas rassasié. Il s'est installé et a entrepris d'étendre encore son domaine. Aujourd'hui, il occupe un espace dont l'étendue fait honneur à sa voracité. Quand on a essayé de lui imposer une cure d'abstinence, il s'est mis à gronder, à grincer, à s'insurger, jusqu'à ce qu'on lui donne satisfaction. Il règne dès lors en souverain absolu et sa cruauté ne connaît plus de limite. Plus il engloutit d'hommes, de rouleaux de fils de fer barbelés, de piquets, de chevaux, de canons, d'obus, de planches d'abris, de mitrailleuses, de toiles de tente, d'ustensiles de campement et de musettes, plus son appétit et sa violence augmentent. Il est difficile de dire où cela conduira... » (Werner Beumelburg, — *Combattants allemands à Verdun).*

On se demande comment, ce soir, le front peut connaître cette relative accalmie — comment, dans telle sape, tels Hessois peuvent tranquillement jouer aux dominos, et, sur le seuil d'un abri, tels Mecklembourgeois échanger des propos sur les nouvelles de leurs villages.

Pour autant, là-haut, l'artillerie française n'a pas totalement interrompu ses tirs. Un obus, vers 10 heures, tombe même près de la sape : cela pue le soufre, et une averse de boue et de fer s'abat sur le sol. Puis une batterie se met à cracher tous les obus qui lui restent de la journée... Le « déraillard », qui correspond à 3 heures du matin à Montmédy avec le train militaire venant de Trèves, ne peut toujours pas pousser jusqu'à Warville. Ville devant Chaumont continue d'être bombardée par les pièces à longue portée. Les avions, au crépuscule, ont attaqué à la bombe le parc du génie de Warville : il brûle encore. Des obus de gros calibre s'abattent sur le camp de Deutscheck (sur le chemin de Romagne au camp de la Fumée), des obus qui doivent venir d'au moins trente kilomètres : du coup, tout le mouvement de convois qui joint Romagne, Azannes et Mangiennes à Deutscheck se trouve interrompu ; les voitures sont embouteillées par centaines ; rarement aura-t-on entendu autant de jurons, avec accents de Saxe, de Prusse, de Wurtemberg et de Bavière. Comment donc le hasard a-t-il fait que les secteurs les plus maudits aient des noms pour poètes, le cap de Bonne-Espérance, l'Herbebois, le ravin du Poirier, la Ferme des Chambrettes, le Jeu-de-Quilles, la croix de la Vaux, le ravin des Chasseurs !

Du côté de la croix de Vaux, une patrouille rencontre un spectacle d'horreur, un groupe de chevaux morts, six bêtes entassées les unes sur les autres, avec les débris d'un avant-train, et non loin le conducteur, mains croisées sur la poitrine, décapité.

Depuis ce matin, ils n'auront pas cessé de connaître l'enfer. Werner Beulenburg racontera d'ailleurs toute la journée heure par heure, point par point, dans des pages saisissantes qui constituent sur la bataille un irremplaçable témoignage. Il n'y a que des images hallucinantes. C'est ce pauvre Casdorp, incapable de tenir le coup, se tirant une balle dans la tête avec son propre fusil : il a attaché une ficelle à la détente et l'a tirée avec la main ; il a dû mettre directement le canon de l'arme dans la bouche ; tout le derrière du crâne était broyé ; la cervelle a sauté jusque dans les branches. C'est cette foutue torpille du 400 qui a semblé faire voler en éclat tout le fort : Schwartzkopf et ses camarades s'étaient allongés un moment pour dormir sur leur couchette de treillis métallique ; ils n'en ont réchappé que par miracle ; le ciel venait de tomber sur la terre. Puis c'est ce départ et cette marche, d'entonnoir en entonnoir, sous un bombardement incessant, Siewers blessé à mort, Horst tué, Esser tué. « Pries-tu ? demandait quelques secondes auparavant Esser à Siewers. — Crois-tu que je compte les gouttes de pluie ? » répondait Siewers. Et ce fut le coup du destin assassin. A peine entendait-on les commandements : « Préparez les grenades... Brancardiers, à vos postes... En avant ! En avant ! Celui qui se rendra sera un salaud !... »

Au tour de Krakomska, le Polonais, de se faire tuer, un éclat d'obus en plein front. « Ce n'est partout qu'un chaos mugissant de flammes, d'explosions, de sifflements et de craquements. On y titube comme un homme ivre. On y marche sur du mou. On s'y heurte à des silhouettes fantastiquement éclairées qui viennent de l'avant. On y entend les gémissements. On y court et on y saute en longues foulées. La pression de l'air oppresse les poumons. De la poudre pue. Des éclairs s'allument de tous côtés... »

En de tels instants, qui songe à glorifier le sous-lieutenant Rackov, entré le premier, il y a des mois, au fort de Vaux, et le sous-lieutenant Brandis, entré le premier au fort de Douaumont, tous deux décorés sur place de l'ordre du Mérite ? Les canons de Pétain et de Mangin auront déchaîné des forces infernales. L'horreur l'emporte sur les souvenirs les plus sublimes.

Mais, au fond de la sape chère à Beulenburg, ce soir du moins une trêve s'est installée. Kauptmann met des morceaux de planches dans le petit fourneau en tôle, qui crépite et pétille joyeusement, « rouge comme le foyer d'une locomotive de rapide ». Schwartzkopf raconte les blagues dont il est familier : « Grande nouvelle !, annonce-t-il. A Noël, nous recevrons tous une grenade à main en massepain. Les mitrailleurs ne tireront à la veillée que des bonbons de malt. Les mortiers lanceront des paquets de pain d'épices et les fusants seront tous accordés sur la mélodie "Venez petits enfants". Le sergent Braschke passera dans le camp avec des ailes blanches d'ange et des cheveux en fil d'argent et chantera "Du haut du ciel, je descends vers vous". » Et pour toi, réplique Leschle, qui a l'esprit rapide, pour toi il est déjà arrivé au bureau un paquet qui contient une paire de jambes neuves. C'est l'enfant Jésus qui te les envoie, parce que saint Pierre s'est plaint au Bon Dieu que tes pieds puaient jusqu'au ciel... »

Schwartzkopf ne s'en formalise pas. Il annonce même que la guerre terminée, et la victoire acquise, il se fera construire une villa avec chauffage central à la croix de la Vaux et installera un tennis dans le ravin Brûlé ou sur la cote 304.

Kauptmann — dix-sept ans, engagé volontaire pour la durée de la guerre — sert le café à la ronde, dans les gamelles, puis se blottit sur sa paillasse pour relire la lettre reçue de son père il y a à peine quelques jours, lui annonçant la mort de sa mère. « N'est-ce pas que tu es devenu aussi un homme ? dit la lettre. Il te faut donc supporter le pire... »

Stracke roupille. Schwartzkopf, les pieds propres, réveillonne, d'un pain de munition et de graisse de singe. Leschle chauffe du thé avec le contenu d'une grenade et y jette, pour le rendre plus goûteux, un cube de bouillon.

Wamsch raconte le dernier film qu'il a pu voir, au repos, *Minna, la fiancée du soldat*, un navet, naturellement, comme tout ce qu'on sert au front, mais, les gars, cette Minna! Cuisinière chez un comte, elle constituait à elle seule tout un repas royal, des hors-d'œuvres au pousse-café. Bras dodus. Bouche gourmande. Une croupe de jument poméranienne. Des nichons comme le Ballon d'Alsace. A un moment donné, on la voit dans le film paraître en corset. « J'en ai perdu la respiration. Même la comtesse, une grande bringue toute sèche, en semblait amoureuse!... Mais entre nous, il y a de quoi penser que c'est une sentinelle du château, le fusilier Hähnlein, qui se l'envoie... »

Puis, il parle de la Pola Negri, l'actrice qui joue le personnage et interprète toujours du reste des rôles épicés...

Ici, le caporal Holzer (un as dans l'art de construire des abris souterrains et d'utiliser à cet effet les poutres taillées que livre le parc des pionniers) s'est finalement consolé d'avoir dû abandonner aux troupes françaises un superbe colis reçu avant-hier de Westphalie, et qui contenait un gros pain gris de campagne, du beurre qui sent bon la crème et un saucisson fumé bourré de lard. Il n'a pas rouspété longtemps. Le voilà à son occupation favorite: astiquer à fond, comme un bibelot en argent, sa mitrailleuse, qu'il appelle « ma petite ».

Là, près du sergent Edgar Maas, qui rassemble des notes pour un livre de souvenirs, et d'un groupe de sapeurs, échoués d'on ne sait où, qui jouent au scat, le soldat Lorenze rêvasse, son inséparable *Ainsi parlait Zarathoustra* sur les genoux. C'est un étudiant géologue, qui tient à la fois du jouisseur et de l'ascète, de l'épicurien et du stoïcien, amoureux de tous les péchés et capable d'une sérénité inébranlable, l'un des plus raffinés clients des bordels de campagne en même temps que maître nietzschéen. Parions qu'il se délecte de plaisirs imaginaires avec telle Juliette et telle Madeleine, ou qu'il se répète, à satiété, sa phrase préférée, de Nietzsche naturellement:

« J'aime ceux qui ne savent pas vivre: on dirait des morts vivants. »

Ils sont là, par milliers, Allemands et Français, dans le civil écrivains ou charpentiers, maçons ou vignerons, architectes ou jardiniers, à ressasser les mêmes pensées moroses, avec le même goût de cendre dans la bouche. Quelle importance pour eux dans cet instant, tandis que se finit une nouvelle journée de cette interminable grande guerre, que Verdun soit devenue capitale de ce monde de fous et de loups, et que les grandes politiques mondiales se déterminent en fonction de ce qui se passe ou se prépare sur ces quelques kilomètres carrés ?

« Verdun, capitale de l'univers », c'est un titre ronflant pour un éditorial de journaliste chargé de quêter les pensées les plus vastes, dussent-elles être finalement les plus vaines.

Dans cet instant de répit, ils en oublient le fantastique héroïsme qu'ils auront, les uns comme les autres, illustré avec la même simplicité, avec cet incomparable don de soi...

Il n'y a plus que la vérité de chacun qui compte pour chacun, une maison sans boue, un lit sans poux, un visage d'enfant qui dort, un sourire de femme qui attend, un grand feu dans une cheminée, un pain qui n'est plus noir, qui sente bon la brioche toute chaude...

Ecrit à Paris, à Perpignan
et au Mont-d'Artois à Megève.

Ma profonde gratitude va à tous les anciens de Verdun, qui, restés d'une extraordinaire vitalité à plus de quatre-vingt-dix ans et ayant préservé une magnifique mémoire, m'ont raconté, tel le colonel Créange, les plus intenses péripéties de ce très grand jour. Mais je dois aussi beaucoup de mercis au remarquable personnel de la bibliothèque de l'Assemblée nationale, à la famille du général Mangin, à la famille du colonel de Barescut, au Musée historique de l'armée, et à Christian Bailly, du Musée de la presse, qui m'ont fourni les plus précieux documents.

CRÉDITS PHOTOGRAPHIQUES

Page 1. *En haut, à gauche :* ECPA ; *en haut, à droite :* Droits réservés ; *en bas :* ECPA.
Page 2. ECPA.
Page 3. ECPA.
Page 4. *En haut :* SHAT ; *en bas :* ECPA.
Page 5. ECPA.
Page 6. ECPA.
Page 7. ECPA.
Page 8. *En haut, à gauche :* SHAT ; *en haut, à droite :* CNSV ; *en bas :* Empéri.
Page 9. *En haut :* ECPA ; *en bas :* Roger-Viollet.
Page 10. Le Figaro.
Page 11. *En haut, à gauche :* Roger-Viollet ; *en haut, à droite :* Edimedia ; *en bas :* Roger-Viollet.
Page 12. *En haut :* Roger-Viollet ; *en bas :* Edimedia.

Table des matières

Cet ouvrage a été composé par Eurocomposition (Sèvres)
et imprimé par la Société Nouvelle Firmin-Didot (Mesnil-sur-l'Estrée)
pour le compte des Éditions Olivier Orban
14, rue Duphot, 75001 Paris

Achevé d'imprimer le 19 octobre 1987

N° d'édition : 430 – N° d'impression : 7915
Dépôt légal : septembre 1987

Imprimé en France